最高人民法院
指导性案例裁判规则理解与适用

物权卷

江必新　何东宁
肖芳　张颖　王丹　杨卓
著

中国法制出版社
CHINA LEGAL PUBLISHING HOUSE

作者介绍

江必新 男，1956年9月出生，湖北枝江人。西南政法学院法学学士、中国法制史硕士，北京大学宪法与行政法学博士。现兼任中国法学会副会长，湖南大学教授。1999年被评为“全国十大杰出中青年法学家”、2009年被评为“当代中国法学名家”，2015年获中国行政法学“杰出贡献奖”、2016年获第二届“金平法学成就奖”。在《中国社会科学》《求是》《中国法学》《法学研究》等出版物发表论文400余篇。

何东宁 男，湖南慈利人，法律硕士。合著《民法总则与民法通则条文对照及适用提要》《民商审判疑难问题解析与典型案例指导》《新民事诉讼法配套规则适用指引》《新民事诉讼法再审程序疑难问题解答与裁判指导》等30部著作。在《判解研究》等出版物上发表论文20多篇。

肖芳 女，毕业于中国人民大学，获法学硕士学位。合著“最高人民法院指导性案例裁判规则理解与适用系列”合同卷二、婚姻家庭卷、物权卷，参与撰写《侵权责任法审判前沿问题与案例指导》《民事诉讼制度专题实证研究》《诉讼费用制度专题实证研究》，先后在《法律适用》《检察日报》等刊物发表学术论文10多篇，多篇论文曾获全国性法学学术论坛征文一等奖、二等奖和三等奖。

张颖 女，浙江金华人，对外经济贸易大学法律硕士。合著《最高人民法院指导性案例裁判规则理解与适用·物权卷》，参与撰写《最高人民法院民事诉讼法司法解释理解与适用》《最高人民法院商事裁判观点》《最高人民法院商事审判指导案例》《合同案件审判指导》《国外法官管理制度观察》等著作，在《商事审判指导》上发表论文多篇。

王丹 女，黑龙江省讷河人，中国政法大学法律硕士，合著《最高人民法院指导性案例裁判规则理解与适用·物权卷》，参与撰写《民商事审判前沿》《最高人民法院民事案件解析》《最高人民法院婚姻法司法解释（三）理解与适用》《最高人民法院关于道路交通损害赔偿司法解释理解与适用》《最高人民法院关于食品药品纠纷司法解释理解与适用》《最高人民法院民间借贷审判实务指导与疑难解答》等，先后在《人民司法》《民事审判指导与参考》等出版物发表论文多篇。

杨卓 男，陕西西安人，西北政法大学民商法法学硕士。合著《最高人民法院指导性案例裁判规则理解与适用·物权卷》，参与撰写《最高人民法院民事诉讼法司法解释理解与适用》等，先后在《人民司法》《中国法律》等刊物发表论文多篇。

出版修订说明

2020 年 5 月 28 日，第十三届全国人民代表大会第三次会议审议通过了《中华人民共和国民法典》（以下简称民法典），自 2021 年 1 月 1 日起施行。民法典是新中国成立以来第一部以法典命名的法律，开创了我国法典编纂立法的先河，具有里程碑意义。民法典系统整合了新中国成立 70 多年来长期实践形成的民事法律规范，汲取了中华民族 5000 多年优秀法律文化，借鉴了人类法治文明建设有益成果，是一部体现我国社会主义性质、符合人民利益和愿望、顺应时代发展要求的民法典，是一部体现对生命健康、财产安全、交易便利、生活幸福、人格尊严等各方面权利平等保护的民法典，是一部具有鲜明中国特色、实践特色、时代特色的民法典，被称为“社会生活的百科全书”“市场经济的基本法”“权利保障的宣言书”。民法典在中国特色社会主义法律体系中具有重要地位，是一部固根本、稳预期、利长远的基础性法律，是新时代我国社会主义法治建设的重大成果，为人类法治文明进步贡献了中国智慧、提供了中国方案，推动“中国之治”进入更高境界。

法律是治国之重器，良法是善治之前提。编纂民法典，就是通过对我国现行的民事法律制度规范进行系统整合、编订纂修，形成一部适应新时代中国特色社会主义发展要求，符合我国国情和实际，体例科学、结构严谨、规范合理、内容完整并协调一致的法典。编纂民法典突出科学“编纂”形式，不是制定全新的民事法律，而是按照系统、协调、统一的原则，对现有民事法律进行全面、系统、有序地科学建构；也不是简单的法律汇编，而是对已经不适应现实情况的规定进行必要的修改完善，对社会经济生活中出现的新情况、新问题作出有针对性的新规定。民法典以我国现行的、制定于不同时期的民法通则、物权法、合同法、担保法、婚姻法、收养法、继承法、侵权责任法和人格权方面的民事法律规范为基础，结合我国经济社会发展对民事法律提出的新需求，进行全面系统的编订纂修，系统全面地规定了自然人、法人、非法人组织在民事活动中享有的各种人身和财产权益，具有系统性、层次性、科学性的特点，集中体现着民法的价值、理念和原则。通过确立民事主体、民事权利、民事法律行为、民事责任等民事总则制度，确立物权、合同、人格权、婚姻家庭、继承、侵权责任等民事分则制度，来调整各类民事关系。形成了包括民法通则为总则编和物权、合同、人格权、婚姻家庭、继承、侵权责任6个分编以及附则在内的民法典，合计7编，共计1260条，超过10万字，是我国法律体系中条文最多、体量最大、编章结构最复杂的一部法律。

（一）总则编。规定民事活动必须遵循的基本原则和一般性规则，统领民法典各分编。共10章、204条，主要内容有：1. 规定了民法典的立法目的和依据。其中，将“弘扬社会主义核心价值观”作为一项重要的立法目的，体现坚持依法治国与以德治国相结合的鲜明中国特色。同时，规定了民事权利及其他合法权益受法律保护，确立了平等、自愿、公平、诚信、守法和公序良俗等民法基本原则。还规定了民事主体从事民事活动，应当有利于节约资源、保护生态环境。2. 规定了三类民事主体。一是自然人。规定了自然人的民事权利能力和民事行为能力制度、监护制度、宣告失踪和宣告死亡制度等。二是法人。规定了法人的定义、成立原则和条件、住所等一般规定，并对营利法人、非营利法人、特别法人三类法人分别作了具体规定。三是非法人组织。对非法人组织的设立、责任承担、解散、清算等作了规定。3. 规定了民事权利制度，包括各种人身权利和财产权利。对知识产权作了概括性规定，以统领各个单行的知识产权法律。同时，对数据、网络虚拟财产的保护作了原则性规定。还规定了民事权利的取得和行使规则等内容。4. 规定了民事法律行为制度、代理制度。一是规定民事法律行为的定义、成立、形式和生效时间等。二是对意思表示的生效、方式、撤回和解释等作了规定。三是规定民事法律行为的效力制度。四是规定了代理的适用范围、效力、类型等代理制度的内容。5. 规定了民事责任、诉讼时效和期间计算制度。一是规定了民事责任的承担方式，并对不可抗力、正当防卫、紧急避险、自愿实施紧急救助等特殊的民事责任承担问题作了规定。二是规定了诉讼时效的期间及其起算、法律效果，诉讼时效的中止、中断等内容。三是规定了期间的计算单位、起算、结束和顺延等。

（二）物权编。规定调整因物的归属和利用而产生的民事关系。共5个分编、20章、258条，主要内容有：1. 第一分编为通则，规定了物权制度基础性规范，包括平等保护等物权基本原则，物权变动的具体规则，以及物权保护制度。2. 第二分编规定了所有权制度，包括所有权人的权利，征收和征用规则，国家、集体和私人的所有权，相邻关系、共有等所有权基本制度。进一步完善了业主的建筑物区分所有权制度：一是明确地方政府有关部门、居民委员会应当对设立业主大会和选举业主委员会给予指导和协助。二是适当降低业主共同决定事项，特别是使用建筑物及其附属设施维修资金的表决门槛，并增加规定紧急情况下使用维修资金的特别程序。三是明确物业服务企业和业主的相关责任和义务，增加规定物业服务企业或者其他管理人应当执行政府依法实施的应急处置措施和其他管理措施，积极配合开展相关工作，业主应当依法予以配合。3. 第三分编规定了用益物权制度，明确了用益物权人的基本权利和义务，以及建设用地使用权、宅基地使用权、地役权等用益物权。进一步完善了以下制度：一是明确住宅建设用地使用权期限届满的，自动续期；续期费用的缴纳或者减免，依照法律、行政法规的规定办理；二是完善农村集体产权相关制度，对土地承包经营权的相关规定作了完善，增加土地经营权的规定，并删除耕地使用权不得抵押的规定，与土地管理法等作了衔接性规定；三是增加规定"居住权"这一新型用益物权，明确居住权原则上无偿设立，居住权人有权按照合同约定或者遗嘱，经登记占有、使用他人的住宅，以满足其稳定的生活居住需要。4. 第四分编对担保物权作了规定，明确了担保物权的含义、适用范围、担保范围等共同规则，以及抵押权、质权和留置权的具体规则。进一步完善了担保物权制度，为优化营商环境提供法治保障：一是扩大担保合同的范围，明确融资租赁、保理、所有权保留等非典型担保合同的担保功能，增加规定担保合同包括抵押合同、质押合同和其他具有担保功能的合同。二是删除有关担保物权具体登记机构的规定。三是简化抵押合同和质押合同的一般条款。四是明确实现担保物权的统一受偿规则。5. 第五分编对占有的调整范围、无权占有情形下的损害赔偿责任、原物及孳息的返还以及占有保护等作了规定。

（三）合同编。规定了维护契约、平等交换、公平竞争，促进商品和要素自由流动，完善合同制度。合同编共 3 个分编、29 章、526 条。主要内容有：1. 第一分编为通则，规定了合同的订立、效力、履行、保全、转让、终止、违约责任等一般性规则，完善了合同总则制度。一是通过规定非合同之债的法律适用规则、多数人之债的履行规则等完善债法的一般性规则。二是完善了电子合同订立规则，增加了预约合同的具体规定，完善了格式条款制度等合同订立制度。三是完善国家订货合同制度，规定国家根据抢险救灾、疫情防控或者其他需要下达国家订货任务、指令性计划的，有关民事主体之间应当依照有关法律、行政法规规定的权利和义务订立合同。四是针对实践中一方当事人违反义务不办理报批手续影响合同生效的问题，明确了当事人违反报批义务的法律后果，健全合同效力制度。五是完善合同履行制度，落实绿色原则，规定当事人在履行合同过程中应当避免浪费资源、污染环境和破坏生态。同时，在总结司法实践经验的基础上增加规定了情势变更制度。六是完善代位权、撤销权等合同保全制度，进一步强化对债权人的保护，细化了债权转让、债务移转制度，增加了债务清偿抵充规则、完善了合同解除等合同终止制度。七是通过吸收原担保法有关定金规则的规定，完善违约责任制度。2. 第二分编为典型合同。在现行买卖合同、赠与合同、借款合同、租赁合同等15种典型合同的基础上增加了4种新的典型合同：一是保证合同。二是保理合同。三是物业服务合同。四是合伙合同。第二分编还在总结实践经验的基础上，完善了其他典型合同。一是通过完善检验期限的规定和所有权保留规则等完善买卖合同。二是为维护正常的金融秩序，明确规定禁止高利放贷，借款的利率不得违反国家有关规定。三是落实党中央提出的建立租购同权住房制度的要求，保护承租人利益，增加规定房屋承租人的优先承租权。四是针对前些年客运合同领域出现的旅客“霸座”、不配合承运人采取安全运输措施等严重干扰运输秩序和危害运输安全的问题，维护正常的运输秩序，细化了客运合同当事人的权利义务。五是根据经济社会发展需要，修改完善了赠与合同、融资租赁合同、建设工程合同、技术合同等典型合同。3. 第三分编“准合同”分别对无因管理和不当得利的一般性规则作了规定。

（四）人格权编。从民事法律规范的角度规定自然人和其他民事主体人格权的内容、边界和保护方式，不涉及公民政治、社会等方面权利。共6章、51条，主要内容有：1. 第一章规定了人格权的一般性规则。一是明确人格权的定义。二是规定民事主体的人格权受法律保护，人格权不得放弃、转让或者继承。三是规定了对死者人格利益的保护。四是明确规定人格权受到侵害后的救济方式。2. 第二章规定了生命权、身体权和健康权的具体内容，并对实践中社会比较关注的有关问题作了有针对性的规定。一是鼓励遗体捐献的善行义举，确立器官捐献的基本规则。二是明确规范从事与人体基因、人体胚胎等有关的医学和科研活动应遵守的规则。三是规定了性骚扰的认定标准，以及机关、企业、学校等单位防止和制止性骚扰的义务。3. 第三章规定了姓名权、名称权的具体内容，并对民事主体尊重保护他人姓名权、名称权的基本义务作了规定。一是对自然人选取姓氏的规则作了规定。二是明确对具有一定社会知名度，被他人使用足以造成公众混淆的笔名、艺名、网名等，参照适用姓名权和名称权保护的有关规定。4. 第四章规定了肖像权的权利内容及许可使用肖像的规则，明确禁止侵害他人的肖像权。一是规定禁止任何组织或者个人利用信息技术手段伪造等方式侵害他人的肖像权，并明确对自然人声音的保护，参照适用肖像权保护的有关规定。二是规定肖像权的合理使用规则。三是对肖像许可使用合同的解释、解除等作了规定。5. 第五章规定了名誉权和荣誉权的内容。一是对行为人实施新闻报道、舆论监督等行为涉及的民事责任承担，以及行为人是否尽到合理核实义务的认定等作了规定。二是规定民事主体有证据证明报刊、网络等媒体报道的内容失实，侵害其名誉权的，有权请求更正或者删除。6. 第六章进一步强化对隐私权和个人信息的保护，并为制定个人信息保护法留下空间。一是规定了隐私的定义，列明禁止侵害他人隐私权的具体行为。二是界定了个人信息的定义，明确了处理个人信息应遵循的原则和条件。三是构建自然人与信息处理者之间的基本权利义务框架，明确处理个人信息不承担责任的特定情形，合理平衡保护个人信息与维护公共利益之间的关系。四是规定国家机关及其工作人员负有保护自然人的隐私和个人信息的义务。

（五）婚姻家庭编。规范夫妻关系和家庭关系的基本准则，并增加了新的规定。共 5 章、79 条，主要内容有：1. 第一章重申了婚姻自由、一夫一妻、男女平等等婚姻家庭领域的基本原则和规则，并对相关内容作了进一步完善。一是规定家庭应当树立优良家风，弘扬家庭美德，重视家庭文明建设。二是规定了最有利于被收养人的原则。三是界定了亲属、近亲属、家庭成员的范围。2. 第二章规定了结婚制度，并对有关规定作了完善。一是将受胁迫一方请求撤销婚姻的期间起算点由“自结婚登记之日起”修改为“自胁迫行为终止之日起”。二是不再将“患有医学上认为不应当结婚的疾病”作为禁止结婚的情形，并增加规定一方隐瞒重大疾病的，另一方可以向人民法院请求撤销婚姻。三是增加规定婚姻无效或者被撤销的，无过错方有权请求损害赔偿。3. 第三章规定了夫妻关系、父母子女关系和其他近亲属关系，并完善了有关内容。一是明确了夫妻共同债务的范围。二是规范亲子关系确认和否认之诉。4. 第四章对离婚制度作出了规定，并对相关内容作了进一步完善。一是增加离婚冷静期制度。规定了提交离婚登记申请后三十日的离婚冷静期，在此期间，任何一方可以向登记机关撤回离婚申请。二是规定经人民法院判决不准离婚后，双方又分居满一年，一方再次提起离婚诉讼的，应当准予离婚。三是关于离婚后子女的抚养，将“哺乳期内的子女，以随哺乳的母亲抚养为原则”修改为“不满两周岁的子女，以由母亲直接抚养为原则”。四是将夫妻采用法定共同财产制的，纳入适用离婚经济补偿的范围，以加强对家庭负担较多义务一方权益的保护。五是将“有其他重大过错”规定为离婚损害赔偿的适用情形。5. 第五章对收养关系的成立、收养的效力、收养关系的解除作了规定，并进一步完善了有关制度。一是删除被收养的未成年人仅限于不满十四周岁的限制，修改为符合条件的未成年人均可被收养。二是将收养人须无子女的要求修改为收养人无子女或者只有一名子女。三是在收养人的条件中增加规定“无不利于被收养人健康成长的违法犯罪记录”，并增加规定民政部门应当依法进行收养评估。

（六）继承编。规定关于自然人死亡后财富传承的基本制度，以满足人民群众处理遗产的现实需要。共4章、45条，主要内容有：1. 第一章重申了国家保护自然人的继承权，规定了继承的基本制度，并对有关内容作了进一步完善：一是增加规定相互有继承关系的数人在同一事件中死亡，且难以确定死亡时间的继承规则。二是增加规定对继承人的宽恕制度，对继承权法定丧失制度予以完善。2. 第二章规定了法定继承人的顺序和范围，以及遗产分配的基本制度，并完善了代位继承制度，增加规定被继承人的兄弟姐妹先于被继承人死亡的，由被继承人的兄弟姐妹的子女代位继承。3. 第三章规定了遗嘱继承和遗赠制度，并进一步完善了遗嘱继承制度。一是增加了打印、录像等新的遗嘱形式。二是修改了遗嘱效力规则，删除了公证遗嘱效力优先的规定，切实尊重遗嘱人的真实意愿。4. 第四章规定了遗产处理的程序和规则，并进一步完善了有关遗产处理的制度。一是增加遗产管理人制度，明确了遗产管理人的产生方式、职责和权利等内容。二是完善遗赠扶养协议制度，适当扩大扶养人的范围，明确继承人以外的组织或者个人均可以成为扶养人，以满足养老形式多样化需求。三是完善无人继承遗产的归属制度，明确归国家所有的无人继承遗产应当用于公益事业。

（七）侵权责任编。规定民事主体侵害他人权益应当承担的法律后果。共10章、95条，主要内容有：1. 第一章规定了侵权责任的归责原则、多数人侵权的责任承担、侵权责任的减轻或者免除等一般规则，并对相关规定作了进一步完善：一是确立“自甘风险”规则，规定自愿参加具有一定风险的文体活动，因其他参加者的行为受到损害的，受害人不得请求没有故意或者重大过失的其他参加者承担侵权责任。二是规定“自助行为”制度，明确合法权益受到侵害，情况紧迫且不能及时获得国家机关保护，不立即采取措施将使其合法权益受到难以弥补的损害的，受害人可以在保护自己合法权益的必要范围内采取扣留侵权人的财物等合理措施，但是应当立即请求有关国家机关处理；受害人采取的措施不当造成他人损害的，应当承担侵权责任。2. 第二章规定了侵害人身权益和财产权益的赔偿规则、精神损害赔偿规则等；并对有关规定作了进一步完善：一是完善精神损害赔偿制度，规定因故意或者重大过失侵害自然人具有人身意义的特定物造成严重精神损害的，被侵权人有权请求精神损害赔偿。二是增加规定故意侵害他人知识产权，情节严重的，被侵权人有权请求相应的惩罚性赔偿。3. 第三章规定了无民事行为能力人、限制民事行为能力人及其监护人的侵权责任，用人单位的侵权责任，网络侵权责任，以及公共场所的安全保障义务等，并对相关规定作了进一步完善：一是增加规定委托监护的侵权责任。二是完善网络侵权责任制度，细化了网络侵权责任的具体规定，完善了权利人通知规则和网络服务提供者的转通知规则。4. 其他各章分别对产品生产销售、机动车交通事故、医疗、环境污染和生态破坏、高度危险、饲养动物、建筑物和物件等领域的侵权责任规则作出了具体规定，并对有关内容作了进一步完善：一是完善生产者、销售者召回缺陷产品的责任，增加规定，依照相关规定采取召回措施的，生产者、销售者应当负担被侵权人因此支出的必要费用。二是明确交通事故损害赔偿的顺序，即先由机动车强制保险理赔，不足部分由机动车商业保险理赔，仍不足的由侵权人赔偿。三是进一步保障患者的知情同意权，明确医务人员的相关说明义务，加强医疗机构及其医务人员对患者隐私和个人信息的保护。四是增加规定生态环境损害的惩罚性赔偿制度，并明确规定了生态环境损害的修复和赔偿规则。五是加强生物安全管理，完善高度危险责任，明确占有或者使用高致病性危险物造成他人损害的，应当承担侵权责任。六是完善高空抛物坠物治理规则。规定禁止从建筑物中抛掷物品，强调有关机关应当依法及时调查，查清责任人，并规定物业服务企业等建筑物管理人应当采取必要的安全保障措施防止此类行为的发生。

（八）附则。明确了民法典与婚姻法、继承法、民法通则、收养法、担保法、合同法、物权法、侵权责任法、民法总则的关系。规定在民法典施行之时，同步废止上述民事单行法律；作为与民法通则、婚姻法相关的法律解释，也同步废止。

“徒法不足以自行”。2021 年 1 月 1 日，新中国成立以来第一部以“法典”命名的法律——民法典已正式实施，这是新时代全面依法治国具有里程碑意义的一件大事。民法典的生命在于实施，民法典的权威也在于实施。为确保统一正确适用民法典，对标民法典立法精神和法律规定，全面清理司法解释及相关规范性文件，最高人民法院对中华人民共和国成立以来至 2020 年 5 月 28 日当时有效的 591 件司法解释及相关规范性文件、139 件指导性案例进行了全面清理。其中，与民法典规定一致，未作修改、继续适用的共计 364 件；对标民法典，对名称和部分条款进行修改的共计 111 件；决定废止的共计 116 件；决定对 2 件指导性案例不再参照适用。

为便于广大读者和法院工作人员准确理解和适用民法典及其司法解释，我们对“最高人民法院指导性案例裁判规则理解与适用系列”丛书进行了修订。本系列丛书修订主要有以下几个特点：一是注重准确对标法律和司法解释的最新规定。围绕民法典的立法精神和实践成果，对民法典及其司法解释相关内容进行阐释，准确把握民法典和相关司法解释条文的具体内涵和适用要点、难点，确保法律和司法解释得以正确贯彻实施。二是有机融入立法、司法的最新成果。自 2020 年以来，最高人民法院还制定了与民法典配套的 7 件新的司法解释，涉及适用民法典的时间效力、担保制度、物权、婚姻家庭、继承、建设工程合同、劳动争议等方面。本系列丛书在修订过程中对所引用的法律和司法解释进行了全面更新，同时也将近年来司法实践中所取得的成果融入其中，以增强本书的精准性、指导性和时效性。三是在更新的同时，注重对原有成果的承继。由于民法典施行之后，婚姻法、继承法、民法通则、收养法、担保法、合同法、物权法、侵权责任法、民法总则等法律以及与民法通则、婚姻法相关的法律解释同步废止。因此，我们在进行修订时，不是简单地将民法典规定的条文和序号进行替换，而是保留民法总则、合同法、物权法、担保法、婚姻法、继承法、民法通则、收养法、侵权责任法等法律和相关司法解释规定的内容，并根据民法典制定的原则、依据以及背景，重点突出民法典对上述法律相关内容修改、补充的比较，重点突出民法典所修改、补充条文涉及内容的理解，重点突出民法典及其相关司法解释修改、补充内容在司法实践中的把握，以便于读者全面地对本丛书所涉及民法典及其司法解释等相关内容的整体理解和把握，增强理论性和实用性。第四，注重引入新的案例。对近年来最高人民法院公布的指导性案例和最高人民法院公报上刊登的案例进行梳理，根据所提炼归纳的裁判规则，组织相关人员撰写，并根据不同分册需求，分别编入系列丛书中，以加强对民法典精神的理解和适用，更加有利于对民法典及其相关司法解释的贯彻执行和落实。

作者

2023 年 12 月

序

随着中国特色社会主义法律体系的形成，人民群众对司法的要求和期待也越来越高，对人民法院司法审判的关注空前强烈，这必然要求人民法院正确履行宪法和法律赋予的审判职责，更加注重依法办案，积极完善司法工作机制，全面发挥司法功能，切实让人民群众在每一个司法案件中感受到公平正义，确保中国特色社会主义法律体系得到全面实施。

“徒善不足以为政，徒法不足以自行。”法律的生命在于实施，而法律实施的核心在于法律的统一适用。同等情况同等对待不仅是我国法制统一的题中之意，也是法治的重要原则。案例指导制度在统一法律适用标准、指导下级法院审判工作等方面具有重要的作用。我国案例指导制度与西方国家判例法存在着重要区别。英美法系国家赋予“判例”以法源的地位，被称之为判例法，具有创制、借鉴以及遵循判例等一整套法律制度或者法律体系，其根本原则是“遵循先例”。绝大多数大陆法系国家，“判例”不是正式的法律渊源，只是被推定具有约束力或具有事实上的约束力。遵循先例或受先例拘束与指导，不是西方国家所特有的法律现象，而是实现法制统一的一般要求和基本路径。我国的“案例指导制度”在两大法系中均不存在，是我国司法实践特定历史阶段的产物。我国案例指导制度的构建，不仅符合我国的基本政治制度，而且适合我国的司法现状。案例指导制度无论在称谓（案例而非判例）、制度定位、法律依据，还是效力设定、机制构建等方面都与我国的政治语境相适应。指导性案例作为“动态法典”，既将抽象的、一般的静态法典的条文规范通过具体案件的法律适用演变成“活法”；又通过总结提炼法官审判经验、思维方法和价值追求，形成蕴涵着丰富的法律精神和法学理念的“裁判规则”，从而发挥规范类似案件裁判的作用，进而实现法律调整机制的静态与动态的相洽、刚性与柔性的协调、法律体系与社会变迁的相互融合。这是我国司法机关在既有的制度框架下和现行的司法体制基础上所进行的一项体现中国特色并顺应世界两大法系相互融合发展大趋势的法律适用上的机制创新。

当下，随着社会主义法治实践不断深入，社会主义法治理念基本树立，人们对司法公正越来越关心和渴望。心理学关于公平的理论早已证实，公正是社会比较的结果，人们关注的不是其所得到结果的绝对值，而是与他人对比的相对值。“同案同判”的要求缘于“同样的事情同样对待，相似的事情相似对待”的自然法思想，它是人们最直观、最朴素的正义观在司法领域的直接反映。如果“同案不同判”，当事人就会觉得自己受到了不公正的待遇，就会怀疑、动摇对司法和法律的信任和信仰。指导性案例既可以为相同或类似案件提供统一的司法标准，约束和规范法官自由裁量权的行使，又可基于案例的公开性、可预测性和可比性，阻断“暗箱操作”“违法断案”。因此，案例指导制度具有实现公平正义等多种功能：

第一，具有对法律规范内涵明确化的宣示功能。成文法典抽象性法言法语容易产生多种理解和解释，指导性案例是人民法院将抽象的法律条文适用于具体案件的产物，是将具体案件融于法律条款的智慧结晶。实行指导性案例制度，有利于人们通过案件理解法律，通过法律评价案件，从而架起法律与案件之间的桥梁，使法律规范更加明确化、具体化，为实现法律条文的可操作性提供范例。

第二，具有对制定法漏洞的补充功能。社会发展已经证明，包罗万象、有求必应、尽善尽美的法律只能是人们纯真而完美的梦想。成文法不可能详尽无遗地囊括社会生活的全部现象，其条文式的表述不可避免地在实现法律的普遍性、稳定性和确定性的同时，又在很大程度上牺牲必要的特殊性、适应性和灵活性，存在模糊性、僵化性、时滞性等缺陷，甚至不少领域存在空白或法律漏洞，难以适应实践中出现的新情况、新问题。指导性案例结合具体案例演绎法律条文，在法律许可的范围内，充分发挥司法的能动性、灵活性而有针对性地及时弥补成文法的漏洞，从而确保法网疏而不漏。

第三，具有对法官自由裁量权运用的约束功能。实行指导性案例制度，引导法官认同并借鉴指导性案例中归纳出的法律原则或裁判规则，为法官办案提供明确、具体的指引，有效克服法官的主观臆断和任意擅断，规范法官的自由裁量权，能使相同或相似案件得到基本相同的裁判，更好地维护司法的公平公正，增强司法裁判的权威性。

第四，具有提升案件裁判质量和效率的促进功能。实行指导性案例制度，有利于充分挖掘法官群体的司法智慧和裁判经验，为法官办案提供裁判理念、思维方式、办案思路、解决问题的法律方法和价值衡量等方面的指引。既可以减少法官不必要的重复劳动，节省时间和精力，缩短审判周期，又可以建立起解决同类或相似问题的思维模式，保证裁判的精准度，统一司法适用，提高司法效率。

第五，具有排除不当干扰的防御功能。由于影响司法公正信赖和司法裁判权威的因素很多，实行指导性案例制度，遵循先例进行裁判，以机会公正、待遇公正、尊严公正、结果公正等体现出法律可预期性的要求，以及“同样情况同样对待”的公平原则，在一定程度上可以弥补法律公正在逼近自然公正中遭遇的困窘和无奈；在一定程度上可以杜绝、避免和减少除法官能力、学识和认识等原因之外的徇私枉法现象，从而限制一些企图通过枉法裁判牟取私利的法官的“玩法空间”；在一定程度上可以发挥上级人民法院对下级人民法院的审判监督作用，抵制和排除法院外部的干扰和法院内部的不规范行为，遏制司法腐败，实现司法公正。

第六，具有对社会主体的教育功能。指导性案例的公布，使得司法裁判效力的影响得以延伸，一个个生动的指导性案例无疑是一个个鲜明的标准，既可以让当事人直观、生动、具体地了解指导性案例的裁判思路，更好地预测诉讼风险，采取更加理性的诉讼行为，从而减少司法资源的浪费，也可以增强社会公众近距离接触法律的机会，通过每个鲜活的案例，感受司法的公正与客观，有效地引导社会主体的行为。

第七，具有促进法学研究和推动立法完善的辅助功能。理论必须源于实践，法学作为一门应用学科更应如此。社会变化的必然性是以特殊性、偶然性为基础的，只注重对抽象的法律规范的研究，就难以把握法律运行的多样性和复杂性。研究法律离不开指导性案例，它既是定性研究的重要对象，又为量化分析提供了丰富的素材。作为联结实践与理论、问题与规则的桥梁，指导性案例本身所蕴含的法治信息，所提出的前沿命题，往往成为法学研究创新和理论发展的重要源泉。同时，司法审判活动作为法律发展的重要原动力之一，法律出台的实证基础往往来源于具体的案件，指导性案例涵盖了社会现实中存在的主要热点和难点问题，案例的积累为立法建议和司法解释的制定提供了有针对性和代表性的素材，增强了说服力和可信度，促使法律发展更能契合社会现实需要。

虽然指导性案例具有宣示、补充、约束、促进、防御、教育、辅助等多种功能，但要充分发挥好这些功能，在适用指导性案例时要采取“类比”“类推”的方法，“有条件地适用”“经过审查后适用”，充分运用归纳推理，使法官依据法律的精神和固有价值进行合理的取舍，使归纳结论符合法律的正义要求并具有可接受性。具体适用指导性案例应当注意以下一些问题：

第一，不能把指导性案例效力绝对化。在我国立法体制下，建立案例指导制度的目的是要建立一个有利于准确适用法律的司法工作机制，为案件的审理提供具体、规范的参照。按照《关于案例指导工作的规定》的要求，最高人民法院发布的指导性案例，各级人民法院在审判类似案件时应当参照，赋予了指导性案例一定的效力，这种参照的效力是一种“事实上的拘束力”，这种拘束力不属于正式的法律渊源，而主要体现为指导性、说服性、参考性。

第二，有必要建立和完善适用指导性案例的识别和引用规则以及保障机制。识别规则就是做好指导性案例裁判规则的总结工作，进一步明确类似案件的判断标准，方便法官尽快寻找到最适合的指导性案例。引用规则与指导性案例的效力有着密切的联系。指导性案例不具有普遍性的约束力，不能被裁判文书直接援引，但并不能排除裁判文书的合理引证。保障机制就是要建立起指导性案例遵循的审级监督和社会监督制度、责任追究制度、培训考核机制以及适用的服务体系。

第三，必须准确把握指导性案例的适用条件。适用条件主要是：现行法律没有明文规定、规定不明确、存在漏洞或冲突，司法实践中主要包括拟裁判的民商事、行政案件没有明确的法律依据，法律存在漏洞或冲突，以及法律虽然有规定，但比较原则，易产生歧义等情形；存在可以比照的指导性案例规则；存在相似的案件事实；等等。

第四，要为正确适用指导性案例确定正当程序。一是案情对比，重点是法定事实要件的比对，选择法定事实案件最相类似的指导性案例；二是情势权衡，主要包括政策权衡、价值权衡、利益权衡和功能权衡，保障案件裁判的形式公正与实质公正、程序公正与实体公正、个案公正与社会公正的统一；三是案例遴选，以主要问题为中心展开，分析案件事实，明确诉争焦点，列出问题要点，搜索最适合的指导性案例；四是规则适用，重点是在法庭审判和法院判决中的适用，既可以作为律师或检察官在法庭辩论时的理由，也可以作为法官阐释裁判的理由，还可以吸收到司法裁判的推理中，以增强裁判的说理性和权威性；五是案例排除适用原则，当指导性案例与拟裁判案件之间存在案件事实差别，以及指导性案例所确定的裁判规则存在与法律原则相冲突，或存在含混、模糊、内在冲突等缺陷时，可以排除指导性案例规则的适用。

指导性案例是法律与实践结合的产物，是司法经验和法律智慧的结晶。它既包含着对立法精神的理解和阐发，又包含着司法经验的探索与积累；既包含了实体性规则，又包含了程序性规范；既包括对法律的文意理解，又包括对法律精神实质的把握；既包括对形式正义的宣示，又包括对实质正义的把握。理论界和实务界对指导性案例应当具有“指导效力”已形成共识。为了更好地提高案例的指导性，增强指导性案例的适用价值，充分发挥其功能，让“纸上的法律”真正变成社会生活中“活的法律”，虽然有赖于诸多因素，但其中行之有效的方法之一就是从法学方法论的立场去阐释蕴涵于个案的裁判规则。这正是我们组织编写出版这套“最高人民法院指导性案例裁判规则理解与适用系列”丛书的目的和出发点。丛书中所选案例是以最高人民法院指导性案例、公报案例为主，同时，还精选了部分最高人民法院直接裁判的具有指导性的案例。《最高人民法院公报》是国家最高审判机关公开介绍我国审判工作和司法制度的重要官方文献，是最高人民法院对外公布司法解释、司法文件、裁判文书、典型案件及其他有关司法信息资料的法定刊物。公报案例的最大的特点就是以《最高人民法院公报》为载体，公开、客观地记录和反映具体案件正确适用具体法律的裁判过程，是唯一以最高人民法院官方名义发布的案例，无论案例是哪一级法院审结的案件，但所涉及的法律适用和理解、司法价值取向等都得到了最高人民法院的正式确认，直接体现最高人民法院的司法观点，具有典型性、权威性和指导性。本丛书分民商事、行政、刑事和综合（年卷）四大类，每大类中按不同案件类型编排成卷，如民商事类可分为担保卷、公司卷、合同卷、婚姻家庭卷、房地产卷等。通过对指导性案例、公报案例等进行梳理，然后编定成卷每年定期出版，奉献给大家。

本丛书突破了传统法律案例类图书的“要点提示、案情、法院审判、裁判要旨、评析”等写作模式，在编写体例上，采取了【裁判规则】【规则理解】【拓展适用】【典型案例】的体例。以裁判规则为主线，在内容和体例上具有一定的独创性，突出强调不仅要关注公报案例等指导性案例本身，而且要关注指导性案例所形成规则的理解与适用，侧重于弥补法律漏洞以及阐释实务中如何正确理解与适用法律，致力于为读者迅速查找指导性案例和把握裁判规则提供最为便捷有效的途径。

所有的【裁判规则】都是通过对案件争议焦点所涉及的法律问题进行评析后形成的并为裁判结论所确立的法律性质规则，属于法律规则或者原则范畴，是案例的核心内容、灵魂所在。指导性案例裁判规则一般是非特定的、非个案的，对法官在同类案件中认定事实、适用法律具有启发、引导、规范和参考作用。从一定意义上讲，指导性案例的指导作用更多地体现在从案件事实认定和法律适用中提炼出来的裁判规则或者裁判要旨。针对部分公报案例裁判摘要中存在法条构成要件重述、内容不明确等问题，我们对该部分案例的裁判规则进行了重新归纳和提炼。其目的正如美国大法官卡多佐在《司法过程的性质》中所言，在接手案件时，“所做的第一件事就是将他眼前的案件同一些先例加以比较，无论这些先例是贮藏在他心中还是贮藏在书本中……先例的背后是一些基本的司法审判概念，他们是司法推理的一些先决条件；而其后面的是生活习惯、社会制度，那些概念正是在它们之中才得以生成。通过一个互动过程，这些概念反过来修改着这些习惯与制度……如果先例清楚明了并且契合案件，那么法官就无需做更多的事了。”

德国法学家拉伦茨在《法学方法论》中说：“制作司法先例的法官首先考虑的是他所裁判的事件，这些要旨不过是裁判理由中蒸馏出来的结晶，与案件事实密切相关，在很大程度上本身也需要解释。”如何将写在纸上的裁判规则，适用于此后千变万化但法定事实要件相同或相似的类案，诠释规则所蕴含的公平与正义精神，是法官的重要任务。然而，由于各级法院、各地法院的法官们，在年龄、知识结构、社会阅历、审判经验等方面存在差异，对于裁判规则的理解、运用等都会有不同的结果。因此，我们认为有必要将指导性案例中所提炼裁判规则的【规则理解】作为本丛书核心内容，突出对所提炼裁判规则解读的指导意义，以超越个案审判的视野，对法律适用进行理性思考，研究案例所体现的法律规则、法律原理、法律精神以及裁判方法、裁判理念等体现的核心价值。虽然指导性案例裁判规则源于个案，但不仅仅局限于个案，而是通过对规则的理解以及法定事实要件的精准把握，达到将裁判规则适用于类案的效果，从而使所提炼的裁判规则中蕴涵的内在价值能够在更广的范围内、更深的层次上得以被发现、被接受、被适用。虽然目前还没有明确规定指导性案例的裁判规则可以在类案的裁判文书中直接援引，但不容置疑的是它的基本精神完全可以渗透于裁判文书的说理部分，可以作为法官裁判的理由、检察官或律师法庭辩论的理由。对于全国各级法院法官及其他法律工作者来说，准确理解和掌握指导性案例裁判规则，有助于统一司法理念、统一法律适用和统一裁判尺度，促进人们对法律的尊重与信仰。

为了防止因裁判规则的抽象性以及成文规范难以避免的缺陷而导致的弊端，我们对指导性案例的裁判规则进行了【拓展适用】，目的是对与裁判规则相关联的理论问题进行系统梳理和深入探讨，以期能够较为全面地阐释裁判规则的精髓，从而推动相关法学研究向纵深发展，拓宽人民法院、法官发现问题、解决问题的渠道，又能够为立法和司法解释提供新的思路和视角，从而形成实践丰富理论、理论指导实践、司法实践与理论研究良性互动的局面，提升司法应对现实的能力。

对《最高人民法院公报》【典型案例】等指导性案例进行分类梳理，一方面是对指导性案例进行连续性和系统性的汇编，方便各地各级法院的法官以及检察官、律师和其他法律界人士检索和援引；另一方面是更全面、更客观、更系统、更立体地展现了指导性案例所依附的案件事实、证据以及裁判说理等的真实风貌，更直观、更清晰、更准确地理解裁判规则的涵义，指导同类案件的法律适用，特别是裁判论证和说理过程，使抽象的审判指导概念更具明确性、更具形象化、更具可操作性。

对指导性案例裁判规则进行全面、系统的解读和阐释，以帮助法律实务界更精准地运用典型案例实现法律的目的、实现公平公正，使从事法学教育和理论研究的同志得以全面把握指导性案例的精神实质，是作者的一次尝试。我们深知，本套丛书所涉及的法学理论博大精深，各种研究文献浩如烟海，有许多未知的领域仍需作深入细致的研究。我们深知法学理论对审判实践有着巨大的指导作用，特别是在法律规定不明确的情况下，具有扎实深厚的理论功底，及时掌握理论界研究的最新成果就显得更为重要。正基于此，我们不敢懈怠，时刻关注理论发展的最新动态，时刻关注理论研究的最新成果，时刻关注审判实践中的典型案例和实践经验，从研究的角度提出一些个人的学术见解，这些见解并不代表任何组织和机构，甚至与我们个人的身份都无关联。当然，这些观点和意见的正确与否，不仅要接受理论界的评判，而且要接受实践的检验。希望借此丛书的修订版，使我们能够与理论界的学者、实务界的同仁进行深入交流探讨，以期共同推动我国案例指导制度的完善和案例研究的深化与细化。

是为序。

江必新

二〇二二年十一月二十日

凡　　例

为使行文方便，本书对相关法律、法规和司法解释等规范性法律文件的名称做了缩略。

《宪法》:《中华人民共和国宪法》

《民法典》:《中华人民共和国民法典》

《民法通则》:《中华人民共和国民法通则》

《物权法》:《中华人民共和国物权法》

《担保法》:《中华人民共和国担保法》

《合同法》:《中华人民共和国合同法》

《经济合同法》:《中华人民共和国经济合同法》

《侵权责任法》:《中华人民共和国侵权责任法》

《民事诉讼法》:《中华人民共和国民事诉讼法》

《城市房地产管理法》:《中华人民共和国城市房地产管理法》

《土地管理法》:《中华人民共和国土地管理法》

《公司法》:《中华人民共和国公司法》

《企业破产法》:《中华人民共和国企业破产法》

《消费者权益保护法》:《中华人民共和国消费者权益保护法》

《未成年人保护法》:《中华人民共和国未成年人保护法》

《妇女权益保障法》:《中华人民共和国妇女权益保障法》

《残疾人保障法》:《中华人民共和国残疾人保障法》

《中国人民银行法》:《中华人民共和国中国人民银行法》

《农村土地承包法》:《中华人民共和国农村土地承包法》

《村民委员会组织法》:《中华人民共和国村民委员会组织法》

《海商法》:《中华人民共和国海商法》

《文物保护法》:《中华人民共和国文物保护法》

《土地管理法实施条例》:《中华人民共和国土地管理法实施条例》

《城镇国有土地使用权出让和转让暂行条例》:《中华人民共和国

城镇国有土地使用权出让和转让暂行条例》

《民事证据规定》:《最高人民法院关于民事诉讼证据的若干规定》

《出口退税托管账户质押贷款案件规定》:《最高人民法院关于审理出口退税托管账户质押贷款案件有关问题的规定》

《查扣冻规定》:《最高人民法院关于人民法院民事执行中查封、扣押、冻结财产的规定》

《民法通则意见》:《最高人民法院关于贯彻执行〈中华人民共和国民法通则〉若干问题的意见(试行)》

《适用民事诉讼法意见》:《最高人民法院关于适用〈中华人民共和国民事诉讼法〉若干问题的意见》

《民法典继承编司法解释(一)》:《最高人民法院关于适用〈中华人民共和国民法典〉继承编的解释(一)》

《民法典物权编司法解释(一)》:《最高人民法院关于适用〈中华人民共和国民法典〉物权编的解释(一)》

《合同法司法解释(一)》:《最高人民法院关于适用〈中华人民共和国合同法〉若干问题的解释(一)》

《合同法司法解释(二)》:《最高人民法院关于适用〈中华人民共和国合同法〉若干问题的解释(二)》

《担保法司法解释》:《最高人民法院关于适用〈中华人民共和国担保法〉若干问题的解释》

《民事诉讼法司法解释》:最高人民法院《关于适用〈中华人民共和国民事诉讼法〉的解释》

《国有土地使用权合同纠纷司法解释》:《最高人民法院关于审理涉及国有土地使用权合同纠纷案件适用法律问题的解释》

《建筑物区分所有权纠纷具体应用法律若干问题司法解释》:《最高人民法院关于审理建筑物区分所有权纠纷案件具体应用法律若干问题的解释》

《建筑物区分所有权纠纷适用法律若干问题司法解释》:《最高人民法院关于审理建筑物区分所有权纠纷案件适用法律若干问题的解释》

《物业服务纠纷具体应用法律若干问题司法解释》:《最高人民法院关于审理物业服务纠纷案件具体应用法律若干问题的解释》

《物业服务纠纷适用法律若干问题司法解释》:《最高人民法院关于审理物业服务纠纷案件适用法律若干问题的解释》

总　目　录

第一章　物权变动原则

第二章　不动产登记

第三章　物权的保护

第四章　建筑物区分所有权

第五章　物业管理

第六章 业主知情权

第七章 建筑物共有

第八章 相邻关系

第九章 善意取得

第十章 财产无主的认定

第十一章　土地承包经营权

第十二章　抵押权

第十三章　债权出质

第十四章　占　有

目 录

Contents

第一章 物权变动原则

第二章　不动产登记

第三章 物权的保护

第四章 建筑物区分所有权

第六章　业主知情权

第八章　相邻关系

第十章 财产无主的认定

第十一章　土地承包经营权

第十二章　抵押权

第一章　物权变动原则

规则1：善意买受人根据不动产登记，确信登记的权利状态与现实状态相一致的信赖利益应予保护

——丁某如与石某房屋买卖合同纠纷案[①]

【裁判规则】

房屋行政主管部门对未经审批而改建、重建的房屋，可因现实状况与不动产登记簿记载的权利状况不一致，将其认定为附有违法建筑及结构相连的房屋并限制交易。善意买受人根据不动产登记的公示公信原则，确信登记的权利状态与现实状态相一致，此信赖利益应予保护；根据区分原则，房屋因附有违法建筑而无法过户属合同履行范畴，不应影响合同效力。因此，这类合同如不具备法律规定的无效情形，应当认定有效。出卖人负有将房屋恢复至原登记的权利状态并消除行政限制的义务。在买受人同意按现状交付并自愿承担恢复原状义务的情况下，出卖人应按诚实信用原则将房屋交付买受人，并于买受人将房屋恢复原状、消除行政限制后协助完成过户手续。

【规则理解】

一、物权变动的公示原则

物权是对标的物的直接支配，具有绝对排他的效力，故其存在和变动必须具备足以由外部可以辨认的表征，才得以透明其法律关系，减少交易成本，避免第三人遭受损害，保护交易安全。这种可由外部辨认的表征，即为物权变动的公示方法[②]。公示方法对外显示物权的变动及其变动之后的物权现状（如物权的归属及其内容），前者公示了物权的动态现象，后者则公示了物权的静态现象，包括物权存在的积极现象（有公示则有物权）和物权不存在的消极现象

---

① 《中华人民共和国最高人民法院公报》2012年第11期。

② 王泽鉴：《民法物权》，北京大学出版社2010年版，第71页。

（无公示则无物权）。而在法律上要求物权的存在与变动必须以一定的公示方法表现于外才能发生一定法律效果的原则即为公示原则。[①] 公示原则使得潜在的交易主体可从外部察知物权的存在、变更等相关内容，了解特定物权的归属状态，在交易发达、物权变动频繁的现代社会，对于保护交易安全及提升交易效率显得尤为重要。

二、物权公示的方式

（一）公示方法之特性

公示方法之实质即为外部得以辨认的表征，其形式应包含以下特征：其一，公开性。公示的方法必须为一般人所了解且显而易见，无法为大众所了解和掌握的方法不可，也不应作为公示方法。其二，准确性。虽公示表彰的物权并不恒定地代表真实的物权，但并不妨碍公示方法须具备对物权关系反映较高准确率的特性，否则无法起到信赖公示作用。其三，法定性。公示方法必须以法律赋予效力，依意思自治选定的公示方法，难以形成普遍的社会信赖，有违物权公示的目标。其四，统一性。在有选择的前提下，法律必须统一选择其一从而使公示方法单一化。统一的标准可以是标的物，如动产和不动产就选用不同的公示方法，也可以是物权，如动产抵押权和动产质权的公示方法也不一样。

（二）物权公示之形式

物权公示需具备的以上特性，经历了长期的历史探索与实践检验。在早期奴隶制社会和欧洲中世纪，包括物权变动在内的交易伴随着烦琐的仪式，这些仪式虽在客观上有一定的公示效果，但就其实质而言，在很大程度上是出于证据保全的需要以确保财产归属的安全，与近现代民法上的物权公示方法尚有较大差别。此后，交易行为逐渐从仪式的繁文缛节中获得解放，但就物权关系仍保持着需通过一定形式予以公示的要求。起初，无论动产或不动产，其静态权属都通过占有来公示，而物权变动都通过交付（动产交付实物，不动产则交付象征物，如象征土地之土块和草茎）来公示。其后，不动产物权变动又逐步演化为以文书代替象征物之交付，并在文书交付的基础上发展出登记制度。

自此，物权变动逐渐形成了不动产物权以“登记”、动产物权以“交付”为表征公示方法的基本格局。所谓登记即为物权变动当事人按照法律的要求，向国家主管机关提交申请书、有关的产权证书、协议书（或让与书）、契证等，要求登载记录物权变动事项，该机关经审查认为无误时，将物权变动事项记载

---

① 谢在全：《民法物权论》（上册），中国政法大学出版社2011年版，第46页。

于特定公簿的行为[1]。之所以如此，是因为相对于动产，不动产往往价值更大，也更具有稀缺性和不可再生性，在不动产领域，不仅对交易安全性的要求较高，而且关乎税收等公法性内容，登记则能将不动产上所负载的私法意义与公法需求有机地统一起来。同时，由特定国家机关按照法定程序作成的登记，不仅表征物权的准确性高，而且物质性、客观性强，故公示的效果较为理想。但在动产，因其物权种类和交易形态的复杂性，动产物权的价值在很大程度上取决于其流通性，交易迅捷成了动产交易的第一价值准则，因此，动产物权的公示方法必须简便易行，即便近代以来登记制度蓬勃发展，但动产物权仍以占有和交付作为其公示方法的主要方式，并呈现出将占有和交付不断观念化、拟制化之趋向[2]。

三、物权公示的效力

综观各国立法例，虽公示方式基本一致，但就公示原则所生的法律效果却各有不同：在以德国为代表的形式主义立法例中，公示与物权变动发生融合，以登记或交付的公示方法为物权变动的成立或生效要件，具体而言，即不动产物权变动须经登记，动产物权变动须经交付始发生物权变动的效力；在以法国为代表的意思主义立法例中，公示与物权变动间的关系则相对疏离，以登记或交付的公示方法为物权变动的对抗要件，即不动产物权的变动未经登记或动产物权变动未经交付在当事人间仍可发生物权变动的效力，但不产生对抗第三人的效力。

我国的物权变动同样采取动产以交付、不动产以登记为其公示方法，在公示方法产生的法律效果上则采取生效要件主义，即动产物权的设立和变动，除法律另有规定外，自交付时发生效力；不动产物权的变动，除法律另有规定外，以登记为生效要件[3]。据此，不动产物权的设立、变更、转让和消灭，经依法登记才得以发生效力，未经登记则不发生效力。这种可产生权利设定效力的登记亦被称为设权登记。

---

① 张俊浩主编：《民法学原理》，中国政法大学出版社2000年版，第415页。

② 孙鹏：《物权公示论——以物权变动为中心》，西南政法大学2003年博士学位论文。

③ 我国《民法典》第208条规定："不动产物权的设立、变更、转让和消灭，应当依照法律规定登记。动产物权的设立和转让，应当依照法律规定交付。"第209条规定："不动产物权的设立、变更、转让和消灭，经依法登记，发生效力；未经登记，不发生效力，但是法律另有规定的除外。依法属于国家所有的自然资源，所有权可以不登记。"第224条规定："动产物权的设立和转让，自交付时发生效力，但是法律另有规定的除外。"

（一）物权公示的设权效力

相较债权，物权具有绝对性和排他性，基于其支配权的特性当然发生排斥第三人的效力，也正因此，须将物权以法律规定的形式表现出来，从而填补第三人在信息获取上的弱势地位避免其遭受不可知的交易风险。因为，从物权变动本身而言，民事主体间的意思自治足以产生法律效力，该原因行为也是物权变动的内容、归属、形态和运行轨迹的根源与基础，当这种意思表示不能借助特定形式为外界所知时，容易引起物权支配权属性与当事人意思表示间可能的错位，而赋予物权公示的设权效力则将“物权的优先性与当事人物权意思表示相结合，然后又将他们与可以从客观上认定的法律事实相结合，从而实现意思自治的私法原则与物权特性的科学结合”。①因此，当事人间不仅需要有进行物权变动的意思表示，更需要以一种外界知晓的特定形式公之于众，《德国民法典》确立的“不公示者不得变动”规则最大限度上体现了物权公示的设权效力。

事实上，物权公示的设权效力规则由来已久，早在罗马法时期就已产生雏形，即以特定的形式决定物权的变动，称为形式主义规则，日耳曼法亦有类似规则。该规则对后世民法产生了深远的影响，逐步演化为“不公示者不得变动”的设权效力规则。纵观历史变迁，这种形式主义的规则和传统能够逐步形成、演化并传承，根本原因在于当事人意欲进行物权变动的意思表示不能为外人所知悉，但其结果却要产生物权绝对性效力，从而涉及以具体当事人为代表的私人利益和以不特定第三人为代表的社会公众利益之间的平衡。为了减弱物权排斥社会公众的风险，法律对私人利益施加了限制，要求当事人必须通过特定形式将其意思表示的目的和结果表现出来，所谓“不公示者不得变动”②。公示即具备了使物权发生变动的法律效力。

（二）物权公示的对抗效力

在德国民法等形式主义的立法规则之下，物权与债权需以外观上的形式来予以区别，物权公示产生绝对的设权效力，公示形式即为判断物权权属的标准。然而在意思主义之下，当事人间意思表示有效成立即宣告依法律行为的物权变动完成，换言之，只要当事人意在引发物权变动的意思表示具有法律效力，物

---

① 孙宪忠：《论物权法》，法律出版社2001年版，第167页。

② 常鹏翱：《物权法典型判例研究》，人民法院出版社2007年版，第69页。

权即可变动，而无须进行公示，但不经公示的物权变动不具有法律效力。[①] 相较物权的设权效力，公示的对抗效力显然更具有效率性与经济性，当事人在达成物权变动的合意后可自行选择是否另行办理登记，但未具备公示形式者则要承受由此带来的不利益。由此可见，物权公示的对抗效力实质上将物权对世的绝对效力与对人的相对效力作出了区分，达成合意的交易双方意思表示一致即可产生物权变动的效果，双方间的权属界定已经发生法律效力，但在涉及第三人时，仍需以公示形式宣示物权的对世效力，以保障第三人交易的安全性。我国《民法典》第 225 条规定“船舶、航空器和机动车等的物权的设立、变更、转让和消灭，未经登记，不得对抗善意第三人”，第 374 条规定“地役权自地役权合同生效时设立。当事人要求登记的，可以向登记机构申请地役权登记；未经登记，不得对抗善意第三人”，以及第 333 条第 1 款对土地承包经营权不以登记为设权效力以及第 402 条中对正在建造的建筑物登记效力的相关规定，均体现了物权公示的对抗效力。

（三）物权公示的宣示效力

物权公示的宣示效力主要针对非依法律行为而产生的物权变动，主要是人的行为之外的事实，即物权变动并不需要当事人的意思表示，只需具备特定要件，法律即认可物权变动的发生，比如自然事件或者事实行为。在此情形下，只要物权变动的原因具有确定的效力或者已经完成，物权即可发生变动，无须特定的公示形式。各国立法例对此有相关规定，如《瑞士民法典》第 625 条第 2 款规定：“取得人在先占、集成、征收、强制执行或法院判决等情形下，得在登记前，先取得所有权。”我国《民法典》第 229 条、第 230 条、第 231 条对因裁判、征收、继承及房屋建造、拆除等事实行为引起的物权变动均规定在原因事实完成或行为成就时发生效力，即在此类情形下，公示并非为物权变动的形式要件。尽管如此，权利人仍可采取法定的公示形式以表彰该物权的存在，物权公示的宣示效力即产生于此，能够产生这种效力的登记即为宣示登记。宣示登记不具有创设物权的效力，仅表现为宣示已发生的物权变动而已。[②]

（四）物权公示的推定效力

物权公示的推定效力规则旨在解决权利外观与实质权利的一致性问题，易言之，即“以形式决定内容”，以物上权利具备的外观推定其实质内容。就不

---

① 常鹏翱：《物权法典型判例研究》，人民法院出版社 2007 年版，第 88 页。

② 王泽鉴：《民法物权》，北京大学出版社 2010 年版，第 81 页。

动产物权而言，这种信任的基础源于，在统一合法的不动产登记机构，以其正当程序确保登记能够正确反映真实的不动产物权，以登记标示不动产物权的存续状态。而对于动产，法律规定将占有或交付作为其公示方式，以提高交易效率。与物权公示的其他效力相一致，公示的外观是保障物权为人所知的必要条件，也因此才能推定权利的存在。物权公示的推定效力使得具有权利外观的物权被推定为真实的权利，这不仅免除了权利人证明自我权利的负担，也给他人提供了权利信息。正是基于这种推定效力，抽象的物权得以向世人表征自己的具体存续状态，从而为物权人的利益以及物权交易奠定了安全性基础。① 值得注意的是，按照权利推定与事实推定的区分原则，物权公示的推定效力无疑系立法者以一定的推定基础直接推导出另外一种权利状态，而非一个既定的事实，即表明由推定效力得出的结论并非必然为真实存在的事实。当然，在一般情况下，通过登记或占有表征显现的外观权利与真实权利应相互统一，但并不能排除存在两者不相一致的情形。以不动产登记为例，尽管登记机关应按照法定程序如实对权利进行登记，但在纷繁复杂的社会经济生活中，因当事人自身过错或登记机关疏忽，不可避免地会出现登记权利与实际权利不一致之情形。在此状况下，不动产登记簿记载事项的推定效力对于实现物权变动显得尤为重要。我国《民法典》第 216 条“不动产登记簿是物权归属和内容的根据”的规定即确立了权利正确性的推定原则，即在不动产登记簿上记载某人享有某项物权时，推定该人享有该项权利，其权利的内容也以不动产登记簿上的记载为准。② 因不动产登记簿记载了不动产物权的存续或消亡，故该推定亦可分为推定登记物权客观存在和推定注销登记的物权不存在两种效力，或可分别称为积极的推定效力和消极的推定效力。物权法确立的这一规则，其目的在于以国家赋予登记机关的公信力对物权相对人的利益予以保护，从而建立一个能以客观标准衡量的公正的经济秩序，这也是物权公示原则的价值和要求。同时，因权利外观并不必然对应真实的权利本身，在两者不一致的情形下，应赋予真实权利人举证推翻此种推定的权利，为可能的真实权利人提供异议登记、更正登记等法律救济途径。

（五）物权公示的公信效力

物权公示的公信效力，亦可称之为物权变动的公信原则，是指依公示方法

---

① 常鹏翱：《物权法典型判例研究》，人民法院出版社 2007 年版，第 119—120 页。

② 王胜明主编：《中华人民共和国物权法解读》，中国法制出版社 2007 年版，第 38 页。

所表现的物权与真实物权状态不一致时，对于信赖该公示方法所表现的物权状态而进行交易行为的第三人，法律仍承认其具有与真实物权状态相同的法律效果以保护其权益的原则[①]。公信原则使公示方法具有保护从事物权行为的善意第三人的效力，故也称之为公信力，即物权公示产生的公信效力。

关于物权公示的公信效力，最早可追溯至日耳曼法，其后为德国民法承继并发展。在德国民法传统中，物权公示的设权效力、推定效力和公信效力相互协力，为物权变动提供了一套完整的规则体系。推定效力指向静态物权，强调以权利外观代表真实权利，基于此，设权效力强制性地要求物权变动必须具备权利外观，使得物权交易链条具有客观可见的外形，而公信效力则着重于解决当权利外观与实质权利间出现偏差时的问题。公信效力强化推定的不可逆性，第三人只要是不知情的善意之人，即可确定地取得不动产物权，真实权利人即使能够证明公示错误也毫无意义，即为一种"无知者无畏"的大胆交易规则。[②]在这种大胆交易规则之下，参与交易的行为人只需要按照公示方法所表现出的物权状态即可从事交易行为，而不必再费时费力去探究标的物权利状态的实际情况，完全符合交易迅速的社会需求，更无须考虑除公示方法所表现出来之外可能存在的物权状态会损及其权利。该规则保障了双方的交易安全，极大地促进了交易的迅速发展，亦使物权关系趋于稳定，物权的流通性得以广泛推行。由此可见，公信效力是以保护物权交易安全（动的安全）为职责的，而真正权利人的利益（静的安全）却难免会在这种对交易安全的极度保护中受到损害，即以牺牲静的安全来作为保护动的安全之代价。

确立物权公示的公信效力即意味着在真实权利人与善意第三人之间，法律以优先保护善意第三人为代表的社会公众利益作为其价值判断取向，这也是在历史与实践过程中两相权衡作出的选择。值得注意的是，该价值判断取向是在第三人为善意的前提下作出的，即第三人想要取得外观形式下所代表的物权，不仅要考虑该权利外观是否符合客观权利状况，还要考虑第三人是否知悉权利外观与实际权利之间的偏离，只有在其不知这种偏离的情况下，出于对该外观形式的信赖才能得以保护[③]。即物权公示的公信效力实为将第三人信赖的登记物权拟制为实质物权，从而使其取得的物权具有终局确定性，不具有权利瑕疵，

---

① 谢在全：《民法物权论》（上册），中国政法大学出版社 2011 年版，第 49 页。
② 常鹏翱：《物权法典型判例研究》，人民法院出版社 2007 年版，第 135 页。
③ 常鹏翱：《物权法典型判例研究》，人民法院出版社 2007 年版，第 134 页。

而这种拟制需以第三人的善意信赖为前提。同时，为避免真实权利人的权利受到过度侵害，各国立法例通常会采取事先预防与事后补偿的措施予以防范和弥补。具体来说，对于不动产的物权变动而言：一是对登记制度加以完善，严格把控登记程序，如德国、瑞士及我国台湾地区等国家和地区对登记的事项采取实质审查主义，尽可能避免登记权利与实际权利不符之情况发生；二是在权利不一致情况出现切实损害真实权利人利益时，对真实权利人所受的损害予以补偿。如德国、瑞士均设立了“国家赔偿责任”，英美等国家则规定自登记的手续费中提取部分金额作为补偿基金或保险基金以备日后补偿所需等[①]。

当然，在权利外观形式与物权实质完全一致的情况下，是否采用公信原则可谓无关紧要，之所以要建立物权公示的公信效力，即在于解决两者间的冲突。因此，当第三人善意不知情时，其因信赖登记的外观权利而进行的交易应受到物权公示的公信效力之保护。

【拓展适用】

一、物权变动与其原因行为的区分

依据我国《民法典》之规定，物权变动是指物权设立、变更、转让和消灭的总称。物权变动的原因，包括法律行为和非法律行为两大类。法律行为主要为依当事人之意思表示而发生的买卖、赠与、互易及遗嘱，非法律行为则主要包括无主物的先占、建筑物的依法建成等事实行为和法律的直接规定。需要注意的是，关于引起物权变动的法律行为，在法国立法例中，由于采用债权意思主义，当事人间达成合意即可产生物权变动的效力，无须另外作成物权行为，故均表现为合同形式。而德国立法例中，标的物所有权的转移，除登记或交付外，尚需当事人就此作成一个独立于买卖合同的意思合致，即需一个独立的物权行为，故其物权变动的原因并非为债权行为而系物权行为。

关于我国是否承认物权行为理论向来存有争议，但可以确定的是，我国法律明确对物权变动与其产生的原因行为作出了区分，即有关设立、变更、转让和消灭不动产物权的合同和物权的设立、变更、转让和消灭本身是两种应当加以区分的情况。[②] 尽管通说认为我国并未明确承认物权行为理论，物权变动本身并非为物权行为的后果，但亦不影响原因行为和物权变动相分离的法律关系。所谓物权变动与其原因行为的区分，即为在发生物权变动时，物权变动

① 谢在全：《民法物权论》（上册），中国政法大学出版社2011年版，第50页。
② 王胜明主编：《中华人民共和国物权法解读》，中国法制出版社2007年版，第37页。

的原因与物权变动的结果作为两个法律事实，其成立、生效遵循不同的法律依据。具体而言，在此情形下，引起物权变动的买卖、赠与、互易等合同以及遗嘱等原因行为由《民法典》合同编予以调整，物权变动则由《民法典》物权编作出规制。

（一）原因行为的生效要件

在区分规则之下，考量原因行为的效力只需根据法律行为的生效要件，即该意思表示是否为法律所允许即可，物权公示与否并非为原因行为效力的判定因素，即便未经公示亦不可直接否定其效力。

以合同为例，实践中除即时清结买卖合同等特殊情况外，合同的成立和履行往往并非同一时间概念，通常为合同成立时间在先，当事人间依据合同关系建立起债权债务关系，但标的物所有权并不能因此而直接移转，还须有当事人按照约定履行合同的行为，于此，合同的订立和合同的履行即成为两种不同的法律事实，具有了不同的法律意义①。关于合同的订立，我国《民法典》作出了明确的规定，一般而言，在法律没有特殊规定、当事人亦无另行约定的情况下，行为人具有相应的行为能力、意思表示真实、不违反法律或社会公共利益，合同自成立时即发生效力。合同仅为当事人间的合意，合意一经达成即产生效力，依法须办理登记手续后方能生效的合同，则该手续应视为系合同生效的特殊要件，我国《民法典》第 502 条规定："依法成立的合同，自成立时生效，但是法律另有规定或者当事人另有约定的除外。依照法律、行政法规的规定，合同应当办理批准等手续的，依照其规定。未办理批准等手续影响合同生效的，不影响合同中履行报批等义务条款以及相关条款的效力。应当办理申请批准等手续的当事人未履行义务的，对方可以请求其承担违反该义务的责任。依照法律、行政法规的规定，合同的变更、转让、解除等情形应当办理批准等手续的，适用前款规定。"也就是说，要依据缔约法律行为的生效要件来对合同效力进行判断。

（二）物权变动的生效要件

同样，在区分规则下，判断物权是否发生变动的标准则在于是否公示，而非原因行为的有效成立与否。不动产物权变动以登记为公示要件，《民法典》第 215 条明确规定未办理物权登记的，不影响合同效力。动产物权的变动以交付为公示要件，《民法典》第 224 条规定除法律另有规定外，动产物权的设立

① 常鹏翱：《物权法典型判例研究》，人民法院出版社 2007 年版，第 188 页。

和转让自交付时发生效力。该法第429条规定质权自出质人交付质押财产时设立。需注意的是，该标准仅对适用于公示设权效力的情形而言，在公示对抗效力的情形下，原因行为的有效成立将直接引致物权变动，公示仅具有对抗效力而非决定物权是否变动的判断标准，在非法律行为的原因事实直接导致物权变动的情形下，公示仅起到宣示效力亦不具有设权效力。[①]

（三）区分原则的意义

将物权变动的原因与结果隔绝为不同的法律事实加以区分，从法律体系而言更符合现代民法的逻辑体系构建，以债权与物权分别规制不同的法律关系。同时，该逻辑构造上的分离进一步在法律效果上割断了两者的关联，使原因行为与物权变动分别适用不同的效力判定标准。从民法实践而言，区分规则能够更为合理地解释常见的物权变动交易事实，对区分物权与合同的不同作用范围，区分当事人的不同法律责任，保障合同当事人的合法权益亦起到了重要作用。

二、公示公信原则与善意取得制度

如前文所述，物权系对标的物的直接支配，其存在及变动需以一定的公示方法表现于外，方得以发生一定的法律效果，而当依公示方法所表现的物权与真实的物权状态并非一致时，对于因信赖该公示方法所表现的物权状态而发生交易行为的第三人，仍赋予其具有与真实物权状态相同的法律效力予以保护，此即所谓公示公信原则。

关于善意取得制度，溯其渊源，系罗马法上“无论何人，不能以大于自己所有之权利，转与他人”及“发现我物之处，我取回之”的所有权绝对原则与日耳曼法上“以手护手”[②] 原则的冲撞与融合之产物，更基于日耳曼法上占有与权利合一时的占有（Gewere）观念，该观念认为，占有为权利的外衣，故物的占有者即拥有权利，权利人亦必须占有该物，故受让占有物的人可能取得对物的权利，而有权利之人未占有该物时，其对物之权利的效力即因之减弱。几种法律理念随商品经济的发展逐步完善、交融，最终发展为使因信赖占有而从事交易行为的第三人能够取得对物的权利，近代意义上的善意取得制度由此产生并相继为各国民法所采用。关于善意取得的理论根据，有取得

① 常鹏翱：《物权法典型判例研究》，人民法院出版社2007年版，第190—191页。

② 所谓“以手护手”原则，即为任意将动产交付他人者，仅能向其相对人请求返回，如该他人将该动产让与第三人时，除得到相对人请求赔偿损害或其他权利外，不得对第三人请求返还。谢在全：《民法物权论》（上册），中国政法大学出版社2011年版，第271页。

时效说、权利外形说、法律赋权说及占有效力说等多种学说，莫衷一是。无论何种学说，多少可见传统日耳曼法的踪迹和影响，然而随着社会经济的迅速发展，现代善意取得制度自有其法律构造和意义，已不能完全以传统理论分析之。在商品交易频繁且日益重要的现代社会中，善意取得最为重要的制度价值在于保障交易的安全与便捷，减少交易成本。该变迁与改进一是由于若在交易中苛责商品受让人负担无权处分的风险，则受让人势必辗转调查让与人的处分权限，必然增加交易成本且延长交易时间，无益于交易安全，有违近代法治保护交易安全与便利的宗旨；二是因为占有的公信力。在传统民法中，以占有表征对物的所有权有其先天的缺陷，自所有权观念化后，占有与所有权分离的现象日益增加，该缺陷愈加暴露无遗且不合时宜。然而，在目前动产仍以占有为其物权公示方法的情况下，以占有为表现权利的外观使受让人善意予以信赖时，应可免除受让人对让与人处分权之有无的调查。由此可见，善意取得制度主要源于对交易安全与便利的保障，同时也离不开占有公信力的重要作用。[①]

传统的善意取得制度主要出于对动产的交易安全与便利的保护，且通常以标的物须为动产为其构成要件，因不动产以登记为公示方法，交易上不至于误以占有人为所有人。且不动产与动产性质亦有所差别，基于各国社会实情及法律体系、登记制度等各方因素考量，一些国家未就不动产的善意取得作出规定。然亦有观点认为，善意取得制度适用的前提，是法律物权与事实物权之间不一致之可能性的客观存在。这种不一致在动产即表现为占有所表达的法律物权与事实物权并非一一吻合，在不动产则表现为登记所表达的法律物权与事实物权之差异可能。善意取得制度仅适用于动产的择定，是在法学原理上对善意取得制度内部构造的曲解——在概念逻辑上把上位概念（法律物权与事实物权之差异可能）降低为下位概念（动产占有所表达的法律物权与事实物权之差异可能）适用。既然登记法律物权与事实物权之间也存在不一致的可能，那么，善意取得制度理应适用于不动产。[②] 对此，《瑞士民法典》第 973 条有类似规定，即出于善意而信赖不动产登记簿的登记，因而取得所有权或其他权利的人，均受保护[③]。我国台湾地区原并未规定不动产物权的善意取得制度，随着社会的

---

① 谢在全：《民法物权论》（上册），中国政法大学出版社 2011 年版，第 273 页。

② 董学立：《试论我国物权变动的安全制度体系之构建》，载《法学论坛》2003 年第 1 期。

③ 王胜明主编：《中华人民共和国物权法解读》，中国法制出版社 2007 年版，第 231 页。

不断发展，为保护第三人利益，维护交易安全，在2010年“民法物权编”修订时增加了第759条之一，规定“不动产物权经登记者，推定登记权利人适法有此权利。因信赖不动产登记之善意第三人，已依法律行为为物权变动之登记者，其变动之效力，不因原登记物权之不实而受影响”，据此亦设定了不动产物权的善意取得制度①。我国《民法典》第311条规定：“无处分权人将不动产或者动产转让给受让人的，所有权人有权追回；除法律另有规定外，符合下列情形的，受让人取得该不动产或者动产的所有权：（一）受让人受让该不动产或者动产时是善意；（二）以合理的价格转让；（三）转让的不动产或者动产依照法律规定应当登记的已经登记，不需要登记的已经交付给受让人。受让人依据前款规定取得不动产或者动产的所有权的，原所有权人有权向无处分权人请求损害赔偿。当事人善意取得其他物权的，参照适用前两款规定。”据此可见，我国肯定善意取得既适用于动产亦适用于不动产，究其原因，恐在于出于公信力逻辑的推演，既然基于占有的公信力可适用动产善意取得，则基于瑕疵登记的公信力亦可适用不动产的善意取得，只是善意取得动产的所有权需要完成标的物的交付，与此相对应，善意取得不动产的所有权需要完成变更登记。有观点认为，这一规定显示出我国立法摆脱了罗马法纯粹依据受让人“主观善意”来保护物权取得人的理论束缚，而采纳了依据公示原则来确定善意与否的“客观善意”理论，于理论与实践皆意义重大。②

由此可见，公示公信原则实为善意取得制度的重要基石之一，善意取得制度在公示公信原则的基础上得以发展与体现。从本质而言，公示公信原则与善意取得制度均系物权变动中第三人保护的基本规则，只是在对第三人的善意标准中，公示公信原则以公示方法为客观标准，而善意取得制度下则更注重以主观作为善意的衡量标准。在公示公信原则下，当公示的权属状态与真实的权属状态一致时，自无善意取得的适用空间，当公示的权属状态与真实的状态不一致，善意第三人出于公示的公信力信赖该权利归属，则在真实权利人、无权处分人及受让人之间产生权利义务关系，善意取得制度得以适用。在此情形下，善意取得制度不仅确认善意第三人取得物权，亦阻却了真实权利人向善意第三人的追及，代之以债法救济途径向无权处分人提出损害赔偿请求，故公示公信

---

① 王泽鉴：《民法物权》，北京大学出版社2009年版，第88页。

② 孙宪忠主编：《中国物权法：原理释义和立法解读》，经济管理出版社2008年版，第308页。

原则与善意取得制度之间虽联系紧密，亦有其各自适用之必要，两者交互协调以维护交易的安全便利，促进社会经济的有序、良性发展。

三、不动产登记的制度价值

（一）不动产登记制度概要

罗马法最初对所有权的移转注重形式，其后日耳曼法进一步发展了交付制度，要求当事人在让与土地所有权时，在证人面前不仅要缔结让与契约，而且必须为物的移转行为的表象行为（如交付象征土地之土块和草茎），让与合意与交付行为构成土地所有权让与的条件。其后又以文书代替象征物的交付，只要将记载当事人让与合意的文书交付买受人，交付行为即告完成。以此为基础逐步发展成为现代的登记制度。及至现代社会，不动产登记已不再是唯一的登记确权领域，登记制度也被广泛推广至许多动产和无形财产。综观各国立法例，不动产登记制度以其内容、效力为标准，大致可归纳为三种类型：契约登记制度、权利登记制度、托伦斯登记制度。亦有观点按物权变动模式的不同，依据不动产登记所发生的不同效力，将其区别为实质主义登记与形式主义登记。

我国自周朝开始形成了土地管理制度，历经各朝代发展演化，对土地与房屋有严格的管理体系，然而，“严格地说，我国在民国以前并没有真正形成以公示为目的的登记制度”[①]。通常认为，1922 年北京当局（当时的北洋军阀政府）颁布《房地产登记条例》系我国不动产登记制度建立的初始标志。新中国成立以后，对农村和城市土地逐步开展土地登记工作，颁发土地证和房产证，取得了初步成效。改革开放后，不动产登记制度再度恢复，健全了土地房产管理机构，有关登记的法律法规也渐次颁行，如《土地管理法》《城市房地产管理法》《城市私有房屋管理条例》[②]《城镇房屋所有权登记暂行办法》[③]《土地登记办法》[④] 等全国性法律法规以及地方政府发布的地方性规章。但与相应社会制度配套，我国此前有关不动产登记制度的立法显现出一定程度的行政管理倾向，保障交易安全功能尚有待加强。

（二）不动产登记的程序设计

不动产登记是一种程序性制度，其目的在于通过机制的合理化来确定真实

---

① 王利明：《物权法研究》，中国人民大学出版社 2002 年版，第 197 页。

② 该文件已失效。

③ 该文件已失效。

④ 该文件已失效。

的不动产物权，故程序机制的正当性与程序结果的真实性密不可分、互为因果。然而，由于个体认知能力的局限、社会因素的多端及制度的执行风险，制度设置与目标实现间总存在一定的现实差距，主要体现在程序机制的偏移和程序结果的误差两方面。

所谓程序机制的偏移，即为登记程序没有被合理设置或实施，如登记程序设置不恰当、登记机关不统一、登记流程不完全、登记事项不确定、登记内容不公开或不及时等。在程序机制偏移的情形下，仅仅程序运行的过程本身而无须引入程序外因素即可能造成其违背内在应有价值。为此，在程序设计初衷上，即应确立衡量不动产登记程序正当性的价值标准，如程序的同一性，即程序必须形式同一，针对同一事项由同一部门制定同一属性的程序；程序的参与性，在程序中包容和体现参与者与主导者的主体地位，还原程序系为人所用的本来价值；程序的合理性，限制程序主导者的随意性，使之运行更符合逻辑性；等等。以不动产登记制度的正当性价值理念引导程序的设计，赋予不动产登记机关与登记参与人各自独立的自由意志空间，使得登记机关可在合理的权限范围内审查登记，又不致恣意干涉当事人的私权利，而当事人亦可得以自主行使利益保障机制以对抗登记机关的不当行为①。在我国具体的立法实践中，应在广泛参考并借鉴他国程序规则基础上充分考量本国国情，设立最为符合其内在价值的程序机制，最大限度地避免程序机制的偏移。

程序结果的误差即为不动产登记程序运行的结果不符合权利真实情况。该误差与程序制度本身无涉，而是违背了其运行应达致的外在程序价值，通常表现为登记错误。所谓登记错误，一般认为系表现为在不动产登记簿中记载的物权与真实状态不一致的情形②。以错误内容为标准，又可分为事实错误与权利错误。所谓事实错误，是指登记簿中记录的不动产形态、位置、面积等事实状态不符合不动产的真实情况，如房屋建筑面积的少登、位置的错登等。而权利错误，是指登记簿中记录的不动产物权的权属、内容与权利真实状况不一致，包括权利的存在、变更、顺位、涂销等各类情形。以错误发生的时间则可区分为初始错误和嗣后错误，以错误程度又可划分为完全错误和部分错误等。当

---

① 常鹏翱：《物权法典型判例研究》，人民法院出版社 2007 年版，第 398 页。

② 《德国民法典》第 894 条如是规定，但同时《瑞士民法典》第 974 条规定，登记错误是无法律原因或依无约束力的法律行为而完成的登记；我国台湾地区“土地登记规则”第 12 条中所谓登记错误是指登记事项与登记原因证明文件所载的内容不符。可见对何谓错误登记亦有不同理解。常鹏翱：《物权法典型判例研究》，人民法院出版社 2007 年版，第 401 页。

出现程序结果的误差时，登记物权与真实物权不一致，势必反映出真实权利人与登记权利人的权利冲突问题，由此登记权利人无权处分行为的法律效力及真实权利人的权利保障即成为制度设计中需考量的重要因素。

为了弥补可能出现的程序结果误差，德国、瑞士等国家将登记错误的辐射范围限制在内部关系之内，若第三人不知登记错误，信赖登记而与登记权利人发生不动产变动交易即可实现物权的交易目的以保障物权的流动，体现了登记的公信力。我国亦采此立法例，此时即发生不动产物权的善意取得，受让人能善意取得不动产物权，真实物权人则可向无处分权人及登记机关主张损害赔偿。而在法国等国家的立法例中，真实权利人并不受登记错误的影响，仍可通过物权的追及力来恢复自己的物权人地位，并可通过纠正登记错误的程序机制来消除登记簿中的登记权利人以维护物权的静态利益。只有在登记权利人确实对不动产享有真实物权时，第三人才得以取得该物权，否则交易则不具有正当性。登记错误涉及的另外一个问题为真实权利人如何消除错误恢复其正当权利地位，对此各国民法制度的规定大致相同，采用更正登记和异议登记的方式以保护真实权利人的合法权利，即赋予真实权利人对错误登记进行更正或提出异议抗辩的权利，我国《民法典》第220条对此亦有明确规定。

总之，不动产登记作为一种程序性制度，有必要从制度设计本身即遵循合理逻辑，在登记设权效力的规则下从根本上保障真实权利和登记簿记载的一致性。同时亦要在制度偏移和结果误差范围内赋予真实权利人救济途径和善意第三人保护机制，设置合理的更正登记和异议登记制度，并控制登记对抗和宣示效力规则下的登记权利流通，尽可能降低程序错误发生的可能性①。

【典型案例】②

丁某如与石某房屋买卖合同纠纷案

原告（反诉被告）：丁某如

被告（反诉原告）：石某

〔基本案情〕

原告丁某如诉称，原、被告于2008年10月7日签订买卖合同，约定被告石某将上海市长宁区龙溪路××号××幢房屋（以下简称涉讼房屋）出卖给原告，建筑面积661.96平方米，占用范围内的土地使用权面积2052.9平方米，价款人民币（下同）

---

① 常鹏翱：《物权法典型判例研究》，人民法院出版社2007年版，第408页。

② 本书【典型案例】适用的法律法规等条文均为案件裁判当时有效，下文不再对此进行提示。

5600万元；双方应于2008年11月8日前至房地产交易中心办理过户，否则被告应按原告已付房款的日万分之五支付违约金至实际过户交房之日。上述合同签订后，原告依约向被告支付首期房款2100万元，第二期房款3500万元于双方办理过户登记手续后支付。但因涉讼房屋附有违法建筑，房地产交易中心不予办理过户登记，故原告要求被告拆除违法建筑，恢复涉讼房屋原状并办理过户，未果。原告认为，双方签订的房屋买卖合同合法有效，被告拒绝拆除涉讼房屋上的违法建筑，导致无法办理过户手续构成违约，应承担相应的法律责任。现原告请求判令：（1）被告拆除涉讼房屋上的违法建筑，恢复原状，并办理过户手续；（2）被告支付原告从2008年11月9日起计至实际过户交房之日止的违约金（计算方式：2100万元×万分之五×天数）。

原告丁某如提供以下证据：

1.《上海市房地产买卖合同》及《公证书》，用于证明原、被告之间就涉讼房屋的买卖关系；

2. 房地产权证及房地产登记信息，用于证明被告石某系涉讼房屋的产权人；

3. 收款收据，用于证明原告丁某如已按约支付购房款。

被告石某辩称：上海市长宁区龙溪路××号××幢房屋系其与前妻王某敏于2002年11月购买的产权房，因存在设计结构与质量问题无法居住，长期空置。2006年，王某敏与其妹王某莉在未征得被告同意且未办理审批手续的情况下，委托工程队将上述房屋及地基全部拆除，开挖近600平方米的地下室，最终建成涉讼房屋，现有面积1917平方米。2007年与王某敏离婚后，涉讼房屋归被告所有，但被告对拆除、重建并不知情。涉讼房屋系被告在中国大陆地区的唯一居住用房，在不知道违法建筑不能出售的情况下与原告丁某如签订买卖合同，现某区房屋土地管理局于2008年10月18日对涉讼房屋作出行政查封，不予办理过户等手续。原告明知涉讼房屋系违法建筑，仍诱使被告进入房地产买卖程序。因原建筑已灭失，目前存在的是违法建筑，原、被告签订的买卖合同属无效合同，故不同意原告的诉讼请求，并反诉请求确认房屋买卖合同无效。

被告石某提供以下证据：

1. 房地产权证及房屋买卖合同，用于证明被告石某为涉讼房屋的产权人，当时签订买卖合同时，产权证上登记的661.96平方米建筑已不存在；

2. 上海某物业管理公司某别墅管理处的证明，用于证明拆除原有建筑重建非被告石某所为，系被告前妻的妹妹所为；

3. 照片，用于证明涉讼房屋目前的状况；

4. 原建筑设计图及现建筑设计图，用于证明原建筑已不存在；

5. 房地产登记信息，用于证明涉讼房屋因附有违法建筑并结构相连被上海市某区房屋土地管理局限制办理房地产转移手续。

原告丁某如对反诉辩称：原、被告交易的是产权证上记载的房屋，被告石某将房屋恢复原状后即可履行，即使买卖合同不能履行亦不能就此认定合同无效。因此，不同意被告的反诉请求。

上海市长宁区人民法院依法组织了质证。被告石某对原告丁某如提交证据的真实性均无异议，但认为签订《上海市房地产买卖合同》时涉讼房屋已不存在，且被告实际收到的购房款只有100万元。

原告丁某如对被告石某提交的证据1、证据5的真实性无异议，但对被告的证明目的存异议，认为建筑物并未灭失，被告只需恢复原状即可过户。原告对证据3中目前房屋的照片及证据4中的原建筑设计图真实性无异议，对证据2、证据3中原房屋照片及被告自行制作的证据4中的现建筑设计图真实性有异议，且认为搭建行为发生在被告与其前妻婚姻关系存续期间，被告是否实际参与搭建与本案无关。

上海市长宁区人民法院一审查明：

被告石某系涉讼房屋的产权人，该房屋登记的建筑面积661.96平方米，类型为花园住宅，土地总面积2052.9平方米。

2008年10月7日，原、被告签订房屋买卖合同，约定原告丁某如受让被告石某的涉讼房屋及该房屋占用范围内的土地使用权，被告房地产权证号为长2008002×××，房屋类型花园住宅，建筑面积661.96平方米，该房屋占用范围内的土地使用权2052.9平方米，转让价款共计5600万元；被告应于2008年12月18日前腾出该房屋并通知原告进行验收交接；2008年11月8日前，双方共同向房地产交易中心申请办理转让过户手续；被告如未按约定的期限将上述房屋交付（包括房地产交接及房地产权利转移）原告，应当向原告支付违约金，违约金按原告已付款日万分之五计算，自合同约定的交付日起至实际交付日止；双方应在签订本合同并申请办理公证手续后当日，通过上海甲物业顾问有限公司部分首期房价款100万元，于2008年10月10日支付剩余首付款2000万元（该款项由甲公司代为保管至双方进交易中心后转付被告），尾款100万元由甲公司暂为保管；原告以贷款方式支付剩余3500万元。

上述买卖合同经上海市某公证处公证，公证处于2008年10月7日通过房地产信息查询系统向上海市房地产登记机构查询，该房屋无抵押及其他权利受限制的登记记录。

被告石某按约支付房款。2008年10月18日，上海市某区房屋土地管理局向上海市某区交易中心发出附有违法建筑并结构相连的房屋的认定通知单，根据《上海市住宅物业管理规定》第42条第3款的规定，不予办理房地产转移以及抵押登记手续。

涉讼房屋所属的上海某物业管理公司某别墅管理处于2008年11月10日证明涉讼房屋于2006年被王某敏（被告石某前妻）的妹妹王某莉和她丈夫何某新拆除并重建，被告未参与这次违章拆建的全过程。

原、被告确认自双方协商、达成协议至诉讼期间，涉讼房屋的状况未发生过变化。诉讼期间，原告丁某如表示被告石某可按目前现状交付房屋，由原告自行恢复至房地产权证登记状态，并承担恢复费用，被告在房屋恢复后协助原告办理产权变更手续，并表示清楚目前行政机关对涉讼房屋产权转移的限制，也愿承担相应的风险，仍要求继续履行买卖合同。

〔一审裁判理由与结果〕

上海市长宁区人民法院一审认为，本案的争议焦点有三个：（1）买卖合同是否有效；（2）买卖合同能否继续履行；（3）如何认定被告石某的违约责任。

涉讼买卖合同对标的物坐落位置、建筑面积、房屋类型等的约定，与不动产登记簿记载的内容一致。该不动产登记簿记载的内容具有公示、公信效力：一方面表明被告为涉讼房屋的登记权利人，依法享有该房屋的所有权和土地使用权；另一方面表明涉讼房屋的登记信息具有权利的正确性推定效力，可推定登记的权利状态、范围与现实的客观状态相符，善意相对人因信赖该登记的正确性而与登记权利人签订合同，该合同的效力不因登记的错误或权利内容的状态而受影响。原、被告签订买卖合同时，虽然房屋现状已与登记信息不一致，但双方在合同中记载的仍是登记的房屋状况，且被告石某未举证证明其于签订买卖合同时，已将涉讼房屋现状与登记信息不符的事实如实告知原告丁某如。因此，原告对于本案纠纷的发生无过错，应属善意信赖不动产登记信息的合同当事人，法律应当保护原告的此种信赖利益，此亦系强化不动产公示、公信效力的要求。虽然涉讼房屋被行政机关限制交易，买卖合同的履行可能存在障碍，但根据我国《物权法》区分原则，转让不动产的合同，除法律另有规定或合同另有约定外，自合同成立时生效，未办理无权登记，不影响合同效力，因此，不能因涉讼房屋过户存在障碍就否认其买卖合同的有效性。原、被告就涉讼房屋签订的买卖合同，不具备我国《合同法》第52条规定的无效情形，应属有效。

关于涉讼买卖合同能否继续履行的问题。虽然行政机关对涉讼房屋的权利转移作出限制，但物权未灭失，不能就此认定买卖合同法律上或事实上履行不能。行政机关限制交易的目的在于督促违法行为人纠正违法行为，履行法律手续；被告即使未出售房屋，也应按照行政机关的要求进行整改，使房屋恢复至合法状态，恢复原状系被告应尽的行政法上的义务。被告石某明知涉讼房屋附有违法建筑仍予出售，应依诚实信用原则全面履行合同义务；对于涉讼房屋存在的违法状态，应自行采取相应措施予以消除后交付原告。经法院释明，原告丁某如同意被告按现状交付房屋，并自愿替代被告承担恢复原状的义务，原告的意思表示不违反法律、行政法规的禁止性规定，亦符合行政机关的执法目的，法院予以准许。原告在恢复原状时，房屋的四至、外观形状、层高等应与登记内容一致，质量应符合国家规定的建筑标准。被告应于原告恢复原状、通过行政机关审查认可并撤销交易限制后再协助原告办理产权手续。

现被告石某未能按合同约定向原告丁某如交付涉讼房屋，应承担相应的违约责任。涉讼房屋被行政机关限制办理产权转移登记，原告明知此风险仍选择继续履行合同并自愿承担恢复原状的义务，因此被告能否实现权利交付取决于涉讼房屋恢复状况及行政机关行政审查的限制，故被告逾期交房的违约责任应计算至实际交付房屋时止。原告所支付款项中的2000万元，由甲公司代为保管至双方进交易中心后再转交被告，现原告已按约履行该付款义务，但因目前无法办理过户登记手续，甲公司向被告转交的条件尚未成就，故违约金的计算基数应以被告实际收到的数额为标准。

综上，原告丁某如的诉讼请求具有事实和法律依据，依法予以支持；被告石某的反诉请求于法无据，依法不予支持。据此，上海市长宁区人民法院依照《合同法》第6条、第44条、第60条第1款、第107条、第114条之规定，于2010年9月8日判决：

一、被告石某将涉讼房屋交付原告丁某如；

二、被告石某支付原告丁某如逾期交房违约金，以人民币100万元为本金，从2008年11月9日起至实际交付房屋时止，按每日万分之五计算；

三、被告石某应于原告丁某如将涉讼房屋恢复至产权登记状态且行政机关撤销上述房屋房地产转移登记限制后，协助原告丁某如办理上述房屋的房地产权变更登记手续；

四、原告丁某如支付被告石某剩余购房款人民币3500万元；

五、驳回被告石某的反诉请求。

〔当事人上诉及答辩意见〕

石某不服一审判决，向上海市第一中级人民法院提起上诉，请求撤销原判，依法改判。主要理由是：（1）一审判决认定事实有误，被上诉人明知建筑物已被推倒重建，仍以产权登记内容为准与上诉人签订合同，并非善意，且规避法律；（2）一审判决适用法律错误，现存建筑物是违法建筑，禁止买卖、过户，买卖合同应属无效。

被上诉人丁某如辩称，一审判决认定事实及适用法律正确。请求驳回上诉，维持原判。

〔二审裁判理由与结果〕

上海市第一中级人民法院经二审，确认了一审查明的事实。上海市第一中级人民法院认为，行政机关已认定涉讼房屋是附有违法建筑并结构相连的房屋，上诉人石某认为涉讼房屋系重建的房屋，但不能改变其违法的性质。上诉人与被上诉人丁某如买卖涉讼房屋的意思表示及交易价格系属真实，结合不动产登记的公示、公信效力，双方签订的买卖合同当属有效。因行政机关的权利限制是为督促违法行为人予以改正，在上诉人未能积极履行相应义务的情况下，被上诉人同意上诉人按现状交付房屋，并自愿替代上诉人承担恢复义务，故在被上诉人完成恢复义务，行政机关撤销限制权利转移后，双方完成权利交付是可行的，买卖合同能够继续履行。

综上，一审判决认定事实清楚，适用法律正确，程序合法。上诉人石某的上诉理由不能成立。据此，上海市第二中级人民法院依照《民事诉讼法》第153条第1款第1项之规定，于2010年11月24日判决：

驳回上诉，维持原判。

本判决为终审判决。

规则2：不动产物权变动经登记有效，但不能因未登记而认定该不动产转让合同全部未生效

——某省总工会与某市卫生防疫站房地产转让合同纠纷案①

【裁判规则】

当事人平等协商签订房地产有偿划拨转让协议，经各自上级主管部门批准，并办理了房地产划拨转让手续，应当认定该协议合法有效，不能以未办理房产过户手续为由而认定协议全部未生效。

【规则理解】

一、区分原则的基本内涵

物权变动可以分为基于法律行为发生的物权变动和非基于法律行为发生的物权变动。实践中发生的主要是基于法律行为发生的物权变动，最常见的是合同。合同作为发生物权变动的基础关系，属于债权法律关系的范畴，其是否成立以及生效应该依据合同法来判断，除非法律有特别规定，合同一经成立，只要不违反《民法典》中有关合同无效情形的相关规定，就可以发生效力。合同只是当事人之间的一种合意，并不必然与登记联系在一起。登记并不是针对合同行为，而是针对不动产物权变动所采取的一种公示方法。有关设立、变更、转让和消灭不动产物权的合同和物权的设立、变更、转让和消灭本身是两种应当加以区分的情况。将物权变动的效力与合同其他效力相区分，在学理上称为区分原则。所谓区分原则是指原因行为与物权变动相区分的原则，它包含以下两个方面的含义：

1. 当事人订立的不动产转让合同等债权行为并不直接引起物权发生变动，不动产转让合同等债权行为成立及生效仅仅在当事人之间产生债权债务关系，

---

① 《中华人民共和国最高人民法院公报》1993年第4期。

要使物权发生变动，还需当事人就标的物进行交付（动产）或者办理登记（不动产）；2. 不动产转让合同等债权行为的生效也不以物权是否发生变动为要件，也即债权行为只是引起物权发生变动的原因，物权变动是不动产转让合同等债权行为的结果，结果没有发生，并不意味着原因不存在，我们不能仅仅因为没有发生物权变动的结果，就否定作为原因的债权行为的效力。[①] 第一个方面的含义是从正向理解，将合同与物权变动相区分，当事人订立合同不直接引起物权变动，合同仅在当事人之间产生债的关系，物权发生变动必须要履行一定的程序。对于不动产来说，由于在《物权法》颁布之前，法律上并没有明确规定物权变动的生效要件，而且按照传统的交易习惯，交钥匙等移交占有的行为被当然视为不动产物权已经发生变动，当事人对登记是否变更并不特别关注，尤其是在近年来房价、地价大幅度上涨的情况下，上述做法不仅损害了相关当事人的合法权益，而且动摇了基本的诚实信用原则。《民法典》第209条规定："不动产物权的设立、变更、转让和消灭，经依法登记，发生效力；未经登记，不发生效力，但是法律另有规定的除外。依法属于国家所有的自然资源，所有权可以不登记。"因此，当事人签订房地产转让合同后，如果没有办理变更登记，即使已经移转占有，但对于受让人来讲，仍只享有请求转让人协助办理过户登记的债权，而无法受到物权性的保护，不能对抗不特定的第三人。第二个方面的含义是从反向理解，将物权是否变动与合同其他效力相区分。即物权是否变动是合同的履行问题，与合同其他效力可以分开。合同是否有效应考察《民法典》合同编的相关规定，只要不存在法律明确规定的合同无效情形，即应认定合同有效。

区分原则是以物权和债权的两分为基础的，是形式主义物权变动模式的结果。所谓形式主义物权变动模式，是指物权的变动除当事人须达成物权变动的合意外，还须完成一定的形式要件，即动产为交付，不动产为登记。以本案为例，当事人平等协商签订房地产有偿划拨转让协议并经各自上级主管部门批准，该协议成立并生效，但并不当然引起物权变动，物权要发生变动，还须完成登记这一形式要件。与形式主义物权变动模式相对应的，是意思主义物权变动模式。所谓意思主义物权变动模式，是指物权根据当事人的意思即可发生变动，但非经公示，该物权不具有对抗（善意）第三人的效力。在意思主义物权变动模式下，由于物权变动根据当事人的意思即可发生变动，因此，当事人完成有效的债权行为，即可直接引起物权发生变动，债权行为的效力与物权变动的法律效果是一致的，也即学理上所称"同一原则"。

---

① 吴光荣：《物权诉讼：原理与实务》，人民法院出版社2009年版，第215页。

二、对区分原则的认识过程

我国民法学界、立法以及司法实践对区分原则的认识都经历了一个从无效、未生效到有效的认识过程。在《民法典》出台实施之前，认为合同无效的依据是：原《合同法》第 52 条第 5 项规定“违反法律、行政法规的强制性规定”的合同无效，而我国有关法律均规定不动产物权变动均须办理过户手续，如《土地管理法》（2004 年）第 12 条规定：“依法改变土地权属和用途的，应当办理土地变更登记手续。”再如《城市房地产管理法》第 61 条规定：“……房地产转让或者变更时，应当向县级以上地方人民政府房产管理部门申请房产变更登记，并凭变更后的房屋所有权证书向同级人民政府土地管理部门申请土地使用权变更登记……”据此，当事人没有办理过户手续，违反了法律、行政法规的强制性要求，因而合同无效。认为合同未生效的依据是：原《合同法》第 44 条规定，“依法成立的合同，自成立时生效。法律、行政法规规定应当办理批准、登记等手续生效的，依照其规定”，而《土地管理法》《城市房地产管理法》等法律明确规定不动产物权的变动应当办理登记手续，据此，当事人没有办理登记手续，所订立的买卖合同就未生效。在涉及担保物权的场合，更是有法律明确规定，原《担保法》第 41 条规定，“当事人以本法第四十二条规定的财产抵押的，应当办理抵押物登记，抵押合同自登记之日起生效”；第 64 条规定，“出质人和质权人应当以书面形式订立质押合同。质押合同自质物移交于质权人占有时生效”。按照上述民事立法，在当事人没有来得及办理登记手续时，受让人不仅不能获得物权的保护，而且因作为债权行为的合同未生效或无效，也无法受到有效债权的保护。

为解决司法实践中所出现的问题，最高人民法院首先在司法解释上进行了突破和尝试。原《合同法司法解释（一）》第 9 条规定：“依照合同法第四十四条第二款的规定，法律、行政法规规定合同应当办理批准手续，或者办理批准、登记等手续才生效，在一审法庭辩论终结前当事人仍未办理批准手续的，或者仍未办理批准、登记等手续的，人民法院应当认定该合同未生效；法律、行政法规规定合同应当办理登记手续，但未规定登记后生效的，当事人未办理登记手续不影响合同的效力，合同标的物所有权及其他物权不能转移。”该规定尝试将批准和登记手续的性质进行了区分，对于法律、行政法规明确规定合同需要事先经批准登记手续的，当事人不办理相关手续，合同不生效；对于法律、行政法规没有明确规定合同效力受登记影响的，则登记只是物权变动的生效要件，而不影响合同效力。原《担保法司法解释》也对《担保法》的上述规定予以部分修正，该解释第 56 条第 2 款规定，“法律规定登记生效的抵押合同签订后，抵押人违背诚实信用原则拒绝办理抵押登记致使债权人受到损失的，抵押人应当承担赔偿责任”；第 86 条也规定，“债务人或者第三人未按质押合同约定的时间移交质物的，因此给质权人造成损失的，出质人应当根据其过错承担赔偿责任”。此后的《国有土地使用权合同纠纷司法解释》第 8 条也进一步贯彻同一立场，明确规定：“土地使用权人作为转让方与受让方订立土地使用权转让合同后，当事人一方以双方之间未办理土地使用权变更登记手续为由，请求确认合同无效的，不予支持。”

《物权法》明确将区分原则贯彻到底，不仅在总则部分于第 15 条明确“当事人之间订立有关设立、变更、转让和消灭不动产物权的合同，除法律另有规定或者合同另有约定外，自合同成立时生效；未办理物权登记的，不影响合同效力”，而且还在分则部分明确区分原因行为和物权变动，将登记或质物的交付作为担保物权设定的要件，而非担保合同的生效要件。第 187 条规定，“以本法第一百八十条第一款第一项至第三项规定的财产或者第五项规定的正在建造的建筑物抵押的，应当办理抵押登记。抵押权自登记时设立”；第 212 条规定，“质权自出质人交付质押财产时设立”。《民法典》对于《物权法》的上述规定予以吸收采纳，进一步明确了区分原则，即物权的变动除当事人须达成物权变动的合意外，还须完成一定的形式要件，即动产为交付，不动产为登记。

三、区分原则的实践意义

区分原则具有如下三个方面的实际意义：第一，有利于保护买受人依据合同所享有的占有的事实状态。在不动产买卖合同成立以后，即使没有办理不动产权利移转的登记手续，但是，因为合同其他部分已经生效，所以依据有效合同而交付之后，买受人因此享有的占有状态仍然受到保护。即使买受人不享有物权，但是基于合法的占有，针对第三人侵害不动产的行为，可以提起占有之诉。第二，有利于确立违约责任。如果一方在合同成立之后没有办理登记，或者拒绝履行登记义务，由于合同已经成立并生效，此种拒不履行登记的行为构成违约，应当承担相应的违约责任。假如未办理登记导致合同无效，非违约方将无法要求负有办理变更登记的一方承担违约责任。第三，有利于保护无过错一方当事人。当事人之间转让房屋或土地未经登记的情况错综复杂，如果以登记为合同生效要件，则在因转让人的原因而未办理登记手续的情况下，在房屋价格上涨之后，转让人有可能以未办理不动产变更登记为由，要求确认合同无效，这有可能鼓励一些不法行为人规避法律，甚至利用不动产买卖欺诈他人，而损害的却是善意的受让人的利益。① 特别是在不动产已经交付使用的情况下，

① 王胜明主编：《中华人民共和国物权法解读》，中国法制出版社 2007 年版，第 34 页。

这种违约方恶意主张合同无效的情况，不仅妨碍现有的财产秩序，而且违背了民法最基本的诚实信用原则。

【拓展适用】

一、非基于法律行为发生的物权变动

（一）非基于法律行为发生的物权变动的内涵

根据引起物权发生变动的原因不同，物权变动分为基于法律行为发生的物权变动和非基于法律行为发生的物权变动。前者是指根据当事人的意思表示发生的物权变动，既包括依单独行为发生的物权变动，如权利人抛弃标的物，也包括根据合同发生的物权变动，如当事人通过买卖合同移转标的物所有权；后者是指法律行为之外的其他原因引起的物权变动，也就是说，如果某一物权变动不是根据当事人的意思表示而发生，则属于非基于法律行为的物权变动。上述意思主义物权变动模式和形式主义物权变动模式区分针对的均是基于法律行为发生的物权变动。两种变动模式均需要当事人的意思表示，只不过前者仅有当事人的意思表示就可以发生物权变动，而后者除了当事人的意思表示外，尚需一定形式要件的完成（交付或登记），才能发生物权变动。

（二）非基于法律行为发生的物权变动的情形

非基于法律行为发生的物权变动，不以公示为生效要件。根据《民法典》的规定，非基于法律行为发生的不动产物权变动主要包括以下三种情形：

其一，根据法院、仲裁委员会的法律文书或者政府的征收决定发生的物权变动。《民法典》第229条规定：“因人民法院、仲裁机构的法律文书或者人民政府的征收决定等，导致物权设立、变更、转让或者消灭的，自法律文书或者征收决定等生效时发生效力。”由此可见，根据法院、仲裁机构的法律文书或者人民政府的征收决定发生的物权变动，不以法定公示方式的完成为要件。例如，人民法院关于离婚析产的判决书或调解书，自法律文书生效之时起，不动产所有权即归法律文书确定的一方所有，即便仍登记在另一方名下，亦无须办理过户手续。当然，在该种情形下，可能发生善意取得的问题，而且，获得所有权的一方再处分该物权时，必须办理登记，否则，不发生物权变动的效力。

其二，根据法定继承发生的物权变动。《民法典》第230条规定：“因继承取得物权的，自继承开始时发生效力。”被继承人死亡时，如果没有遗嘱或者遗赠，即发生法定继承，物权自继承开始时发生变动，即遗产自被继承人死亡时移转至法定继承人共有，而无须办理变更登记手续。

其三，根据当事人的事实行为而发生的物权变动。《民法典》第231条规定：“因合法建造、拆除房屋等事实行为设立或者消灭物权的，自事实行为成就时发生效力。”可见，当事人通过事实行为引起的物权变动，自事实行为完成之时即发生效力，而不以法定公示方式的完成为要件。例如，王某合法建造一栋房屋，则房屋一旦建造完毕，王某即可取得房屋的所有权，而不需等到对房屋进行登记后始取得。当然，此种情况下，王某如果再行转让，则必须办理登记手续，否则不发生物权变动的效力。

此外，还有根据法律的直接规定而发生的物权变动。例如，根据“地随房走，房随地走”的相关规定，当事人约定的可能只是土地使用权或者房屋所有权的转让或者抵押，但根据上述规定，相对应的房屋所有权或土地使用权一并转让或抵押，就是直接根据法律的规定发生的物权变动。

二、形式主义物权变动模式的例外

基于法律行为发生的物权变动，是否以公示为生效要件，不同的立法例采取了不同的模式，学说认为主要有债权意思主义、物权形式主义、债权形式主义三类。所谓债权意思主义，是指仅凭当事人的意思而成立的买卖、赠与等合同或单独行为生效，即发生物权变动的效力，无须另外作成物权行为。所谓物权形式主义，是指物权变动效力的发生，需要物权意思表示甚至物权合意，并践行法定方式。就买卖标的物所有权的移转而言，除登记或交付外，尚需当事人就此标的物所有权的移转作成一个独立于买卖合同的意思合意，即物权行为。所谓债权形式主义，是指物权变动效力的发生，不仅需要依当事人的意思而成立的合同或单独行为生效，而且需要登记或交付，但无须另外作成物权行为，也即此处的登记或交付只是事实行为，而非法律行为。根据《民法典》的规定，基于法律行为发生的不动产物权变动以债权形式主义物权变动模式为原则，以债权意思主义物权变动模式为例外。《民法典》第 209 条第 1 款规定：“不动产物权的设立、变更、转让和消灭，经依法登记，发生效力；未经登记，不发生效力，但是法律另有规定的除外。”

根据《民法典》规定，不动产物权变动采用债权意思主义物权变动模式的有：

其一，农村土地承包经营权的变动。《民法典》第 333 条第 1 款规定：“土地承包经营权自土地承包经营权合同生效时设立。”第 335 条规定：“土地承包经营权互换、转让的，当事人可以向登记机构申请登记；未经登记，不得对抗善意第三人。”对于土地承包经营权的物权变动模式，之所以采用登记对抗的意思主义物权变动模式，主要是由于当前我国农村土地登记的实际情况不宜采登记生效主义。

其二，地役权的设定。《民法典》第 374 条规定：“地役权自地役权合同生效时设立。当事人要求登记的，可以向登记机构申请地役权登记；未经登记，不得对抗善意第三人。”对地役权的变动模式，物权法也采用了债权意思主义物权变动模式，只要当事人的合意即可发生地役权的变动，登记仅是对抗要件，而不是生效要件。

其三，几类特殊财产抵押权的设定。《民法典》第403条规定：“以动产抵押的，抵押权自抵押合同生效时设立；未经登记，不得对抗善意第三人。”由于抵押权的设定以不转移抵押物的占有为特征，故针对上述财产设定抵押权时，只要合同成立并生效即可设定，登记是对抗要件，而不是生效要件。

三、登记的性质

区分原则是所有采取形式主义物权变动模式的国家或地区所公认的一项原则。以本案为例，根据形式主义物权变动模式，房地产有偿划拨转让协议仅在当事人之间产生债权债务关系，而不能直接引起物权的变动，所有权的移转还需要当事人完成登记这一法定的公示方式。问题是，区分原则中所指的登记到底是法律行为还是事实行为？在承认物权行为的国家或者地区，登记应为包含意思表示的物权行为，该物权行为需要满足所有法律行为的要件，具备自己的生效条件。而在不承认物权行为的国家，登记仅是事实行为，不包含意思表示要素，不存在效力要件。将登记理解为法律行为还是事实行为关键在于，在物权变动过程中，于当事人达成的债权合意（如买卖合同）之外，是否还需要当事人就物权变动达成合意，即所谓的物权合意，还是仅有作为形式要件的登记的事实即可。我国目前法律对此并不明确。一种意见认为，债权合意结合登记即可引起物权发生变动，无须在债权合意之外另有物权合意的存在，因为当事人之间的债权合意即表明当事人已经达成移转标的物所有权的合意，登记就是当事人履行债权债务关系的行为，是债务履行的结果，根据法律的直接规定，即可引起物权发生变动；另一种意见则认为，债权合意仅仅能够说明当事人之间有发生债权债务关系的合意，而不能说明当事人有移转标的物所有权的合意，债权行为是使出卖人负担一个给付义务，只能说明当事人愿意负担移转所有权的义务，并不能说明当事人已经达成移转所有权的合意。以上两种意见的区别实际上是物权合意是否存在以及存在于哪里的问题，对第一种意见的理解是，当事人之间只有债权合意而无物权合意，物权变动仅需根据债权合意结合作为形式要件的登记，即可发生。对第二种意见的理解是，在存在物权和债权两分的情况下，债权合意与物权合意亦应加以区分，当然，该种物权合意是体现在当事人所订立的债权合同之中，还是包含在交付或登记中，可以有不同的解释。如果认为体现在当事人所订立的债权合同中，则交付或登记仅作为事实行为存在；如果认为包含在交付或登记中，则交付或登记应为法律行为。上述两种不同的意见也即学说上债权形式主义物权变动模式与物权形式主义物权变动模式的区别。由此也导致对区分原则的理解不一样：前者是指原因行为与物权变动相区分；后者是指债权行为与物权行为相区分，其实质是承认物权行为独立于债权行为存在。

目前通说认为，我国现行法律不承认物权行为的存在。在不区分物权行为与债权行为的制度背景下，当事人发生物权变动的效果意思只能被纳入买卖合同等法律行为的意思表示之中。也即买卖等合同的意思表示兼有引发债权债务的效果意思和发生物权变动的效果意思。[①]

四、占有之于不动产的意义

我国现行法律对不动产物权变动原则上采登记生效主义，但是实践中，以转移所有权为目的之法律行为，已经合法占有不动产但尚未登记的情形，大量存在。这是由不动产交易的特点决定的，因为在转移占有与办理过户登记手续之间，必然有一定的空白期。在此期间，尤其是涉及第三人利益时，对买受人的占有如何保护，是理论和实践需要解决的问题。有学者认为，在依法律行为发生的物权变动中，引起物权发生变动的内在动力是当事人之间的意思表示，也就是所谓的“物权合意”，而形式主义物权变动模式中的“形式要件”，只是认定“物权合意”的根据，但是当事人没有完成登记这一形式要件，并不意味着就不存在物权合意，事实上，能够作为物权合意表征的还有其他形式，如当事人交付权利凭证、办理公证等。[②] 从比较法的角度看，德国民法发展了物权期待权理论来化解上述形式主义物权变动模式的缺陷。在德国民法上，物权期待权主要包括以下三类情形下当事人的法律地位：其一，让与合意达成后，登记前不动产买受人的法律地位；其二，所有权保留买卖中买受人的法律地位；其三，被担保债权成立前，抵押权已经设定时抵押权人的法律地位。[③] 笔者认为，我国可以借鉴物权期待权理论对上述形式主义物权变动的缺陷予以弥补，当然，认定登记前买受人是否获得物权期待权，即认定物权期待权成立的标准，仍需要探讨。笔者认为，当出现以下四种情形时认定当事人已经达成物权变动的合意，成立物权期待权：（1）申请登记。当事人申请办理登记是当事人达成

---

① 崔建远：《物权：规范与学说——以中国物权法的解释论为中心》（上册），清华大学出版社 2011 年版，第 120 页。

② 孙宪忠：《交易中的物权归属确定》，载《法学研究》2005 年第 2 期。

③ ［德］鲍尔·施蒂尔纳：《德国物权法》（上册），张双根译，法律出版社 2004 年版，第 51 页。

物权变动合意的直接证据，因此，只要当事人已经向登记机关申请登记，即应认定买受人获得物权期待权之保护。（2）权属证书的交付。实践中，当事人对产权证书的交付十分看重，因此，虽然没有向登记机关申请登记，但如果将登记机关发放的权属证书交付对方，亦可以认定当事人已经达成物权变动的合意。（3）办理公证文书。在我国，公证并非不动产登记的前提，因此，当事人将交易进行公证时，既不是简单的债权合意，也并非为满足登记需要而进行的准备，而是反映双方物权变动合意的行为。（4）支付了大部分或者全部价款并实际转移占有。当事人之间不动产占有的转移如果辅之以移转所有权为目的之法律行为，则足以表明当事人就移转该不动产所有权的内心意思，该交付（转移占有）理应产生相应的法律效果，尤其是在买受人对转移过户登记没有过错的情况下，对该种占有的事实状态，法律应当予以保护。

对上述占有状态的具体保护。首先，对该种占有能否对抗强制执行人的问题，《查扣冻规定》第15条规定："被执行人将其所有的需要办理过户登记的财产出卖给第三人，第三人已经支付部分或者全部价款并实际占有该财产，但尚未办理产权过户登记手续的，人民法院可以查封、扣押、冻结；第三人已经支付全部价款并实际占有，但未办理过户登记手续的，如果第三人对此没有过错，人民法院不得查封、扣押、冻结。"该规定对这种情况下的占有保护进行了有益的尝试性，虽然有学者提出，该条规定与登记生效主义物权变动模式相冲突，但是笔者认为，在登记生效主义模式下，该规定仍有其适用的余地。其次，在涉及"一物二卖"的场合下，是否绝对保护已经办理过户登记的一方利益，亦值得商榷。假使第二受让人对登记缺乏信赖基础，仍然绝对认为其具有优先地位，就将严重违反取得和行使物权应遵守法律、尊重社会公德原则的精神。[①] 此时应对已经实现占有的第一受让人进行保护，因为该种占有亦体现了一种需要维护的社会秩序价值。

【典型案例】

某省总工会与某市卫生防疫站房地产转让合同纠纷案

上诉人（原审被告）：某省某市卫生防疫站（下称防疫站）

法定代表人：莫某芳，站长

被上诉人（原审原告）：某省总工会（下称总工会）

法定代表人：刘某娥，总工会主席

---

① 辛正郁：《物权法实施过程中应当注意的若干重要问题》，载《法律适用》2014年第10期。

〔基本案情〕

总工会因与防疫站发生房地产转让合同纠纷，向湖南省高级人民法院提起诉讼。该院作出一审民事判决：

一、双方当事人同意解除房地产转让合同，法院予以准许。

二、防疫站退还总工会已付的转让费 370 万元及利息，利息按一般基建贷款月息 7.5‰计算，自总工会付款之日起至收款之日止。

三、防疫站支付总工会赔偿金 275 万元。案件受理费 51260 元、财产保全费 41770 元全部由防疫站负担。

以上应付款项，防疫站应在本判决生效后两个月内付清，逾期不付，拍卖该站在某市某区新站址的 12.9 亩土地及地上建筑物，以所得价款偿付总工会，多退少补。

〔当事人上诉及答辩意见〕

防疫站不服一审民事判决，向最高人民法院提起上诉。其上诉理由是：（1）双方签订的《房地产有偿划拨转让协议书》，因没有按双方的约定和法律的规定办理房产过户手续，尚未生效，法院不应保护。（2）对方在履行协议中也有过错，不应由上诉人承担 275 万元赔偿金和已付的 370 万元转让费的利息，以及全部受理费和财产保全费。（3）上诉人新站址的房地产是经某市人民政府规划的，法院无权将其拍卖。总工会辩称：双方签订的协议已经生效；上诉人违约给被上诉人造成了经济损失，应承担全部赔偿责任；上诉人新站址的房地产，是用被上诉人支付的转让费建设的，应将其作价抵偿给被上诉人。

〔最高人民法院查明的事实〕

最高人民法院经审理查明：防疫站经上级批准，决定迁址新建，以适应卫生防疫事业的发展；总工会为解决直属单位住宿、办公用房决定征用防疫站的旧站址建房，得到全国总工会的批准。双方就旧站址的房地产划拨转让进行了多次协商，在经某市政府及其土地管理局、城建局等有关部门办理手续后，于 1991 年 6 月 22 日签订《房地产有偿划拨转让协议书》。双方约定，防疫站将某市某街 8 号 6 亩土地使用权及地上 7259.9 平方米房屋，以及其他附属设施的所有权，作价 550 万元划拨转让给总工会。协议生效后 30 天内，总工会付给防疫站转让费 250 万元，1992 年 5 月 31 日前再付 100 万元。1993 年 2 月底，防疫站交付 3 栋住宅楼（3563 平方米）后，总工会于同年 3 月 10 日前付给防疫站 120 万元；余下 80 万元待防疫站 1994 年 3 月底前将全部房地产交付总工会，经验收双方签字认可后半个月内，总工会一次性付清。协议还约定两项违约赔偿条款，即双方不得以任何借口不履行协议，也不得提出协议以外的要求，不论哪方违约，不划拨转让或不接受划拨转让上述房地产，均按转让费总价格的 50%向对方交纳赔偿金。如果总工会逾期付款，每逾一日，按已付款数的 3%向防疫站交纳赔偿金；如防疫站逾期交房，亦按对等条件向总工会交纳赔偿金。

协议签订后，总工会按约定于1991年7月21日、22日分别付给防疫站150万元、100万元；1992年5月26日又付100万元；1993年1月8日应防疫站的请求，提前给付20万元，总共付给转让费370万元。按协议的约定，防疫站向总工会移交了房屋档案材料，总工会于1992年12月26日向某市房屋产权监理处申请办理房屋产权证。在协议履行期间，防疫站于1991年11月5日经某市政府批准，在某市某区征地12.9亩作为新站址，并于1992年4月开始动工建设。同年10月至1993年2月，防疫站以建筑材料价格上涨、建筑承包合同变更、资金严重短缺、工程难以继续、不能按期搬迁交房为由，先后6次致函总工会，要求增加转让费。总工会口头通知防疫站要严格执行协议，不同意增加转让费。防疫站未按约定在1993年2月底向总工会交付3栋住宅楼，总工会遂向法院起诉，要求法院判令防疫站全面履行合同，承担违约赔偿责任。在诉讼中，根据总工会的申请，湖南省高级人民法院裁定对防疫站新站址房地产进行财产保全，即未经法院许可，防疫站不得擅自转让新站址的房地产。在一审庭审中，总工会以防疫站违约使合同继续履行成为不必要为由，要求终止合同，防疫站亦表示同意。

〔**最高人民法院裁判理由与结果**〕

最高人民法院认为：双方当事人经过平等协商，并经各自上级主管部门批准，又在某市人民政府及其有关部门办理了房地产划拨转让手续，因此所签订《房地产有偿划拨转让协议书》是合法有效的。防疫站主张的未办理房产过户手续，即总工会未领取房屋产权证，协议尚未生效的上诉理由不能成立。协议约定的逾期付款一日，按3%交纳赔偿金的违约条款，参照有关合同违约责任的法律规定，显属过高。因此，原审法院撤销了协议中的这一条款，确认其余部分继续有效，是正确的。协议订立后，总工会按约定向防疫站交付了转让费。防疫站不能以建筑材料涨价、建筑承包合同变更、资金严重短缺为借口，不按期向总工会交付3栋住宅楼。防疫站违反协议，给总工会造成了经济损失，依据《民法通则》第106条的规定，以及双方当事人的约定，应承担违约赔偿责任。

最高人民法院还认为，原审法院认定事实清楚，但对本案的处理有不当之处。第一，总工会的经济损失应是双方协议转让的房地产原协议的价格与现行市场价格之间的差价。此差价已经包括了总工会付给防疫站370万元转让费的利息损失，原审法院判决防疫站赔偿总工会经济损失的同时，又判决支付转让费的利息，是不妥的。另外，原审法院判决认定总工会的经济损失（即原协议价格与现行市场价格之间的差价）为275万元，与现行房地产市场价格比较，此差价偏低，应予适当提高。第二，法院判决应当是依法对双方当事人讼争的实体问题，以及诉讼费用作出处理。总工会要求防疫站以转让其新址房地产的价款抵偿应付的款项，总工会的这一请求，只有在防疫站确实不能履行判决确定的给付义务，法院决定强制执行时才可考虑予以实施。原审法院将可能采取的强制执行措施写入判决书内，也是不妥的。

最高人民法院依照《民法通则》第 57 条、第 112 条、第 115 条和《民事诉讼法》第 153 条第 1 款第 2 项的规定，于 1993 年 10 月 30 日作出判决：

一、维持原审判决第一项；

二、撤销原审判决第二、三项；

三、防疫站退还总工会转让费 370 万元；

四、防疫站支付总工会赔偿金 300 万元。

第二章　不动产登记

规则 3：不动产物权应当依不动产登记簿的内容确定

——四川省甲房地产开发有限责任公司与 A 市广播电视大学合资、合作开发房地产合同纠纷案①

【裁判规则】

根据法律规定，不动产物权应当依不动产登记簿的内容确定，不动产权属证书只是权利人享有该不动产物权的证明。行政机关注销国有土地使用证但并未注销土地登记的，国有土地的使用权人仍然是土地登记档案中记载的权利人。国有土地使用权转让法律关系中的转让人以国有土地使用证被注销、其不再享有土地使用权为由主张解除合同的，人民法院不应支持。

【规则理解】

一、不动产登记簿的性质

（一）不动产登记簿的内涵

《民法典》第 214 条规定："不动产物权的设立、变更、转让和消灭，依照法律规定应当登记的，自记载于不动产登记簿时发生效力。"不动产登记簿，是指记载不动产的权利状况并备存于特定机关的簿册。《不动产登记暂行条例》第 8 条第 3 款规定，不动产登记簿应当记载以下事项：（1）不动产的坐落、界址、空间界限、面积、用途等自然状况；（2）不动产权利的主体、类型、内容、来源、期限、权利变化等权属状况；（3）涉及不动产权利限制、提示的事项；（4）其他相关事项。不动产登记簿由不动产登记机构保管。《物权法》对不动产物权变动原则上采登记生效主义，登记即不动产登记簿上的记载，而所谓登记生效，即以记载于不动产登记簿时作为物权取得、变更、消灭的判断时点。根据物权公示原则，记载于不动产登记簿时即完成不动产物权公示，不动

① 《中华人民共和国最高人民法院公报》2014 年第 10 期。

产物权的归属和内容应以不动产登记簿的记载为根据，即不动产登记簿所记载的权利人推定为不动产物权的权利人，不动产登记簿所记载的不动产物权的内容推定为权利人所享有的不动产物权内容。

不动产登记簿记载的权利和事实上的权利应当是一致的，法律也要求登记机构正确履行职责，如实记载登记事项，但是由于现实经济生活的复杂性，也会产生两者不相符合的情形。在实际生活中，由于当事人自己的过错或者由于登记机关的过错，可能会出现登记的权利和事实上的权利不一致的情况。因此，规定不动产登记簿的权利正确推定效力，对实现不动产物权变动中的客观公正具有十分重要的意义，也因为登记簿有此效力，第三人对登记簿的信赖才受到法律的保护，交易的安全才有保障。

不动产登记制度之核心，其实就是如何形成具有极高权利表征准确率的不动产登记簿。从立法上讲，不动产登记簿的科学编制问题，正是不动产登记制度之中心。基于此，不动产登记簿毫无疑问是不动产登记制度之核心概念。

首先，不动产登记簿是有效地表明权利人就不动产所享有权利的源证明文件，能够清晰地展现不动产上的权利变动状况，因此，具有无可争辩的权威性。当不动产权利人的权利受到侵害时，权利人可以不动产登记簿作为要求法律救济的依据。

其次，不动产登记簿具有较强的公信力。所谓公信力，是指依据公示方法所表现的物权即便不存在或内容有异，但对于信赖这项公示方法所表现的物权而为物权交易的人，法律仍然承认其与真实物权存在相同的法律效果，并加以保护。登记之所以具有公信力是因为登记簿是国家公权干预的结果，其公信力以国家的行为担保，并依此为不动产物权变动的可信性提供保障。

最后，不动产登记簿便于国家对有关不动产的监督与管理，更便于人民法院在发生损害赔偿纠纷时确定责任的归属。

（二）不动产登记簿的特征

根据物权公示原则，不动产登记簿具有四个基本特征：一是统一性，即一个登记区域内的不动产登记簿只能有一个。这样，一个区域内的不动产物权变动的各种情况才能准确地得到反映，物权交易的秩序才能良好地建立。二是官方性，即不动产登记簿是国家建立的档案簿册，其公信力以国家的行为担保。三是持久性，即不动产登记簿将由登记机关长期保存，以保证当事人和利害关系人的利益不因时间的消逝而受到损害。四是公开性，即不动产登记簿不是秘密档案，登记机关不但应当许可权利人和利害关系人查询，而且还要为他们的查询提供方便。由不动产登记簿的这四个特征所决定，不动产登记簿只能由不动产登记机构管理。[①]

二、不动产权属证书的性质和作用

（一）不动产权属证书的性质

《民法典》第217条规定："不动产权属证书是权利人享有该不动产物权的证明。不动产权属证书记载的事项，应当与不动产登记簿一致；记载不一致的，除有证据证明不动产登记簿确有错误外，以不动产登记簿为准。"《不动产登记暂行条例实施细则》第20条第1款规定，不动产登记机构应当根据不动产登记簿，填写并核发不动产权属证书或者不动产登记证明。可见，不动产权属证书是登记机关颁发给权利人作为其享有权利的证明。一般来说，不动产权属证书是指由不动产登记机关在对特定不动产权属情况进行登记之后，按统一格式制作并交由不动产登记物权人持有或保存的一种正式书面证件。不动产权属证书作为不动产登记簿内容的证据，证书上的内容应当以不动产登记簿为根据。根据《民法典》的规定，不动产权属证书是不动产权利人证明自己享有权利及权利状况的凭证（证明），其本身并不具有设立、消灭、变更不动产物权的功能。不动产物权证书只是不动产登记簿所记载内容的外在表现形式。在社会生活和交易过程中，不动产权利人为了证明自己的权利状况，可以出示权属文书作为初步证据。

（二）不动产权属证书的作用

1. 在交易活动中，不动产权属证书可以起到物权归属初步证明作用，对交易便捷有相当的促进作用。一般而言，不动产权属证书由不动产登记机关按统一格式制作，有一定的防伪手段，且记载内容与不动产登记簿一致。因此，从交易便捷的角度分析，民事主体可以从不动产登记证书来了解不动产登记簿上记载的事项，无须专门到登记机关查阅登记簿。当然，涉及变动物权的问题，还是应当按照"以不动产登记簿为准"的原则，以避免出现不必要的风险。

2. 对于保证不动产登记活动的秩序与安全有一定的作用。不动产权属证书的发放可以证明登记机关根据事实、法律和当事人的申请，完成了相应登记的事实。由于证书记载的内容与登记簿的内容具有一致性，权利人可以根据自己

① 最高人民法院物权法研究小组编著：《〈中华人民共和国物权法〉条文理解与适用》，人民法院出版社2007年版，第94页。

持有证书的内容，掌握自己的财产情况，而不必经常去查阅登记簿。此外，不动产权属证书也可以从侧面保护登记的安全。因为，不动产权属证书系依据不动产登记簿的记载发给权利人，如有疏漏、错误，权利人可以较为便利地发现问题。此外，登记簿由登记机关记载并且由该机关保管，不在权利人的控制之下，如果登记机关或者其工作人员不慎变动了登记簿的内容，权利人就面临权利受损的危险。如果出现二者不一致的情形，权利人即可以权属证书为依据，请求登记机构根据原始登记申请材料来确认不动产登记簿记载事项的真实性。当然，在不动产登记簿上的错误记载被更正之前，对第三人而言，仍应当信赖登记簿上的记载。

3. 对于判断双方是否存在债的关系方面有一定的证明意义。一般而言，权属证书由权利人持有，没有特殊情形不会交由他人。例如，房产证的交付虽不能产生房屋所有权转移的法律效力，但对于卖方有转移房屋所有权的意思表示有一定的证明力。当然，随着物权变动相关法律问题进一步普及，这一方面的意义将会越来越弱。

三、不动产登记簿和不动产权属证书的关系

不动产权属证书在我国由来已久，我国历史上曾长期存在着“地契”“房契”等不动产权利证书。[①] 在《物权法》施行之前，不动产权属证书几乎是不动产物权人拥有不动产物权并对不动产行使占有、使用、收益和处分权利的唯一合法凭证。在众多与不动产权利相关的法律、法规，甚至是部门规章中，除了土地登记卡、房屋登记卡之类的概念外，并没有关于不动产登记簿的规定。有学者认为，《民法典》第 217 条关于不动产登记簿与不动产权属证书之关系的规定，充分揭示了立法者关于不动产登记观念的艰难转变，虽然认识到不动产登记簿在不动产登记制度中的重要性，但仍无法割舍曾长期使用的不动产权属证书概念。因此，在《物权法》施行之前，无论单位还是个人普遍形成重视不动产权属证书而轻视不动产登记簿的观念。实践中，因为对不动产权属证书的内涵理解不准确，存在以下两种错误认识：（1）颠倒了不动产登记簿和不动产权属证书的关系，以为不动产权属证书才是证明不动产物权的唯一合法凭证，登记簿只是行政机关的档案，以至于将是否持有房产证来判断是否拥有不动产物权的根本依据。（2）轻视不动产登记簿记载的作用，错误地理解不动产权属证书的性质，认为不动产权属证书代表其上记载的物权，进一步

---

① 孙宪忠：《中国物权法总论》（第二版），法律出版社 2009 年版，第 340—341 页。

认为交付不动产权属证书则物权发生变动。事实上，证书是记载一定的法律事实或法律行为的文书，不动产权属证书也不例外，其作用仅仅是证明这种法律事实或法律行为曾经发生，至于证书的有无和存在与否并不能直接决定实体法律关系的存在与否。行使权利与持有证书无关，转移权利也无法通过交付证书进行。不动产权属证书作为一种证书，虽然可以初步证明物权归属的法律事实，但其具有证明力的依据是其上的记载与不动产登记簿上的记载具有一致性，如果没有不动产登记簿记载为依据或与不动产登记簿的记载不一致，则其不再产生相应的证明力。不动产权属证书记载的事项，应当与不动产登记簿一致；记载不一致的，除有证据证明不动产登记簿确有错误外，以不动产登记簿为准。此外，涂改、伪造不动产权属证书，被一些非法之徒视为获取不义之财的捷径。严禁涂改、伪造不动产权属证书，一直是我国不动产管理制度的一项重要内容，这也是实践中重不动产权属证书而轻不动产登记簿记载的一个侧面印证。法律规定将不动产登记簿作为记载不动产物权的基本载体并与此同时允许权利人、利害关系人查阅、复制登记资料，不动产权属证书越来越回归于不动产物权上证明的作用。

《不动产登记暂行条例实施细则》第 22 条规定："不动产权属证书或者不动产登记证明污损、破损的，当事人可以向不动产登记机构申请换发。符合换发条件的，不动产登记机构应当予以换发，并收回原不动产权属证书或者不动产登记证明。不动产权属证书或者不动产登记证明遗失、灭失，不动产权利人申请补发的，由不动产登记机构在其门户网站上刊发不动产权利人的遗失、灭失声明 15 个工作日后，予以补发。不动产登记机构补发不动产权属证书或者不动产登记证明的，应当将补发不动产权属证书或者不动产登记证明的事项记载于不动产登记簿，并在不动产权属证书或者不动产登记证明上注明'补发'字样。"实践中，因为遗失等原因，常存在登报注销不动产权属证书的情况，但权属证书被注销尚可依据不动产登记簿重新发放，权属证书注销与否与不动产物权的变动并无必然联系，也不能作为权利人不再享有权利的依据，如果不动产登记簿中载明的权利归属和内容没有变化，则应当认定物权未变动。在不动产权属证书和不动产登记簿不一致的情况下，权利人可以直接向登记机关请求依据不动产登记簿变更其权属证书的内容；但是，如果其认为不动产登记簿错误的，需要提供充分的证据，包括其个人的身份证明、取得该不动产物权的原始合同等。

【拓展适用】

一、不动产登记行为性质辨析

对于不动产登记行为的法律性质，理论上存在争议，主要有三种观点：第一种观点是行政行为说。该说认为不动产物权登记是不动产登记机构代表政府对不动产物权进行登记并进行公示，依法确认不动产物权归属关系并使之具有对世效力的行政行为。[①] 第二种观点是民事行为说。该说认为登记系基于当事人的登记请求权这一私法上的权利而发生，在法律效果上发生物权变动的公示效果，因此，登记应属民事行为。第三种观点是"混合说"。该说认为不应当将登记行为作为一个整体来认定其性质，登记不是单一的不可分解的行为单元，在登记的不同阶段会有不同的性质，在申请登记的环节属于民事法律行为的性质，由申请人决定是否申请登记以及登记的内容为何；在登记审查环节则属于行政法律行为的性质。[②] 笔者赞同第三种观点。

从不动产登记制度的历史及我国的实际看，我们既不能否定不动产登记具有的不动产物权设立、变更、转让和消灭这一私法效力，也不应否认不动产登记在程序上具有的公法色彩。

（一）不动产登记是不动产物权的公示方式

与各国民法相同，我国《民法典》规定，物权公示方法因物权标的为动产或不动产而有所不同。动产物权设立的公示方法为占有，变动的公示方法为占有的移转（交付）；不动产物权设立及变动的公示方法均为登记。物权公示的目的是使物权权属状况采用某种能够为社会公众所知晓的外部表现形式，以透明物权关系保护交易安全。而由登记机关对物权状态进行记载并制作表明权属和客体状况的证书，更明确地记载权利人享有的物权类型，比占有更容易表征标的物上的物权，因此，登记为大多数国家不动产物权变动的公示手段。如果采用现代的观念，我们可以对不动产登记制度的实行提供以下理由：（1）国家对土地问题的重视。土地制度不仅涉及一国之基本经济制度，而且涉及一国之政治制度，故国家必须对土地权利的设立、转让予以强力管制。（2）资源利用的需要。在一切自然资源中，土地最具稀缺性，根本不可再生。由此，对土地的利用必须置于国家的统一控制之下，而不动产物权的透明，则是控制的前提。

---

① 王达：《物权法中的行政法问题：不动产登记制度》，载《人民法院报》2007 年 3 月 27 日。

② 屈茂辉：《物权法·总则》，中国法制出版社 2005 年版，第 356 页。

(3) 城乡规划、环境保护的需要。(4) 保证国家税收。唯有确保不动产流转的公开性，方可避免逃税漏税，以维护国家利益。(5) 不动产交易秩序的规范。伴随所有权中心由所有向利用的转化，不动产流转频繁，他物权的设定日益多样，而用益物权基本上设定于不动产，担保物权也主要设定于不动产，不动产物权关系日益复杂，交易安全之保护更为紧要。为此，不仅不动产物权的公示必须采用较之占有更为严格的登记方式，而且，不动产登记本身，甚至不得不成为不动产物权成立的依据和不动产物权存在的法律证据。[①] 同时，由于不动产物权是涉及国计民生的重要权利，故国家机关（无论是行政机关还是司法机关）基于国家行为权威性、严肃性的特点承担不动产登记的职能，公众基于对公共权力机构权力来源可靠性的认同以及对于公共权力本身的信赖，从而很自觉地认同登记的权利即是真实的权利。对登记记载内容的信赖能更好地保护交易安全。即使在登记生效主义的立法例下，登记与不动产物权生效联系在一起，也不能将登记理解为赋予不动产物权的行为。不动产物权并非国家机关通过登记赋予的权利，而是民事法律行为或法律事实的结果。法律规定不动产登记的主要目的在于公示，公示的目的又在于产生公信力，保护交易安全。登记行为只是一种公示行为，而不是对相对人和第三人之间的特定权利的确权或裁决，登记行为并不是权利创设行为，切不可将公示的手段误以为权利本身。[②] 对此，《民法典物权编司法解释（一）》第1条作出明确规定："因不动产物权的归属，以及作为不动产物权登记基础的买卖、赠与、抵押等产生争议，当事人提起民事诉讼的，应当依法受理。当事人已经在行政诉讼中申请一并解决上述民事争议，且人民法院一并审理的除外。"该条沿用了原《物权法司法解释（一）》中的相关规定，专门就实践中存在的不动产物权因登记发生变动，涉及登记的争议只能通过行政诉讼解决的错误观点予以澄清。

（二）不动产登记在现阶段系行政机关的一项行政行为

根据《不动产登记暂行条例》第4条、第5条的规定，我国承担不动产登记的机构在性质上是国家行政机关，就其履行不动产登记的法定职责及所遵循的程序而言，不动产登记具有行政行为的特点。但其又不同于一般的行政许可或行政确权行为。如前所述，不动产登记源自物权法制度，不动产登记行为

---

① 尹田：《物权法理论评析与思考》（第二版），中国人民大学出版社2008年版，第260页。

② 姚辉：《不动产登记机构赔偿责任》，载《法学》2009年第5期。

所引发的物权变动的法律效果并非来源于登记机构的意思表示，而是来源于民事法律制度的规定，登记机构无权对当事人间的不动产权属法律关系进行设定或变更，登记行为不包含行政机关的意思表示，只代表行政主体对客观事实的认识和判断，登记机构未作出意思表示从而直接设定行政法上的权利和义务。为此，有学者借鉴日本以及我国台湾地区的行政法律制度提出了准法律行为的行政行为概念。该种表示行为虽然也伴随一定的法律效果，但与法律行为不同，该种行为效果完全是基于法律的直接规定而产生，并非基于行政机关的意思而产生。笔者认为，不动产登记比较符合准法律行为的行政行为的基本特征。

二、不动产登记与不动产物权变动的关系

从不动产物权的公示方式看，不动产登记是不动产物权的公示方式，但并非必然作为不动产物权变动的生效要件。从比较法上看，基于采纳的物权变动模式的不同，存在两种立法例：一是公示生效主义，即非经公示，不发生物权变动；二是登记对抗主义，即是否公示，不影响物权的变动，仅影响物权是否具有对抗第三人的效力。我国原则上采用登记生效主义模式，以登记对抗为例外。建设用地使用权、房屋所有权等不动产物权变动须经登记才能发生物权效力。土地承包经营权、地役权则自合同成立时即发生物权效力，当然也可以进行登记，只不过未经登记不得对抗善意第三人。至于非基于法律行为发生的物权变动，如依据人民法院生效法律文书、政府的征收决定以及合法建造等，物权变动的生效也不是以登记为准。可见，不动产物权生效与不动产登记实处于不同的法律维度，两者不能等同。

从不动产物权变动的原因看，不动产物权源于当事人的法律行为（或法律规定的非法律行为），不经法定方法公示，仍然具有物权性质，只不过立法采取不同的物权变动模式导致法律效果存在差异。在基于法律行为发生的物权变动中，我国法律规定的主要物权变动模式是债权形式主义，登记被认为是事实行为，而且只能作为不动产物权变动的生效要件存在，登记本身并非赋权行为。不动产物权变动的原因只能是当事人的债权合意（包括赠与等单方法律行为以及买卖等双方法律行为）。在我国采用债权形式主义物权变动的立法模式前提下，债权合意的效果仅在于设定双方之间的债权关系，不动产所有权的变动，须基于登记而发生。根据目前学界通说，现行法律未明确承认物权行为，则登记仅为事实行为，也即导致物权变动的法律行为只有一个债权行为，因此，不动产物权变动的原因行为无效或者被撤销的，不动产物权即使办理了登记也会

相应无效或者被撤销。相反，如果原因行为有效，登记因程序违法被撤销的，权利人仍可要求出让人继续履行原因行为所设定的义务，协助办理登记手续并获得不动产物权。

从登记权利与真实权利之间的关系看，作为一种拟制的事实，登记表彰的权利状态并不总能反映真实不动产物权关系。在物权归属争议中，赋予登记终局证明效力，既为登记制度功能所不能承受之重，也有违诉讼证据规则。这一点在内部关系中尤为重要。故而，在不涉及外部第三人时，对权利人是否享有真实的物权，登记只具有权利推定效力，不具有绝对性和终局性。如果权利人所举的证据能够证明其对该不动产享有真实权利的，应该依法确权；但是在涉及外部关系时，则不能轻易推翻登记所表彰的权利外观，而要承认其公信力，这也是《民法典》第 311 条中不动产善意取得制度中判断第三人是否构成“善意”的理论基础。

三、正确区分不动产登记与行政确权

不可否认，在我国的法律实践中，确实存在行政机关作为确权机关的情形，这是由我国的具体国情决定的。因为，我国实行的是土地等自然资源的社会主义公有制，土地等自然资源归国家或者集体所有。《土地管理法》第 9 条规定：“城市市区的土地属于国家所有。农村和城市郊区的土地，除由法律规定属于国家所有的以外，属于农民集体所有；宅基地和自留地、自留山，属于农民集体所有。”《民法典》第 250 条规定：“森林、山岭、草原、荒地、滩涂等自然资源，属于国家所有，但是法律规定属于集体所有的除外。”单位和个人只能通过法定途径取得使用权。为规范土地等自然资源的利用，我国法律要求土地等自然资源在进入市场之前，就必须将权属界定清楚。故而，对土地及森林、山岭、草原、荒地、滩涂等自然资源所有权及某些使用权，存在由人民政府进行权属确认的程序。如《土地管理法》第 12 条规定：“土地的所有权和使用权的登记，依照有关不动产登记的法律、行政法规执行。依法登记的土地的所有权和使用权受法律保护，任何单位和个人不得侵犯。”《土地管理法》第 14 条第 1 款至第 3 款规定：“土地所有权和使用权争议，由当事人协商解决；协商不成的，由人民政府处理。单位之间的争议，由县级以上人民政府处理；个人之间、个人与单位之间的争议，由乡级人民政府或者县级以上人民政府处理。当事人对有关人民政府的处理决定不服的，可以自接到处理决定通知之日起三十日内，向人民法院起诉。”有人就此认为，关于土地的争议属于行政争议范畴。笔者认为，这种理解是不对的。上述关于“登记造册、核发证书”的规定，仅指人民政府为建立地籍簿而进行的土地登记发证行为，即“土地总登记”，非指《民法典》中的不动产登记发证行为。所谓土地总登记，是指在一定时间内对辖区内全部土地或特定区域内土地进行的全面登记。其根本目的在于，建立完整清晰的不动产产籍产权制度，通过登记实现对不动产的行政管理，健全适合市场需求的公示及公信的制度，以维护交易安全。[①] 因此，政府对土地等自然资源进行登记造册、核发证书的过程，是一个行政确权的过程。在土地等自然资源领域，登记主管部门既承担着土地权属确认的职责，又是法定的其他土地物权的登记机构，使得行政确权和不动产登记在这些领域为同一机关所完成。但是，法律明确规定与行政确权联系在一起的不动产登记，仅仅是上述关于土地等自然资源所有权和使用权的总登记。政府的行政确权行为与登记机构的登记行为是不同的，只有在当事人之间的权属争议是因人民政府进行初始登记而引起时，才能认为权属争议与行政确权有关，如果不是因人民政府对土地等自然资源的权属进行初始登记引发的争议，就不能要求行政确权为前置。而在当事人取得权利后的交易过程中，登记机构所进行的登记发证行为则不属于行政确权行为，而是属于当事人之间的民事纠纷。

【典型案例】

四川省甲房地产开发有限责任公司与A市广播电视大学合资、合作开发房地产合同纠纷案

上诉人（一审原告）：四川省甲房地产开发有限责任公司（甲公司）

被上诉人（一审被告）：A市广播电视大学（A市财贸学校；电大财校）

〔基本案情〕

一审法院经审理查明：2001年12月7日，A市市政府向电大财校发出A市府土函〔2001〕75号《关于同意A市广播电视大学原划拨用地补办土地出让手续的批复》，同意该校位于四川省A市某区某镇某路西侧与南北干道交会处的划拨用地18681.15平方米补办土地出让手续，要求该校与A市国土局签订土地出让合同，并申请办理土地变更登记手续。

2001年12月12日，A市国土局颁发A市市国用（2001）字第3683号《国有土地使用权证》，载明：土地使用者电大财校，坐落于四川省A市某区某镇某路西侧与南北干道交会处，地号6/12/145-×，用途企建用地，使用权类型出让，使用权面积18681.15平方米。

---

① 崔建远：《物权：规范与学说——以中国物权法的解释论为中心》（上册），清华大学出版社2011年版，第180页。

2002年6月，A市国土局颁发《土地他项权利证明书》，主要载明：权利人甲银行A市市分行营业部，义务人电大财校，坐落于四川省A市某区某镇某路西侧与南北干道交会处，地号6/12/145-×，使用权类型出让，他项权利种类及范围设定抵押权：1. 土地证书号：A市市国用（2001）字第3683号；2. 抵押面积：18681.15平方米；3. 抵押金额1100万元整；4. 抵押期限：3年（2002年6月13日至2005年6月12日）。

2005年1月30日，电大财校通过招商引资形式与甲公司签订《引资协议书》，将四川省A市某区某镇某路西侧与南北干道交会处面积约18亩土地使用权作价投资与甲公司合作建设。

2005年3月15日，电大财校与甲公司签订的《联合开发投资新建西外校区临街部分协议书》中约定：电大财校以四川省A市某区某镇某路西侧与南北干道交会处面积8422m^2性质为商住用地的土地（道路规划发生变化的新增土地约12亩，原A市府土函〔2001〕75号批复的土地下剩约6亩）的使用权作为投资，不承担项目投资盈亏风险及销售之责，甲公司筹集工程建设所需的资金，并负责工程的开发建设及房地产销售。

2005年9月23日，电大财校向A市市政府提交A市电大校发（2005）17号《关于改变土地用途的请示》，主要载明：该校分三次在四川省A市某区某镇征地63.12亩，其中35.12亩由划拨变为出让地28亩（根据抵押贷款要求）。因A市市政府的规划调整，致使电大财校在四川省A市某区某镇的新基地临某路西侧和南北干道边沿10余亩土地（含道路占地）未被综合利用。为充分发挥土地资源的最大效益，经电大财校研究，将这10余亩土地由教育用地改变为商住综合用地。

2005年11月3日，A市教育局、A市国土局、A市规建局向A市市政府提交A市国土资发〔2005〕350号《关于市电大西外新校区部分用地改变性质的请示》，主要载明：根据A市市政府领导批示，现请示如下：电大财校在四川省A市某区某镇分三次征地63.12亩建新校区，经过7年建设，新建了教学楼等，篮球场等设施正在通过招商的办法筹集资金建设。2002年A市市政府对四川省A市某区某镇南北干道南延线道路线形走向进行了调整，电大财校新增加用地约8400m^2，并按划拨地价补交了使用费。2001年年底新校区全面启动建设以来，电大财校报经A市市政府同意后，通过招商引资筹集资金。按照甲银行A市市分行的要求，出让取得的土地才能抵押贷款，A市市政府以A市府土函75号文件同意电大财校补办28亩土地由划拨变为出让的手续，获得了2000万元贷款。现电大财校再次申请对划拨土地约12亩补交土地出让金，土地用途变更为商住用地，作为申请贷款抵押物。鉴于电大财校已通过划拨取得了约12亩土地使用权，特建议：（1）同意将土地用途调整为商住用地。（2）鉴于南北干道道路线形走向调整，新增加的约12亩已划拨给电大财校使用，由于用地形状呈楔形无法单独使用，建议参照该地块相邻地块拍卖成交价补交土地出让金，依法办理土地变更手续。

2006 年 1 月 11 日，A 市市政府向 A 市教育局、A 市国土局、A 市规建局发出 A 市府函〔2006〕6 号《关于同意 A 市广播电视大学部分划拨用地补办土地出让手续的批复》，主要载明：A 市国土资发〔2005〕350 号收悉，经 A 市市政府研究，现批复如下："一、同意电大财校位于四川省 A 市某区某镇某路西侧与南北干道交会处已取得划拨土地使用权、面积为 8422m^2 的土地依法办理土地出让手续。用地范围以 2005 年 5 月四川省 A 市市国土勘测规划队 2005-189 号《宗地图》为准。二、该宗土地由电大财校依法补办土地出让手续。土地出让金参照相邻地块拍卖成交价进行补交，补差价格要公正、合理并报 A 市市政府批准。"

2007 年 1 月 11 日，A 市市政府向 A 市国土局发出 A 市府函〔2007〕3 号《关于 A 市广播电视大学补办土地出让手续的批复》，主要载明：同意电大财校补办四川省 A 市某区某镇某路西侧与南北干道交会处 8056.20m^2 出让手续，并补交土地出让金。同意四川某实业有限公司将出让土地使用权 365.80m^2 转让给电大财校。用地范围均以 2005 年 5 月四川省 A 市市国土勘测规划队 2005-189 号《宗地图》为准。

2007 年 3 月 7 日，A 市市政府向电大财校颁发 A 市市国用（2007）第 01499 号《国有土地使用证》，坐落于四川省 A 市某区某镇某路西侧与南北干道交会处，地号 7/7/2-500，图号 2005-189，地类商住综合用地，使用权类型出让，使用权面积 8422m^2。

2008 年 1 月 28 日，A 市府阅〔2008〕6 号《研究 A 市电大和财贸校临街出让土地化解学校债务的会议纪要》，主要载明会议要求：(1) 电大财校临街出让土地开发化解学校债务事宜是在原电大财校已同开发商签订合同并由该开发商全额交付土地出让金的基础上形成的，与一般的开发项目有着本质的区别。各相关职能部门要确保该项目的顺利实施。(2) 根据 A 市市政府领导的要求，由电大财校与开发商再洽谈一次，尽力为学校争取更大的收益。(3) 以电大财校为主体及早拟订合作合同。

2008 年 3 月 15 日，电大财校与甲公司签订《合作开发协议书》，主要载明：为化解电大财校债务，根据 A 市府阅〔2008〕6 号《研究 A 市电大和财贸校临街出让土地化解学校债务的会议纪要》精神，双方达成如下协议："一、合作开发项目名称：学府铭苑。二、项目地址：四川省 A 市某区某镇金山南路西侧与南北街道交会处。三、项目规模：按 A 市市政府批准的电大财校《校园总体规划调整方案》，临街开发建设规模 129800m^2（包括电大财校享有的 6200m^2 教学用房）。四、合作方式：电大财校以 A 市市政府批准的《校园总体规划调整方案》及学校临街开发的出让土地使用权作为投资，甲公司以现金全额投资并独立开发建设学府铭苑。五、电大财校的权利和义务：1. 电大财校有权按约定获取开发效益，且不承担项目开发建设风险……4. 将 A 市市政府批准的《校园总体规划调整方案》中的由甲公司独自开发部分的土地使用权转让至甲公司名下。5. 确保甲公司项目建设规模达到 129800m^2。若因规划变更导致建设规模增减，增减幅度在2%以内（含2%），电大财校收益不变；增减幅度超过2%，电大财校的收益则相应地按同比例增减……7. 协助配合甲公司办理土地过户等相关手续。六、甲公司的权利和义务：1. 有权按约定享有开发效益。2. 有权按A市市政府批准的电大财校《校园总体规划调整方案》受让电大财校临街土地使用权。3. 有权自主开发、自主销售、独自承担开发建设风险。4. 确保完成设计图纸要求的建设规模129800m²，并按约定兑现电大财校利益……八、利益分配：1. 电大财校按约定分享的开发利益：①2500万元；②6200m²的教学用房（2900m²的图书馆、实验楼和3300m²的学生公寓）；③200米塑胶环形跑道运动场，建设资金200万元，不足200万元由甲公司向电大财校补足，超出200万元由电大财校支付超出部分。2. 甲公司享有受让的土地使用权和支付电大财校所得的开发利益后的剩余利润。九、双方利益实现方式：1. 电大财校享有的2500万元收益由甲公司按以下方式支付：甲公司在合同签订后土地使用权过户前向电大财校首付500万元现金；首付款付清后的6个月内甲公司向电大财校再付款500万元现金，自首付款付清后18个月内甲公司向电大财校再付款500万元现金，保证电大财校享有的2500万元兑现总额达到2300万元。剩余200万元甲公司在首付款付清后24个月内付清电大财校……3. 甲公司的利益在兑现电大财校利益并缴纳了开发建设有关税费后实现，并按约定受让土地使用权。4. 办理土地使用权转让期限，电大财校在甲公司付清首付款后二十日内办理土地使用权过户手续。十、双方的其他约定：1. 甲公司未按照本合同第九条第一款约定按期兑现电大财校利益，则视为违约，电大财校可解除合同……5. 本协议为双方合作开发之正式合同文本，电大财校与甲公司在此之前签订的相关协议与本协议不一致的，以本协议为准。”双方合同还约定了图纸及工期、违约责任等内容。

2011年5月9日，电大财校向甲公司发出电大财校函〔2010〕3号《解除函》，主要载明：2010年6月22日A市市政府召开专题会议，对学校临街出让土地实行阳光操作，以招拍挂方式公开进行交易。因此，学校已无法履行《合作开发协议书》，并决定解除此协议，请贵公司尽快派人到电大财校办理相关手续，开展清算工作，理清账务，处理善后事宜。

2011年11月17日，A市市政府在《A市日报》刊登《关于注销土地使用证的公告》，主要载明：根据《城市房地产管理法》等法律法规的规定及2011年10月27日市政府专题会议精神，决定注销市广播电视大学ⅡF3-1-b地块内A市市国用〔2007〕第01499号、A市市国用〔2001〕第3683号土地使用证，故A市市国用〔2007〕第01499号、A市市国用〔2001〕第3683号土地使用证作废。

一审诉讼中，2012年4月27日，电大财校向甲公司发出电大校发〔2012〕25号《解除通知》，以甲公司未按期支付500万元首付款、A市市政府不予批准《校园规划整体方案》导致合同无法履行、A市市政府要求收回土地为由，通知解除合同。

一审庭审中，电大财校确认甲公司在签订《合作开发协议书》后已付款5717000元。

2012年9月14日、26日，一审法院就双方签订的《合作开发协议书》已不能履行，甲公司是否变更诉讼请求问题组织双方到庭，向甲公司进行释明。甲公司当庭向一审法院提交一份其于2012年9月20日作出的《关于是否变更诉讼请求的说明》，明确表示不变更诉讼请求。同时向一审法院提交两份《民事起诉状》，均注明“复印属实2012年9月20日”，并加盖有四川省A市市中级人民法院印章。拟证明其在法定期限内已向法院提起诉讼主张权利，请求继续履行合同。其中一份《民事起诉状》系甲公司于2010年5月11日向四川省A市市中级人民法院出具，另一份系甲公司于2011年11月6日向一审法院出具。两份《民事起诉状》载明的起诉请求均为：请求确认甲公司与电大财校于2008年3月15日签订的《合作开发协议书》合法有效，并判决电大财校严格履行合同约定。

电大财校认为该证据不能证明甲公司在法定的异议期限内已向法院提起诉讼主张权利，不能证明其主张，并明确表明拒绝对甲公司超出法定期限提交的上述证据予以质证。

甲公司于2012年2月28日向一审法院提起诉讼，请求：（1）判令电大财校赔偿因单方解除与甲公司于2008年3月15日签订的《合作开发协议书》给甲公司造成的经济损失11200万元（前期投入约3200万元，最低预期利益8000万元）；（2）诉讼费由电大财校承担。2012年3月7日，甲公司向一审法院提交《变更诉讼请求申请书》，载明：因甲公司前期在此项目投入资金数额巨大，解除合同将会造成重大经济损失，故申请将原诉讼请求第一项变更为：判令电大财校立即全面履行与甲公司于2008年3月15日签订的《合作开发协议书》，确定规模为129800m^2的合作开发项目（前期投入约3200万元，预期利益最低不少于8000万元）。

电大财校答辩称：（1）电大财校与甲公司签订的《合作开发协议书》约定电大财校只享有收益，不承担风险，该协议应为土地使用权转让合同，该转让行为因违反了法律的强制性规定而无效。（2）假定双方签订的《合作开发协议书》没有违反法律的强制性规定，电大财校也有权按约行使解除权。甲公司未按协议第九条第一项的约定付清2300万元价款，故按约应解除《合作开发协议书》。（3）假如《合作开发协议书》有效，电大财校也有权解除。A市市政府已决定将该宗土地收回整体处置，使双方的合同目的无法实现，故应解除《合作开发协议书》。且用于合作开发的国有土地使用权证已被A市市政府公告注销，双方无法履行合同，故应解除《合作开发协议书》。

〔一审裁判理由与结果〕

一审法院认为，关于合同性质及合同效力应如何认定的问题。根据2008年3月15日电大财校与甲公司签订《合作开发协议书》约定的电大财校以A市市政府批准的《校园总体规划调整方案》及学校临街开发的部分土地使用权作为投资，甲公司以现金全额投资并独立开发建设学府铭苑，开发利润的分配等内容表明，电大财校与甲公司签订的《合作开发协议书》符合合资、合作开发房地产合同的法律特征，系合资、合作开发房地产合同。电大财校认为系土地使用权转让合同纠纷的抗辩理由不能成立，一审法院不予支持。《合作开发协议书》系双方当事人的真实意思表示，不违反法律、行政法规的强制性规定，不损害国家、集体或者第三人的利益，合法有效。

关于双方签订的《合作开发协议书》是否应当继续履行、是否能够继续履行的问题。根据查明的事实，2011 年 5 月 9 日，电大财校以因政府拟对合作开发的土地重新进行拍卖、无法履行合作协议为由向甲公司发出《解除函》，通知甲公司解除合同。甲公司在《解除函》到达之日起三个月内并未向人民法院或者仲裁机构确认能否解除合同。根据《合同法》第 96 条第 1 款“当事人一方依照本法第九十三条第二款、第九十四条的规定主张解除合同的，应当通知对方。合同自通知到达对方时解除。对方有异议的，可以请求人民法院或者仲裁机构确认解除合同的效力”以及《合同法司法解释（二）》第 24 条“当事人对合同法第九十六条、第九十九条规定的合同解除或者债务抵销虽有异议，但在约定的异议期限届满后才提出异议并向人民法院起诉的，人民法院不予支持；当事人没有约定异议期间，在解除合同或者债务抵销通知到达之日起三个月以后才向人民法院起诉的，人民法院不予支持”之规定，《解除函》到达甲公司时就已发生法律效力，《合作开发协议书》已经解除。况且 A 市市政府已公告注销了双方合同项下土地的《国有土地使用权证》，在法律上或事实上也不能继续履行合同。为此，根据《民事证据规定》第 35 条第 1 款“诉讼过程中，当事人主张的法律关系的性质或者民事行为的效力与人民法院根据案件事实作出的认定不一致的，不受本规定第三十四条规定的限制，人民法院应当告知当事人可以变更诉讼请求”的规定，一审法院向甲公司释明，告知其可以变更诉讼请求，但甲公司明确表明不变更诉讼请求，故一审法院对甲公司的诉讼请求予以驳回。

关于甲公司在一审法院释明后，向一审法院提供的 2010 年 5 月 11 日、2011 年 11 月 6 日的《民事起诉状》问题。根据《民事证据规定》第 34 条第 1 款、第 2 款“当事人应当在举证期限内向人民法院提交证据材料，当事人在举证期限内不提交的，视为放弃举证权利。对于当事人逾期提交的证据材料，人民法院审理时不组织质证。但对方当事人同意质证的除外”的规定，电大财校明确拒绝对甲公司超过法定举证期限提交的上述证据予以质证，故一审法院不组织质证。一审法院认为，该证据复印件不能证明甲公司在法定期限内已向人民法院提起诉讼，也不能证明人民法院在法定期限内对甲公司的起诉立案受理的事实。经查证，《民事起诉状》载明的起诉请求为确认《合作开发协议书》有效，双方继续履行合同，并不是请求撤销合同解除行为，或者确认解除合同行为无效。甲公司提供的两份《民事起诉状》不能证明其主张，一审法院不予采信。

一审法院依照《合同法》第44条第1款、第96条第1款，《合同法司法解释（二）》第24条，《民事证据规定》第2条、第34条第1款和第2款、第35条第1款，《民事诉讼法》第9条、第138条之规定，判决驳回甲公司的诉讼请求。案件受理费601800元，由甲公司负担。

〔当事人上诉及答辩意见〕

甲公司不服一审判决，向最高人民法院提起上诉，请求：（1）撤销（2012）川民初字第11号民事判决；（2）判令电大财校立即全面履行与甲公司于2008年3月15日签订的《合作开发协议书》；（3）一、二审诉讼费用由电大财校承担。

〔二审查明的事实〕

二审另查明，二审诉讼期间，涉案土地的土地登记档案载明的权利人为A市广播电视大学。

〔二审裁判理由与结果〕

最高人民法院认为，本案当事人争议的焦点问题是：（1）《合作开发协议书》的性质和效力问题；（2）《合作开发协议书》是否解除；（3）《合作开发协议书》能否继续履行。

1. 关于合同的性质和效力问题。

涉案合同虽然冠以“合作开发协议书”之名，但合同中明确约定电大财校只享有固定开发收益，不承担开发经营的风险。根据《国有土地使用权合同纠纷司法解释》第24条“合作开发房地产合同约定提供土地使用权的当事人不承担经营风险，只收取固定利益的，应当认定为土地使用权转让合同”的规定，《合作开发协议书》性质为土地使用权转让合同。一审法院关于合同性质的认定有误，应予以纠正。

根据《合同法司法解释（一）》第4条“合同法实施以后，人民法院确认合同无效，应当以全国人大及其常委会制定的法律和国务院制定的行政法规为依据，不得以地方性法规、行政规章为依据”的规定，以及《合同法司法解释（二）》第14条关于“合同法第五十二条第（五）项规定的‘强制性规定’，是指效力性强制性规定”的规定，因“违反法律、行政法规的强制性规定”而无效的合同，是指违反了法律、行政法规中的效力性强制性规定，法律、行政法规中的管理性强制性规定不能作为认定合同无效的依据。本案中，电大财校主张合同无效的理由是《合作开发协议书》违反了《国有资产评估管理办法》第3条第1项、《招标拍卖挂牌出让国有建设用地使用权规定》《事业单位国有资产管理暂行办法》第28条，以及《城镇国有土地使用权出让和转让暂行条例》第19条、《城市房地产管理法》第39条第2项的规定，但《国有资产评估管理办法》《招标拍卖挂牌出让国有建设用地使用权规定》和《事业单位国有资产管理暂行办法》系行政规章，而《城市房地产管理法》第39条第2项、《城镇国有土地使用权出让和转让暂行条例》第19条为法律、行政法规中的管理性强制性规定，均不能作为认定合同无效的依据。电大财校关于合同无效的主张，缺乏法律依据，不予支持。甲公司和电大财校之间订立的《合作开发协议书》是双方当事人真实的意思表示，不违反法律、行政法规的强制性规定，合同有效。

2. 关于《合作开发协议书》是否解除问题。

根据《合同法》第93条的规定，“当事人协商一致，可以解除合同。当事人可以约定一方解除合同的条件。解除合同的条件成就时，解除权人可以解除合同”。第94条规定，“有下列情形之一的，当事人可以解除合同：（一）因不可抗力致使不能实现合同目的；（二）在履行期限届满之前，当事人一方明确表示或者以自己的行为表明不履行主要债务；（三）当事人一方迟延履行主要债务，经催告后在合理期限内仍未履行；（四）当事人一方迟延履行债务或者有其他违约行为致使不能实现合同目的；（五）法律规定的其他情形”。本案中，双方在《合作开发协议》第10条中约定电大财校可以解除合同的条件为，“在乙方（甲公司）未按照本合同第九条第一款约定按期兑现甲方（电大财校）利益”以及“乙方（甲公司）违反合同第六条第七款之规定（即不得将本项目整体或部分转让给其他任何单位或个人开发）”。电大财校所主张的政府拟对合作开发的土地重新拍卖、无法履行合作协议的解除合同的理由，并非合同约定的电大财校可以解除合同的条件，也不属于《合同法》第94条可以行使法定解除权的情形。《合同法》第96条和《合同法司法解释（二）》第24条关于合同的约定解除和法定解除权利行使方式和期限的规定，不能适用于本案电大财校通知解除合同的情形。电大财校以《解除函》通知甲公司解除合同的行为，不发生解除合同的效力。一审判决根据《合同法》第96条和《合同法司法解释（二）》第24条的规定认定《合作开发协议书》已经解除，适用法律错误，予以纠正。

3. 关于《合作开发协议书》能否继续履行问题。

2011年11月17日，A市人民政府在《A市日报》刊登《关于注销土地使用证的公告》，注销了涉案土地的国有土地使用证。一审判决据此认定合同在法律上或事实上不能继续履行。电大财校在二审期间亦辩称，A市国土资源局向其发出了收回土地的函告，A市人民政府已经注销了土地使用权证，其“不再享有该宗土地使用权”“双方合作开发房地产这一行为丧失了履行合同的基础和条件，该协议书在客观上已经不能履行”。

最高人民法院认为，根据《物权法》第14条的规定，“不动产物权的设立、变更、转让和消灭，依照法律规定应当登记的，自记载于不动产登记簿时发生效力”；第17条规定，“不动产权属证书是权利人享有该不动产物权的证明。不动产权属证书记载的事项，应当与不动产登记簿一致；记载不一致的，除有证据证明不动产登记簿确有错误外，以不动产登记簿为准”。上述法律规定表明，不动产权利人的确定，应当以不动产登记簿的记载为依据。A 市人民政府虽然公告注销了作为涉案土地不动产物权证明的国有土地使用证，但并未注销土地登记，且至二审诉讼期间，涉案土地的土地登记档案中载明的权利人仍然是 A 市广播电视大学。这一事实说明，A 市人民政府注销国有土地使用证的行为，并未改变涉案土地的权属状况。根据《城镇国有土地使用权出让和转让暂行条例》第 42 条的规定，“国家对土地使用者依法取得的土地使用权不提前收回。在特殊情况下，根据社会公共利益的需要，国家可以依照法律程序提前收回，并根据土地使用者已使用的年限和开发、利用土地的实际情况给予相应的补偿”。《物权法》第 42 条、第 44 条也对为了公共利益以及因抢险、救灾等紧急需要，依照法律规定的权限和程序可以征收单位、个人的不动产作出规定。但迄今并无证据证明涉案土地已经被依法征收、征用的事实。综上，涉案土地使用权的权属并未发生变化，电大财校仍然是涉案土地使用权的权利人，《合作开发协议书》的履行不存在法律上的障碍，能够继续履行。

关于电大财校提出的涉案土地的政府出让批文中明确表示该宗土地仅用于抵押给银行贷款不能用于其他目的、《合作开发协议书》无法履行的抗辩。2008 年 1 月 28 日 A 市府阅〔2008〕6 号《研究 A 市电大和财贸校临街出让土地化解学校债务的会议纪要》的内容已经表明，电大财校与甲公司就涉案土地进行合作开发已获 A 市人民政府同意，电大财校的此项抗辩无事实依据，不予支持。关于电大财校提出的政府不可能受理审批《校园总体规划调整方案》《合作开发协议书》不可能履行的抗辩，政府是否受理审批《校园总体规划调整方案》系尚未确定的事实，以此作为合同不能实际履行的依据，缺乏事实基础，不予支持。

综上所述，一审判决认定事实清楚，但适用法律错误。依照《民事诉讼法》第 170 条第 1 款第 2 项之规定，判决如下：

一、撤销四川省高级人民法院于 2012 年 10 月 24 日作出（2012）川民初字第 11 号民事判决；

二、A 市广播电视大学（A 市财贸学校）继续履行与四川省甲房地产开发有限责任公司于 2008 年 3 月 15 日签订的《合作开发协议书》。

一审案件受理费 601800 元、二审案件受理费 601800 元，均由 A 市广播电视大学（A 市财贸学校）负担。

规则4：权利人享有物权不能成为其享有合同解除权的理由

——成都某通讯连锁有限公司与四川某实业有限责任公司、四川某投资控股股份有限公司房屋买卖合同纠纷案①

【裁判规则】

根据《民法典》第215条规定之精神，处分行为有别于负担行为，解除合同并非对物进行处分的方式，合同的解除与否不涉及物之所有权的变动，而只与当事人是否继续承担合同所约定的义务有关。

【规则理解】

一、负担行为与处分行为的关系

（一）负担行为与处分行为的内涵

负担行为与处分行为是大陆法系中的德国民法及受德国民法影响的某些民法的重要概念，我国现有法律体系中并无该种概念表述。“这两个法律行为系由法学家所创设，具高度技术性，因其贯穿整个民法，可以说是民法上的任督二脉。”② 所谓负担行为，是指以发生债权债务为其内容的法律行为，亦称为债务行为或债权行为，其主要的特征在于因负担行为的作成，债务人负有给付的义务，但并不能发生物权的变动。所谓处分行为，是指直接使某种权利发生、变更或消灭的法律行为，其处分的客体为权利。处分行为包括物权行为及准物权行为。

（二）区分负担行为和处分行为的意义

区分负担行为和处分行为，在法律上的实益有二：（1）关于处分行为，应适用所谓标的物特定原则，即物权行为或准物权行为至迟于生效时，其标的物须属特定，并须就一个标的物作成一个物权行为或准物权行为（一物一权原则）。反之，负担行为则不受此限制。（2）有效的处分行为，以处分人有处分权为要件。无处分权而处分权利标的物者，为无权处分，效力未定。反之，于负担行为，则不以处分人有处分权为必要。由此可见，财产上的法律行为之所以区分负担行为和处分行为，乃是因为二者的法律效果不同：负担行为产生相对性的请求权；而处分行为则引起已有权利的变动。由于债权行为产生的是债权债务关系，而物权行为产生的是物权的变动，因此，债权行为本质上属负担行为，而物权行为本质上属处分行为。在基于法律行为发生的物权变动中，当

---

① 《中华人民共和国最高人民法院公报》2015年第1期。

② 王泽鉴：《民法概要》，中国政法大学出版社2003年版，第86页。

事人往往先通过债权行为成立某种请求权，再通过物权行为实现物权的变动。因此，债权行为仅仅是引起物权变动的原因行为，其后果是发生一项旨在发生物权变动的请求权，并不直接产生物权变动的后果，物权的变动还需通过完成物权行为方能实现。以买卖为例，双方缔结的买卖契约属于债权行为，仅能使双方当事人负担交付标的物和支付价金的义务。要发生标的物和价金所有权的移转，须另有物权契约，由双方当事人就移转标的物和价金所有权达成合意。这样债权行为和物权行为截然分开，各自独立。债权行为和物权行为区分的结果是就各该行为本身判断是否成立或生效。具体来说，就是行为人是否有处分权只影响物权行为的效力，但是不影响债权行为的效力。另外，即使行为人有处分权当然也不能构成其对债权行为的随意反悔，因为，是否有处分权与债权行为并无必然联系。

《民法典》第208条规定："不动产物权的设立、变更、转让和消灭，应当依照法律规定登记。动产物权的设立和转让，应当依照法律规定交付。"从上述法律规定看，我国法律不要求另有移转所有权的合意即所谓物权行为，所有权转移仅是作为债权行为（买卖合同等）履行的结果，但要求以登记或交付为生效要件。因此，目前通说认为，我国现行法不承认有物权行为，以物权变动为债权行为之当然结果，并以交付或登记为生效要件，在立法主义上系采意思主义与交付主义之结合，与现代民法、判例和学说之最新发展趋势正相吻合。[①]也就是说，我国法律上规定的交付或登记并非包含物权合意的法律行为，而仅仅是事实行为。如果说真有物权合意的存在，那也是存在于债权合同中，被债权合意所吸收，而不是单独的物权合意。

二、《民法典》确立的区分原则

《民法典》第215条规定："当事人之间订立有关设立、变更、转让和消灭不动产物权的合同，除法律另有规定或者合同另有约定外，自合同成立时生效；未办理物权登记的，不影响合同效力。"此条确立了所谓"区分原则"。坚持"区分原则"是形式主义物权变动模式的必然要求，因此，无论是将交付或登记理解为事实行为还是法律行为（物权行为），都应坚持区分原则，但应该明确，在债权形式主义物权变动模式下，区分原则仅指原因行为与物权变动相区分；而在物权形式主义物权变动模式之下，区分原则是指物权行为与债权行为相区分，其实质是承认物权行为独立于债权行为而存在。如前所述，根据目前通说，我国法律尚未明确承认物权行为的存在，故而，此处的区分原则应仅指

① 梁慧星：《读条文学民法》，人民法院出版社2014年版，第85页。

债权行为与物权变动结果的区分。该原则坚持这样一个理念，即除非法律有特别规定，合同一经成立，只要不违反法律的强制性规定和社会公共利益，就可以发生效力。合同只是当事人之间的一种合意，并不必然与登记联系在一起。登记是针对民事权利的变动而设定的，它是与物权的变动联系在一起的，是一种物权变动的公示方法，如果当事人之间仅就物权的变动达成合意，而没有办理登记，合同仍然有效。而根据《民法典》第465条的规定，依法成立的合同，受法律保护。依法成立的合同，仅对当事人具有法律约束力，但是法律另有规定的除外。在房地产买卖合同中，卖方与买方签订旨在转移房屋所有权的买卖合同后，就负有将房屋所有权转移给买方的义务，至于卖方是否享有合同解除权，应根据法律有关规定予以认定，房屋登记在卖方名下不是其享有合同解除权的法律依据。

三、物权优先效力的例外情形

对于物权的优先效力，理论上主要存在两种不同观点：一种认为此优先效力仅指在同一标的物上物权与债权并存时，物权优先于债权；另一种认为此优先效力不仅指物权优先于债权，而且包括在同一物上并存两项以上物权时，先设定的物权优先于后设定的物权。[①] 但无论如何，物权的优先效力首指物权优先于债权，当无疑义。实践中，同一特定物上同时存在物权和债权的情形非常普遍，那么物权是不是一定就优先于债权呢？即便不考虑法律有关特定债权优先于物权的例外规定，也不能绝对地得出肯定的结论。从某种程度上讲，这是准确理解物权的基础和关键。在有合法原因行为基础（以买卖为代表）的情况下，买受人对出卖人享有转移买卖标的物所有权的债权请求权，出卖人不得基于其所有权人地位对该债权请求权提出抗辩，尽管此种场合在形式上亦为“同一特定物上，既有物权又有债权”。同理，在买卖合同完全履行后，因合同被确认无效或者被撤销后产生的复原性物权变动中，已经取得买卖标的物所有权的原买受人也不能寻求物权优先效力原则的保护。物权走进实定法，并非意味着一项高人一等的民事权利产生，而是民事权利类型进一步丰满和完整的标志。[②]

在形式主义物权变动模式下，当事人仅订立买卖合同但未完成变更登记的，只是发生债权债务关系：买受人享有请求出卖人移转所有权的债权，同时负担

---

① 尹田：《物权法理论评析与思考》（第二版），中国人民大学出版社2008年版，第154页。

② 辛正郁：《物权法实施过程中应当注意的若干重要问题》，载最高人民法院民事审判第一庭编：《中国审判指导丛书：民事审判指导与参考》（总第59辑），人民法院出版社2015年版。

支付价款的义务；出卖人享有请求支付价款的债权，同时负担移转所有权的债务。也就是说，买受人此时只能受到债权的保护，不能获得物权的保护；只有在办理登记之后，才能发生物权变动关系，即买受人对标的物享有所有权，而出卖人则丧失对标的物的所有权。按照物权优先于债权的一般法理，在尚未完成变更登记时，出卖人仍对标的物享有物权，而买受人只享有债权。但出卖人和买受人系在一内部关系中，此时，出卖人不能以其物权优先效力为由，对抗买受人要求其办理变更登记的债权，物权优先效力应排除此种内部关系的适用，此为物权优先效力的例外情形。相反，在合同尚未解除的情况下，作为合同履行的必然结果，本来是完全属于卖方的财产，因为买卖合同的成立及履行，该财产的所有权应该转移到买方的手中。

四、合同解除权的行使

根据《民法典》的规定，合同解除分为协议解除、约定解除和法定解除。协议解除是当事人协商一致解除合同。约定解除是当事人事先约定一方解除合同的条件，解除合同的条件成就时，解除权人可以解除合同。法定解除是在发生《民法典》第 563 条规定的情形时，当事人双方或者一方依法享有合同解除权。依法成立的合同对双方当事人具有法律约束力，双方当事人应当按照合同约定全面履行自己的义务。这既是意思自治原则的当然结果，也是诚实信用原则的必然要求。只有在出现法律规定的情形时，当事人才能解除合同的束缚。合同解除的原因在于后发的双方互为权利义务的均衡丧失。[①] 根据目前的通说，违约方尤其是根本违约方不享有合同解除权。在房屋买卖合同纠纷中，如果不存在上述法律规定的情形，出卖方即无权解除合同。即便在其明确表示不履行合同主要义务即移转所有权与买方的情况下，买方仍可根据《民法典》第 577 条的规定，通过追究其违约责任的方式要求其继续履行合同，而不能以其享有物权为由赋予其合同解除权，应该说这完全是本末倒置的思路。解除合同并非对物进行处分的方式，合同的解除与否不涉及物之所有权的变动，而只与当事人是否继续承担合同所约定的义务有关。出卖方虽然仍对房屋享有所有权，但这并不意味着其可在不符合当事人约定或者法律规定的情形下随意解除双方之间的合同关系。在双方房屋买卖法律关系成立并生效后，出卖方虽系房屋的所有权人，但其应当依约全面、实际履行其在房屋买卖法律关系项下的义务。在买卖标的物转移之前，不能以所有人对自己的标的物享有占有、使用、收益、处分的权利为由，认为其可以随意解除合同。

---

① ［日］铃木禄弥：《物权的变动与对抗》，渠涛译，社会科学文献出版社 1999 年版，第 71 页。

【拓展适用】

一、物权行为的独立性与无因性

（一）物权行为的独立性

在物权变动模式问题上，坚持形式主义，兼采区分原则和公示原则已成为我国民法学界的共识，[①] 并在《民法典》中得到充分的体现。[②] 据此，基于法律行为发生的物权变动，其原因行为的效力不受是否发生物权变动的影响，即使在买卖等合同订立后未就标的物进行交付或者办理过户登记，买卖等合同也不因此而无效；另外，仅有买卖合同等原因行为，也不当然发生物权变动的结果，只有在满足法定的公示要件后，即动产交付或不动产办理过户登记，物权才发生变动。相对于原有将物权变动与原因行为混为一谈的弊端，这一立法模式无疑具有先进性。尤有争议的是，应否在此基础上进一步承认物权行为，即是否应将物权变动的合意从买卖合同等原因行为中独立出来，并与作为公示方式的交付或者登记结合而认定为一个独立的法律行为？对此，通说认为我国民法不宜承认物权行为理论，其理由主要是物权行为理论人为地造成法律与实际生活相脱离；同时，物权行为无因性对出卖人不公平，在法律规定善意取得制度保护交易安全的情况下，无承认物权行为的必要。实际上，就典型的买卖活动而言，我们确实只能看见表现为买卖合同的所谓“债权合意”与交付标的物或变更登记的行为，而看不见所谓“物权合意”。物权合意实际上是从当事人实施的交付或登记行为中推论出来的：行为总是受主观意志的支配，交付或登记行为必然是基于转移所有权的意志而发生。故就实际生活而言，物权的合意通过交付或登记而表达，交付或登记是物权合意的外部表现形式。无物权合意，即无交付或登记的发生；而无交付或登记的发生，则无物权合意的表达。

应当说，基于法律行为发生的物权变动须当事人达成物权变动的合意，对此，理论上应无分歧。因为在物权与债权两分的理论架构下，债的合意仅产生债的负担，并不能直接发生物权变动，产生物权变动的应是当事人关于物权变动的合意，就此而言，“物权行为”是客观存在的。如前所述，有争议的是，是否有必要将此物权变动的合意从当事人所作成的原因行为（如买卖合同）中独立出来，或者于若干情形下须当事人事后另行达成物权变动的合意（如所有权保留的买卖），并与作为公示方式的交付或登记相结合而为另一独立的法律行为？也就是说，尽管物权行为的客观性不容否认，但是否将其独立于作为变动基础的债权行为，则并非当然的结果，而是一项立法政策或解释立场的选择

---

① 梁慧星：《制定中国物权法的若干问题》，载《法学研究》2000 年第 4 期。

② 具体即为《民法典》第 215 条规定。

问题。即物权行为客观性是一个事实判断问题，而物权行为独立性却是一个价值判断问题：如果承认物权行为独立性不利于当事人之间的利益安排乃至对整个市场的交易秩序产生不利的影响，则即使物权行为客观存在，也无承认物权行为独立性的必要；相反，如果承认物权行为独立性不仅有利于当事人之间的利益安排，且对于交易秩序的形成有所助益，则也未尝不可。

批评物权行为独立性的意见认为：(1) 物权变动的合意实际上为学者所虚构，在现实交易中，不可能存在独立于债权合意之外的物权变动合意。买卖合同中，移转标的物和价金的所有权既是合同的目的，也是合同的内容，当事人没有必要再就物权变动达成合意，物权变动合意包含于债权合意之中。(2) 物权行为理论的提出，绝对不是为了展示学者非凡的观察能力，而是为了彻底截断买卖契约（和其他债权行为）与物权变动的实质联系，以达到使物权变动脱离买卖契约而存在的目的，借以稳定物权秩序，保护交易安全。而使物权行为逃离债权行为效力之约束的唯一途径，只能是让法律对于物权变动的意思表示之品质评价，不受法律对于债权合意之品质评价的任何影响，由此实现物权行为的效力不受债权行为瑕疵的影响的目标，使物权行为可以从实质上脱离债权行为而独立存在。因此，物权行为的独立性，其实指的是一种形式意义上的独立性；而物权行为的无因性，才是一种实质意义上的独立性。

（二）对《民法典》未采纳物权行为理论的理解

从《民法典》的规定看，应当说我国法律是没有采纳物权行为理论的。主要可以从以下两个方面理解：(1) 应当承认，运用物权行为理论，可以使物权关系和债权关系获得更高的清晰度，便于对不同法律现象的具体说明，在制度设计上，也使不当得利及其相关制度获得更清晰的概念和广阔的适用范围。同时，更为重要的是，如不采物权行为理论，不仅物权法理论无法合乎逻辑地阐明有关法律现象，而且法律行为之抽象便显得滑稽可笑。但是，如果采纳物权行为理论也就意味着需要接受物权行为无因性的论点，这使不动产物权公示与公信制度以及动产善意取得制度近乎空置，对我国现行的法律制度架构造成重大逆反。(2) 如果将登记作为物权行为的表现方式，则其即应当受到法律行为一般规则的调整。如果认为是有因的，则该行为效力应当由其自身的逻辑展开，如何又受到债权行为的影响？

（三）物权行为的无因性

要因原则是与无因原则相对立的，即发生物权变动需要合法有效的原因行为；无因原则并非指没有原因，而是指物权变动不受原因行为的影响，即物权变动不需要合法有效的原因行为，即使原因行为不成立、被撤销或者无效，也不影响物权发生变动。根据物权行为无因性理论，作为物权变动基础的债权行为不成立、无效或被撤销时，不影响物权行为的效力，即物权变动本身已经完成，亦是双方当事人的合意，是有效的。即基于履行合同导致的所有权变动本身受法律保护，但由于作为基础的债权行为已经不存在，利益变动无法律根据，故用不当得利制度来填补，以期达到民法责任体系上逻辑的统一和完整。在德国和我国台湾地区，民法理论不仅承认物权行为独立性，而且还在此基础上承认物权行为无因性，即不仅承认物权行为独立于债权行为而存在，而且进一步确认物权行为的效力不受债权行为是否有效的影响，即使在债权行为不成立、被撤销或者无效的情况下，只要物权行为本身有效，也可引起物权发生变动。但如果不承认物权行为的无因性，则债权行为不成立、无效或被撤销后，则不发生物权上的变动（如果将登记或者交付解释为包含物权变动合意的法律行为，即承认物权行为，则物权行为也不成立、无效或被撤销；如果将登记或者交付行为理解为不包含物权合意的事实行为，由于此时当事人之间的物权合意已经被作为原因行为的债权合同所吸收，因此，更应坚持要因原则。否则，就不是基于法律行为发生的物权变动，而是基于事实行为发生的物权变动）。

举个例子，甲与乙签订买卖房屋合同，并已经办理过户登记，但事后解除合同，此时物权是否发生变动？如果坚持无因原则，由于物权发生变动无须有合法有效的原因行为，即使买卖合同被解除，也不会导致物权变动无效，乙仍然可以获得对房屋的所有权，而此时，双方利益明显是失衡的，则民法用不当得利制度予以调整，即乙虽然获得了房屋的所有权，但无法律上的原因受有利益，导致甲受损失，构成不当得利。但如果坚持要因原则，由于物权发生变动必须有合法有效的原因行为，因此，一旦买卖合同被解除，就会导致物权变动也无效，即使房屋已经登记在乙的名下，乙仍不能取得房屋的所有权，法院仍可以就双方的原因行为进行审查，进而判决确认甲对房屋的所有权，而不是基于不当得利的债权制度予以保护。假如在乙公司破产的情况下，则甲可以行使《企业破产法》上的取回权。由于无因原则本身所固有的种种局限，加上在《物权法》建立公示公信原则之后，其功能已日益萎缩，物权行为无因性在我国民法学界又是一个被充分批判的理论，不承认物权行为无因性也已成为我国民法的通说。因此，我国民事立法一直坚持要因原则，反对无因原则，[①] 要因原则虽然可能会动摇整个不动产登记制度，形式主义物权变动模式的一个优势就是能够最大限度地实现权属与公示的一致，一旦采取要因原则，可能会导致

① 关于无因原则的弊端和要因原则的正当性，详见吴光荣：《物权诉讼：原理与实务》，人民法院出版社2009年版，第223页。

公示与权属之间的一致性受到严重影响，从而动摇整个不动产登记制度。也许是基于上述考虑，我国采用了不动产善意取得制度，在维护交易的稳定性和保护原权利人之间寻找一个平衡点。

二、对登记前不动产买受人的保护

在正常情况下，将权利区分为债权和物权，并将交易过程区分为债权债务关系和物权变动关系是合情合理的，因为如果当事人仅仅订立买卖合同，尚未办理过户登记手续，只能表明双方有负担债务的意思表示，且第三人无法知道双方存在交易关系，自然只能产生债权债务关系；但在双方办理过户登记手续时，不仅有发生物权变动的意思表示，而且经过登记公示，第三人也能方便地知晓权利发生变动的情况，自然可以赋予权利变动具有对抗第三人的效力。但问题是，在登记前买受人的地位如何，尤其是在买受人已经支付大部分或者全部房款且合法占有使用的情况下，此时出卖人固然不能以尚未登记过户，其仍为物权人身份为由对抗买受人，但是如果坚持登记之前的买受人只能获得债权保护，由于债权不具有对抗第三人的效力，仍不能有效防止出卖人对标的物进行“一物多卖”，这样一来，买受人交易目的不能实现的风险就会很大，因此，买受人如何防范此类风险的发生，就是一个问题。

对此，从现有法律规定看，可以利用预告登记制度对买受人的债权予以保全。《民法典》第 221 条第 1 款规定：“当事人签订买卖房屋的协议或者签订其他不动产物权的协议，为保障将来实现物权，按照约定可以向登记机构申请预告登记。预告登记后，未经预告登记的权利人同意，处分该不动产的，不发生物权效力。”这体现了预告登记的保全效力，即预告登记赋予被登记债权一定的物权效力，对违背预告登记内容的后发不动产物权处分行为具有排他效力，现时登记权利人（即预告登记义务人）的物权处分自由受到限制。《民法典物权编司法解释（一）》对此制度进一步予以明确，其中第 4 条规定：“未经预告登记的权利人同意，转让不动产所有权等物权，或者设立建设用地使用权、居住权、地役权、抵押权等其他物权的，应当依照民法典第二百二十一条第一款的规定，认定其不发生物权效力。”预告登记义务人在预告登记有效期间处分该不动产物权的行为，在理论上被称为中间处分行为。中间处分行为的本质是处分行为，可能会妨害预告登记权利人实现其债权请求权，故有必要对该处分行为的效力进行一定限制。《民法典》第 221 条通过对登记义务人处分权的限制，达到保全预告登记的请求权的目的。当然，该种限制本身具有一定的利益考量，只能以保护预告登记请求权为目的，易言之，应以保护预告登记请求权的范围为限，否则即有矫枉过正之嫌。因为，法律制度对当事人之间权利的配置，自当遵循“基本平衡、适当照顾弱者”的原则，不能为保障预告登记权利人的请求权而忽视对预告登记义务人处分权的保护。是故，法律对于中间处分行为效力的限制，应当以中间处分行为妨害预告登记权利人实现其请求权为限。如处分行为对所预告登记的请求权不构成任何妨害，其效力自不应受到预告登记的影响。

【典型案例】

成都某通讯连锁有限公司与四川某实业有限责任公司、四川某投资控股股份有限公司房屋买卖合同纠纷案

申请再审人（一审原告、反诉被告，二审被上诉人）：成都某通讯连锁有限公司（以下简称某通讯公司）

申请再审人（一审被告、反诉原告，二审上诉人）：四川某实业有限责任公司（以下简称某实业公司）

一审第三人：四川某投资控股股份有限公司（以下简称某投资控股公司）

〔基本案情〕

一审法院经审理查明：

2006年9月20日，某实业公司（甲方）与某通讯公司（乙方）签订的《购房协议书》约定：“甲、乙双方按照互惠、互利的原则，经多次协商，就某大厦北一楼及中庭售房事宜达成如下一致意见：（1）乙方购买甲方所拥有的某大厦北一楼及中庭建筑，面积2100平方米，总价格6750万元（最后按照房管部门办理的产权证为准进行结算）。（2）本协议签订之日，甲方收到乙方预计购房定金1000万元，待购房合同签订时，该定金自动转为购房款。（3）甲、乙双方应就购房合同及付款方式等问题在本协议原则下进行具体磋商。（4）甲、乙双方均应遵守本协议所确定的原则，如有违约，则违约方需向守约方支付违约金1000万元。（5）甲、乙双方就该宗房屋买卖合同签订时，本协议自动失效。”

2006年9月14日、18日，某通讯公司经甲银行股份有限公司成都分行向四川某特种纤维股份有限公司（以下简称某纤维公司，现为某投资控股公司）在乙银行成都分行的账号内分别转入200万元和300万元，款项用途为预付购房定金。2006年9月18日、19日、20日，某通讯公司经乙银行成都分行向某纤维公司的账号内分别转入200万元、200万元和100万元。某纤维公司于2006年9月20日向某通讯公司开具了两张金额均为500万元的定金收据。某实业公司于2007年1月4日将讼争的房屋交付某通讯公司使用至今。

某省工商行政管理局于2004年核准“成都某大厦股份有限公司”的企业名称变更为“四川某特种纤维股份有限公司”。四川某大厦有限责任公司（以下简称某大厦公司）由某纤维公司、成都某投资管理有限责任公司、江苏某科技有限公司分别出资4600万元（占46%）、500万元（占5%）、4900万元（占49%）而设立，某大厦公司于2005年7月分立成某大厦公司和某实业公司。某实业公司注册资本为1000万元，股东名称和出资比例不变。某纤维公司于2009年4月10日经某省工商行政管理局核准企业名称变更为某投资控股公司。

2005年8月5日，某大厦公司出具的《场地证明》载明："因企业分立，现某大厦公司名下某大厦南楼（权01××76）、北楼（权09××09）、中庭（权01××78）第一至四层楼及精品屋（权06××60）无偿提供给某实业公司使用。"2006年2月25日，某大厦公司与某实业公司根据双方签订的分立协议，就某大厦公司将某大厦裙楼（包括南楼、北楼、中庭）第一层至第四层以及精品屋共计17537.36平方米房屋产权及相应的土地使用权转移过户至某实业公司名下的具体问题签订了《关于办理某大厦裙楼1~4层房屋权属转移过户协议书》一份，双方同意分次办理应转移过户到某实业公司名下房产的转移过户登记手续，并各委派一人共同办理房屋权属转移过户登记手续，相关费用按规定由双方分别承担，待上述房屋产权全部过户至某实业公司名下后，随即开始办理相应土地使用权证的转移过户登记手续。成都市房屋产权监理处于2008年3月4日向某实业公司颁发了某大厦一层，面积4060.40平方米房屋的产权证（产权证编号：第16××84号，丘（地）号：权12××75）。某投资控股公司于2008年3月14日向乙银行股份有限公司成都某支行借款3000万元，某实业公司以该产权证下2043.91平方米的房屋为某投资控股公司的借款提供抵押担保，并在某市房管局产权监理处办理了抵押登记。某投资控股公司于2009年12月15日偿还了乙银行股份有限公司成都某支行全部贷款本息，但抵押登记尚未注销。2010年7月29日，某实业公司以某大厦一楼（产权证编号：第16××84号）面积1347.52平方米的房屋为某投资控股公司向丙银行股份有限公司成都顺城大街支行办理综合授信2500万元而设定抵押，并在某市房管局产权监理处办理了抵押登记，某投资控股公司在授信项下借款500万元已于2010年11月19日结清本息，但抵押登记未注销。

2009年9月28日，某通讯公司向某实业公司发出《商函》，内容主要是："金融危机对行业的侵蚀，市场的变化致使我公司手机销售额及利润大幅下滑；另外房地产销售价格整体呈向下走的态势，能否请贵司在原协议的基础上对约定购买价格作出一定的让步！我们期望值在人民币6000万元左右。"2009年9月28日，某实业公司向某通讯公司发函，要求某通讯公司在30日内安排人员到某实业公司就房屋买卖正式合同进行协商，并支付三年场地使用费。次日，某通讯公司回函同意于2009年10月9日就购房事宜进行商谈。2009年10月10日，某实业公司向某通讯公司发函，要求对某实业公司拟订的《房屋买卖合同》文本予以回复。某通讯公司于2009年10月12日回函确认收到某实业公司提供的《房屋买卖合同》文本。2009年10月20日、28日，12月9日，某实业公司与某通讯公司组织相关人员及律师就房屋买卖中的相关问题进行了三次协商，双方就某通讯公司是否应当支付场地使用费、买卖过户税费的负担、产权证的办理及购房尾款的支付时间、出售房屋所涉抵押的解除等问题进行协商后未达成一致意见。2009年11月4日，某实业公司向某通讯公司发函，要求某通讯公司支付场地使用费，具体标准由双方协商，房屋买卖税费由某通讯公司全部承担。次日，某通讯公司回函，不同意支付场地使用费，要求税费的负担按照国家法律法规及政策，由某实业公司与某通讯公司双方各自承担自行部分，某通讯公司同意在房屋产权及土地使用权过户后当即付清全部剩余房款。2009年11月12日，某实业公司向某通讯公司发函，主要内容是：（1）双方依据《购房协议书》就房屋买卖合同内容磋商长达三年时间，但至今仍在买卖合同的许多重大问题上存在严重分歧，导致双方一直未签订《房屋买卖合同》，因此双方的房屋买卖关系未成立。（2）某通讯公司无偿占用某实业公司房屋三年，应当支付场地占有使用费。（3）某实业公司不同意某通讯公司提出的付款方式。（4）由某通讯公司承担房屋买卖全部税费是某实业公司出卖二手房的交易条件，从未发生改变。2009年11月17日，某通讯公司向某实业公司回函，主要内容是：（1）某通讯公司认为双方的房屋买卖已经实际履行。（2）某通讯公司占有并使用房屋系合法的，不应向某实业公司支付场地占用费。（3）某通讯公司坚持在房屋过户登记后才向某实业公司支付全部购房尾款。（4）某实业公司提出房屋买卖税费全部由某通讯公司承担缺乏依据和违反国家相关法律规定。2010年3月3日，某实业公司通过成都市某公证处向某通讯公司发《函》，内容为："2009年12月9日贵、我双方就相关善后事宜进行了协商，由于双方存在重大分歧，未能达成一致意见。此后，双方又就善后事宜进行了数次协商，但仍未取得任何结果。为此，我公司经慎重研究后，通知贵公司：（1）解除贵、我双方于2006年9月20日签订的《购房协议书》；（2）请贵公司在收到本函后三十日内腾退该房屋；（3）请贵公司在收到本函后三十日内向我公司支付占用该房屋期间应付的场地使用费并办理相应的财务结算（定金、使用费等费用的退还和支付）。"

某通讯公司的诉讼请求为：（1）确认某通讯公司与某实业公司于2006年9月20日签订的《购房协议书》已成立并合法有效，确认某实业公司于2010年3月3日作出的解除2006年9月20日签订的《购房协议书》解除函无效；（2）请求判令某实业公司在判决生效后15日内向某通讯公司履行办理房屋产权过户登记的义务，在某实业公司履行过户登记后5日内，某通讯公司向某实业公司支付剩余购房款5750万元；（3）产权过户的税费按照法律规定由某通讯公司与某实业公司各自承担。

某实业公司一审反诉请求为：（1）判令某通讯公司立即腾退某大厦北一楼及中庭建筑面积约2100平方米房屋给某实业公司；（2）判令某通讯公司向某实业公司支付上述房屋从2007年1月4日至实际腾退房屋之日的占有使用费（计算截至2010年6月30日为2650.90万元）。

〔一审裁判理由与结果〕

一审法院认为，某通讯公司提起本案诉讼，诉状上诉讼请求的范围包括确认某实业公司于2010年3月3日作出解除双方于2006年9月20日所签订的《购房协议书》的解除函无效。后某通讯公司提出的增加诉讼请求申请对原有的诉讼请求进行了细化和增加，并未明确放弃请求确认解除函无效的诉讼请求。某实业公司主张某通讯公司系重新提出诉讼请求且以实际行为表明放弃争议请求的理由不成立，某通讯公司的诉讼请求具体明确，一审法院予以确认。

因某实业公司基于合同解除而提起反诉，请求某通讯公司腾退房屋并支付场地占有使用费，而某通讯公司请求继续履行合同，故双方请求是否成立需要确认双方于2006年9月20日所签的《购房协议书》是否已经解除、某实业公司于2010年3月3日作出的解除函是否有效。某实业公司于2010年3月3日作出解除双方2006年9月20日所签《购房协议书》的解除函，该函于2010年3月8日到达某通讯公司，双方对上述事实均无异议，一审法院予以确认。合同可因法定或约定解除，《合同法》第93条规定："当事人协商一致，可以解除合同。当事人可以约定一方解除合同的条件。解除合同的条件成就时，解除权人可以解除合同。"第94条规定了法定解除的条件，第96条第1款规定："当事人一方依照本法第九十三条第二款、第九十四条的规定主张解除合同的，应当通知对方，合同自通知到达对方解除。对方有异议的，可以请求人民法院或仲裁机构确认解除合同的效力。"某实业公司的解除函虽然于2010年3月8日到达某通讯公司，但某通讯公司已于2010年5月18日向一审法院提起诉讼，对解除函的效力提出异议。由于双方在《购房协议书》中对合同解除及异议期间没有明确约定，故某通讯公司就解除函效力提出异议的期限不违反《合同法司法解释（二）》第24条对异议期间的规定。现某实业公司主张根据《合同法》第94条第5项"法律规定的其他情形"以及《担保法司法解释》第115条的规定，以双方磋商未达成一致意见为由行使法定解除权，经审查，该事由不符合法定解除合同的情形，某实业公司发出的合同解除函无效，对某通讯公司不产生法律效力，故一审法院对某通讯公司诉请确认某实业公司于2010年3月3日作出的解除2006年9月20日所签《购房协议书》的解除函无效的诉讼请求予以支持。

某通讯公司诉讼请求建立在《购房协议书》系房屋买卖的本约合同且合法有效的前提下，某实业公司的反诉请求建立在《购房协议书》系房屋买卖的定金合同的前提下。合同有预约与本约之分，预约的目的在于有事实或法律上的障碍，暂无法订立主合同时，约定将来订立一定合同，预约合同的权利人仅得请求对方履行订立本约合同的义务，而不得径行依照预约合同的内容请求履行。《购房协议书》第3条约定某通讯公司与某实业公司应就购房合同及付款方式等问题在本协议的原则下进行具体磋商，第5条约定双方就该宗房屋买卖合同签订时，本协议自动失效。该内容的约定表明双方在签订《购房协议书》后还应当就房屋买卖的事宜进行进一步协商并签订《房屋买卖合同》，但并不能据此认定《购房协议书》一定属于预约合同或定金合同，理由如下：(1)《购房协议书》中的当事人名称、标的、价款、违约责任等主要条款明确、具体，根据《合同法司法解释（二）》第1条第1款关于“当事人对合同是否成立存在争议，人民法院能够确定当事人名称或者姓名、标的和数量的，一般应当认定合同成立。但法律另有规定或者当事人另有约定的除外”之规定，《购房协议书》因具备合同的必备条款而应当认定合同成立。(2)购房定金1000万元已在双方签订《购房协议书》前由某通讯公司支付给某实业公司的股东某投资控股公司，某实业公司已在《购房协议书》第2条确认其收到某通讯公司预付的上述购房定金1000万元，故某通讯公司已履行了支付购房定金的合同义务。另外，某实业公司虽然在签订《购房协议书》时尚未取得房屋的所有权，但根据某实业公司与某大厦公司签订的房屋过户协议和某大厦公司出具的场地使用证明，能证明某实业公司有权对涉案房屋进行处分，况且现在某实业公司已实际取得涉案房屋的所有权证，房屋权属明确，对《购房协议书》是否成立和效力认定不构成实质性影响。(3)《购房协议书》第3条和第5条的约定是在合同具备必备条款的情况下，要求双方对合同欠缺的其他内容进行进一步的协商并签订《房屋买卖合同》。根据《合同法司法解释（二）》第1条第2款关于“对合同欠缺的前款规定以外的其他内容，当事人达不成协议的，人民法院依照合同法第六十一条、第六十二条、第一百二十五条等有关规定予以确定”之规定，在本案当事人对《购房协议书》中未涉及的付款方式等其他条款不能达成协议并签订《房屋买卖合同》的情况下，人民法院应当按照相关规定予以确定，而不能据此认定合同不成立或属于预约合同或定金合同性质。(4)在签订《购房协议书》后，某实业公司将讼争的位于某大厦北一楼及中庭建筑面积2100平方米的房屋交付某通讯公司占有使用，某实业公司辩称与某通讯公司既谈买卖，又在谈租赁，双方不是基于买卖关系而向某通讯公司交付房屋。某实业公司的辩称意见因无事实依据，依法不能成立。某通讯公司主张某实业公司因买卖关系而向其交付房屋的理由成立。故一审法院认为《购房协议书》为购房合同而非预约合同或定金合同，且系当事人真实意思表示，内容不违反相关法律规定，合法有效。某通讯公司请求确认《购房协议书》为房屋买卖合同已成立并合法有效的理由成立，应当予以支持。

关于某通讯公司请求某实业公司在判决生效后15日内履行办理房屋产权过户登记手续义务的问题。因双方当事人在《购房协议书》中未就房屋过户的时间进行约定，一审法院通知双方当事人进行补充协议时未就此达成一致意见。虽然登记是取得不动产物权的根据，但作为房屋买卖合同出卖人的主要义务是向买受人交付房屋，买受人的主要义务则是向出卖人支付价款，过户登记系登记机关的职能，出卖人只负有协助办理过户登记手续的义务，与交付房屋和支付价款相较而言，出卖人履行协助过户义务属于附随义务。由于某实业公司已于2007年1月4日向某通讯公司交付了房屋，而某通讯公司除向某实业公司支付1000万元定金外，其余购房款未支付，在双方当事人对过户登记没有约定，且某通讯公司未支付大部分购房款的情况下，某通讯公司请求某实业公司先行履行协助过户的条件尚不成就。待某通讯公司向某实业公司全部履行付款义务后合理期限内，某实业公司有义务协助某通讯公司办理产权过户手续。由于相关行政法规和规章均未对城市房地产的过户登记时间作出规定，一审法院参照国务院颁布的《城市房地产开发经营管理条例》第33条之规定，确定某实业公司应在收到全部购房款后90日内协助某通讯公司办理产权过户手续。

关于某通讯公司请求在讼争房屋过户后5日内，由某通讯公司向某实业公司支付剩余房款5750万元的问题。由于某实业公司主张的法律关系性质与一审法院认定的法律关系性质不一致，一审法院依照《民事证据规定》第35条之规定，已向某实业公司释明，但某实业公司拒绝变更诉讼请求。请求权是指权利人可以要求他人为一定行为或不为一定行为的权利。对于未支付的房屋价款，某实业公司作为债权人可以提出相应的诉讼请求，而作为义务人的某通讯公司则不享有该请求权，故一审法院对某通讯公司的该项诉讼请求不予支持。

关于某通讯公司请求按照法律规定各自承担房屋产权过户登记过程中产生的税费问题。由于双方当事人在《购房协议书》中未对过户时产生的税费负担方式进行约定，双方事后又不能达成补充协议，应当按照国家有关房地产过户登记税费负担的规定由买卖双方各自承担应负担部分税费。

关于某实业公司的反诉请求某通讯公司腾退房屋和支付场地占用费的问题。因《购房协议书》系房屋买卖合同，且某实业公司基于房屋买卖合同关系向某通讯公司交付房屋，在《购房协议书》合同有效的情况下，某实业公司无权请求某通讯公司返还已经交付的房屋，加之双方不存在房屋租赁关系，某实业公司无权要求某通讯公司支付场地占用费，一审法院对于某实业公司的反诉请求不予支持。综上，一审法院判决：

一、某通讯公司与某实业公司于2006年9月20日签订的《购房协议书》成立并有效；

二、某实业公司于2010年3月3日作出的解除其与某通讯公司于2006年9月20日所签《购房协议书》的解除函无效；

三、在某通讯公司向某实业公司履行完毕支付购房款义务后90日内，某实业公司协助将某大厦北一楼及中庭2100平方米房屋过户给某通讯公司，因此所产生的税和费按相关规定由某通讯公司和某实业公司各自承担；

四、驳回某通讯公司的其他诉讼请求；

五、驳回某实业公司的反诉请求。本诉案件受理费379300元，财产保全费5000

元，由某通讯公司负担 189650 元、某实业公司负担 194650 元；反诉案件受理费 87172.50 元，由某实业公司负担。

〔当事人上诉情况〕

某实业公司不服该判决，向四川省高级人民法院提起上诉。

〔二审裁判理由与结果〕

二审法院认为，关于某通讯公司是否已经交付 1000 万元定金的问题。虽然某通讯公司未提供直接向某实业公司支付 1000 万元定金的证据，但结合双方当事人无争议的事实，即 2006 年 9 月 14 日至 20 日，某通讯公司数次向某实业公司股东某纤维公司账号转款共计 1000 万元，款项用途为预付购房定金。某纤维公司于 2006 年 9 月 20 日向某通讯公司开具了两张金额均为 500 万元的定金收据。2006 年 9 月 20 日，某实业公司与某通讯公司签订了《购房协议书》，该《购房协议书》明确载明："本协议签订之日，甲方（指某实业公司）收到乙方（指某通讯公司）1000 万元定金"，表明某实业公司在签订《购房协议书》时已经确认收到定金。诉讼中某实业公司并无证据证明除本案房屋买卖关系外，某通讯公司与某实业公司股东某纤维公司尚有其他交易关系，且某实业公司也未提供证据推翻《购房协议书》载明的某实业公司收到某通讯公司购房定金 1000 万元的事实。故其辩称未收到 1000 万元定金的理由不能成立，一审判决认定某通讯公司已经交付 1000 万元定金并无不当。

关于一审是否存在程序违法的问题。2010 年 3 月 8 日，某实业公司向某通讯公司发函解除《购房协议书》，2010 年 5 月 12 日，某通讯公司提起诉讼，其诉讼请求包括确认解除函无效。2010 年 11 月 11 日，某通讯公司向一审法院提交的《增加诉讼请求申请书》载明增加诉讼请求确认《购房协议书》为房屋买卖合同已成立并合法有效。该《增加诉讼请求申请书》未明确放弃解除函无效的请求。一审法院根据当事人的诉讼请求审理并作出判决并不违反法定程序，故某实业公司上诉主张一审法院对此进行审理属于程序违法，某通讯公司已超出法律规定的期限请求确认解除函无效的理由不能成立，二审法院不予支持。

关于《购房协议书》的性质和效力问题。本案中，双方签订的《购房协议书》约定"乙方购买甲方所拥有的某大厦北一楼及中庭建筑面积 2100 平方米，总价格 6750 万元（最后按照房管部门办理的产权证为准进行结算）的房屋"，该《购房协议书》明确写明了当事人名称、标的、价款，一审判决根据《合同法司法解释（二）》第 1 条的规定认定双方间的房屋买卖合同关系已经成立并无不当。二审审理中，某实业公司提交了同期某实业公司与其他买受人签订的《房屋买卖合同》四份，双方当事人对该证据的真实性无异议，二审法院对该证据的真实性予以确认，但以上证据不能证明《购房协议书》的性质为定金合同。且诉讼中某实业公司并未提供证据证明该《购房协议书》存在无效的情形，一审判决认定该协议有效正确。某实业公司上诉称该《购房协议书》系定金合同，由于双方未签订正式购房合同，双方间未形成房屋买卖法律关系的理由不能成立，二审法院不予支持。

关于《购房协议书》是否应当解除的问题。某实业公司于2007年1月4日将房屋交付某通讯公司占有使用后，某通讯公司2009年6月致函要求降价，随后双方就应否支付场地使用费、买卖过户时税费的负担、产权证的办理及尾款的支付时间、出售房屋所涉抵押的解除问题等事宜进行了一系列磋商。二审审理中，某实业公司提交了《税务咨询报告》，双方当事人对该证据真实性无异议，二审法院对该证据的真实性予以确认。该证据亦印证了以上事实。双方磋商未达成协议，直至2010年3月3日某实业公司发函要求解除双方所签《购房协议书》。在诉讼中，经人民法院主持调解和庭外和解，双方当事人仍不能达成协议。按照《购房协议书》的约定，“甲、乙双方应就购房屋合同及付款方式等问题在本协议原则下进行具体磋商”，双方之间有磋商并签订正式房屋买卖合同的义务。某实业公司作为讼争房屋所有权人，将涉案房屋交付某通讯公司使用5年多时间内，与某通讯公司既未达成正式房屋买卖合同，又未达成租赁协议，其既未收到房屋转让价款，亦未收到房屋租金，阻碍其物权实现，其在双方不能达成正式房屋买卖合同的前提下，有权根据《物权法》第39条“所有权人对自己的不动产或者动产，依法享有占有、使用、收益和处分的权利”的规定，选择对其财产的处分方式，解除与某通讯公司签订的《购房协议书》。

某实业公司于2010年3月3日发出解除函，某通讯公司于2010年5月18日向法院提起诉讼，故某实业公司发出的该解除函不产生通知解除合同的法律效力，一审判决支持某通讯公司的该项诉讼请求并无不当；但一审判决认为《购房协议书》不符合解除条件，故判令某实业公司在某通讯公司支付全部购房款后90日内交付涉案房屋并由双方各自承担相关税费不当，二审法院予以纠正。上述购房协议解除后，某实业公司请求返还涉案房屋的诉讼请求符合《合同法》第97条“合同解除后，尚未履行的，终止履行；已经履行的，根据履行情况和合同性质，当事人可以要求恢复原状、采取其他补救措施，并有权要求赔偿损失”的规定，虽然某实业公司起诉时主张立即腾退房屋，但应当给予某通讯公司必要的准备时间，二审法院酌定为30日。至于某通讯公司已经支付1000万元定金，可另行主张权利。

关于某通讯公司是否应支付场地使用费的问题。双方当事人签订《购房协议书》后，某实业公司于2007年1月4日将讼争房屋交付某通讯公司使用至今，但某实业公司并没有证据证明交付行为系基于租赁关系或系《购房协议书》之外的其他有偿法律关系，故某实业公司请求某通讯公司按照周边同类商场租金支付场地使用费没有事实和法律依据。虽然某通讯公司对某实业公司提交的《价格评估报告书》的真实性无异议，但因该《价格评估报告书》与本案无关，二审法院不予采信。二审法院对某实业公司二审申请对讼争房屋自2007年1月4日起至实际鉴定之日止的场地占有使用费进行鉴定的申请不予准许。对某实业公司主张支付场地使用费的上诉请求，不予支持。

综上，二审法院经该院审判委员会讨论决定，判决：

一、维持一审判决第一项，即“某通讯公司与某实业公司于2006年9月20日签订的《购房协议书》成立并有效”。

二、撤销一审判决第二、三、四、五项，即“某实业公司于2010年3月3日作出的解除其与某通讯公司于2006年9月20日所签《购房协议书》的解除函无效；在某通讯公司向某实业公司履行完毕支付购房款义务后90日内，某实业公司协助将某大厦北一楼及中庭2100平方米房屋过户给某通讯公司，因此所产生的税和费按相关规定由某通讯公司与某实业公司各自承担；驳回某通讯公司的其他诉讼请求；驳回某实业公司的其他诉讼请求”。

三、某通讯公司于判决生效之日起30日内将某大厦北一楼及中庭2100平方米房屋腾退给某实业公司。

四、驳回某通讯公司的其他本诉诉讼请求。

五、驳回某实业公司的其他反诉诉讼请求。

一审本诉案件受理费379300元，财产保全费5000元，由某通讯公司负担192150元、某实业公司负担192150元；一审反诉案件受理费87172.50元，由某通讯公司负担43586元、某实业公司负担43586.50元。二审案件受理费466172.50元，由某通讯公司负担233086元、某实业公司负担233086.50元。

〔当事人申请再审情况〕

某通讯公司和某实业公司均不服二审判决，向最高人民法院申请再审。

〔最高人民法院裁判理由与结果〕

最高人民法院认为，本案再审的争议焦点为：（1）某实业公司与某通讯公司之间就案涉房屋所形成的法律关系的性质和效力；（2）某实业公司发出的解除函是否产生解除双方合同关系的效力；（3）某通讯公司要求继续履行的诉讼请求应否得到支持，某实业公司主张的腾退房屋并支付房屋使用费的请求应否得到支持。

1. 关于某实业公司与某通讯公司之间就案涉房屋所形成的法律关系的性质和效力问题。

第一，某实业公司是否已收到某通讯公司支付的1000万元定金。虽然某通讯公司未提供直接向某实业公司支付1000万元定金的证据，但2006年9月14日至20日，某通讯公司数次向某实业公司的股东某投资控股公司（原某纤维公司）账号转款共计1000万元。某投资控股公司于2006年9月20日向某通讯公司开具了两张金额均为500万元的收据。法院庭审中，某投资控股公司称其与某通讯公司并无任何其他业务往来，收取这1000万元资金亦无任何合同或法律依据，但此后某投资控股公司除向某通讯公司提供两张收据外，双方关于该笔资金再无其他进一步洽谈。这种情况显然与日常生活常理及商业习惯不相符合。事实上，结合本案查明的其他事实可知，2006年9月20日，某实业公司与某通讯公司签订的《购房协议书》第2条明确载明："本协议签订之日，甲方（某实业公司）收到乙方（某通讯公司）1000万元定金"，表明某实业公司在签订《购房协议书》时已经确认收到某通讯公司支付的1000万元定金。2009年11月5日，某通讯公司向某实业公司的回函中提及继续清偿"剩余"房款，某实业公司在接下来的函件中对"剩余房款"字样并未提出任何异议。2010年3月3日，某实业公司通过成都市某公证处向某通讯公司发的《函》中最后一句载明，请某通讯公司向其办理"定金、使用费等费用的退还和支付"。上述事实足以相互印证，某实业公司已收到某通讯公司支付的1000万元定金的事实。综上，某实业公司辩称未收到1000万元定金的理由不能成立，一审、二审判决认定某通讯公司已经交付1000万元定金的事实是正确的。

第二，某实业公司向某通讯公司交付案涉房屋行为的性质。案涉《购房协议书》签订于2006年9月20日，某实业公司于2007年1月4日将案涉房屋交付某通讯公司使用。在法院庭审中，某实业公司提交了双方在2008年5月6日的往来函件材料中的一页作为证据，从该证据的内容及序号可看出，完整的该函件至少应有两页纸。根据《民事证据规定》第31条第2款的规定，摘录文件、材料应当保持内容相应的完整性，不得断章取义。因此，仅根据某实业公司提交的这一页纸的内容，难以判断双方的真实意思表示是在案涉房屋交付某通讯公司时就已确定为在双方之间成立租赁关系，还是在已确定房屋买卖关系的基础上希望变更为租赁关系，因此，无法据此证明某实业公司系基于租赁关系而向某通讯公司交付案涉房屋。除此之外，某实业公司在本案的一审、二审及再审中未提供其他证据证明该交付行为系基于租赁关系或者《购房协议书》之外的其他有偿法律关系而为的交付。因此，对于该交付，某实业公司没有充分证据证明其向某通讯公司交付案涉房屋的行为并非基于房屋买卖关系，而是基于租赁等有偿使用关系，故其该主张不能成立，某实业公司向某通讯公司交付案涉房屋的行为应认定为基于当事人之间的房屋买卖法律关系。

在明确了上述两个问题的基础上，在某实业公司与某通讯公司之间成立了房屋买卖法律关系。理由如下：

首先，仅就案涉《购房协议书》而言，其性质应为预约。预约是指将来订立一定契约的契约。预约的形态多种多样，有的预约条款非常简略，仅表达了当事人之间有将来订立本约的意思，至于本约规定什么内容留待以后磋商决定；有的预约条款则非常详尽，将未来本约应该规定的内容几乎都在预约中作了明确约定。而若仅从内容上看，后者在合同内容的确定性上几乎与本约无异，即使欠缺某些条款，往往也可以通过合同解释的方式加以补全。因此，仅根据当事人合意内容上是否全面，并不足以界分预约和本约。判断当事人之间订立的合同系本约还是预约的根本标准应当是当事人的意思表示，也就是说，当事人是否有意在将来订立一个新的合同，以最终明确在双方之间形成某种法律关系的具体内容。如果当事人存在明确的将来订立本约的意思，那么，即使预约的内容与本约已经十分接近，通过合同解释，从预约中可以推导出本约的全部内容，也应当尊重当事人的意思表示，排除这种客观解释的可能性。本案中，某实业公司与某通讯公司在2006年9月20日签订的《购房协议书》中明确约定了双方拟进行买卖的房屋的位置、面积和价款，应当说具备了一份正式的房屋买卖合同的主要内容，可直接据此履行而无须另订本约。但是，双方当事人同时在该协议中约定："……3. 甲、乙双方应就购房合同及付款方式等问题在本协议原则下进行具体磋商……5. 甲、乙双方就该宗房屋买卖合同签订时，本协议自动失效。"可见，双方当事人虽然约定了房屋的位置、面积及总价款，但仍一致认为在付款方式等问题上需要日后进一步磋商，双方的这一意思表示是明确的，而且，当事人在该协议第5条进一步明确要在将来订立一个新的合同，以最终明确双方之间的房屋买卖法律关系的具体内容。因此，案涉《购房协议书》的性质为预约合同，一审、二审判决认定该《购房协议书》的性质为本约是错误的，应予纠正。

其次，结合双方当事人在订立《购房协议书》之后的履行事实，某实业公司与某通讯公司之间已经成立了房屋买卖法律关系。法院认为，对于当事人之间存在预约还是本约关系，不能仅凭一份孤立的协议就简单地加以认定，而是应当综合审查相关协议的内容以及当事人嗣后为达成交易进行的磋商甚至具体的履行行为等事实，从中探寻当事人的真实意思，并据此对当事人之间法律关系的性质作出准确的界定。本案中，双方当事人在签订《购房协议书》时，作为买受人的某通讯公司已经实际交付了定金并约定在一定条件下自动转为购房款，作为出卖人的某实业公司也接受了某通讯公司的交付。在签订《购房协议书》的3个多月后，某实业公司将合同项下的房屋交付某通讯公司，某通讯公司接受了该交付。而根据《购房协议书》的预约性质，某实业公司交付房屋的行为不应视为对该合同的履行，在当事人之间不存在租赁等其他有偿使用房屋的法律关系的情形下，某实业公司的该行为应认定为系基于与某通讯公司之间的房屋买卖关系而为的交付。据此，由于某实业公司在该房屋买卖法律关系中的主要义务就是交付案涉房屋，根据《合同法》第36条、第37条的规定，可以认定当事人之间达成了买卖房屋的合意，成立了房屋买卖法律关系。

综上所述，某实业公司与某通讯公司之间的房屋买卖法律关系成立，且系当事人真实意思表示，内容不违反法律、行政法规的强制性规定，合法有效。一审、二审判决认定《购房协议书》即构成本约的理由不当，但其关于某实业公司和某通讯公司之间成立房屋买卖法律关系的结论是正确的。

2. 关于某实业公司发出的解除函是否产生解除双方合同关系效力的问题。

首先，根据《合同法》第93条、第94条之规定，合同的解除包括法定解除和约定解除两种情形。本案中，双方在《购房协议书》及其他相关书面文件中均未对单方解除合同的事项作出约定，故某实业公司不享有约定解除权。而根据《购房协议书》的规定，双方的主要合同义务是就达成房屋买卖合意进行诚信磋商，某通讯公司支付 1000 万元定金。某通讯公司已经支付了 1000 万元定金，并且就案涉房屋买卖一事一直在与某实业公司进行协商，其在本案诉讼过程中亦明确表示有意愿、有能力履行支付全部购房款的义务，本案也不存在不可抗力致使不能实现合同目的的情形，因此，本案也不具备单方解除合同的法定解除情形。综上，某实业公司主张其有权单方解除合同的理由不能成立。

其次，根据《合同法》第 96 条的规定，当事人单方解除合同的，应当通知对方。合同自通知到达对方时解除。对方有异议的，可以请求人民法院或者仲裁机构确认解除合同的效力。根据《合同法司法解释（二）》第 24 条的规定，对于该异议期间，当事人之间有约定的从约定，未约定的为解除合同通知到达之日起 3 个月内。本案中，当事人没有就包括合同解除异议期间在内的合同解除事项进行任何约定，而某实业公司于 2010 年 3 月 3 日向某通讯公司发出了解除《购房协议书》的通知函，该函件于 2010 年 3 月 8 日到达某通讯公司，某通讯公司向一审法院提起诉讼的时间为 2010 年 5 月 12 日。因此，无论某实业公司是否有权单方解除《购房协议书》，因某通讯公司于收到解除函的 3 个月内通过起诉的方式提出了异议，故某实业公司的解除函也不产生解除双方合同关系的效力。

3. 关于某通讯公司要求继续履行合同的诉讼请求应否得到支持，某实业公司主张的腾退房屋并支付房屋使用费的请求应否得到支持的问题。

首先，本案中，当事人已就合同项下房屋的位置、面积和价款进行了明确具体的约定，某实业公司已向某通讯公司交付了案涉房屋，某通讯公司支付了 1000 万元定金，虽然当事人之间在某通讯公司是否应向某实业公司支付使用案涉房屋的场地占用费并承担房屋买卖的全部税费问题上未达成一致意见，但在双方房屋买卖法律关系的主要权利义务均已确定的情形下，上述争议可以通过《合同法》第 61 条、第 62 条规定的合同解释原则进行补救，故并不构成法律上或者事实上的履行障碍。而且，如前所述，在某实业公司与某通讯公司之间，房屋买卖法律关系已经成立并生效，也不存在《合同法》第 93 条、第 94 条规定的合同解除的情形，故某通讯公司主张继续履行合同的诉讼请求应予支持。

其次，根据《物权法》第 15 条规定之精神，处分行为有别于负担行为，解除合同并非对物进行处分的方式，合同的解除与否不涉及物之所有权的变动，而只与当事人是否继续承担合同所约定的义务有关。本案中，某实业公司确实仍然对该房屋享有所有权，但这并不意味着其可在不符合当事人约定或者法律规定的情形下随意解除双方之间的合同关系。在双方房屋买卖法律关系成立并生效后，某实业公司虽系该房屋的所有权人，但其应当依约全面、实际履行其在房屋买卖法律关系项下的义务。二审判决认为在买卖标的物转移之前，所有人对自己的标的物享有占有、使用、收益、处分的权利，进而认定某实业公司有权选择处分财产的方式解除合同，并判决某通讯公司将房屋腾退给某实业公司，违背了《合同法》保障交易安全的基本原则，系对《物权法》的错误理解与适用，应予纠正。

最后，某实业公司主张某通讯公司支付场地使用费应有相应的法律依据。如前所述，双方在本案中的法律关系为房屋买卖法律关系，而非租赁等有偿使用法律关系，某实业公司将案涉房屋交付某通讯公司是基于房屋买卖法律关系，因此，某实业公司要求某通讯公司支付场地使用费的主张没有任何事实和法律依据，一审、二审判决对该问题的认定和处理是正确的。

综上所述，本案中，某实业公司与某通讯公司之间存在房屋买卖法律关系，当事人均应本着诚实信用的原则履行各自义务，在履行过程中，若当事人之间就对方的履行行为是否构成违约以及应否承担违约责任等问题发生争议，可自行协商或者另寻法律途径解决。

综上，二审判决认定某实业公司有权依据《物权法》第39条之规定，选择处分财产的方式解除合同，并据此判决某通讯公司将案涉房屋腾退给某实业公司，系适用法律错误。而一审判决虽然认定《购房协议书》直接构成本约的理由不能成立，但其判项系基于某实业公司和某通讯公司之间成立并生效房屋买卖法律关系这一事实作出，有法律及事实依据，较为妥当合理，可予维持。根据《民事诉讼法》第207条、第170条第1款第2项之规定，判决如下：

一、撤销四川省高级人民法院（2012）川民终字第331号民事判决；

二、维持四川省成都市中级人民法院（2011）成民初字第936号民事判决；一审案件受理费和财产保全费的负担按照一审判决执行；二审案件受理费466172.50元，由四川某实业有限责任公司负担。

第三章 物权的保护

规则5：返还原物请求权只能对无权占有人行使，不能针对有权占有人提出

——连某贤与臧某林排除妨害纠纷案①

【裁判规则】

签订房屋买卖合同后，出卖方应向买受人履行权利与实物的双重交付，在买受方已取得房屋产权而未实际占有的情况下，其仅仅基于物权请求权要求有权占有人迁出，法院应作慎重审查。若占有人对房屋的占有具有合法性、正当性，买受方应以合同相对方为被告提起债权给付之诉，要求对方履行交付房屋的义务或在房屋客观上无法交付的情况下承担相应的违约责任。

【规则理解】

一、返还原物请求权

（一）返还原物请求权的内涵

《民法典》第235条规定，无权占有不动产或者动产的，权利人可以请求返还原物。此条为返还原物请求权的法律依据。所谓返还原物请求权，是指物权人对于无权占有标的物之人，得请求返还该物的权利。返还原物请求权旨在使物权人获得对标的物的占有。一般认为，物权请求权是物权遭受不法侵害后，物权人为恢复物权完满状态而依法享有的请求权，具体包括三种：返还原物请求权、排除妨害（妨害除去）请求权、消除危险（妨害防止）请求权。在物为他人非法占有后，物权人可依返还请求权追回此物。物权为对标的物的直接支配权，即享有物权的人欲实现物权的内容，无须他人行为的存在。因此，物权必须具有对妨碍其支配地位的人请求除去其妨害的力量。否则，物权就会有名

① 《中华人民共和国最高人民法院公报》2015年第10期。

无实。这种法律赋予的力量，就是物权请求权。[①] 物权请求权虽也表现为特定主体之间的关系，且以请求相对人为一定行为或不为一定行为为内容，但其与债权仍有本质区别。该请求权是由物权本身的消极权能演化而来，是物权为使自己保持或恢复其圆满状态所必需的，它与物权紧密联系在一起，不能脱离物权而单独存在或让与。

（二）行使返还原物请求权的构成要件

返还原物请求权之行使须具备下列要件：

1. 请求权之主体须为所有人或依法得行使所有权之人。是否为所有人，动产系以为占有人定之，不动产则是以登记定之；依法得行使所有权之人，例如破产管理人、遗产管理人、失踪人之财产管理人等。

2. 相对人须为所有物之现在占有人。所谓所有物之现在占有人，即所有人丧失所有物之占有后，现仍事实上管领其物之人，纵曾占有其物但现在未占有其物之人，所有人亦仅于该项行为具备侵权行为要件时，得向其人请求赔偿损害而已，尚不得对之行使物上请求权请求返还所有物。

3. 相对人须为无权占有。所谓无权占有即无占有之正当权源，而仍占有其物。凡客观上不法占有他人之所有物，使该物之所有人对标的物之占有权能无法实现，无论是自始无权占有还是原属有权占有，其后丧失占有之权源者均属之。例如，租赁期限届满后，承租人仍占有租赁物的，即为无权占有。不过此时所有人尚得依租赁关系，行使租赁物返还请求权，而与此项返还原物请求权竞合，所有人可择一行使。反之，若占有人之占有具有本权者，无论是债权，如与所有人间有借用或租赁关系，还是物权，如建设用地使用权、留置权等，所有人依法有忍受的义务，均属有权占有，而非无权占有。此外，对于占有时间之长短、占有形成之原因为何、故意或过失、善意或恶意，系由于占有人自己或他人之原因，或系由于自然力所致，均在所不问。因为，返还原物请求权系以维持及恢复所有权之圆满支配状态为目的，只要在客观上为无权占有即可。

二、无权占有

占有者，乃为对于物有事实上管领力之法律事实，[②] 并非权利，故而对占有而言，所有权及其他物权均为本权，且本权不以物权为限，对物系依借贷、

---

① 崔建远：《物权：规范与学说——以中国物权法的解释论为中心》（上册），清华大学出版社2011年版，第273页。

② 谢在全：《民法物权论》（下册），中国政法大学出版社2011年版，第1135页。

租赁而占有，该借贷等债权亦系本权。易言之，对标的物在法律上具有得为占有之权利者，该所据之权利即为本权，否则，仅系单纯之占有。占有人对占有拥有正当本权权源的，为有权占有，物权人不得对其行使返还原物请求权，由上所述，有权占有可以是基于物权，也可以是基于债权，自不待言。

依占有的状态，可以将占有分为很多不同的种类。《民法典》中仅规定了有权占有与无权占有的分类，而在无权占有中进一步区分了下位概念：善意占有与恶意占有。有权占有即指有本权的占有，无权占有是指无本权的占有。明确无权占有的法律意义在于，无权占有是对本权人失去占有之物的占有，无权占有人在本权人请求返还原物时有返还的义务，并以原物本来的状态予以返还为原则。如果原物已经灭失，返还原物在客观上已经不可能，权利人只能要求赔偿损失，而不能要求返还原物。返还原物在性质上是特定的物占有的转移，而不是物权的转移，无权占有人须将占有物转移至权利人的控制之下，才能视为原物已经返还。通过返还之诉，转移物的占有，只能向无权占有人提起，而不能要求有权占有人返还原物，有权占有人在其占有的本权依据存续期间，可以依据其合法占有权抗辩权利人的请求。如甲某的汽车被乙某盗走后卖给丙某，能否判决丙某返还甲某汽车，首先要判定丙某是否依法取得，或者说丙某的占有是否为有权占有，如果丙某已经依据善意取得制度取得该车所有权，则丙某系基于所有权的占有，为有权占有，甲某不能要求丙某返还该车；但是如果丙某的取得不能构成善意取得，则丙某占有该车即没有合法的权源，甲某可以基于其所有权人的身份要求丙某返还该车。这里存在一个举证责任分配的问题，甲某应当证明对丙某所占有的汽车享有所有权（或他物权），甲某如果不能提出证据证明，则不论乙某或丙某是否就无权占有之事实提出抗辩，甲某均应当承受败诉的结果。对于甲某是否应当证明丙某的占有为无权占有，笔者认为，无权占有属于消极的事实，无法举证证明，依据举证责任分配的一般原则，应当由占有人就其为有权占有提供证据证明，如果乙某或丙某没有证据证明其占有的事实有正当的本权权源，则应当支持甲某的诉讼请求。

由上述可知，返还原物请求权须针对无权占有人提出。所谓无权占有，是指无正当权源而占有他人之物的状态。无权占有人包括直接占有人和间接占有人。占有辅助人系受他人指示而占有，不属于占有人范畴，自然不得为请求的对象。例如，甲有A画被乙盗走，乙将之出卖给丙，丙把它寄存于丁处，丁交给其雇员戊保管。在这种情况下，甲行使返还原物请求权的相对人为丙（间接占有人）、丁（直接占有人）。乙不是现在的占有人，戊为丁的占有辅助人，其两位均不能成为返还原物请求权行使的对象。对于乙的责任问题不是此处需要讨论的，应依相应的规定，承担相应的法律责任。而对于戊的责任问题，虽然不能成为返还原物请求权的对象，但在判决生效后，根据判决结果来确定其相应的义务。如果丙败诉了，成立协助义务，负有交出A画的义务。

请求人向相对人主张物的返还请求权，应举证证明自己是物权人，占有人属于无权占有人。在登记物权场合，请求人只要举证自己为登记名义人即可，因为，不动产登记簿的记载具有物权的推定力。当然，如果请求人是从无权处分人处获得登记的，应当证明其符合《民法典》第311条规定的善意取得制度的构成要件。占有人若对抗请求人，得举证证明请求人欠缺物权。占有人对请求人享有物权无争议，仅以有权占有为对抗的，得举证证明自己对物的占有存在正当权源，请求人不负证明占有人无权占有的举证责任。

《民法典》对占有规定得非常简单，其中第460条规定，不动产或者动产被占有人占有的，权利人可以请求返还原物及其孳息；但是，应当支付善意占有人因维护该不动产或者动产支出的必要费用。本条虽未明确占有人的占有为无权占有，但根据占有的基本理论，如果是有权占有，权利人即无权请求占有人返还原物。该条实际上明确了无权占有人（无论是善意占有人还是恶意占有人）对于权利人负有返还原物及其孳息的义务。

三、占有对不动产物权变动的意义

我国法律确定了形式主义物权变动模式，该模式是以债权和物权的两分法为理论背景的，也就是说，一种民事财产权利，不是物权，便是债权。这一观念渗透到交易过程中，便认为交易过程中，债权和物权作为交易过程的两种权利状态，买受人要么受到债权的保护，要么受到物权的保护，即所谓交易过程中当事人的权利状态处于“非此即彼、或有或无”的局面。但是，社会经济是复杂多样的，不会按照逻辑的推演严丝合缝，形式主义物权变动模式并非完美的制度设计，也存在一定的缺陷，某些债权物权化即为其例。因此，虽然按照登记生效主义的物权变动模式，占有并非不动产物权变动的法定公示形式，但以基于所有的意思占有不动产的行为，也并非全无意义。该种长期、持续、和平地占有使用不动产行为本身对社会就起到一定的公示作用，尤其考虑到我国不是特别注重物权变更登记的社会传统时，更是如此。

不动产之出卖人在不动产所有权移转登记于买受人后，仍占有不动产时，非为无权占有。盖出卖人虽已丧失所有权，但是否有占有权源并不以所有权为限，出卖人仅负交付标的物之义务，于未交付前，利益尚归于出卖人享有，自难谓无占有之正当权源。若出卖人将该不动产之占有移转于第三人时，第三人则不得以其占有之权源对抗买受人。买受之不动产为第三人无权占有时，买受人则得对之行使物上请求权。反之，买受人如将买受之标的物出卖于他人，并移转其所有权者，出卖人即不得以其与买受人间，依照买卖合同所生之占有权源（债权关系）对抗该他人（新所有权人）。[①] 故而，在签订房屋买卖合同后，出卖方基于合同约定应向买受人履行权利与实物的双重交付，在买受方已取得房屋产权而未实际占有的情况下，出卖人仍为有权占有，当然，买受人可以要求出卖人履行合同将房屋转移占有至其实际控制下；但是在房屋买卖合同被确认为无效后，根据目前通说，我国法律不承认物权行为，物权变动与债权行为之间为有因，则债权行为被确认无效，物权变动即失去其原因，应视为物权未发生变动，也即出卖人此时占有房屋的权源为物权而非债权。在买受人又将其卖与第三人并移转登记的情况下，第三人仅仅基于物权请求权要求原出卖人迁出，法院应作慎重审查。若占有人对房屋的占有具有合法性、正当性，买受方应以合同相对方为被告提起债权给付之诉，要求对方履行交付房屋的义务或在房屋客观上无法交付的情况下承担相应的违约责任。

【拓展适用】

一、占有制度

在我国民法中，“占有”原来只是作为所有权或他物权的一项权能而存在，并非一类独立的权利，更未从立法上确立占有制度，这与大陆法系国家普遍将占有保护设立为物权法上的制度之一有一定的差距。随着社会经济生活的逐步发展提高，人们对物质财富的占有已经渗透到各个方面，物的归属与物的利用相分离的情况不断出现，如仅从所有权或他物权意义上对占有关系加以调整，在立法上显然是不完备的。[②] 占有本属人与物之关系，然此自人与物间之关系必须为他人所承认，成为占有其物之人与他人之关系，始具有社会意义观之亦属当然。

（一）设立占有制度的目的

设立占有制度的目的之一，是维护占有其物之人与他人之间的事实秩序，而非维护物的法律秩序（权利秩序），即维护现有的物的占有状态，禁止他人

① 谢在全：《民法物权论》（上册），中国政法大学出版社2011年版，第128页。

② 最高人民法院物权法研究小组编著：《〈中华人民共和国物权法〉条文理解与适用》，人民法院出版社2007年版，第698页。

以私力加以破坏，从而维护社会的安宁与和平。易言之，占有一旦存在，即应受保护，任何人不能以私力改变占有的现状。我们称之为占有的保护功能。设立占有制度的目的之二，是实现占有的公示功能。在现代市场经济条件下，商品生产和流通处于高速运行之中，对交易安全的保护日趋重要，为了保障商品流通的安全有序，通过确立占有规则对判断是否发生交付及所有权是否发生转移具有重要作用，对维护交易安全也是十分重要的。通说认为，占有仅体现为人对物的支配管领关系，而并不反映某种权利关系。无论是合法行为还是违法行为，均可基于管领物的事实而成立占有。将占有规定为一种事实而不是权利，其目的在于更好地保护和支持占有。因为，将占有规定为事实，占有人只需要证明占有的存在，不需要证明自己是否有权占有，即可受到占有制度的保护；而若将占有规定为权利，当权利被侵害时，占有人须证明自己享有该项权利，当出现举证困难的情形时，则可能发生不利于保护占有的效果。占有体现在社会经济生活的方方面面，除所有权的占有之外，基于经营、承包、质押、留置等，产生他物权意义上的占有；基于保管合同、租赁合同、加工承揽合同等，产生保管人、承租人、承揽人等债权意义上的占有；还有基于监护关系等产生的占有以及无因管理产生的占有等。这是基于合同关系产生的占有，当然为有权占有，当事人之间有关不动产或动产的权利义务等的合同约定优先于法律规定，充分体现了当事人的意思自治原则，也体现了《民法典》物权编与合同编相关规定的相互协调和统一。

（二）对占有保护的方式

从保护的方式看，《民法典》第462条对占有保护请求权进行了规定，该条第1款规定："占有的不动产或者动产被侵占的，占有人有权请求返还原物；对妨害占有的行为，占有人有权请求排除妨害或者消除危险；因侵占或者妨害造成损害的，占有人有权依法请求损害赔偿。"占有保护请求权的运作机制，是不问占有背后有无占有本权的存在，直接对占有事实提供法律保护，与占有人是否有权占有无关。

《查扣冻规定》第15条规定："被执行人将其所有的需要办理过户登记的财产出卖给第三人，第三人已经支付部分或者全部价款并实际占有该财产，但尚未办理产权过户登记手续的，人民法院可以查封、扣押、冻结；第三人已经支付全部价款并实际占有，但未办理过户登记手续的，如果第三人对此没有过错，人民法院不得查封、扣押、冻结。"该规定对这种情况下的占有保护进行了有益的尝试，虽然有学者提出，该条规定与物权法确定的登记生效主义物权变动模式相冲突，但是笔者认为，在登记生效主义模式下，该规定仍有其适用的余地；在涉及“一物二卖”的场合下，是否绝对保护已经办理过户登记的一方利益，亦值得商榷。假使第二受让人对登记缺乏信赖基础，仍然绝对认为其具有优先地位，则难言合法守信。[①] 此时应对已经实现占有的第一受让人进行保护，因为该种占有亦体现了一种需要维护的社会秩序价值。

二、占有与本权的关系

对于动产而言，占有具有权利推定的效力，即在没有相反证据证明的情况下，应当推定占有人为有权占有。动产所有权移转以交付为准，而交付的外在表现即为移转占有。判断动产是否发生了所有权移转，只需要判断占有是否发生了移转。例如，在强制执行程序中，人民法院可以查封、扣押、冻结被执行人占有的动产。其理论依据在于，在被执行人占有该动产的情况下，如无相反的证据证明，动产占有人在法律上推定为权利人。既然该动产属于被执行人所有，则可以作为被执行财产予以强制执行。在善意取得制度的适用中，因为占有本身具有权利正确性推定的效力，故无权处分人占有动产是受让人构成善意的判断标准。如果无权处分人没有表彰权利的外观（占有），则不能认定受让人构成善意。

对于不动产而言，我国现行法律对不动产物权变动原则上采登记生效主义，未经登记，不动产物权不发生变动，也即占有不能表彰不动产物权的存在。此时对占有和本权的分别保护即具有现实意义。但是实践中，以转移所有权为目的之法律行为，已经合法占有不动产但尚未登记的情形大量存在。这是由不动产交易的特点决定的，因为在转移占有与办理过户登记手续之间，必然有一定的空白期。在此期间，尤其是涉及第三人利益时，对买受人的占有如何保护，是理论和实践需要解决的问题。有学者认为，在依法律行为发生的物权变动中，引起物权发生变动的内在动力是当事人之间的意思表示，也就是所谓的“物权合意”，而形式主义物权变动模式中的“形式要件”，只是认定“物权合意”的根据，但是当事人没有完成登记这一形式要件，并不意味着就不存在物权合意，事实上，能够作为物权合意表征的还有其他形式，如当事人交付权利凭证、办理公证等。[②] 从比较法的角度看，德国民法发展了物权期待权理论来化解上述

---

① 辛正郁：《物权法实施过程中应当注意的若干重要问题》，载《法律适用》2014 年第 10 期。

② 孙宪忠：《交易中的物权归属确定》，载《法学研究》2005 年第 2 期。

形式主义物权变动模式的缺陷。在德国民法上，物权期待权主要包括以下三类情形下当事人的法律地位：其一，让与合意达成后，登记前不动产买受人的法律地位；其二，所有权保留买卖中买受人的法律地位；其三，被担保债权成立前，抵押权已经设定时抵押权人的法律地位。① 笔者认为，我国可以借鉴物权期待权理论对上述形式主义物权变动的缺陷予以弥补，当然，认定登记前买受人是否获得物权期待权，即认定物权期待权成立的标准，仍需要探讨。以下四种情形下应当可以认定当事人已经达成物权变动的合意，可以成立物权期待权：（1）申请登记。当事人申请办理登记是当事人达成物权变动合意的直接证据，因此，只要当事人已经向登记机关申请登记，即应认定买受人获得物权期待权之保护。（2）权属证书的交付。实践中，当事人对产权证书的交付十分看重，因此，虽然没有向登记机关申请登记，但如果将登记机关发放的权属证书交付对方，亦可以认定当事人已经达成物权变动的合意。（3）办理公证文书。在我国，公证并非不动产登记的前提，因此，当事人将交易进行公证时，既不是简单的债权合意，也并非为满足登记需要而进行的准备，而是反映双方物权变动合意的行为。（4）支付了大部分或者全部价款并实际转移占有。当事人之间不动产占有的转移如果辅之以移转所有权为目的之法律行为，则足以表彰当事人就移转该不动产所有权的内心意思，该交付（转移占有）理应产生相应的法律效果，尤其是在买受人对转移过户登记没有过错的情况下，对该种占有的事实状态，法律应当予以保护。此外，从法律规定看，预告登记制度也可以作为转移占有但未办理登记的买受人占有状态的一种保护手段。如何将不动产适用善意取得尤其是其中善意的认定标准问题争议较大。登记固然具有表彰权利外观的效力，但占有是否完全没有意义，特别是在“一物二卖”、无权代理等情况下，也即在民事领域，买受人在购买房屋前是否需要对房屋进行实地察看，仅仅办理过户登记而对房屋不闻不问，是否可以排除其善意？笔者认为，在无权处分的情况下，判定买受人是否构成善意，首先应当将登记作为重要的衡量标准。对此，《民法典物权编司法解释（一）》第15条规定，“具有下列情形之一的，应当认定不动产受让人知道转让人无处分权：（一）登记簿上存在有效的异议登记；（二）预告登记有效期内，未经预告登记的权利人同意；（三）登记簿上已经记载司法机关或者行政机关依法裁定、决定查封或者以其他形式限制

① ［德］鲍尔·施蒂尔纳：《德国物权法》（上册），张双根译，法律出版社2004年版，第51页。

不动产权利的有关事项；（四）受让人知道登记簿上记载的权利主体错误；（五）受让人知道他人已经依法享有不动产物权”。真实权利人有证据证明不动产受让人应当知道转让人无处分权的，应当认定受让人具有重大过失。但是对不动产善意取得中受让人非善意的认定，登记并非唯一的标准。实际上该条第2款即为一个宣示性条款，只要受让人对转让人无处分权具有重大过失，都不能受到善意取得制度的保护。至于“重大过失”的认定，占有应为一个重要的判断标准，虽然在不动产交易中，对标的物的占有不具有表彰所有权的公示公信力，但不可否认的是，“占有”拥有传递某种信息的天然属性，能够在一定程度上对登记所公示的信息加以验证。而且，不动产具有固定的特性，对其占有外观进行考察只需要很低的成本，而对于普通人来讲，购买房产是家庭或个人支出的重要事项，与标的物的价值或交易风险成本相比，这一成本显得微不足道。在购买时对其自然状态，如界址、楼层、朝向等，以及不动产现实占有使用情况一般应当进行实地察看。在不动产非由登记权利人占有时，受让人就应当要求登记权利人加以解释并提交相应证明文书。因此，在为生活居住而购买房屋的情形下，没有考察房屋的实际占有使用状况就受让房屋，可能难以认定无重大过失。

三、占有保护请求权与物权请求权的关系

（一）占有保护请求权与物权请求权的区别

首先，基础不同。物权请求权是基于物权的绝对性、支配性、排他性而衍生出来的一种防卫性请求权，其请求权基础为确定的所有权或他物权，物权请求权是物权的效力或权能的自然体现，并不需要法律的特别赋予。占有保护请求权的基础是占有事实，而非基于确定的权利，是法律为保护占有的事实而特别赋予占有人的一种救济性权利。

其次，功能不同。物权请求权的功能表现为物权圆满状态的恢复，物权效力得到维护，因而一般具有终局性和确定性。而占有保护请求权的功能仅仅在于恢复占有人对物的占有，以使物的现实占有人能继续保持其占有状态，维护社会平和稳定的秩序，并不涉及占有物的权利归属问题。

最后，举证责任不同。物权人是基于正当权源而主张物权请求权，故其必须举证证明其享有相应的实体权利，否则将承担举证不能的后果。而占有保护请求权仅需占有人举证证明原本有占有的事实即可，不问其是否具有正当权源。

（二）占有保护请求权与物权请求权的竞合

当物权请求权与占有保护请求权发生竞合时，请求权人既可以提起物权请

求权之诉，也可以提起占有保护之诉，对此基本没有争议。问题在于，当本权之诉与占有之诉对立时，即所有权人对占有人提起物权请求权（本权）之诉，而占有人同时对所有权人提起占有保护请求权之诉，则出现法律优先保护谁的问题。例如，租赁期满承租人不返还租赁物时出租人强行取回。此时若占有不能受到保护，无疑是肯定所有人可以采用有违法律规定的方式取回其所有物，显然与禁止私力救济的原则不合；但如保护占有人而不保护所有人，则又有忽视物的法律秩序之嫌。笔者认为，占有之诉与本权之诉互不妨碍，各自独立，但可合并审理。本权人给占有人造成损害的，应当承担赔偿责任；占有人给本权人造成损害的，亦应予以赔偿。最终应依据占有人与本权人之间的法律关系决定物的归属，即法律上的权利义务关系而非事实上的支配关系将得到最终胜利。如此，法律在维护秩序和保护权利之间实现了其价值目标的平衡。易言之，法律虽将占有作为一种事实状态，但任何一种占有都有其存在的缘由，法律对占有的保护归根结底仍是对某种权利或秩序的保护。

【典型案例】

连某贤与臧某林排除妨害纠纷案

原告：连某贤

被告：臧某林

原告连某贤因与被告臧某林发生排除妨害纠纷，向上海市浦东新区人民法院提起诉讼。该院作出一审民事判决：臧某林于判决生效之日起两个月内迁出上海市浦东新区周浦镇瑞安路×弄×号×室房屋。

臧某林不服一审判决，向上海市第一中级人民法院提起上诉。其上诉理由是：被上诉人连某贤与案外人串通骗取系争房屋产权证，臧某林对系争房屋享有所有权，请求二审法院依法改判驳回连某贤的一审诉请。连某贤答辩称，一审判决正确，请求二审法院依法维持原判。

上海市第一中级人民法院经审理查明：上海市浦东新区周浦镇瑞安路×弄×号×室房屋原系被告臧某林房屋拆迁后以补偿安置款购得，2008 年 8 月，系争房屋的权利核准登记至被告名下，房屋由被告及其家人居住使用。2011 年 8 月 12 日，案外人李某以被告代理人的身份与案外人谢某忠就系争房屋签订《上海市房地产买卖合同》，约定房地产转让价款为 80 万元，2011 年 8 月 12 日，向相关部门递交了房产转移登记申请书，后系争房屋权利登记至案外人谢某忠名下。2011 年 10 月，原告连某贤与案外人谢某忠就上海市浦东新区周浦镇瑞安路×弄×号×室房屋签订了买卖合同，约定房地产转让价款为 110 万元，2012 年 4 月 5 日，系争房屋权利核准登记至原告名下。2012 年 7 月 5 日，原告起诉案外人谢某忠要求其将系争房屋交付原告，被告作为第三人申请参与诉讼，后法院判决，确认以被告名义与案外人谢某忠就上海市浦东新区周浦镇瑞安路×弄×号×室房屋订立的《上海市房地产买卖合同》无效；驳回原告要求案外人谢某忠将系争房屋交付原告的诉求；驳回被告要求确认原告与案外人谢某忠就系争房屋的买卖关系无效的诉求。原告以其已合法取得系争房屋，现被告仍居住在系争房屋中，严重侵犯了原告作为物权人对物权正常权利的行使为由起诉到法院，要求被告立即迁出上海市浦东新区周浦镇瑞安路×弄×号×室房屋。

上海市第一中级人民法院认为，本案的争议焦点在于，当所有权与占有权能发生分离的情况下，买受人是否可以其为房屋所有权人基于返还原物请求权要求房屋内的实际占有人迁出。第一，生效判决已确认案外人李某以被告臧某林代理人身份与案外人谢某忠就系争房屋所签订的买卖合同无效，即第一手的房屋买卖并非原始产权人臧某林之真实意思表示，该买卖合同对臧某林自始不发生法律效力，其从2008年8月起居住在系争房屋内，并占有、使用该房屋至今具有合法依据，故产权人连某贤在其未从出售方谢某忠处获得房屋实际控制权的情况下，径行要求实际占用人臧某林迁出，法院不予支持。第二，在第二手的房屋买卖交易中，被上诉人连某贤与案外人谢某忠签订了系争房屋的房地产买卖合同并支付了相应对价，该买卖合同已经生效判决确认为有效合同，故对连某贤与谢某忠均具有法律约束力，双方均应依合同之约定履行相应义务。鉴于此，连某贤对系争房屋的权利应通过该房地产买卖合同的履行（包括房屋的权利交付以及实物交付）来实现。本案中，虽然连某贤已于2012年4月5日取得了系争房屋的房地产权证，完成了房屋的权利交付过程，但其自始未曾取得过系争房屋的占有、使用权。对此，连某贤应依据其与案外人谢某忠签订的房地产买卖合同之约定基于债权请求权向合同相对方主张权利。结合本案来看，由于第一手的买卖合同已被确认为无效，案外人谢某忠自始至终没有合法取得过系争房屋，客观上无法向连某贤履行交付房屋的义务，故连某贤应向谢某忠主张因无法交付房屋导致合同无法继续履行的违约责任。

综上，上海市第一中级人民法院依照《民事诉讼法》第170条第1款第2项的规定，于2014年3月13日判决：

一、撤销上海市浦东新区人民法院（2013）浦民一（民）初字第36805号民事判决；

二、驳回连某贤要求臧某林迁出上海市浦东新区周浦镇瑞安路×弄×号×室房屋的诉讼请求。

第四章　建筑物区分所有权

规则6：建筑物区分所有权人使用自己专有部分的建筑物时，不得违反全体区分所有权人的共同利益，不得妨碍整幢建筑物的正常使用

——顾某地与上海某物业有限公司排除妨碍、赔偿损失纠纷案①；张甲与郑某伟、某通信有限公司武汉市分公司建筑物区分所有权纠纷案②；高某清、戴某晴与张某清、袁某萍房屋买卖合同纠纷案③

【裁判规则】

建筑物区分所有权人既对其在建筑物中的专有部分享有占有、使用、收益和处分的全部所有权权能，又对整幢建筑物的共用部分享有共有权。但区分所有权人只能在建筑物设计允许的限度内合理使用自己专有部分的建筑物，不得违反全体区分所有权人的共同利益，不得妨碍整幢建筑物的正常使用。

【规则理解】

一、建筑物区分所有权的内涵

随着人口的增多，以及人口不断向城市集中，人们对城市住房的需求日益增长与城市土地资源的有限性之间的矛盾日益凸显，建筑物的区分所有成为缓解这一矛盾必然选择。为调整由此而生的各所有权人之间的法律关系，建筑物区分所有权制度应运而生。关于何为建筑物区分所有权，理论界有狭义、广义、最广义三种不同观点。

（一）建筑物区分所有权狭义说

狭义说认为，建筑物区分所有权是指所有权人对建筑物专有部分享有的所

---

① 《中华人民共和国最高人民法院公报》2003年第6期。

② 《中华人民共和国最高人民法院公报》2014年第11期。

③ 《中华人民共和国最高人民法院公报》2021年第8期。

有权，又称为“专有权说”。该学说为日本以及我国台湾地区一些学者所采纳。如日本学者玉田弘毅认为：“区分所有权者，谓在建筑物专有部分上成立的所有权。”[①] 我国台湾地区学者史尚宽认为数人区分一建筑物而各有其一部分者，谓之区分所有权。

（二）建筑物区分所有权广义说

广义说认为，建筑物区分所有权是由专有部分所有权和共有部分共有权所组成的复合权利。该学说克服了狭义说的片面性，肯定了所有权人对不属于其专有部分的建筑物的共用部分或附属设施所享有的权利，为我国一些学者所肯定，以及我国一些行政规章所认可。如我国台湾地区学者郑玉波认为，区分所有，不论其区分为纵为横，其所有权的行使仅能及于区分所有之部分，而不能达于全部，此点与独有同而与共有异，但区分所有不无共用部分，如楼梯等，在法律上推定为共有，从而为各区所有人权利义务所及，此点与独有异而与共有同。原建设部[②] 2001 年修订的《城市异产毗连房屋管理规定》第 2 条[③]也曾作出规定：“本规定所称异产毗连房屋，系指结构相连或具有共有、共用设备和附属建筑，而为不同所有人所共有的房屋。”

（三）建筑物区分所有权最广义说

最广义说认为，建筑物区分所有权由专有部分的所有权、共有部分的共有权，以及基于共同关系而产生的成员权共同组成。该学说克服了狭义说不能解释为何所有权人权利及于建筑物的共有部分及附属设施的缺陷，在肯定所有权人对共有部分享有共有权的基础上，进一步肯定了所有权在由于拥有专有部分所有权、共有部分所有权，而理应享有该建筑区域内自治管理组织的成员的权利，从而“通过协商一致的方式制定出区分所有权建筑物的管理规约、表达方式及争议解决方法等，有利于调节区分所有者个人和团体之间的利害关系，作用巨大，意义深远”。[④] 我国《民法典》第 271 条规定：“业

---

① ［日］玉田弘毅：《公寓的法律纷争》，有斐阁昭和 59 年版，第 3 页，转引自陈华彬：《论建筑物区人所有权的概念》，载《法治研究》2010 年第 7 期。

② 建设部已改为住房和城乡建设部。

③ 2001 年 8 月 15 日公布的中华人民共和国建设部令第 94 号《建设部关于修改〈城市异产毗连房屋管理规定〉的决定》已于 2001 年 7 月 23 日建设部第 45 次常务会议审议通过。2011 年 1 月 26 日公布的住房和城乡建设部令第 9 号《住房和城乡建设部关于废止和修改部分规章的决定》已于 2010 年 12 月 31 日经住房和城乡建设部第 68 次常务会议审议通过，废止《城市异产毗连房屋管理规定》。

④ 陈华彬：《建筑物区分所有权研究》，法律出版社 2007 年版，第 98—99 页。

主对建筑物内的住宅、经营性用房等专有部分享有所有权，对专有部分以外的共有部分享有共有和共同管理的权利。”从该条内容可见，我国立法采纳了最广义说。

二、建筑物区分所有权的特点

建筑物区分所有权作为新型的物权，既不同于传统的房屋所有权，也不同于共有权，有其自身的特点。

（一）建筑物区分所有权具有复合性

如前所述，建筑物区分所有权是由对专有部分的所有权、对共有部分的共有权，以及成员权所组成。《民法典》第272条规定，业主对其建筑物专有部分享有占有、使用、收益和处分的权利；第273条规定，业主对建筑物专有部分以外的共有部分，享有权利，承担义务；第277条第1款、第278条第1款规定，业主可以设立业主大会，选举业主委员会，业主有权共同决定制定和修改业主大会议事规则、制定和修改管理规约、筹集和使用建筑物及其附属设施的维修资金，以及其他有关共有和共同管理权利的重大事项。可见，建筑物区分所有权是一种复合性权利，不同于传统的所有权，只及于自己所有的部分；也不同于一般的共有权，事实上共有权除了权利主体为两人或两人以外，与一般所有权在性质上无异；且不同于普通的成员权，就普通的成员权而言，如村民自治组织村民的成员权，并不是基于建筑物的所有而形成的权利。

（二）建筑物区分所有权具有整体性

对专有部分的所有权、对共有部分的共有权以及成员权，三位一体，不可分割，建筑物区分所有权人不能只享有专有部分的所有权，却不承担相应义务；也不能以放弃共有部分的所有权为由，却不承担对共有部分应尽之义务；更不得以不参加业主大会或决定相关事项为由，而拒不执行业主大会或业主委员会的决议。如《民法典》第273条第1款规定，业主对建筑物专有部分以外的共有部分，享有权利，承担义务；不得以放弃权利为由不履行义务；第280条第1款规定，业主大会或者业主委员会的决定，对业主具有法律约束力。

（三）建筑物区分所有权中专有部分所有权具有主导性，而共有部分共有权与成员权具有附随性

专有部分所有权、共有部分共有权、成员权虽然三位一体，不可分割，但三者并不是居于同等地位，而是专有部分所有权具有主导性，共有权与成员权具有附随性。《民法典》第273条第2款规定，业主转让建筑物内的住宅、经营性用房，其对共有部分享有的共有和共同管理的权利一并转让。事实上，业

主取得专有部分的所有权，即自动取得共有部分的共有权，以及相应成员权，业主丧失专有部分专有权，也自动丧失共有权与成员权。此外，业主对共有部分行使权利和收益的范围，成员权行使的份额，均受到专有部分所有权的限制。对此，《民法典》也有明确规定。如《民法典》第 278 条第 2 款规定，决定筹集建筑物及其附属设施的维修资金，改建、重建建筑物及其附属设施，改变共有部分的用途或者利用共有部分从事经营活动的事项，应当经参与表决专有部分面积四分之三以上的业主且参与表决人数四分之三以上的业主同意；第 283 条规定，建筑物及其附属设施的费用分摊、收益分配等事项，有约定的，按照约定；没有约定或者约定不明确的，按照业主专有部分面积所占比例确定。

三、建筑物区分所有权中专有部分的认定

在建筑物区分所有权中，专有部分的所有权是指建筑物区分所有权对其专有部分占有、使用、收益和处分的权利。与一般所有权不同的是，专有部分的界定问题较一般所有权更为复杂。

《建筑物区分所有权纠纷适用法律若干问题司法解释》对如何认定专有部分作出相关规定。该司法解释第 2 条规定："建筑区划内符合下列条件的房屋，以及车位、摊位等特定空间，应当认定为民法典第二编第六章所称的专有部分：（一）具有构造上的独立性，能够明确区分；（二）具有利用上的独立性，可以排他使用；（三）能够登记成为特定业主所有权的客体。规划上专属于特定房屋，且建设单位销售时已经根据规划列入该特定房屋买卖合同中的露台等，应当认定为前款所称的专有部分的组成部分。本条第一款所称房屋，包括整栋建筑物。"根据上述规定，对于专有部分的认定应从以下三个方面把握：

第一，具有构造上的独立性，能够明确区分。构造上的独立性，是指成为建筑物区分所有中的专有部分在构造上可以与其他部分相互独立、相互区分。何谓可以与其他部分相互独立、相互区分？一般而言，可从以下方面判断：是否与其他人的专有部分相互隔离，且该种隔离应当是固定的。实践中，各区分所有人的专有部分通常为墙壁所隔开，四至明确。如果房屋四至不明确，未与其他部分隔离，则不具备构造的独立性，不能成为专有权的客体。

第二，具体利用上的独立性，可以排他使用。即无须借助他人的配合，权利人即可对该部分独立排他使用，从而满足生活或经营的目的，他人未经允许不能进入该区域，也不能影响权利人使用。一般而言，具体利用上的独立性，除要求该区域在设计上可以满足生活或经营的基本条件外，还要求具备独立的出入通道。如果该部分能够与其他部分相互独立、相互隔离，但没有独立的出入通道，该部

分也不具备构造上的独立性，如某套房屋中的一间，虽然可与其他房间相互隔离，但因不具备出入外界的独立通道，因此，不能成为专有权的客体。

第三，能够登记成为特定业主所有权的客体，即要求专有部分具备法律上的独立性。该要求以专有部分构造上的独立性、利用上的独立性为前提条件，以满足物权法的公示公信原则，以及一物一权原则为目的。专有权的客体必须能够登记成为特定业主所有，才能在法律上与他们所有权的客体相区分，并予以公示，从而确定其产权范围。

四、建筑物区分所有权中专有部分所有权的行使

《民法典》第272条规定："业主对其建筑物专有部分享有占有、使用、收益和处分的权利。业主行使权利不得危及建筑物的安全，不得损害其他业主的合法权益。"

（一）对专有部分的权利

从权能上说，建筑物区分所有权人对专有部分的所有权与一般的所有权别无二致，均是包括占有、使用、收益、处分四项权能。（1）占有权，建筑物区分所有权人有权占有专有部分，包括直接占有与间接占有。（2）使用权，建筑物区分所有权人有权使用专有部分，包括以使用为目的的装修、装饰、改造等。权利人可以自由使用房屋，也可以通过出借或者出租的方式交由他人使用房屋。（3）收益权，权利人可以将该房屋出租，获取租金，也可以将其专有部分用于其他获取收益的行为。（4）处分权，权利人可以自己的意志处分其专有部分，可以将其房屋出卖、赠予他人，或者在其专有部分设定抵押权。

一般而言，权利人要以自己的意志行使上述权利，并在其权利受到侵害时，行使物权请求权，或者侵权法上的请求权，要求侵害人停止侵害、排除妨害、返还原物，或者赔偿损失。但是，鉴于建筑物区分所有权的特殊性，与一般所有权不同，建筑物区分所有权人行使专有部分所有权时，受到更多的限制。

（二）行使专有权应承担的义务

《民法典》第272条规定，业主行使权利不得危及建筑物的安全，不得损害其他业主的合法权益。

第一，业主行使权利不得危及建筑物的安全。区分所有权人对专有部分的使用应当符合建筑物安全设计标准，以及通常使用目的。关于何为危及建筑物安全的行为，虽然《民法典》没有明确规定，但可以参照《建筑物区分所有权纠纷适用法律若干问题司法解释》第15条的规定，针对"损害房屋承重结构，损害或者违章使用电力、燃气、消防设施，在建筑物内放置危险、放射性物品”等行为，为危害建筑物安全的行为。

第二，损害其他业主合法权益的行为。业主从事危及建筑物安全的行为，必须损害其他业主的合法权益，此处所指损害其他业主合法权益的行为是指危及建筑物的安全之外的其他损害业主合法权益的行为。如《民法典》第279条规定，业主不得违反法律、法规以及管理规约，将住宅改变为经营性用房。业主将住宅改变为经营性用房的，除遵守法律、法规以及管理规约外，应当经有利害关系的业主一致同意。此外，根据《建筑物区分所有权纠纷适用法律若干问题司法解释》第15条的规定，下列行为也可认定为损害其他业主合法权益的行为：违反规定破坏、改变建筑物外墙面的形状、颜色等损害建筑物外观，违反规定进行房屋装饰装修，违章加建、改建，侵占、挖掘公共通道、道路、场地或者其他共有部分。此外，破坏房屋节能、防水设施，擅自拆改管道、管线，擅自改变房屋原有用途，都应认定为损害其他业主合法权益的行为。

另外，业主对专有部分行使所有权，还必须照顾相邻权利人的合法权益。如必须合理控制噪声，避免他人受到噪声侵扰，保证他人的生活安宁；必须处理好生活垃圾，防止污染环境，给他人造成不便。

【拓展适用】

一、专有部分范围的界定

如前所述，专有部分应当具备构造上的独立性、利用上的独立性，并且能够登记成为特定所有权的客体，以上特点是认定是否可为专有部分的依据。实践中，仍有争议的问题是，专有部分的范围到底及于何处？理论上有四种观点：

第一，壁心说。该说认为，专有部分的范围及于共用墙壁的中心线。如日本学者山田幸二与何村贡认为，专有部分的范围达到墙壁、天花板、地板等分界部分厚度的中心线。[①] 第二，墙面说。该说认为，专有部分的范围及于共用墙壁（包括地板、天花板等）的表面。第三，空间说。该说认为，专有部分是指由墙壁所组成的空间。第四，壁心和墙面结合说。该说认为，在确定专有部分的范围时，应区分内部关系与外部关系而定，在处理建筑物区分所有权人的内部关系时，应以墙面说为依据；在处理建筑物区分所有权人与他人的外部关系上，应以壁心说为依据。以上学说中，第四种学说得到我国较多学者的认可。如王利明教授认为，“应当将共用墙壁既作为共有财产，又作为专有财产来对

① 段启武：《建筑物区分所有权之研究》，载梁慧星主编：《民商法论丛》（第1卷），法律出版社1994年版，第311—312页。

待。在确定区分所有权对墙壁的管理维护、维修等义务上，我国现行规定将其规定为共有财产，各个区分所有权人都负有维修的义务……但仅将墙壁作为共有财产对待是不够的，因为一栋建筑物内，正是因为墙壁才使得建筑物分割为不同的专有部分，墙壁与专有部分是不可分割的，它也应当成为专有权的客体”①。上述观点争议的根本在于墙壁是否属于专有部分的范围。

笔者认为，上述观点均有缺陷。壁心说未区分内墙与外墙、承重墙与非承重墙，而事实上，不同位置的墙面是属于专有部分还是共有部分应有所不同；墙面说除了上述缺陷外，还不能解释为何专有权人可以对自己购买房屋的内墙面进行装饰、装修，以及适当改造；空间说则违背了物权的客体特定物的原则，况且现行登记机关对房屋进行登记，也是就该房屋所在位置、面积进行登记，而非就一定的空间进行登记；壁心和墙面结合说，则并未从根本上明确墙面究竟是专有部分的范围，还是共有部分的范围。笔者认为，要根据墙面的位置与在结构上的不同特点来确定墙面是否属于专有部分。根据《建筑物区分所有权纠纷适用法律若干问题司法解释》第3条第1款第1项的规定，建筑物的基础、承重结构、外墙、屋顶等基本结构部分，通道、楼梯、大堂等公共通行部分，消防、公共照明等附属设施、设备，避难层、设备层或者设备间等结构部分，也应认定为《民法典》第2编第6章所标的共有部分。根据上述规定，建筑物的基础、外墙、承重墙、屋顶墙壁等不应属于业主专有部分的范围，此时，业主专有部分的范围仅及于墙壁表面，而对于业主专有部分内部的墙壁，如不属于承重墙，则整个墙壁均应属于业主专有部分的范围，而对于与他们共用的墙壁，则专有部分的范围应及于壁心。当然，认为这些墙壁属于专有部分范围，并不意味着业主可以自由支配，不受任何限制，业主对专有部分墙壁的使用，也必须符合墙壁的正常使用目的，不得危害建筑物的安全，也不得损害其他业主的合法权益。

二、露台属于专有部分范围的把握

《建筑物区分所有权纠纷适用法律若干问题司法解释》第2条第2款规定：“规划上专属于特定房屋，且建设单位销售时已经根据规划列入该特定房屋买卖合同中的露台等，应当认定为前款所称的专有部分的组成部分。”可见，将露台认定为专有部分的组成部分，应当符合下列条件：

---

① 王利明：《物权法论》，中国政法大学出版社2003年版，第365—366页。

（一）符合规划

此处所指“规划”，不仅仅是规划图，还包括规划行政主管部门批准的与建设有关的所有文件，如施工图等。[①] 符合规划，意味着该“露台”的建设符合相关法律规定，是合法建筑。相反，如果该“露台”未经规划，系建筑单位或者施工单位擅自建设，属于“违法建筑”，则无法取得所有权登记，当然也不能构成专有部分的组成部分。

（二）规划上专属于特定房屋

该露台在物理上应是专属于特定房屋，而不是属于其他房屋，或者公共部分。一般情况下，该露台应与特定房屋在物理上相互连接，通过该房屋即可自由出入露台，且只有通过特定房屋方可到达该露台，从其他途径不可到达该露台。

（三）建设单位销售时已经根据规划列入该特定房屋买卖合同

要认为露台属于某套房屋的组成部分，还必须有合同约定。一般情况下，如果根据规划，某套房屋设置有露台，开发商在出卖房屋时，都会对露台的归属作出约定。不论该露台是否依据面积计算价款，只要合同对此有明确约定，则露台属于该房屋的组成部分。问题在于在合同未对露台作出明确约定的情况下，露台是否属于专有部分？笔者认为，对于规划上专属于特定房屋的露台，只要房屋买卖合同没有明确约定露台不属于买卖标的的组成部分，该露台都应属于该特定房屋的组成部分。理由如下：由于规划上专属于特定房屋的露台，不具备构造上的独立性和使用上的独立性，不能单独作为专有权的客体，如果合同未对此进行约定，则将出现房屋属于业主，而露台无法属于任何人的状态。既然露台与特定房屋不可分割，建设单位在出售该套房屋时，理应理解为建设单位一并出卖专属于该套房屋的露台。此外，如果认定专属于某套房屋的露台属于共有，由于不通过特定房屋无法到达该露台，则该露台根本无法使用，不利于发挥露台的价值。

三、住宅商用的把握

随着经济的发展，各类经营活动日益频繁，同时，城市居民对生活便利的要求也越来越高，在建筑小区内，将住宅用作经营性用途的情况也日益增多。由此产生的纠纷也需要相关法律规定予以明确。

---

① 杜万华、辛正郁、杨永清：《最高人民法院〈关于审理建筑物区分所有权纠纷案件具体应用法律若干问题的解释〉〈关于审理物业服务纠纷案件具体应用法律若干问题的解释〉的理解与适用》，载《法律适用》2009 年第 7 期。

（一）住宅商用的利弊

一方面建筑物区分所有权人对专有部分的所有权，本质上仍属于所有权，权利人享有占有、使用、收益和处分权，业主有权将住宅用于居住，也可用于经营性活动①，住宅商用还可充分发挥住宅的使用价值，促进物尽其用，并可能丰富小区居民的生活，给小区居民带来便利。另一方面因为我国对土地用途实行分类管理制度，对房屋用途也须严格规划，住宅商用违反土地及房屋规划，可能导致国家相应的土地出让收入变相减少。此外，住宅商用还可能带来环境污染、安全隐患等问题，并可能影响他人的生活安宁，影响他人的居住利益。究竟是否应当允许住宅商用成为立法过程中争议的问题之一。鉴于我国企业登记制度中只要求有明确的工作场所，而不区分该工作场所是商用还是住宅（特殊行业企业除外），且住宅商用目前确实对促进企业发展以及扩大就业，方便居民生活方面发挥积极的作用，笔者认为应当有限制地允许住宅商用。《民法典》第279条规定："业主不得违反法律、法规以及管理规约，将住宅改变为经营性用房。业主将住宅改变为经营性用房的，除遵守法律、法规以及管理规约外，应当经有利害关系的业主一致同意。"可见，我国法律允许在一定条件下将住宅改变为经营用房。

（二）住宅商用的条件

我国《民法典》虽然肯定了在一定条件下可将住宅用于经营，但该条规定较为原则，究竟应遵守哪些法律、法规的规定，何为"有利害关系的业主"，应采取何种方式经有利害关系的业主同意，《民法典》并未明确规定。对此，应结合其他法律法规的相关规定予以认定。

1. 符合法律、法规以及管理规约的规定。首先，必须遵守法律、法规的强制性规定。如《互联网上网服务营业场所管理条例》第9条规定"中学、小学校园周围200米范围内和居民住宅楼（院）内不得设立互联网上网服务营业场所"等。这些规定或者是出于对某类消费群体（如中小学生）的特殊保护，或者是出于公共安全考虑，对某类经营的工作场所给予特别规定，必须得到遵守。其次，如果某些小区管理公约，明确约定小区内不得从事任何经营活动，或者明确约定不得从事某类经营活动，由于小区管理公约对全体业主具有约束力，小区的居民也必须遵守。

2. 经有利害关系的业主同意。《建筑物区分所有权纠纷适用法律若干问题

---

① 王利明：《物权法研究》（上册），中国人民大学出版社2007年版，第576页。

司法解释》第 11 条规定："业主将住宅改变为经营性用房，本栋建筑物内的其他业主，应当认定为民法典第二百七十九条所称'有利害关系的业主'。建筑区划内，本栋建筑物之外的业主，主张与自己有利害关系的，应证明其房屋价值、生活质量受到或者可能受到不利影响。"上述司法解释对"有利害关系的业主"进行了明确。具体区分了两个层次：

（1）本栋建筑物内的其他业主，直接视为有利害关系的业主。一般而言，同栋居民需要共用楼下空间、楼梯（电梯）、公共通道、进楼大门等，与生活息息相关，因此，司法解释直接规定同栋居民属于有利害关系的业主。但是，该规定是否意味着，只要是同栋居民，住宅商用就必须经过他的同意呢？笔者认为并非如此，上述司法解释只是为了节省举证成本，提高诉讼效率，并在无法查明的情况下，侧重于保护同栋居民的居住利益。因此，上述司法解释只是一种事实推定，应当允许住改商的业主有反驳的权利，如果其能证明住宅商用根本不会给同栋居民带来不利影响，则不需要经其同意。

（2）建筑区划内，非本栋业主须举证证明自己是"利害关系人"。非本栋居民的联系较同栋居民稍微疏远，因此，法律规定，非本栋居民提出自己是利害关系人的，应当证明其房屋价值、生活质量受到或者可能受到不利影响。

关于同意的范围，鉴于上述司法解释第 10 条第 2 款明确规定"将住宅改变为经营性用房的业主以多数有利害关系的业主同意其行为进行抗辩的，人民法院不予支持"，应当认定将住宅商用必须经过所有有利害关系的业主同意，而不能适用有利害关系的业主"多数决"。此外，关于同意的方式，法律并没有明确的规定，但是笔者认为，同意至少应当以明示的方式作出，沉默与容忍不能视为同意。至于采取书面的方式，或者是会议表决的方式，以及其他方式，是以向住宅商用的业主亲自征得同意的方式，还是以物业管理企业或业主委员会代为征得同意的方式，都应予以肯定。

（三）住宅商用的法律后果

1. 未经有利害关系业主同意住宅商用的法律后果。司法解释有明确规定，即《建筑物区分所有权纠纷适用法律若干问题司法解释》第 10 条第 1 款规定："业主将住宅改变为经营性用房，未依据民法典第二百七十九条的规定经有利害关系的业主一致同意，有利害关系的业主请求排除妨害、消除危险、恢复原状或者赔偿损失的，人民法院应予支持。"人民法院在审理建筑物区分所有权纠纷案件时，即使业主对房屋的使用没有给其他区分所有权人造成噪声、污水、异味等影响，只要房屋的用途发生改变，由专供个人、家庭日常生活居住使用改变为用于商业、工业、旅游、办公等经营性活动，即可认定该行为影响了业主的安宁生活，属于将住宅改变为经营性用房，应依照《民法典》第279条关于业主改变住宅用途的规定处理。

2. 经过有利害关系业主同意住宅商用的法律后果。在有利害关系人同意住宅商用的情形下，还应当允许有利害关系的业主与拟将住宅商用的业主协商确定适当的补偿方式。如果因住宅商用导致电梯维护费用增加，其他业主可要求其支付相应增加费用。

综上所述，虽然建筑物区分所有权人对其专有部分享有占有、使用、收益和处分的权利，但其行使权利不得危及建筑物的安全，不得损害其他业主的合法权益，在住宅商用的情况下，业主必须征得有利害关系的业主的同意，并承担相应的法律后果。

【典型案例】

1. 顾某地与上海某物业有限公司排除妨碍、赔偿损失纠纷案

原告：顾某地

被告：上海某物业有限公司（以下简称某物业）

法定代表人：裘某洛，该公司总经理

〔基本案情〕

原告顾某地认为被告某物业妨碍其行使所有权，向上海市静安区人民法院提起排除妨碍、赔偿损失的诉讼。

原告诉称：某小区4号楼29E室是原告购买的房屋，原告有权在自己的房屋安放自己的浴缸。被告的职责仅是对物业进行管理，却以原告安装、使用这个浴缸会影响楼房安全为由，阻止原告安放浴缸，后在原告承诺目前并不使用的情况下，被告仍不同意安放，以至该浴缸被长期搁置在户外，损坏严重。被告的行为严重侵犯了原告的合法权益，给原告造成精神和财产损失。请求判令被告排除妨碍，给原告赔偿精神损失5000元、人工费损失7600元，并负担本案的诉讼费。

原告顾某地为支持自己的诉讼主张，提交以下证据：

1. 上海市商品房出售合同，以此证明顾某地是某小区4号楼29E室的业主；

2. 证人秦某的书面证词，以此证明2001年12月13日顾某地吊装浴缸时遭到被告的阻止；

3. 证人顾某宽的书面证词，以此证明在吊装浴缸被阻止后，顾某地向安装公司支付了费用；

4. 系争浴缸的说明书及翻译件，以此证明浴缸的形状、大小、重量以及使用该浴缸不会对楼体造成危害。

被告辩称：被告受业主委员会的委托，管理某小区4号楼整个物业。原告的浴缸面积、体积过大，使用时的重量是该楼楼板无法承受的，会危及楼房结构的安全，被告因此才阻止原告吊装。原告为让这个浴缸进入室内，不惜两次提起诉讼，其目的绝不仅仅是保护浴缸。原告关于不使用该浴缸的承诺，缺乏诚信，难以令人信服。浴缸通常的用途是洗澡。如果同意原告将浴缸放置在室内，其一旦使用，就会成为安全隐患，从而影响其他业主对物业的正常使用。作为物业管理者，被告制止原告安装该浴缸，是依法履行管理职责的行为，没有侵犯原告的合法权利，故不同意原告的诉讼请求。

被告某物业为支持自己的主张，提交以下证据：

1. 某小区业主公约，以此证明顾某地违反了该公约，被告只是按业主公约履行管理职责；

2—3. 系争浴缸的照片8幅以及某小区4号楼29E室的浴室平面图，以此证明系争浴缸无法安装在某小区4号楼29E室的浴室内；

4. 顾某地与上海甲物业管理有限公司（以下简称甲物业）签订的公共契约，以此证明顾某地承诺按照法律、法规及契约的规定履行业主义务，而顾某地安装浴缸的行为违反了这个约定；

5. 甲物业发给顾某地的整改通知书4份，以此证明某小区原物业管理公司因顾某地违规装修房屋及安装浴缸，曾数次书面限令其停止违章行为；

6. 某物业与某小区业主委员会于2001年5月28日签订的承诺书一份，以此证明某物业是某小区物业的合法管理者，有权制止业主的违规行为；

7. 某物业发给顾某地的限期整改通知书4份，以此证明某物业也曾数次书面限令顾某地停止违章行为；

8. 某小区部分业主联名写给某物业的信件，以此证明部分业主认为顾某地的行为危害房屋的安全，侵犯了其他业主的利益，要求某物业予以阻止；

9—10. 某小区居委会和某房管办事处出具的情况说明各一份，以此证明某物业阻止顾某地吊装浴缸，以及居委会人员、民警和房管办人员对顾某地的行为进行制止的情况；

11. 顾某地的律师发给某物业的信函以及某物业的回复件，以此证明某物业从物业安全的角度考虑不同意顾某地吊装浴缸。

上海市静安区人民法院主持了庭审质证、认证。被告某物业对原告顾某地提交的证据1、证据2无异议，认为证据3的证人所述不实，证据4存在表面真实性，但该证据无法证明使用浴缸不会危害楼体。顾某地对某物业提交的证据2、证据3、证据4、证据5、证据7、证据11无异议；认为不清楚证据1的业主公约是如何签订的，该公约既无日期也无登记，对本人没有约束力；证据6的承诺书不是物业管理合同，不能证明某物业有管理小区的资格，只有经登记备案的物业管理合同才能证明业主委员会与物业公司之间的关系；不清楚证据8、证据9、证据10形成的过程以及要证明的内容，不发表质证意见。法庭经质证，对双方当事人无争议的证据予以确认；认为某物业对顾某地的证据3提出的质证意见，顾某地没有作出合理解释，且不能提交其他证据印证自己的实际损失，故该证据的证明力不予认证；顾某地的证据4，其真实性应予确认，并应当结合其他证据认定使用浴缸是否危害楼体；某物业的证据1、证据6，经核查属实，应予认证；顾某地质证时，虽然认为业主委员会未按规定程序操作，业主公约未经备案对其不具有约束力，但没有提交能支持自己这个主张的证据，故对这个主张不予采纳。某物业的证据8、证据9、证据10，不能直接证明该物业制止顾某地吊装浴缸的权利来源，与本案没有直接关系，故不予认证。

基于上述证据，上海市静安区人民法院认定本案事实如下：

1997年1月，某微电子技术有限公司（以下简称某微电子技术公司）购买了某小区4号楼29E室复式房屋一套。同年10月，原告顾某地以某微电子技术公司员工的身份办理了入住手续，并与某小区的原物业管理人甲物业签订了《公共契约》。1998年10月，顾某地购买了一个长宽高为4.267米×2.286米×1.219米、上口面积9.754平方米、占地面积8.826平方米，自重362.8公斤，可容水4160.5公斤的浴缸，欲安装在29E室的跃层。甲物业阻止顾某地安装该浴缸，并针对其在装修中的违规行为数次向其送达了整改通知。2000年4月，某小区业主委员会聘用被告某物业为某小区的管理人。顾某地又就浴缸安装问题多次与某物业交涉，某物业均以安装该浴缸需通过安全测定为由不予准许。同年9月，顾某地再次吊装大浴缸，被某物业制止。10月，某微电子技术公司向法院提起诉讼，请求排除某物业对顾某地安装浴缸的妨碍，并判令某物业赔偿损失。2001年4月，因某微电子技术公司撤诉，此案了结。嗣后，某物业四次致函顾某地，告知其停止装修中的违规行为，在安装浴缸的安全问题没有确认以前不得吊装浴缸，并要求其将放置在小区道路旁的浴缸搬离。同年12月10日，顾某地出资购买了某小区4号楼29E室，遂以该房屋业主的身份提起本案诉讼。

另查明，某小区4号楼29E室内有三个浴室，使用面积分别为3.5平方米、10.39平方米、4.6平方米。2001年5月26日，在被告某物业对某小区进行管理一年后，某小区业主委员会与某物业签订了约定承诺书，约定至2001年7月31日，某小区仍由某物业进行管理。

审理中，经被告某物业申请，法院通知某小区4号楼的设计单位某设计研究院的高级工程师陈某勇和国家一级注册结构工程师翟某亮到庭，就某小区4号楼29E室的楼板能否承受系争浴缸使用时的重量这一专业性问题进行说明和接受询问。两位工程师明确表示，某小区4号楼是按照国家规定的居住用房建筑结构荷载规范进行设计的，设计时没有考虑到安放像系争浴缸这样巨大的浴缸；该室内楼板承重为每平方米200公斤，一般情况下还有1.4的安全系数，即每平方米最大不能超过280

公斤，系争浴缸放水后的重量已大于这个承重极限；在某小区 4 号楼长期使用这个浴缸，势必影响楼板的强度，间接影响墙面，会给楼宇安全带来危险。对于两位工程师的说明，某物业认同，原告顾某地则不接受，认为该楼楼板厚度是一般楼板的一倍，若一般楼板每平方米能承重 280 公斤，该楼楼板就应该能承受每平方米 560 公斤左右的重量。两位工程师解释，楼板厚度是根据建筑结构的需要设定的，厚度与承重没有必然联系；如要提高楼板的承重能力，必须进行特殊处理；4 号楼楼板在没有进行特殊处理前，其最大荷载只能是每平方米 280 公斤。

对两位工程师就案件涉及的专门性问题所作的以上说明，法庭予以认可。

〔一审裁判理由与结果〕

上海市静安区人民法院认为：任何一幢独立建筑物，均由基础、框架、承重等部分构成。尽管用隔板可以将一幢独立建筑物分割成不同的使用空间，以供不同的人分别独立使用，但构成该幢独立建筑物的基础、框架、承重墙体、隔板、顶盖、走道、阶梯、门窗、管线以及必要的活动场所等部位，却无法分割使用。整幢独立建筑物如果被分割为若干人所有，则每个人享有的是建筑物区分所有权，它不同于一物一权形态下的建筑物所有权。建筑物区分所有权虽然与建筑物所有权一样具备物权的一切特征，但由于建筑物的特性，决定了它是一种复合性权利，权利人既对其在建筑物中的专有部分享有占有、使用、收益和处分的全部所有权权能，又对整幢建筑物的共用部分享有共有权。同时也由于建筑物的特性，决定了权利人在行使其权利时要受到一定限制。这种限制是指，区分所有权人只能在建筑物设计允许的限度内合理使用自己专有部分的建筑物，区分所有权人使用自己专有部分的建筑物时，不得违反全体区分所有权人的共同利益，不得妨碍整幢建筑物的正常使用。

《民法通则》第 6 条规定："民事活动必须遵守法律，法律没有规定的，应当遵守国家政策。"① 第 83 条规定："不动产的相邻各方，应当按照有利生产、方便生活、团结互助、公平合理的精神，正确处理截水、排水、通行、通风、采光等方面的相邻关系。给相邻方造成妨碍或者损失的，应当停止侵害，排除妨碍，赔偿损失。"② 原告顾某地是某小区 4 号楼 29E 室的业主，对该室享有建筑物区分所有权。29E 室内的墙板、楼板与该楼其他墙板、楼板一样，是使该楼能成为独立建筑物的不可分割部分，应属全体区分所有权人共有的财产。顾某地如果按照设计的用途和设计的荷载量使用 29E 室内的墙板、楼板，他人无权干涉，但如果超出设计允许的限度使用

---

① 该原则现可参考《民法典》第 8 条，民事主体从事民事活动，不得违反法律，不得违背公序良俗。

② 现为《民法典》第 288 条，不动产的相邻权利人应当按照有利生产、方便生活、团结互助、公平合理的原则，正确处理相邻关系。

墙板、楼板，就应该征得其他区分所有权人的同意。29E 室内虽然设计了三间浴室，但最大一间的使用面积也只有 10.39 平方米。顾某地的浴缸，上口面积达 9.754 平方米，根据日常生活经验，这个浴缸无法安装在顾某地的浴室内。若安装在室内其他部位，则势必改变房屋的设计布局和用途。况且该浴缸注满水后的重量，超出了每平方米最大 280 公斤的楼板设计荷载量。长期使用这个浴缸，不仅顾某地的安全不能保证，且势必危及相邻其他区分所有权人的安全。在此情况下，顾某地必须征得其他区分所有权人的同意，才能放置这个浴缸，否则既是对共有财产的侵犯，也是对相邻关系的损害。

《上海市居住物业管理条例》规定，业主应当按照有利于物业使用、安全以及公平、合理的原则使用物业，正确处理相邻关系，不得随意改变住宅的使用性质，禁止损坏房屋承重结构和破坏房屋外貌的使用行为；物业管理企业指导和监督装修、使用住宅的活动，发现不当行为应劝阻制止并督促改正，对拒不改正的，应当及时告知业主委员会并报有关行政管理部门依法处理。被告某物业作为物业管理企业，接受业主委员会的委托，对某小区进行物业管理。某物业对原告顾某地吊装浴缸的行为加以制止，是其管理职责所在，并无不妥。对这个从面积看无法在浴室安装、从重量看不能在 29E 室其他部位安装的浴缸，顾某地坚持要求放入 29E 室。浴缸的特定功能是洗澡，将这个浴缸放在室内，其虽然承诺不使用，但这种承诺有悖常理。某物业从保障物业安全的角度出发，对这一承诺表示怀疑，有一定的合理性。某物业的行为不具有违法性，且无侵权事实。顾某地要求某物业赔偿精神损失和人工费损失，该诉讼请求不予支持。据此，上海市静安区人民法院于 2002 年 3 月 20 日判决：

一、原告顾某地要求被告上海某物业有限公司排除妨碍，不得阻挠其将自己所有的浴缸搬入上海市延平路 123 弄某小区 4 号楼 29E 房屋内的诉讼请求不予支持；

二、原告顾某地要求被告上海某物业有限公司赔偿精神损失费人民币 5000 元的诉讼请求不予支持；

三、原告顾某地要求被告上海某物业有限公司赔偿人工费损失人民币 7600 元的诉讼请求不予支持。

案件受理费人民币 514 元，由原告顾某地负担。

〔当事人上诉及答辩意见〕

一审宣判后，顾某地不服，向上海市第二中级人民法院提起上诉。理由是：29E 室跃层的楼板，采用现浇钢筋混凝土大板结构，使用暗梁，并非通常情况下的梁板结构。暗梁与普通梁相比，刚度小、变形大，对板的支撑及约束小。一审时某小区设计单位所作的说明，没有考虑 29E 室跃层的这些特点，结论是错误的。应当对 29E 室跃层楼板能否承载注满水的浴缸这个问题进行鉴定。上诉人目前只是准备将浴缸安放在 29E 室跃层，不去使用，根据浴缸的自重，这样做不会损坏跃层楼板；在对跃层楼板采取相关加固措施后，即使将浴缸加满水，跃层楼板也能完全满足承载要求，不会对整个大楼的安全造成隐患。而且，29E 室是上诉人的权利范围。如果上诉人的行为存在危害，损害的只能是上诉人自己的利益，不会影响他人利益和公共利益。另外，被上诉人不是某小区的正规、合法管理者，因此其制止上诉人安放浴缸的行为是不正当的，应当赔偿上诉人因无法及时安装浴缸而遭受的人工费、运费等损失。一审判决驳回上诉人的诉讼请求，是错误的，应当改判。

被上诉人某物业答辩称：虽然 29E 室归上诉人所有，但上诉人应当遵守法律规定，在建筑物设计允许的限度内使用该室。上诉人安装和使用大浴缸，肯定会给楼板及整幢房屋的安全带来危险，从而影响其他业主的正常生活，这是被上诉人阻止上诉人的理由。上诉人在 29E 室安装和使用大浴缸，必然改变房屋的结构和用途；该浴缸的进水和出水，也会使整幢大楼的供排水系统发生问题。退一步讲，不允许业主改变房屋的结构和用途，是上海市从公共安全和物业安全出发，在总结以往教训的基础上作出的物业管理规定。作出这个规定，并不意味着对房屋结构和用途的每一次改变都会危害公共安全和物业安全。但是没有这个规定，允许每一位业主随意改变房屋的结构和用途，则势必会危害公共安全和物业安全。因此即便上诉人为安装浴缸而改变房屋结构和用途的行为没有造成危险，其也无权违反上海市的物业管理规定。一审判决正确，应当维持。

〔二审查明的事实〕

上海市第二中级人民法院经审理，确认一审认定的事实属实。二审期间，应上诉人顾某地的申请，法院委托某建筑科学研究院对某小区 4 号楼 29E 室复式房屋内的跃层楼板能否承载装满水的系争浴缸进行鉴定。该院用 SATWE 软件分析程序对该室楼板进行结构验算后，得出的评估结论是：一般住宅建筑若不做专门设计，不适宜安装巨型浴缸。结构验算表明，跃层楼板的安全性不能满足安装巨型浴缸的要求。因此，某小区 4 号楼 29E 室不应在跃层安装巨型浴缸。

对于这个评估结论，上诉人顾某地认为：SATWE 软件分析程序是用来计算通常状况下的梁墙构件内力及配筋量的，而 29E 室跃层楼板采用的是现浇钢筋混凝土大板结构。对这个楼板的内力及配筋量，应当采用国际通用的板元模型编制的 SAP 软件分析程序计算。另外，评估报告没有考虑上诉人将采取的加固措施，故得出的结论不可信，要求重新鉴定。顾某地聘请的一位退休教授也认为，评估报告存在着将 29E 室跃层楼板计算条件简化、没有明确不安全性是指该室跃层楼板还是整幢大楼、没有使用国际通用的 SAP 软件分析程序进行计算的问题。被上诉人某物业认为，评估结论与某小区设计单位在一审中所作的说明相符，是正确的。

针对上诉人顾某地的意见，鉴定人某建筑科学研究院又使用 SAP90 软件分析程序对 29E 室跃层楼板的安全性进行验算后，出具的补充报告结论是：（1）用 SAP90 软件分析程序验算的结果表明，29E 室跃层楼板安装巨型浴缸后的安全性不足；（2）将

29E 室跃层楼板采用的厚平板加暗梁结构形式简化为梁板结构，并采用 SATWE 软件分析程序验算，是可行的，验算结果基本反映楼板的真实受力状态，且与用 SAP90 软件分析程序验算的结果基本一致；（3）一般住宅建筑若不做专门设计，不适宜安装巨型浴缸。29E 室的房型设计未考虑到使用时会安装巨型浴缸，安装巨型浴缸对大楼的局部结构安全性及正常使用均会产生较大影响。

上诉人顾某地认为这个补充报告仍没有考虑其提出的相关加固措施，因此结论是不全面的，不具有现实可行性。

〔二审裁判理由与结果〕

上海市第二中级人民法院认为，本案的争议焦点有三个：（1）系争浴缸能否放置在某小区 29E 室的跃层？（2）被上诉人某物业是否有权制止上诉人顾某地安放系争浴缸的行为？（3）顾某地在此案中是否遭受损失？损失应由谁承担？

关于第一个争议焦点。（1）某小区的设计单位证明，在某小区 4 号楼 29E 室安装系争浴缸，会对大楼的安全和正常使用带来较大影响。（2）某建筑科学研究院的评估报告和补充报告证实：某小区 4 号楼 29E 室的跃层平板结构不仅承担着该跃层室内荷载，还承担室外露台荷载及顶层局部屋面荷载，因此安装系争浴缸对大楼局部结构的安全会造成较大影响。该鉴定人的鉴定资质和鉴定程序合法，鉴定结论应予采信。（3）《民事诉讼证据规定》（法释〔2001〕33 号）第 27 条规定，“当事人对人民法院委托的鉴定部门作出的鉴定结论有异议申请重新鉴定，提出证据证明存在下列情形之一的，人民法院应予准许：（一）鉴定机构或者鉴定人员不具备相关的鉴定资格的；（二）鉴定程序严重违法的；（三）鉴定结论明显依据不足的；（四）经过质证认定不能作为证据使用的其他情形”“对有缺陷的鉴定结论，可以通过补充鉴定、重新质证或者补充质证等方法解决的，不予重新鉴定”。上诉人顾某地没有足够证据否定某建筑科学研究院的鉴定结论，因此其要求重新鉴定的申请不予准许。（4）顾某地提出，其对 29E 室跃层采取相关加固措施后就能够安装系争浴缸。这是一个在一审审理时没有提出的诉讼请求，已经超出二审审理范围，本案不予处理。综上，系争浴缸不能放置在某小区 29E 室内。

关于第二个争议焦点。被上诉人某物业接受业主委员会的委托，对某小区履行管理职能，是某小区的物业管理者。这一事实不仅有证据证明，上诉人顾某地也以其直接向某物业缴纳物业管理费的行为证明，其对此是明知的。作为物业管理者，某物业当然有权依据《上海市居住物业管理条例》的规定，制止顾某地安放系争浴缸。

关于第三个争议焦点。上诉人顾某地未能及时安装系争浴缸后，必然产生相关费用的损失。但这些损失，是由于顾某地准备安装系争浴缸前没有考虑到建筑物安全和物业管理规定造成的。被上诉人某物业阻止顾某地安装系争浴缸的行为没有过错，故这部分损失不应由某物业承担。

综上所述，一审适用法律正确，判决对顾某地的诉讼请求不予支持并无不当，应予维持。据此，上海市第二中级人民法院依照《民事诉讼法》第153条第1款第1项的规定，于2003年7月25日判决：

驳回上诉，维持原判。

上诉案件受理费人民币514元和本案鉴定费人民币1.2万元，由上诉人顾某地负担。

2. 张甲与郑某伟、某通信有限公司武汉市分公司建筑物区分所有权纠纷案

原告：张甲

被告：郑某伟

被告：某通信有限公司武汉市分公司（以下简称某通信公司武汉分公司）

〔基本案情〕

原告张甲因与被告郑某伟、某通信公司武汉分公司发生建筑物区分所有权纠纷，向湖北省武汉市武昌区人民法院提起诉讼。

原告张甲诉称：被告郑某伟系武汉市武昌区中北路某小区×栋×单元A室的业主。2011年12月，被告郑某伟与被告某通信公司武汉分公司未经小区内相关业主的同意，擅自将光纤传输机柜、电源柜、蓄电池等设备安置在A室，将A室建成通信机房，该机房24小时运转，无人值班，存在安全隐患，相关业主及某小区物业管理处曾多次对两被告进行劝阻，但两被告均未予理会。现原告诉至法院要求判令两被告拆除位于武汉市武昌区中北路某小区×栋×单元A室的光纤传输设备，恢复房屋住宅用途，并承担本案诉讼费用。

原告张甲提交了如下证据：

1. 产权登记信息查询单1份，证明位于武昌区中北路某小区×栋×单元A室房屋所有权人为被告郑某伟，该房屋的设计用途是住房。

2. 武房权证洪字第2007010×××号房屋所有权证1份，证明原告张甲的住房在被告郑某伟房屋的楼下，是与本案有利害关系的业主。

3. 照片五张、关于某通信公司武汉分公司在中北路某小区放置光纤传输设备的说明1份、违约窃电停（限）电通知书1份，证明中北路某小区×栋×单元A室里放置着光纤传输设备，某通信公司武汉分公司将其改建为通信机房，被告郑某伟在A室使用380伏非家用电源。

4. 证人叶某军、证人马某军的证言。证明证人都是与某小区×栋×单元A室房屋有利害关系的业主，证人不同意将某小区×栋×单元A室房屋改为经营性用房，要求拆除相关光纤传输设备。

5. 依原告张甲申请法院到某供电公司武昌供电营业厅取得的违约窃电停（限）电通知书1份。

被告郑某伟辩称：郑某伟是武昌区中北路某小区×栋×单元A室的业主，依据相关法律规定对此房屋享有使用、处分的权利，将房屋出租给某通信公司武汉分公司的行为合法合理，并没有给其他业主造成危害，也没有任何的安全隐患；某小区物业管理处确实下了整改通知，但我们认为是无效的，某小区另有各种公共服务公司的设备安放在业主共有的公共区域内，而某通信公司武汉分公司的设备只放置在本人房屋内，并没有占用任何公摊面积；请求依法驳回原告的诉讼请求，本案诉讼费用由原告承担。

被告某通信公司武汉分公司辩称：依据《电信条例》和《物权法》的规定，某通信公司武汉分公司与被告郑某伟签订租赁合同后有权放置电信设备；某通信公司武汉分公司放置电信设备的房间不属于经营性用房，没有对小区居民生活造成任何影响；请求依法驳回原告张甲的诉讼请求。

湖北省武汉市武昌区人民法院经一审查明：

被告郑某伟于2003年4月28日取得位于武汉市武昌区中北路某小区×栋×单元A室、设计用途住宅的房屋（以下简称A室房屋）所有权证，张甲于2007年取得位于武汉市武昌区中北路某小区×栋×单元B室、设计用途住宅的房屋所有权证。郑某伟与张甲系同一单元上下楼层邻居关系。

被告某通信公司武汉分公司于2010年5月13日与公安局等签订武汉市城市视频监控系统项目建设、运维服务和租赁合同。

刘某姣（被告郑某伟之嫂）于2011年10月8日与被告某通信公司武汉分公司签订某小区通信机房租赁合同，约定某通信公司武汉分公司利用A室房屋建设通信机房，租期自2011年10月8日起至2015年10月7日止，年租金为29800元；刘某姣负责周边群众的协调工作，保证某通信公司武汉分公司正常施工及日常维护；某通信公司武汉分公司保证改造、装修房屋不影响房屋的建筑结构安全，设备在工作中或因老化等不影响周边群众的生活、休息。

被告某通信公司武汉分公司于2011年12月入驻使用A室房屋至今。与此同时，郑某伟之兄郑某良仍居住使用A室房屋。

某小区物业管理处、某小区业主自2012年3月19日起，多次要求A室房屋业主“停止生产经营、恢复原住房性质、消除安全隐患”。

被告某通信公司武汉分公司于2012年4月8日领取武汉市重大项目认定证书，载明项目名称为无线城市综合项目——“无线城市”，有效期至2014年4月8日。

某供电公司于2012年7月17日认为A室房屋业主存在高价低接用电行为，发出违约窃电停（限）电通知。

被告某通信公司武汉分公司在A室房屋内放置光纤传输机柜作为数据传输汇聚节点，用于建设有线光纤传输宽带网络，解决“平安城市”视频监控录像传输、无线城市综合项目 WLAN（无线宽带局域网）、周边居民小区宽带、固定电话等接入业务的汇聚、交换需求。

原告张甲于 2013 年 1 月 16 日起诉被告郑某伟、某通信公司武汉分公司至法院，请求判令郑某伟、某通信公司武汉分公司拆除 A 室房屋内的光纤传输设备，恢复房屋住宅用途。

〔一审裁判理由与结果〕

湖北省武汉市武昌区人民法院经一审认为，本案案由应确定为建筑物区分所有权纠纷。《物权法》第 77 条①的立法目的，实际上主要针对的是利用住宅从事经营生产企业，规模较大的餐饮及娱乐、洗浴或者作为公司办公用房等动辄给其他区分所有权人带来噪声、污水、异味、过多外来人员出入等影响其安宁生活的营业行为，即并非所有将住宅改变的行为都是《物权法》第 77 条规制的行为。被告郑某伟、某通信公司武汉分公司并未改变涉案房屋的住宅性质，即或改变亦是用于公益事业，且原告张甲未提供其房屋价值、生活质量受到或者可能受到不利影响的证据。故对原告的诉请，不予支持。

据此，武汉市武昌区人民法院依照《民事诉讼法》第 64 条的规定，于 2013 年 9 月 26 日判决：

驳回原告张甲的诉讼请求。

〔当事人上诉及答辩意见〕

张甲不服一审判决，向湖北省武汉市中级人民法院提起上诉称：（1）一审判决遗漏重大事实，且认定事实错误。被上诉人某通信公司武汉分公司在一审提交的证据 4，即 2012 年 5 月 13 日武汉市城市视频监控系统项目建设、运维服务和租赁合同书中，合同金额高达数亿元，一审判决遗漏此重大事实，导致错误认定被上诉人郑某伟、被上诉人某通信公司武汉分公司没有改变讼争房屋的住宅性质，即或改变也是用于公益事业。被上诉人郑某伟在一审提交的证据 2 即 2013 年 3 月 25 日照片两张，照片的内容只是一些生活用品，一审以此证据认定郑某伟的哥哥郑某良一直居住使用 A 室房屋，属于认定事实错误。（2）一审判决擅自进行司法解释明显违法。一审判决错误地将《物权法》第 77 条的立法目的解释为主要针对的是利用住宅从事经营生产企业，规模较大的餐饮及娱乐、洗浴或者公司办公用房等动辄给其他区分所有权人带来噪声、污水、异味、过多外来人员出入等影响其安宁生活的营业行为，而《立法法》规定，法律解释权属于全国人民代表大会常务委员会，一审的解释行为违背

① 现《民法典》第 279 条。

了《立法法》的规定。(3) 两被上诉人的行为已经严重侵犯有利害关系业主的权利，人民法院应责令其立即拆除以消除隐患。综上，请求：(1) 依法撤销一审判决，发回重审，或者查清事实后予以改判；(2) 判令两被上诉人拆除位于武汉市武昌区中北路某小区×栋×单元 A 室房屋的光纤传输设备，恢复房屋住宅用途。

上诉人张甲在二审中提交了一份证据，即民事上诉状一份，证明全体业主反对被上诉人某通信公司武汉分公司的行为。

被上诉人郑某伟答辩称：(1) 郑某伟将自有产权房屋租赁给被上诉人某通信公司武汉分公司合理合法。《物权法》赋予所有权人对自身动产或不动产享有占有、使用、收益权①。(2) 一审判决合情合理。一审法院对《物权法》第 77 条所作的解释正确。现行法律没有规定答辩人将房屋租赁给某通信公司武汉分公司安装光纤设备的行为违法。(3) 答辩人不仅在一审中提交照片证明房屋可以正常居住，而且一审法院审判人员也实地察看过讼争房屋，房屋内有人居住生活。(4) 上诉人张甲声称某通信公司武汉分公司侵犯其权利，但没有举出证据证明到底侵犯其何种权利。某通信公司武汉分公司曾请专业人员对辐射进行检测，没有检测出辐射，但上诉人不相信该意见。(5) 小区公共场所内还有其他通信设备，如果要拆除答辩人家中的通信设备，小区公共场所内的其他通信设备也应当拆除。综上，请求二审法院驳回上诉，维持原判。

被上诉人郑某伟在二审中提交一份证据，即近 1 年的水、电、燃气的发票一套，证明讼争房屋内一直有人居住生活。

被上诉人某通信公司武汉分公司答辩称：上诉人张甲片面理解了公益事业的概念。某通信公司武汉分公司的情况与电力公司、自来水公司相似，虽然对用户收取费用，但仍然是公益事业。请求二审法院驳回上诉，维持原判。

被上诉人某通信公司武汉分公司在二审中提交一份证据，即《武汉市人民政府办公厅关于进一步加强无线城市建设工作的通知》一份，证明武汉市人民政府要求全社会支持基础设施建设，支持无线城市建设，严格落实《住宅区和住宅建筑内光纤到户通信设施工程设计规范》和《住宅区和住宅建筑内光纤到户通信设施工程施工及验收规范》两项国家标准要求。

〔二审查明的事实〕

湖北省武汉市中级人民法院经二审，确认了一审查明的事实。

另查明，被上诉人郑某伟对刘某姣于 2011 年 10 月 8 日与被上诉人某通信

---

① 现《民法典》第 240 条。

公司武汉分公司签订的某小区通信机房租赁合同予以认可。某通信公司武汉分公司于2010年5月13日与武汉市公安局签订的武汉市城市视频监控系统项目建设、运维服务和租赁合同约定，合同基准价即招标采购过程中某通信公司武汉分公司和某电子信息机器有限公司的中标价格为1.86亿元。

〔二审裁判理由与结果〕

湖北省武汉市中级人民法院经二审认为，本案二审的争议焦点是：（1）被上诉人某通信公司武汉分公司在讼争房屋内放置光纤传输机柜作为数据传输汇聚节点的行为是否属于将住宅改变为经营性用房？（2）如果某通信公司武汉分公司的上述行为属于将住宅改变为经营性用房，是否应当经过上诉人张甲的同意？

关于第一个争议焦点。被上诉人某通信公司武汉分公司在讼争房屋内放置光纤传输机柜作为数据传输汇聚节点的行为，属于将住宅改变为经营性用房。理由如下：住宅是指专供个人、家庭日常生活居住使用的房屋。经营性用房是指用于商业、工业、旅游、办公等经营性活动的房屋。两者因用途不同而有本质区别。住宅的用途主要是生活居住，经营性用房的用途主要是经营性活动。本案中，某通信公司武汉分公司租赁讼争房屋用于放置光纤传输机柜作为数据传输汇聚节点，以建设有线光纤传输宽带网络，解决“平安城市”视频监控录像传输、无线城市综合项目WLAN（无线宽带局域网）、周边居民小区宽带、固定电话等接入业务的汇聚、交换需求。从其用途可以看出，其租赁讼争房屋并不是为了生活居住，而是为了从事经营性活动，因此某通信公司武汉分公司的上述行为属于将住宅改变为经营性用房。

关于第二个争议焦点。被上诉人某通信公司武汉分公司在讼争房屋内放置光纤传输机柜作为数据传输汇聚节点的行为，应当经过上诉人张甲的同意。理由如下：首先，某通信公司武汉分公司将住宅改变为经营性用房的行为应当经过有利害关系的业主同意。依照《物权法》第77条“业主不得违反法律、法规以及管理规约，将住宅改变为经营性用房。业主将住宅改变为经营性用房的，除遵守法律、法规以及管理规约外，应当经有利害关系的业主同意”的规定，业主将住宅改变为经营性用房，其行为的合法性需要同时满足两个条件：（1）遵守法律、法规以及管理规约；（2）应当经有利害关系的业主同意。即使没有违反法律、法规以及管理规约，只要没有经过有利害关系的业主同意，将住宅改变为经营性用房的行为的合法性仍不具备。《物权法》第77条的条款语义清楚、内涵明确，一审对该条款中的“业主将住宅改变为经营性用房”作限缩性解释不当，予以纠正。依照《建筑物区分所有权纠纷具体应用法律若干问题司法解释》第10条第1款“业主将住宅改变为经营性用房，未按照物权法第七十七条的规定经有利害关系的业主同意，有利害关系的业主请求排除妨害、消除危险、恢复原状或者赔偿损失的，人民法院应予支持”[①] 和第16条第1款“建筑物区分所有权纠纷涉及专有部分的承租人、借用人等物业使用人的，参照本解释处理”的规定，某通信公司武汉分公司作为讼争房屋的承租人将住宅改变为经营性用房，应承担与业主相同的法定义务，故也应当经过有利害关系的业主同意。

其次，上诉人张甲应认定为有利害关系的业主。依照《建筑物区分所有权纠纷具体应用法律若干问题司法解释》第11条“业主将住宅改变为经营性用房，本栋建筑物内的其他业主，应当认定为物权法第七十七条所称‘有利害关系的业主’。建筑区划内，本栋建筑物之外的业主，主张与自己有利害关系的，应证明其房屋价值、生活质量受到或者可能受到不利影响”[②] 的规定，上诉人张甲作为本栋建筑物内的业主，无须举证证明其房屋价值、生活质量受到或者可能受到不利影响，即可认定为有利害关系的业主。

综上，被上诉人某通信公司武汉分公司租赁被上诉人郑某伟的房屋用于放置光纤传输机柜作为数据传输汇聚节点的行为属于将住宅改变为经营性用房，该行为未经有利害关系的业主上诉人张甲的同意，依照前述《建筑物区分所有权纠纷具体应用法律若干问题司法解释》第10条第1款和第16条第1款的规定，某通信公司武汉分公司应承担相应责任。被上诉人郑某伟明知其嫂子刘某姣将讼争房屋出租给被上诉人某通信公司武汉分公司用于建设通信机房，仍对该房屋租赁合同予以认可，其应与某通信公司武汉分公司共同承担责任。故对于张甲关于郑某伟、某通信公司武汉分公司拆除位于武汉市武昌区中北路某小区×栋×单元A室房屋的光纤传输设备、恢复房屋住宅用途的上诉请求，予以支持。一审判决认定事实清楚，但适用法律不当，据此，武汉市中级

① 《最高人民法院关于修改〈最高人民法院关于在民事审判工作中适用《中华人民共和国工会法》若干问题的解释〉等二十七件民事类司法解释的决定》，已于2020年12月23日由最高人民法院审判委员会第1823次会议通过，2020年12月29日公布，自2021年1月1日起施行。该决定修改了《建筑物区分所有权纠纷具体应用法律若干问题司法解释》，将名称修改为“最高人民法院关于审理建筑物区分所有权纠纷案件适用法律若干问题的解释”。《建筑物区分所有权纠纷适用法律若干问题司法解释》第10条第1款内容为：“业主将住宅改变为经营性用房，未依据民法典第二百七十九条的规定经有利害关系的业主一致同意，有利害关系的业主请求排除妨害、消除危险、恢复原状或者赔偿损失的，人民法院应予支持。”

② 现《建筑物区分所有权纠纷适用法律若干问题司法解释》第11条内容为：业主将住宅改变为经营性用房，本栋建筑物内的其他业主，应当认定为民法典第二百七十九条所称“有利害关系的业主”。建筑区划内，本栋建筑物之外的业主，主张与自己有利害关系的，应证明其房屋价值、生活质量受到或者可能受到不利影响。

人民法院依照《民事诉讼法》第170条第1款第2项的规定，于2014年1月20日判决：

一、撤销武汉市武昌区人民法院（2013）鄂武昌民初字第00444号民事判决；

二、郑某伟、某通信有限公司武汉市分公司于本判决生效后六十日内拆除位于武汉市武昌区中北路某小区×栋×单元A室房屋的光纤传输设备，恢复房屋住宅用途。

本判决为终审判决。

3. 高某清、戴某晴与张某清、袁某萍房屋买卖合同纠纷案

〔基本案情〕

原告：高某清、戴某晴

被告：张某清、袁某萍

原告高某清、戴某晴因与被告张某清、袁某萍发生房屋买卖纠纷，向江苏省南京市江宁区人民法院提起诉讼。

原告高某清、戴某晴诉称：2016年2月21日，原告与被告张某清、袁某萍签订房屋买卖合同，向被告购买了案涉小区×幢A室房屋。2020年，因城市文明建设，原告得知单元的全体业主于2007年8月即对单元地下室进行了分隔，分隔出的7号小地下室归A室业主使用。但被告未向原告告知该情况，也未向原告交付7号小地下室，而是继续占有使用。2020年9月2日，原、被告因7号小地下室的使用问题发生纠纷，后经人民调解委员会调解未果。故诉至法院，请求确认7号小地下室归原告使用，判令被告腾空并交付7号小地下室及支付占有使用费（自2016年8月1日起，按400元/月的标准计算至7号小地下室实际交付之日止）。

被告张某清、袁某萍辩称：（1）根据被告与开发商之间的商品房买卖合同约定，A室的单元地下室不计入公共分摊面积，不属于业主共有部分。（2）开发商交付房屋半年后，被告才接到讨论分隔单元地下室的通知，当时大家要求均分，但根据单元地下室的结构不能均分，只能隔成大小不等的小间地下室，大家以抽签的方式取得使用权，被告抽到了7号小地下室，并支付了分隔费676元。因此，7号小地下室不是房屋附属设施，与A室房屋没有关系，被告可以单独进行处置。（3）原告购房后房价大幅上涨，原告购房半年的溢价超过被告购房十年的溢价，双方合同虽仅约定违约金2万元，但被告并没有违约不卖房，被告履行合同没有违约行为。综上，原被告的房屋买卖合同没有约定7号小地下室转让给原告，请求驳回原告的诉讼请求。

〔一审查明的实事〕

江苏省南京市江宁区人民法院经一审查明：

2016年2月21日，被告张某清、袁某萍（甲方）与原告高某清（乙方）以及案外人南京甲房地产经纪有限公司（丙方）签订《存量房交易合同》，约定甲方将案涉小区×幢A室房屋出售给乙方；建筑面积125.05平方米，套内建筑面积111.14平方米，分摊面积13.91平方米；房款198万元。合同签订后，高某清付清了房款，张某清、袁某萍协助办理了过户手续，房屋所有权、土地使用权分别于同年3月29日、4月1日变更登记至高某清、戴某晴名下，张某清、袁某萍并于同年5月11日将房屋实际交付高某清、戴某晴。

2006年6月25日，被告张某清、袁某萍与南京乙房地产开发有限公司签订《商品房买卖契约》，购得案涉小区×幢A室房屋。2007年8月，101室所在单元全体业主共同委托小区物业服务单位对单元地下室进行了分隔，按照单元总户数12户共分隔出12小间，并依序进行编号，通过抽签的方式确定使用人。其中7号小地下室由A室业主使用，张某清、袁某萍支付了分隔费676元。张某清、袁某萍出售房屋时未告知高某清、戴某晴7号小地下室情况。

2020年8月24日，原告戴某晴、高某清通知被告张某清、袁某萍于月底前腾空7号小地下室。后张某清、袁某萍未予腾空，戴某晴、高某清更换了7号小地下室门锁，双方因此发生争议。2020年9月2日，经南京市江宁区某街道人民调解委员会调解，戴某晴、高某清将地下室钥匙交给了张某清、袁某萍，双方并同意通过诉讼途径解决地下室的使用争议。现张某清、袁某萍仍有杂物存放于7号小地下室。

审理中，为证明因被告张某清、袁某萍占有使用7号地下室的损失，原告高某清、戴某晴提供了从房产中介“×1”App、“×2”App下载的地下室租赁广告，证明类似大小的地下室的租金为600元/月左右。张某清、袁某萍质证认为真实性无法确认。

〔一审裁判理由和结果〕

江苏省南京市江宁区人民法院经一审认为：

原告高某清、戴某晴与被告张某清、袁某萍签订的《存量房交易合同》不违反法律、行政法规的强制性规定，合法有效。当事人应当按照约定全面履行自己的义务。当事人应当遵循诚实信用原则，根据合同的性质、目的和交易习惯履行通知、协助、保密等义务。

1. 关于涉案地下室是否属于业主共有部分的问题。法律规定，建筑区划内的其他公共场所、公用设施和物业服务用房，属于业主共有。本案中，A室的单元地下室并不属于建筑物区分所有权中业主专有部分，而是建筑区划内的公用设施，属于业主共有部分。并且A室所在单元在构造上、功能上具有相对独立性，该单元的地下室能够单独使用，与该单元的业主具有使用上的利害关系，因此该单元的地下室属于该单元全体业主共有。7号小地下室系从A室的单元地下室分隔出来分配给A室业主单独使用的共有部分，其性质仍属于业主共有。张某清、袁某萍辩称7号小地下室不属于业主共有部分及其二人可自行处置的意见，缺乏事实和法律依据，法院不予采纳。

2. 关于被告张某清、袁某萍是否应将7号小地下室交付原告高某清、戴某晴的问题。法律规定，业主对共有部分享有共有和共同管理的权利。业主转让建筑物内的住宅、经营性用房，其对共有部分享有的共有和共同管理的权利一并转让。法院认为，从维护小区公共秩序和业主利益的角度来说，业主转让专有部分时，不仅其对共有部分享有的共有和共同管理的权利一并转让，而且其基于业主共同管理约定所享有的共有部分专有使用权也应当一并转让，既有的共同管理约定对继受取得业主权利的房屋受让人继续有效，房屋转让人应当协助将其独占使用的共有部分交付受让人。本案中，张某清、袁某萍基于共同管理合意独占使用7号小地下室，张某清、袁某萍向高某清、戴某晴转让A室房屋，7号小地下室的独占使用权应当一并转让，张某清、袁某萍应当协助将7号小地下室交付高某清、戴某晴。因此，对于高某清、戴某晴要求确认7号小地下室归其二人使用以及要求张某清、袁某萍腾空并交付7号小地下室的诉讼请求，法院予以支持。张某清、袁某萍辩称房屋买卖合同没有约定转让7号小地下室，其二人不应当向高某清、戴某晴交付7号小地下室的意见，缺乏事实和法律依据，不予采纳。

3. 关于原告高某清、戴某晴主张的占有使用费如何认定的问题。法律规定，当事人一方不履行合同义务或者履行合同义务不符合约定的，应当承担继续履行、采取补救措施或者赔偿损失等违约责任。本案中，被告张某清、袁某萍拒绝向高某清、戴某晴交付7号小地下室构成违约，高某清、戴某晴有权要求张某清、袁某萍赔偿损失。双方对7号小地下室的交付期限未作约定，高某清、戴某晴可以随时要求张某清、袁某萍履行，但是应当给予张某清、袁某萍一定准备时间。高某清、戴某晴2020年8月24日要求张某清、袁某萍于月底前腾空并交付7号小地下室，张某清、袁某萍未及时履行义务，因此占有使用费应从2020年9月1日起计算。综合考量7号小地下室的性质、面积、用途等因素，酌定按180元/月的标准计算。鉴于张某清、袁某萍取得7号小地下室使用权时支出了相应费用，为减少当事人的诉累，法院确定截至2020年12月22日的占有使用费与张某清、袁某萍支出的费用相抵，张某清、袁某萍无须再支付该期间的占有使用费。

综上，江苏省南京市江宁区人民法院依照《合同法》第60条、第107条，《物权法》第70条、第72条、第73条的规定，于2020年12月30日作出判决：

一、南京市江宁区案涉小区×幢A室的单元地下室中的7号小地下室归原告高某清、戴某晴使用；

二、被告张某清、袁某萍于本判决发生法律效力之日起十日内腾空并将南京市江宁区案涉小区×幢A室的单元地下室中的7号小地下室交付原告高某清、戴某晴；

三、被告张某清、袁某萍于本判决发生法律效力之日起十日内向原告支付高某清、戴某晴占有使用费（自2020年12月23日起，按180元/月的标准计算至被告张某清、袁某萍将南京市江宁区案涉小区×幢A室的单元地下室中的7号小地下室交付原告高某清、戴某晴之日止）；

四、驳回原告高某清、戴某晴的其余诉讼请求。

一审宣判后，双方当事人均未上诉，一审判决已发生法律效力。

第五章　物业管理

规则 7：开发建设单位擅自与物业管理公司签订合同，侵犯业主的合法权益，属于无效行为

——海南某投资有限公司与海南甲物业管理有限公司物业管理承包合同纠纷案①

【裁判规则】

物业管理权是一种存在于他人所有物上的物权，由物的所有权人（即业主）决定其行使主体。开发建设单位擅自与物业管理公司签订合同，将住宅小区的物业管理权“发包”给物业公司行使，借机收取承包金，侵犯了业主的合法权益，属于无效行为。

【规则理解】

一、物业服务合同概述

随着城市房地产业的高速发展，出于对住宅小区专有部分行使权利的需要，以及对共有部分、公共区域、公共设施管理和维护的需要，物业服务应运而生。由于最初许多物业服务企业是从房管机关脱胎而来，或者附属于房地产开发公司，其最开始带有更多的管理色彩。因此，在 2003 年 9 月 1 日起施行的《物业管理条例》中，采用了“物业管理”这一用语，相应的物业服务公司称为“物业管理企业”，后来随着物业公司作为市场独立主体的定位，以及主要从事物业服务功能的明确，2007 年 10 月 1 日施行的《物权法》则更多地采用了“物业服务”这一概念，之后修订《物业管理条例》时，根据《物权法》的有关规定，也将“物业管理企业”修改为“物业服务企业”，《民法典》亦对该定义予以沿用，并将物业服务企业和其他管理人统称为“物业服务人”②。

---

① 《中华人民共和国最高人民法院公报》1999 年第 1 期。

② 《民法典》第 937 条第 2 款规定，物业服务人包括物业服务企业和其他管理人。

根据《物业管理条例》第2条的规定，物业管理，是指业主通过选聘物业服务企业，由业主和物业服务企业按照物业服务合同约定，对房屋及配套的设施设备和相关场地进行维修、养护、管理，维护物业管理区域内的环境卫生和相关秩序的活动。相应地，物业服务合同就是指业主与物业服务企业之间规定相关权利义务关系的合同。但是，《物业管理条例》第34条第1款也规定"业主委员会应当与业主大会选聘的物业服务企业订立书面的物业服务合同"，同时《民法典》第284条第1款还规定："业主可以自行管理建筑物及其附属设施，也可以委托物业服务企业或者其他管理人管理。"从而可知，物业服务合同的主体并不限于业主和物业服务企业，还可包括业主相应的代表机构业主大会或者业主委员会，以及其他从事物业服务的管理人。

二、物业服务合同的种类

《物业服务纠纷具体应用法律若干问题司法解释》（法释〔2009〕8号）第1条曾作出规定："建设单位依法与物业服务企业签订的前期物业服务合同，以及业主委员会与业主大会依法选聘的物业服务企业签订的物业服务合同，对业主具有约束力。业主以其并非合同当事人为由提出抗辩的，人民法院不予支持。"[①] 据此，一般情况下，"前期物业服务合同"与"物业服务合同"分开使用，"前期物业服务合同"专指建设单位与物业服务企业签订的合同，而"物业服务合同"则指业主委员会与物业服务企业之间订立的合同。但是，在某些情况下，"物业服务合同"包括建设单位与物业服务企业签订的合同，也包括业主委员会与物业服务企业签订的合同。本文对物业服务合同采纳广义的概念，认为物业服务合同包括两大类，即前期物业服务合同与普通物业服务合同。

三、前期物业服务合同

（一）前期物业服务合同的内涵

根据《物业管理条例》第2条和第21条的规定，所谓前期物业服务合同，是指在业主、业主大会选聘物业服务企业之前，建设单位与物业服务企业之间

① 《最高人民法院关于修改〈最高人民法院关于在民事审判工作中适用《中华人民共和国工会法》若干问题的解释〉等二十七件民事类司法解释的决定》已于2020年12月23日由最高人民法院审判委员会第1823次会议通过，于2020年12月29日公布，自2021年1月1日起施行。该决定修改了《物业服务纠纷具体应用法律若干问题司法解释》，将名称修改为"最高人民法院关于审理物业服务纠纷案件适用法律若干问题的解释"，《物业服务纠纷适用法律若干问题司法解释》删除了原解释第1条的内容。

就房屋及配套的设施设备和相关场地进行维修、养护、管理，维护物业管理区域内的环境卫生和相关秩序等方面进行约定的合同。

（二）前期物业服务合同的特征

前期物业服务合同具有如下特征：

1. 合同主体具有特定性。《物业管理条例》第21条规定："在业主、业主大会选聘物业服务企业之前，建设单位选聘物业服务企业的，应当签订书面的前期物业服务合同。"可见，前期物业服务合同的主体就是建设单位与物业服务企业。在建筑物区分所有权中，同一住宅小区，买受人购置住宅的时间不同，业主入住小区的时间也有所不同。因此，在部分房屋尚未出售，或者部分业主尚未入住的情况下，召开业主大会，成立业主委员会，选聘物业服务企业从事物业服务，可能存在困难。但是，房屋及配套设施和相关场地却不能处于无人管理的状态，为了解决这一问题，《物业管理条例》规定，在业主、业主大会选聘物业服务企业之前，建设单位可以选聘物业服务企业对住宅小区进行管理。关于物业服务企业的选聘方式，《物业管理条例》第24条规定："国家提倡建设单位按照房地产开发与物业管理相分离的原则，通过招投标的方式选聘物业服务企业。住宅物业的建设单位，应当通过招投标的方式选聘物业服务企业；投标人少于3个或者住宅规模较小的，经物业所在地的区、县人民政府房地产行政主管部门批准，可以采用协议方式选聘物业服务企业。"

2. 合同内容具有广泛性。物业服务合同的内容主要是就房屋及配套的设施设备和相关场地进行维修、养护、管理，维护物业管理区域内的环境卫生和相关秩序等方面的约定。但是，相比普通物业服务合同而言，前期物业服务合同显然有自己的特点。前期物业合同存在于物业建成之后，业主大会尚未选聘物业服务之前，因此，前期物业合同除了应对小区物业进行维护、管理等事项进行约定外，还应为业主入住、装修等事项提供服务，进行管理。此外，考虑到签订前期物业服务合同时，部分房屋尚未出售，业主尚未全部入住，具体物业服务费用的收取可能也与普通物业服务合同存在一定差异，应当进行特别约定。

（三）前期物业服务合同与普通物业服务合同的关系

尽管前期物业服务合同与普通物业服务合同均是就房屋及配套的设施设备和相关场地进行维修、养护、管理，维护物业管理区域内的环境卫生和相关秩序等方面的约定，均对业主有约束力。但是，两者仍存在不同之处：第一，主体不同。前期物业服务合同是建设单位与物业服务企业所签订；而普通物业服务合同是业主大会、业主委员会与物业服务企业所订立。第二，存在的阶段不同。前期物业服务合同存在于住宅小区建成后，业主大会尚未召开，业主委员会尚未成立之时；而普通物业服务合同存在于业主大会召开，选举业主委员会之后。第三，内容有所不同。前期物业服务合同应约定关于业主入住，规范业主装修，以及完善相应物业的内容；而普通物业服务合同更着重约定建筑物及其附属设施的维持、保养等方面。第四，终止时间不同。除了合同期限届满，合同终止外，业主大会、业主委员会与物业服务企业签订物业服务合同的，前期物业服务合同终止；而普通物业服务合同则无此约定。

四、前期物业服务合同的效力

（一）前期物业服务合同的效力范围

前期物业服务合同尽管是建设单位与物业服务企业之间签订的合同，但是，该合同对业主具有约束力。对此，《物业服务纠纷具体应用法律若干问题司法解释》（法释〔2009〕8号）第1条曾予以明确，该条规定："建设单位依法与物业服务企业签订的前期物业服务合同，以及业主委员会与业主大会依法选聘的物业服务企业签订的物业服务合同，对业主具有约束力。业主以其并非合同当事人为由提出抗辩的，人民法院不予支持。"《民法典》第939条规定，建设单位依法与物业服务人订立的前期物业服务合同，以及业主委员会与业主大会依法选聘的物业服务人订立的物业服务合同，对业主具有法律约束力。

一般而言，合同具有相对性，只在合同当事人之间产生效力，何以建设单位与物业服务企业之间签订的前期物业服务合同，对不是合同当事人的业主具有约束力呢？法律如此规定的理由在哪里？笔者认为，理由如下：第一，从前期物业服务合同存在的必要性分析。在住宅已经部分出售，业主部分入住的情形下，必然对房屋及其附属设施进行管理，以规范各业主的装修、入住行为，同时为已入住业主提供必要的服务，以维持住宅小区的正常秩序和业主的正常生活，但此时，尚无法召开业主大会，无法成立业主委员会，因此，业主无法自行与物业服务企业签订物业服务合同，由建设单位与物业服务企业签订前期物业服务合同成为最为可行的必要方式。第二，从公平原则进行分析。既然由建设单位与物业服务企业签订前期物业服务合同对住宅小区的物业进行管理是必要选择，那么，如果该合同对业主不能产生约束力，则业主没有交纳物业服务费的义务，将出现业主享受物业服务则不承担相应义务的局面，与此同时，建设单位为了业主的共同利益与物业服务公司签订合同，却要自己承担相应的物业服务费用，如此显然不公平。此外，从一定意义上讲，前期物业服务合同的目的是规范各业主的装修、入住行为，对全体业主而言，是有利的，具有利他合同的性质。第三，从实际操作来看。建设单位在出售房屋时，一般会告知前期物业服务合同的内容，并由买受人表示接受该合同，特别是根据《物业管理条例》第25条的规定，建设单位与物业买受人签订的买卖合同应当包含前期物业服务合同约定的内容。建设单位已经告知前期物业服务合同的内容，业主表示接受的行为，或者业主在包括前期物业服务合同内容的买卖合同上签订的行为，可以认定业主同意履行前期物业服务合同中约定的义务，概括承受了原建设单位在前期物业服务合同中的义务，并享受相应权利。因此，前期物业服务合同对业主有约束力。

（二）前期物业服务合同的效力期间

根据《民法典》第502条的规定，依法成立的合同，自成立时生效，但是法律另有规定或者当事人另有约定的除外。依照法律、行政法规的规定，合同应当办理批准等手续的，依照其规定。未办理批准等手续影响合同生效的，不影响合同中履行报批等义务条款以及相关条款的效力。应当办理申请批准等手续的当事人未履行义务的，对方可以请求其承担违反该义务的责任。依照法律、行政法规的规定，合同的变更、转让、解除等情形应当办理批准等手续的，适用前款规定。法律、行政法规并未规定前期物业服务合同必须办理批准、登记等手续生效，因此，前期物业服务合同应自合同成立时生效。购房人与建设单位签订买卖合同之日起，表示接受前期物业合同的约定，因此，前期物业服务合同对业主的约束力自房屋买卖合同签订之日起产生。

关于合同的失效时间，根据法律规定，一般有如下三种情形：一是合同履行完毕，自动失效；二是双方协商解除合同，或者一方行使解除权解除合同；三是合同期限届满。但是，对于前期物业服务合同而言，存在一种特殊的情况，即《物业管理条例》第26条所规定的合同终止情形。该条规定："前期物业服务合同可以约定期限；但是，期限未满、业主委员会与物业服务企业签订的物业服务合同生效的，前期物业服务合同终止。"根据该条规定：虽然合同约定的期限未满，但是业主委员会与物业服务企业签订物业服务合同生效的，前期物业服务合同自动终止。《民法典》第940条规定，建设单位依法与物业服务人订立的前期物业服务合同约定的服务期限届满前，业主委员会或者业主与新物业服务人订立的物业服务合同生效的，前期物业服务合同终止。作此规定，应是考虑到选聘物业服务企业本应是业主的权利，前期物业服务合同实属特殊时间的"权宜之计"，故一旦业主形成自己的决策与执行机构，可以行使其权利时，建设单位代为签订的物业服务合同即告终止。

（三）前期物业服务合同的无效情形

前期物业服务合同是建设单位与物业服务企业所签订，但是，建筑区划内的建筑物及其附属物，在依法出售给业主后，却属业主所专有或共有。因此，除了一般合同所约定的无效情形外，前期物业服务合同还需特别避免以下无效情形：第一，业主依法享有的物业共用部位、共用设施设备的所有权或者使用权，建设单位不得擅自处分，否则，该行为无效。第二，物业管理实则是依据物业服务合同产生的权利义务的统称，物业服务企业一方面具有进行物业服务的义务，另一方面享有收取物业服务费用的权利，可见，物业管理不是“权力”，也不是单纯的“权利”，更不归属于建设单位，因此，建设单位无权转让、发包“物业管理权”，或从中收取费用，否则该行为无效。第三，建设单位与物业服务企业所签订的损害业主利益的条款应为无效。

【拓展适用】

一、物业服务合同性质的评析

关于物业服务合同的性质，一直存有争议。主要有如下观点：（1）委托合同说，认为物业服务合同属于委托合同，在物业服务合同关系中，业主处于委托人的地位，而物业服务企业处于受托人的地位。（2）劳务合同说，认为物业服务合同属于劳务合同，物业服务合同是完成工作（提供劳务）的合同，业主是雇主，物业服务企业是劳务的提供者。（3）承揽合同说，认为物业服务合同约定物业服务企业提供一定的服务，对小区物业进行管理，是一种承揽合同。[①]（4）服务合同说，认为最高人民法院《民事案件案由规定》和《物业管理条例》将物业管理纠纷的案由列在服务合同纠纷类中。[②]（5）混合合同说，认为物业服务合同不是单纯某类有名合同，而是复合性的，它包含了委托合同、代理合同、承揽合同、服务合同等多种合同类型的特征，或应称为复合型合同。[③]（6）独立合同说，认为物业服务人提供的是一种复杂的综合性服务，与传统合同类型的客体都有所不同，所以物业服务合同不属于合同法中任何一种合同类

---

① 上述三种观点参见徐小飞：《物业服务合同法律性质及法律适用》，载《人民法院报》2012年2月22日。

② 曹曼琦：《物业服务合同的性质与主体问题初探》，载《科教文汇》2008年1月下旬刊。2020年修订的《民事案件案由规定》采“物业服务合同纠纷”的分类名称。

③ 徐晋：《物业服务合同若干法律问题研究》，载中国优秀硕士学位论文全文库（电子期刊）2012年第10期。

型，而是独立合同。[①]

对于上述观点，笔者评析如下。

（一）委托合同说

委托合同是指委托人和受托人约定，由受托人处理委托事务，并由委托人承受法律后果的合同。物业服务合同确具有委托合同的某些法律特征：其一，均是依据委托而产生。委托合同中受托人处理委托事务基于委托人的委托而产生。我国《民法典》第284条第1款规定，业主可以自行管理建筑物及其附属设施，也可以委托物业服务企业或者其他管理人管理。可见，物业服务企业管理建筑物及其附属设施是基于业主委托而产生，符合委托合同基于委托而产生的特点。其二，委托合同的主要内容是受托人代委托人处理一定事务，在物业服务合同中，同样是物业服务企业受业主所托完成对建筑物及其附属设施的管理事务，可见，物业服务合同在内容上符合委托合同的一般特征。其三，委托合同建立在委托人与受托人相互信任的基础上，同样，在物业服务合同中，业主对物业服务企业的选择也是基于对该企业办事能力和信誉的认可。

笔者认为，虽然物业服务合同与委托合同存在诸多相同之处，两者仍在许多方面存在本质差别。第一，合同主体之间的关系并不完全相同。在委托合同中，委托人与受托人之间的关系较为紧密。我国《民法典》第922条规定："受托人应当按照委托人的指示处理委托事务。需要变更委托人指示的，应当经委托人同意；因情况紧急，难以和委托人取得联系的，受托人应当妥善处理委托事务，但是事后应当将该情况及时报告委托人。"可见，受托人处理事务的具体方式受到委托人的严格限制。而物业服务合同则不同，物业服务企业具有较大的自主性，物业服务企业为了完成物业服务合同约定的以及相关法律、法规、行业规范确定的维修、养护、管理和维护义务，可以自主决定完成事务的方式与具体做法，不受业主的具体指示。第二，是否可以转委托不同。委托合同中严格限制转委托，但物业服务合同中，由于物业服务是综合性工作，物业服务企业不可能具备完成所有工作的能力，其有可能与其他民事主体签订合同，将某项专业工作承包给他人完成。如与花木公司签订合同，由花木公司负责住宅小区的绿化与美化工作。第三，是否可以自由解除合同不同。根据《民

① 最高人民法院民事审判第一庭编著：《最高人民法院建筑物区分所有权、物业服务司法解释理解与适用》，人民法院出版社2009年版，第252页。

法典》第933条的规定，委托人或者受托人可以随时解除委托合同。因解除合同造成对方损失的，除不可归责于该当事人的事由外，无偿委托合同的解除方应当赔偿因解除时间不当造成的直接损失，有偿委托合同的解除方应当赔偿对方的直接损失和合同履行后可以获得的利益。而在物业服务合同中，法律并未规定物业服务企业可以随时解除合同。第四，受托人的地位不完全等同于物业服务企业的地位。在有偿委托合同中，受托人有权获得报酬，同时，除法律另有规定的以外，受托人以委托人的名义和费用处理委托事务，而处理事务的后果由委托人承担。而在物业服务合同中，物业服务企业以自己的名义和费用对外发生关系，后果由物业服务企业自行承担，物业服务企业的主要权利是依据物业服务合同向业主收取服务费用。两者截然不同，该点应为物业服务合同不属于委托合同的根本特征。第五，归责原则不同。有偿委托合同的受托人处理事务时，因过错给委托人造成损失的，受托人应当承担赔偿责任。物业服务合同采无过错责任原则，物业服务人提供的物业服务不符合合同要求的质量或标准，应当承担法律责任[①]。

（二）劳务合同说

劳务合同是指一方为他方提供劳务，他方为此支付报酬的合同。劳务合同与物业服务合同的内容中都包含提供劳务，并支配报酬的内容，但两者有根本区别。其一，劳务合同的内容系单纯的劳务；而物业服务合同则是综合性、专业性的物业服务。其二，劳务合同中，提供劳务一方按雇佣人的具体指示工作。一般而言，雇佣人有权决定受聘人员提供劳务的时间、地点，受雇人一般没有独立决定如何工作的权利；而物业服务合同中，提供物业服务的物业服务企业可以自主安排具体工作。其三，对受聘人在劳务过程中产生的法律后果，包括受到损害，以及致人损害的法律后果，雇佣人应承担雇主责任；而物业服务合同中，物业服务合同在从事物业服务过程中受到损害，或者致人损害的，业主并不承担相应的后果。

（三）承揽合同说

承揽合同是承揽人按照定作人的要求完成工作，交付工作成果，定作人给付报酬的合同，完成工作的一方为承揽人，支付报酬的一方为定作人。承揽合同与物业服务合同均以完成一定工作为目的，且承揽人与物业服务企业

① 最高人民法院民法典贯彻实施工作领导小组编著：《中国民法典适用大全·合同卷（四）》，人民法院出版社2022年版，第2555页。

一样，享有完成工作的独立性。此外，承揽人为了完成相应工作，可以自己的名义和费用独立完成工作，这一点，承揽合同与物业服务也存在相似之处。但是，尽管存在诸多相似之处，两者仍有本质差别，表现为以下两方面：其一，合同主体联系的紧密性不同。承揽人接受定作人的要求后，负有向定作人交付工作成果的义务，但具体完成承担工作的过程则一般不受定作人的限制，两者联系并不紧密。而在物业服务合同中，物业服务企业为了完成物业服务，不可避免地与业主经常发生联系，并时常处于业主的监督之下。其二，工作内容不同。承揽合同要求承揽人按照合同的约定交付工作成果，一般为有形成果，而物业服务合同提供的服务不一定会有物化的成果，更多地表现为对建筑物及其附属设施的管理，维护服务区域内的良好秩序，保持安全、卫生的生活环境。

（四）服务合同说

2020 年修订前《民事案件案由规定》和《物业管理条例》将物业管理纠纷的案由列在服务合同纠纷类中。2020 年修订的《民事案件案由规定》也采“物业服务合同纠纷”的分类名称。[①]《民法典》单列了物业服务合同章，其中第 937 条规定，物业服务合同是物业服务人在物业服务区域内，为业主提供建筑物及其附属设施的维修养护、环境卫生和相关秩序的管理维护等物业服务，业主支付物业费的合同。物业服务人包括物业服务企业和其他管理人。

（五）混合合同说与独立合同说

无论是混合合同说还是独立合同说均认为物业服务合同具有不同于其他合同的特点，因此，两种学说在本质上是一样的。笔者赞同物业服务合同是一种独立的合同的观点。首先，《民法典》已经对物业服务合同作出了明确规定，物业服务合同已不属于合同法上的无名合同。其次，《民事案件案由规定》也将物业服务合同作为一类独立的案由予以了规定。最后，虽然物业服务合同具备委托合同、代理合同、承揽合同、服务合同等多种合同类型的特征，但确实以上任何一种合同类型均不足以涵盖物业服务合同的主要特征，因此，物业服务合同在性质上应为独立合同。鉴于物业服务合同属于独立合同，因此，由此引起的纠纷，应首先适用关于物业服务合同的专门规定，在没有规定的情形下，适用《民法典》合同编总则的规定。

---

① 曹曼琦：《物业服务合同的性质与主体问题初探》，载《科教文汇》2008 年 1 月下旬刊。

可以看到，我国的物业服务合同也经历了日趋完善的发展过程。1999 年颁布的《合同法》分则所规定的 15 种典型合同类型中并未包括物业服务合同。随着我国城市建设和房地产业的高速发展，物业服务行业迅速发展。《物业管理条例》对物业服务合同相关规则作出规定，但该条例的效力层次相对较低。《民法典》合同编回应我国现实需要，积极总结既有立法、司法实践经验，针对物业服务领域的突出问题，在典型合同中增加了物业服务合同，为物业服务合同提供了民事基本法的依据。《民法典》第 937 条规定，物业服务合同是物业服务人在物业服务区域内，为业主提供建筑物及其附属设施的维修养护、环境卫生和相关秩序的管理维护等物业服务，业主支付物业费的合同。物业服务人包括物业服务企业和其他管理人。该条为新增条文。物业服务合同的主体具有复杂性；物业服务合同系要式合同，即采用书面形式；物业服务事项具有很强的专业性和综合性，受政府行政主管部门的监督指导。物业服务合同具有其自己的特征，无法完全归入其他类型的合同而适用其规定。物业服务合同的性质具有独特性，系一种新型、独立的典型合同。《民法典》将物业服务合同作为一种新的有名合同，设立专章对其加以规定，能够更好地规范物业服务行业的发展，更好地解决实践中出现的物业服务纠纷。[①]

二、物业服务合同的效力

关于物业服务合同的效力认定，应当以《民法典》关于合同效力认定的规定，以及其他法律法规关于物业服务合同效力的专门规定为依据。

合同生效，是指已经成立的合同在当事人之间产生相应的法律拘束力。合同的生效要件包括：行为人具有相应的民事行为能力、意思表示真实、不违反法律法规的效力性强制性规定和社会公共利益、具备法律规定的要式等，附有生效条件和附期限的合同，还应符合相应的条件，或期限要件。根据《民法典》第 146 条规定，行为人与相对人以虚假的意思表示实施的民事法律行为无效。第 153 条规定，违反法律、行政法规的强制性规定的民事法律行为无效。但是，该强制性规定不导致该民事法律行为无效的除外。违背公序良俗的民事法律行为无效。第 154 条规定，行为人与相对人恶意串通，损害他人合法权益的民事法律行为无效。同时，根据《民法典》第 506 条的规定，合同中的下列免责条款无效：（1）造成对方人身损害的；（2）因故意或者重大过失造成对方财产

① 最高人民法院民法典贯彻实施工作领导小组编著：《中国民法典适用大全·合同卷（四）》，人民法院出版社 2022 年版，第 2555 页。

损失的。如果物业服务合同中涉及免责条款，且该免责条款免除下列责任的无效：造成对方人身损害的；因故意或者重大过失造成对方财产损失的。以上是《民法典》关于合同无效的一般规定，物业服务合同作为合同的一种，理应遵守。

【典型案例】

海南某投资有限公司与海南甲物业管理有限公司物业管理承包合同纠纷案

原告（反诉被告）：海南某投资有限公司（以下简称投资公司）

法定代表人：陈某新，总经理

被告（反诉原告）：海南甲物业管理有限公司（以下简称物业公司）

法定代表人：王某龙，经理

〔基本案情〕

原告投资公司因与被告物业公司发生物业管理承包合同纠纷，向海南省海口市新华区人民法院提起诉讼。

原告投资公司诉称：原告按照与被告签订的《某新村物业管理承包合同》，已经将某新村第一期开发约 10 万平方米公寓的物业管理权发包给被告。被告只依合同给付原告保证金 50 万元，承包金分文未付，至今共欠承包金 246 万元。被告的行为严重违约，请求法院判决解除合同，判令被告偿付拖欠的承包金，并承担违约责任。

被告物业公司答辩同时提出反诉称：原承包合同中关于被告每月按每平方米 1 元向原告缴纳承包金的约定违反了物业管理法规，是无效条款，不应受法律保护。原告没有按时按约定的面积交付房屋，造成被告少收管理费 203.4292 万元。按照双方签订的《维修承包合同》约定，原告应于 1994 年年底支付第二期维修费款 15 万元，此款超期支付一天，应当按总额的 3%给付罚款，此款至今未付。被告反诉请求法院判令原告支付物业管理维修费 15 万元，违约金 15 万元以及未按合同约定的面积交付物业管理住房给被告造成的损失 203.4292 万元。

海口市新华区人民法院经审理查明：

原告投资公司是海口市某新村住宅小区的开发商。1992 年上半年，投资公司已经将某新村住宅小区的住宅预售给某有色金属探查设计院海南分院、海南某实业有限公司等 9 个业主。1993 年 9 月，该住宅小区建成，迁入 320 家住户。1994 年 1 月 31 日，投资公司和被告物业公司签订《某新村物业管理承包合同》及《某新村物业管理承包合同补充协议》各一份。约定：原告将其开发的某新村第一期 37 栋高级公寓（面积约 10 万平方米）的物业管理承包给被告，承包期十年，承包金按实际住房面积计算，每月每平方米 1 元；合同签订后 10 日内，物业公司应向投资公司支付履行保证金 50 万元。同年 5 月 12 日，投资公司又和物业公司签订了《维修承包合同》，约定：某新村 1—37 栋楼房在保修期内的维修任务由投资公司总承包给物业公司维修，总承包工程款 31 万元。为此，物业公司向投资公司支付了履行保证金 50 万元。投资公司也陆续向物业公司交付了物业管理房产面积 61028.25 平方米及有关附属设施。物业公司在实施物业管理行为期间，收取了物业管理费、维修基金、水电费等，但是没有按合同约定向投资公司支付承包金，投资公司因此诉至法院。

〔一审裁判理由与结果〕

海口市新华区人民法院经审理认为：原告投资公司和被告物业公司签订的《某新村物业管理承包合同》及其补充协议，损害了某新村住宅小区业主的利益，应确认为无效合同。双方依据该合同取得的财物应相互返还，投资公司请求物业公司支付承包金 246 万元以及物业公司反诉请求投资公司赔偿因物业管理房屋面积不足给其造成的损失 2034292 元，均属无理要求，应予驳回。投资公司和物业公司因《维修承包合同》所产生的纠纷，与本案是不同的法律关系，不予合并审理。投资公司和物业公司之间的承包关系虽然无效，但鉴于物业公司已对某新村管理多年，为维护该新村的管理秩序和便于收回住户拖欠的物业管理费、维修基金、水电费等，可限期物业公司将某新村的管理权及维修基金交投资公司代管。据此，海口市新华区人民法院于 1997 年 8 月 5 日判决：

一、限投资公司于本判决生效之日起两个月内返还给物业公司保证金 50 万元；

二、限物业公司于本判决生效之日起两个月内将已收取的维修基金和某新村的有关附属设施（按移交清单所列）交付投资公司代管；

三、驳回投资公司的其他诉讼请求和物业公司的反诉请求。

〔当事人上诉及答辩意见〕

一审判决后，被告物业公司不服，以投资公司未交足物业管理面积给其造成损失应当承担责任，以及该住宅小区的物业管理权已经由业主管理委员会授予该公司行使，投资公司无代管权为由，向海南省海口市中级人民法院提出上诉，请求改判。

〔二审查明的事实〕

海口市中级人民法院经二审查明：某新村住宅小区的 9 个业主组成的业主管理委员会，已经在 1997 年经房地产管理局批准成立，并与上诉人物业公司另外签订了《住宅聘用管理合同》。

〔二审裁判理由与结果〕

海口市中级人民法院认为，物业管理是近年来住房商品化过程中出现的新行业。物业管理是指物业管理机构统一对住宅小区提供公共性服务，包括社会治安和环境秩序的维护和管理，根据其管理事实和服务行为，依照规定标准向住户收取一定费用的一种社会性服务工作。物业管理权是一种存在于他人所有物上的物权，因此谁可以行使该权利，应当由物的所有权人（即业主）决定。原建设部1994年3月23日发布的《城市新建住宅小区管理办法》① 第6条规定："住宅小区应当成立住宅小区管理委员会。"海南省人民政府于1996年6月4日发布的《海南经济特区城镇住宅区物业管理规定》② 中明确规定："业主有参加住宅区物业管理的权利，并有合理利用房屋和公共设施、维护住宅区公共秩序、遵守住宅区物业管理规定的义务。业主大会是住宅区物业管理的最高决策机构，管委会是业主大会的执行机构，有权选聘物业管理公司、物业管理人员或其他专业服务机构对本住宅区进行物业管理，并与其签订物业管理合同。"

本案中，被上诉人投资公司只是某新村住宅小区的开发建设单位，其擅自与上诉人物业公司签订合同，将住宅小区的物业管理权"发包"给物业公司行使，借机收取承包金。该行为侵犯了业主的合法权益，依照《民法通则》第58条第1款第5项③的规定，这个承包合同及其补充协议应为无效合同。依照《民法通则》第61条第1款的规定，④ 投资公司应当将保证金50万元返还给物业公司，其要求物业公司偿付承包金和承担违约责任的诉讼请求应当驳回。物业公司根据无效合同的约定，要求投资公司偿付少交付物业管理面积给其造成的"损失"，不予支持。投资公司对住宅小区没有物业管理权，原审在处理合同无效时，虽然注意到这一问题，但是以维护住宅小区的管理秩序和便于收回住户拖欠的物业管理费、维修基金、水电费等为由，判决将住宅小区的物业管理权及维修基金交投资公司代管，没有法律依据，应当撤销。现某新村小区业主管委会已经成立，并与物业公司签订了《住宅聘用管理合同》，这是业主行使权利的行为。物业公司据此提出上诉有理，应予支持。物业公司请求判令投资公司按照合同向其支付物业管理维修费15万元及违约金15万元，是另一法律关系，一审不予合并审理，是正确的。一审判决认定事实部分不清，判决部分不当，应予纠正。

综上，海口市中级人民法院依照《民事诉讼法》第153条第1款第3项的规定，于1997年12月4日判决：

一、维持海口市新华区人民法院（1997）新民初字第293号民事判决第一项；

二、撤销海口市新华区人民法院（1997）新民初字第293号民事判决第二项；

---

① 该文件已失效。

② 该文件已失效。

③ 《民法通则》现已失效，《民法典》第153条规定，违反法律、行政法规的强制性规定的民事法律行为无效。但是，该强制性规定不导致该民事法律行为无效的除外。违背公序良俗的民事法律行为无效。

④ 《民法通则》现已失效，《民法典》第157条规定，民事法律行为无效、被撤销或者确定不发生效力后，行为人因该行为取得的财产，应当予以返还；不能返还或者没有必要返还的，应当折价补偿。有过错的一方应当赔偿对方由此所受到的损失；各方都有过错的，应当各自承担相应的责任。法律另有规定的，依照其规定。

三、变更第三项为：驳回被上诉人海南某投资有限公司要求上诉人海南甲物业管理有限公司偿付承包金和承担违约责任的诉讼请求；驳回海南甲物业管理有限公司要求海南某投资有限公司偿付因少交付物业管理面积造成的经济损失的反诉请求。

规则8：物业管理公司有权对业主不按照整改要求纠正违反业主公约和物业管理规定的行为依法提起诉讼

——青岛某物业管理有限公司南京分公司与徐某太、陆某侠物业管理合同纠纷案[①]；上海市虹口区某大厦小区业主大会诉上海某实业总公司业主共有权纠纷案[②]

【裁判规则】

1. 业主与所在小区的物业管理公司签订物业管理服务协议后，物业管理公司作为提供物业管理服务的合同一方当事人，有义务依约进行物业管理，要求业主遵守业主公约及小区物业管理规定，有权对违反业主公约及物业管理规定的行为加以纠正，以维护小区正常的物业管理秩序和全体业主的共同利益。当业主不按照整改要求纠正违反业主公约和物业管理规定的行为时，物业管理公司作为合同一方当事人，有权依法提起诉讼。

2. 对于与业主所购房屋毗邻庭院绿地的权属问题，不能仅仅依据房地产开发商的售楼人员曾向业主口头承诺“买一楼房屋送花园”，以及该庭院绿地实际为业主占有、使用的事实，即认定业主对该庭院绿地享有独占使用权。该庭院绿地作为不动产，其使用权的归属必须根据房屋买卖双方正式签订的商品房买卖协议及物权登记情况加以确定。

3. 业主不得违反业主公约及物业管理规定，基于个人利益擅自破坏、改造与其房屋毗邻的庭院绿地。即使业主对于该庭院绿地具有独占使用权，如果该庭院绿地属于小区绿地的组成部分，业主在使用该庭院绿地时亦应遵守业主公约、物业管理规定关于小区绿地的管理规定，不得擅自破坏该庭院绿地，损害小区其他业主的合法权益。

---

① 《中华人民共和国最高人民法院公报》2007年第9期。

② 《最高人民法院关于发布第14批指导性案例的通知》（指导案例65号）。

【规则理解】

一、物业服务企业的诉讼地位

《物业服务纠纷适用法律若干问题司法解释》第1条规定："业主违反物业服务合同或者法律、法规、管理规约，实施妨碍物业服务与管理的行为，物业服务人请求业主承担停止侵害、排除妨碍、恢复原状等相应民事责任的，人民法院应予支持。"根据该条规定，在业主妨害物业服务与管理时，物业服务企业可以作为原告参加诉讼，具备当事人的诉讼地位。

（一）对当事人的理解

对当事人的理解有利害关系当事人、权利保护当事人和程序当事人之分。

传统民事诉讼理论认为当事人指因民事权利义务关系发生纠纷，以自己的名义进行诉讼，并受人民法院裁判约束的直接利害关系人。根据该理论，只有与案件有直接利害关系的人才可以提起诉讼，并作为被告应诉。当事人应为利害关系当事人。持权利保护当事人理论的人认为，当事人是指因民事权利义务发生纠纷，以自己的名义进行诉讼，旨在保护民事权益，并能引起民事诉讼程序发生、变更，或者消灭的人。该观点认为，当事人不仅包括为保护自己的民事权益而进行诉讼的人，也包括为保护他人的民事权益而进行诉讼的人，后者主要是指对争议的民事权益享有管理权的人。程序当事人理论则把实际进行诉讼的人，作为判断是否为当事人的标准，认为凡是以自己名义起诉或应诉的人，就是当事人。①

（二）物业服务企业的当事人地位

1．物业服务企业是物业服务合同的一方当事人，在业主违反合同损害其利益时，依照合同享有当事人的诉讼地位。《民法典》第285条规定："物业服务企业或者其他管理人根据业主的委托，依照本法第三编有关物业服务合同的规定管理建筑区划内的建筑物及其附属设施，接受业主的监督，并及时答复业主对物业服务情况提出的询问。物业服务企业或者其他管理人应当执行政府依法实施的应急处置措施和其他管理措施，积极配合开展相关工作。"而所谓物业管理，则是指业主通过选聘物业服务企业，由业主和物业服务企业按照物业服务合同约定，对房屋及配套的设施设备和相关场地进行维修、养护、管理，维护物业管理区域内的环境卫生和相关秩序的活动。② 物业服务企业与业主之间

---

① 江伟主编：《民事诉讼法》，中国人民大学出版社2000年版，第106—107页。

② 《物业管理条例》第2条。

基于物业服务与物业管理，形成物业服务合同关系。物业服务企业作为合同的一方当事人，理应享有合同约定的权利，履行合同约定的义务，并就对方当事人的违约行为向人民法院提起诉讼，请求对方当事人承担相应的违约责任。

2. 物业服务企业作为建筑区划内的建筑物及其附属设施的管理者，有权为全体业主的共同利益提起诉讼，享有当事人的诉讼地位。物业管理公司作为提供物业管理服务的合同一方当事人，有义务依约进行物业管理，要求业主遵守业主公约及小区物业管理规定，有权对违反业主公约及物业管理规定的行为加以纠正，以维护小区正常的物业管理秩序和全体业主的共同利益。当业主不按照整改要求纠正违反业主公约和物业管理规定的行为时，物业管理公司有权依法提起诉讼。

综上，物业服务企业可以是利害关系当事人，也可以是权利保护当事人。

二、物业服务企业的义务

我国《民法典》第285条规定："物业服务企业或者其他管理人根据业主的委托，依照本法第三编有关物业服务合同的规定管理建筑区划内的建筑物及其附属设施，接受业主的监督，并及时答复业主对物业服务情况提出的询问。物业服务企业或者其他管理人应当执行政府依法实施的应急处置措施和其他管理措施，积极配合开展相关工作。"物业服务企业享有法律规定和合同约定的权利，也应履行相应的义务。物业服务企业的主要义务即是管理建筑区划内的建筑物及其附属设施，以及接受业主的监督。具体而言，物业服务企业如何履行义务、管理建筑区划内的建筑物及其附属设施，则应根据物业服务公司与业主之间的物业服务合同予以明确，并依据法律的相关规定、交易中的诚实信用原则予以认定。

（一）约定义务

约定义务是物业服务公司最基本的义务。《物业管理条例》第35条第1款规定："物业服务企业应当按照物业服务合同的约定，提供相应的服务。"该条例第34条第2款还规定："物业服务合同应当对物业管理事项、服务质量、服务费用、双方的权利义务、专项维修资金的管理与使用、物业管理用房、合同期限、违约责任等内容进行约定。"一般而言，物业服务合同中约定的物业服务公司应履行的义务包括：（1）物业的管理与使用，包括对约定范围内的物业共用部位、共用设施的使用、管理、维护与保养，也应包括对专用部分使用一定程度的管理，如对业主装修行为的管理。（2）卫生保洁服务，包括对约定范围内的公用部分进行卫生保洁，以保持建筑区划内的清洁卫生。（3）环境美化，主要是指对建筑区划内的公用绿地以及花草树木进行养护，以美化生活环境。(4) 安全防护义务，包括设置合理的门卫制度、出入登记制度，以及相应的保安巡视制度，协助公安机关维持建筑区划内的公共秩序。(5) 专项维修资金的管理与使用，专项维修资金关系到全体业主的利益，该项资金专款专用，物业服务企业必须根据业主的决定对其进行管理。(6) 约定的其他义务。

（二）法定义务与附随义务

除了物业服务合同中约定的义务外，物业服务企业还应遵守相应的法定义务与附随义务。《民法典》第942条、第943条、第949条、第950条等条文规定了物业服务人的义务，要求物业服务人应当按照约定和物业的使用性质，妥善维修、养护、清洁、绿化和经营管理物业服务区域内的业主共有部分，维护物业服务区域内的基本秩序，采取合理措施保护业主的人身、财产安全。对物业服务区域内违反有关治安、环保、消防等法律法规的行为，物业服务人应当及时采取合理措施制止、向有关行政主管部门报告并协助处理。同时，物业服务人还负有信息公开义务，应当定期将服务的事项、负责人员、质量要求、收费项目、收费标准、履行情况，以及维修资金使用情况、业主共有部分的经营与收益情况等以合理方式向业主公开并向业主大会、业主委员会报告。物业服务合同终止的，原物业服务人应当在约定期限或者合理期限内退出物业服务区域，将物业服务用房、相关设施、物业服务所必需的相关资料等交还给业主委员会、决定自行管理的业主或者其指定的人，配合新物业服务人做好交接工作，并如实告知物业的使用和管理状况。原物业服务人违反前款规定的，不得请求业主支付物业服务合同终止后的物业费；造成业主损失的，应当赔偿损失。

概括而言，物业服务人的具体义务如下：(1) 不得将物业服务区域内的全部物业服务业务一并委托他人。[①] (2) 物业服务合同的权利义务终止后，退还已经预收，但尚未提供物业服务期间的物业费。[②] (3) 物业服务合同的权利义务终止后，退出物业服务区域、移交物业服务用房和相关设施，以及物业服务所必需的相关资料和由其代管的专项维修资金。[③] (4) 承接物业时，应当对物业共用部位、共用设施设备进行查验。[④] (5) 未经业主大会同意，不得改变物业管理用房的用途，物业服务合同终止时，应当将物业管理用房和《物业管理条

① 《民法典》第941条第2款。

② 《物业服务纠纷适用法律若干问题司法解释》第3条。

③ 《民法典》第949条第1款。

④ 《物业管理条例》第28条。

例》第29条第1款规定的资料交还给业主委员会。[①]（6）物业服务合同终止时，业主大会选聘了新的物业服务企业的，物业服务企业之间应当做好交接工作。[②]（7）对物业管理区域内违反有关治安、环保、物业装饰装修和使用等方面法律、法规规定的行为，物业服务企业应当制止，并及时向有关行政管理部门报告。[③]（8）协助做好物业管理区域内的安全防范工作。发生安全事故时，在采取应急措施的同时，应当及时向有关行政管理部门报告，协助做好救助工作；雇请保安人员的，应当遵守国家有关规定。保安人员在维护物业管理区域内的公共秩序时，应当履行职责，不得侵害公民的合法权益。[④]（9）不得擅自占用、挖掘物业管理区域内的道路、场地，损害业主的共同利益，因维修物业或者公共利益，确需临时占用、挖掘道路、场地的，应当征得业主委员会的同意，并在约定期限内恢复原状。[⑤]（10）将房屋装饰装修中的禁止行为和注意事项告知业主。[⑥]（11）物业服务合同终止后，在业主或者业主大会选聘的新物业服务人或者决定自行管理的业主接管之前，原物业服务人应当继续处理物业服务事项。[⑦] 此外，物业服务公司还应根据合同的性质、诚实信用原则履行相应的附随义务。

三、建设区划内的绿地归属

根据《民法典》第274条的规定，建筑区划内的绿地，属于业主共有，但属于城镇公共绿地或者明示属于个人的除外。因此，建筑区划内的绿地，根据三种不同情况，可有三种不同归属。

（一）属于全体业主共有

在建筑物区分所有权中，建筑物分为专有部分和共有部分，一般而言，成为业主专有权的客体，应当具备构造上的独立性和使用上的独立性，并可以通过公示表现出法律上的独立性。而绿地一般不具备这些条件，因此，原则上，绿地应属于小区业主共有。

（二）属于国家所有

我国只有国家和集体可对土地享有所有权，城镇土地属于国家所有。因此，

---

① 《物业管理条例》第37条、第38条第1款。

② 《物业管理条例》第38条第2款。

③ 《物业管理条例》第45条第1款。

④ 《物业管理条例》第46条。

⑤ 《物业管理条例》第50条。

⑥ 《物业管理条例》第52条第2款。

⑦ 《民法典》第950条。

城镇公共绿地也应属于国家所有。不仅如此，城镇公共绿地关系到公共利益，其使用权也应属于国家所有。

（三）属于业主个人所有

虽然《民法典》第274条规定，小区内绿地可明示属于个人所有，但开发商作为建筑区划内建筑物和附属物的原始所有人，是否可以将建筑区划内的绿地出卖给某一位买受人应是值得商榷的问题。小区业主购买专有部分后，就应自动对共有部分，包括小区绿化享有权，开发商如何处分本应属于业主共有的绿化？小区绿地实际上关系到全体业主的生活环境，如果允许开发商将绿地卖与某一位买受人，则为利益驱动，开发商必然尽可能地将绿地作为单独所有部分卖与他人，势必影响业主的利益。况且，根据现有的登记制度，可能难以对绿地进行登记。因此，笔者认为，在司法实践中，将小区绿地确认为个人所有，应从以下四个方面考虑：（1）开发商出售住宅小区时，是否向全体业主公示该片绿地属某些业主独占使用。（2）某些业主享有独占使用的绿地占共有绿地的比例。（3）开发商与业主签订的购房合同中，是否对此有明确约定。（4）绿地具体属于何人所有是否通过相应的公示方式予以了公示。

四、业主独占使用权的行使

业主独占使用权，是指依照法律的规定或者业主的约定，由一个或者数个业主对某些共有部分享有的独占、排他使用的权利。对于业主享有独占使用权的部分，业主可以按照自己的意思独占使用。在建筑物区分所有权中，业主可以通过与开发商签订协议的方式，或者与其他业主进行约定的方式，对庭院绿地享有独占使用权。但是，任何权利的行使必然受到一定的限制。在建筑物区分所有权中，全体业主的利益密切相关，业主对庭院绿地使用权的行使，也必然受到一定的限制。如业主在使用房屋时必须遵守业主公约、物业管理规定中关于小区绿地的管理规定，不得擅自破坏该庭院绿地，也不得擅自改变绿地性质，以免损害其他业主的利益。

【拓展适用】

《物业服务纠纷适用法律若干问题司法解释》第1条规定："业主违反物业服务合同或者法律、法规、管理规约，实施妨碍物业服务与管理的行为，物业服务人请求业主承担停止侵害、排除妨碍、恢复原状等相应民事责任的，人民法院应予支持。"司法实践中适用该条时还应当注意以下四个方面的问题。

一、妨害物业服务与管理行为的主体

上述司法解释针对的违约主体是业主，以及物业的承租人、借用人或者其他物业使用人。就合同的签订主体来说，在业主、业主大会选聘物业服务企业之前，是由建设单位与物业服务企业签订前期物业服务合同，在业主大会、业主委员会成立后，与物业服务企业签订合同的，则一般是业主大会或业主委员会，而非具体的单个业主。因此，从形式上看，业主个人并非物业服务合同的签订主体。物业服务企业何以针对非名义上的合同相对人业主主张权利？可以从以下五个方面把握。

第一，前期物业服务合同中，根据《民法典》第939条及《物业管理条例》第25条的规定，建设单位与物业买受人签订的买卖合同应当包含前期物业服务合同约定的内容，该约定应当视为业主接受物业服务合同的内容，从而享有前期物业服务合同约定的权利，并应履行相应的义务。

第二，在普通物业服务合同中，业主大会或者业主委员会依法作出的决定，对业主具有约束力。对此，相关法律也进行了明确规定。《民法典》第280条第1款规定："业主大会或者业主委员会的决定，对业主具有法律约束力。"《民法典》第939条规定："建设单位依法与物业服务人订立的前期物业服务合同，以及业主委员会与业主大会依法选聘的物业服务人订立的物业服务合同，对业主具有法律约束力。"从法理上说，关于业主对业主大会、业主委员会与物业服务企业签订的合同承担责任的依据来源于业主大会、业主委员会对业主的代理权。业主大会是由物业管理区域内全体业主组成，业主委员会则由业主大会选举产生，因此业主大会、业主委员会依法作出的选聘物业服务企业的决定，以及与物业服务企业签订的物业服务合同当然应对业主具有法律约束力。

第三，无论是前期物业服务合同，还是普通物业服务合同，真正享有权利和承担义务的主体是业主。业主是对建筑物享有区分所有权的主体，物业服务所针对的对象包括对物业服务区域内的建筑物及附属设施的维护和管理；同时，也包括对区域内人员的管理，从而维护区域内的良好秩序与公用利益。无论是对建筑物的管理，还是对人员的服务，其最终受益者都是业主，因此，业主是物业服务合同真正的主体，享有相应权利，履行相应义务。

第四，根据《物业管理条例》第6条规定，房屋的所有权人为业主。因此，物业服务合同的违约行为人主要是房屋的所有权人。但是，考虑到现实生活中，房屋的所有权与使用权相分离的情况大量发生，在房屋的承租人、借用人，以及其他使用人实际使用房屋的情形下，物业服务企业也应当有权对其行为进行规范，以维护物业服务区域的正常秩序，以及全体业主的共同利益。为此，《物业服务纠纷适用法律若干问题司法解释》第4条还规定："因物业的承租人、借用人或者其他物业使用人实施违反物业服务合同，以及法律、法规或者管理规约的行为引起的物业服务纠纷，人民法院可以参照关于业主的规定处理。”综上所述，可见《物业服务纠纷适用法律若干问题司法解释》第1条可以适用于业主、物业的承租人、借用人或者其他物业使用人的违约行为。

第五，业主大会、业主委员会在一定程度上享有起诉的权利，但其不能独立承担责任。我国法律承认业主委员会作为诉讼主体提起诉讼，但是由于业主大会、业主委员会并没有独立的财产，因此不能独立承担责任。

二、业主承担责任的内容

物业服务企业请求业主承担责任的违约行为包括违反物业服务合同或者法律、法规、管理规约，实施妨害物业服务与管理的行为，上述违约行为是与业主的义务相对应的。

（一）约定义务

一般而言，合同法均遵循当事人意思自治的原则，因此，当事人通过自由协商确定的权利义务，只要不违反法律法规的强制性规定、社会公共利益，法律均认可其效力，当事人必须严格遵守。依此原则，物业服务公司与业主之间在物业服务合同中约定的权利义务是双方权利义务体系中最基本的组成部分。物业服务合同约定的义务是业主最主要的义务，业主不履行物业服务合同约定的义务理应承担相应的违约责任。

（二）法定义务

法定义务是指在当事人约定之外，由法律所规定的义务。致使损失扩大的，不得就扩大的损失要求赔偿。上述规定即系法定义务，即使当事人在合同中没有约定，当事人也应当遵守。业主应履行相应的法定义务，如《民法典》第944条规定了业主向物业服务人支付物业费的义务，第945条规定了业主的事先告知和协助义务，等等。具体包括：（1）不得违反物业服务合同或者法律、法规、管理规约，实施妨害物业服务与管理的行为。[①] 如我国《民法典》第590条、第591条所规定的义务。其中第590条第1款规定：当事人一方因不可抗力不能履行合同的，根据不可抗力的影响，部分或者全部免除责任，但是法律另有规定的除外。因不可抗力不能履行合同的，应当及时通知对方，以减轻可能给对方造成的损失，并应当在合理期限内提供证明；第591条第1款规定：当事人一方违约后，对方应当采取适当措施防止损失的扩大；没有采取适当措

① 《物业服务纠纷适用法律若干问题司法解释》第1条。

施致使损失扩大的，不得就扩大的损失请求赔偿。（2）遵守管理规约、业主大会议事规则；遵守物业管理区域内物业共用部位和共用设施设备的使用、公共秩序和环境卫生的维护等方面的规章制度；执行业主大会的决定和业主大会授权业主委员会作出的决定；按照国家有关规定交纳专项维修资金。[①]（3）依法确需改变公共建筑和共用设施用途的，应当在依法办理有关手续后告知物业服务企业。[②]（4）不得擅自占用、挖掘物业管理区域内的道路、场地，损害业主的共同利益；因维修物业或者公共利益，确需临时占用、挖掘道路、场地的，应当征得业主委员会和物业服务企业的同意，并在约定期限内恢复原状。[③]（5）需要装饰装修房屋的，应当事先告知物业服务企业，并遵守房屋装饰装修中的禁止行为和注意事项。[④]（6）业主对其建筑物专有部分享有占有、使用、收益和处分的权利，业主行使权利不得危及建筑物的安全，不得损害其他业主的合法权益；业主不得违反法律、法规以及管理规约，将住宅改变为经营性用房。业主将住宅改变为经营性用房的，除遵守法律、法规以及管理规约外，应当经有利害关系的业主同意。[⑤]

（三）附随义务

我国《民法典》第509条第1款、第2款规定，当事人应当按照约定全面履行自己的义务。当事人应当遵循诚信原则，根据合同的性质、目的和交易习惯履行通知、协助、保密等义务。可见，附随义务是指合同当事人依据诚实信用原则所产生的，根据合同的性质、目的和交易习惯所应承担的通知、协助、保密义务。附随义务是所有合同当事人都必须遵守的义务，物业服务企业和业主作为物业服务合同的当事人，也应当根据物业服务合同的性质、目的和交易习惯予以履行，否则应承担相应的责任。

（四）其他义务

特别应当注意的是，针对业主违反管理规约的行为，物业服务企业同样有权请求其承担相应责任。《民法典》对此作出明确规定，同时《物业管理条例》第17条规定："管理规约应当对有关物业的使用、维护、管理，业主的共同利益，业主应当履行的义务，违反管理规约应当承担的责任等事项依法作出约定。

---

① 《物业管理条例》第7条。
② 《物业管理条例》第49条。
③ 《物业管理条例》第50条。
④ 《物业管理条例》第52条。
⑤ 《民法典》第272条、第279条。

管理规约应当尊重社会公德，不得违反法律、法规或者损害社会公共利益。管理规约对全体业主具有约束力。”可见，从实体上看，成为对全体业主具有约束力的管理规约，应当尊重社会公德，不得违反法律、法规或者损害公共利益。此外，从形式上看，管理规约的产生必须符合法定的条件。根据《物业管理条例》第 11 条、第 12 条的相关规定，管理规约由业主共同决定，但是，业主大会应当有物业管理区域内专有部分占建筑物总面积过半数的业主且占总人数过半数的业主参加，且制定和修改管理规约，应当经专有部分占建筑物总面积过半数的业主且占总人数过半数的业主同意。管理规约事关业主的共同利益，由业主大会依法产生，对全体业主具有约束力。在业主委托物业服务企业管理物业区域内的建筑物及附属设施后，遵守管理规约也应成为物业服务合同中业主应当遵守的法定义务，因此，对于业主违反管理规约的行为，物业服务企业有权提起诉讼，要求业主承担相应责任。

三、业主承担责任的方式

业主承担责任的方式包括但不限于恢复原状、停止侵害、排除妨害。《物业服务纠纷适用法律若干问题司法解释》第 1 条规定，业主违反物业服务合同或者法律、法规、管理规约，实施妨碍物业服务与管理的行为，物业服务人请求业主承担停止侵害、排除妨碍、恢复原状等相应民事责任的，人民法院应予支持。该条明确列举了恢复原状、停止侵害、排除妨害三种方式，但是司法实践中，承担责任的方式应当不限于以上三种。根据《民法典》第 577 条的规定，当事人一方不履行合同义务或者履行合同义务不符合约定的，应当承担继续履行、采取补救措施或者赔偿损失等违约责任。因此，针对业主的违约行为，物业服务企业还可采取要求业主承担继续履行、采取补救措施或者赔偿损失等违约责任。与此相关的问题是，如果业主违反法律规定，直接侵害其他业主的合法权益，给其他业主造成损失的，物业服务企业是否可以提起诉讼，请求业主承担赔偿损失的责任？笔者认为，鉴于原告应是与诉讼标的有直接利害关系的人，在业主直接侵权，造成其他业主损失的情况下，应由其他业主直接提起诉讼，请求实施侵害行为的人赔偿损失。当然，如果是属于物业管理范围之内的事项，且业主的行为造成了物业服务公司的损失，物业服务企业可就自身损失提起诉讼，请求业主赔偿损失。

四、业主交纳物业费义务特殊性的把握

在物业服务合同中，物业服务企业最基本的权利之一就是收取物业服务费用，而交纳物业服务费用也是业主最基本的义务。现实生活中，催交物业费在物业服务企业与业主之间的纠纷中占有很大比例，而业主则往往以未享受物业服务，或以物业服务质量存在瑕疵为由提出抗辩。对此，《民法典》第944条规定："业主应当按照约定向物业服务人支付物业费。物业服务人已经按照约定和有关规定提供服务的，业主不得以未接受或者无需接受相关物业服务为由拒绝支付物业费。业主违反约定逾期不支付物业费的，物业服务人可以催告其在合理期限内支付；合理期限届满仍不支付的，物业服务人可以提起诉讼或者申请仲裁。物业服务人不得采取停止供电、供水、供热、供燃气等方式催交物业费。"适用该规定时，应注意以下四点。

（一）业主欠交物业费的正当理由的认定

在业主无正当理由拒绝交纳物业费时，物业服务企业起诉请求业主交纳物业费的，人民法院应当支持。那么何谓正当理由呢？对此，法律法规没有明确约定，应由法官根据案件的具体情况，行使自由裁量权予以确定。一般而言，由于交纳物业费是业主最基本的义务，也是物业服务企业最主要的权利，因此，应当认定业主不能以物业服务企业轻微违约为由拒交物业费，只有物业服务企业严重违约时方可以此为由拒交物业服务费。此外，究竟能否以物业服务企业提供的物业服务不符合合同约定为由拒交物业费，还应根据合同约定的交费时间而定。根据《民法典》的相关规定，在履行合同中，当事人可以行使同时履行抗辩权、先履行抗辩权、不安抗辩权。同时履行抗辩权是指当事人互负债务，没有先后履行顺序的，应当同时履行。一方在对方履行之前有权拒绝其履行要求。一方在对方履行债务不符合约定时，有权拒绝其相应的履行要求。[①] 先履行抗辩权是指当事人互负债务，有先后履行顺序，先履行一方未履行的，后履行一方有权拒绝其履行要求。先履行一方履行债务不符合约定的，后履行一方有权拒绝其相应的履行要求。[②] 不安抗辩权是指应当先履行债务的当事人，有确切证据证明对方有下列情形之一的，可以中止履行：（1）经营状况严重恶化；（2）转移财产、抽逃资金，以逃避债务；（3）丧失商业信誉；（4）有丧失或者可能丧失履行债务能力的其他情形。[③] 业主拒交物业费是否正当行使抗辩权，应视情况而定。据上述规定，如果双方合同约定业主预交物业费，业主

① 《民法典》第525条。
② 《民法典》第526条。
③ 《民法典》第527条第1款。

则无行使同时履行抗辩权和先履行抗辩权的余地，仅在有确切证据证明物业服务企业有丧失或者可能丧失履行能力的情形下行使不安抗辩权，如果合同约定物业服务企业先提供物业服务，业主后支付物业费，或者没有约定先后顺序时，则在物业服务企业提供的服务或管理存在严重瑕疵的情况下，业主可以行使同时履行抗辩权，或者先履行抗辩权，不予交纳物业费。

（二）业主不得抗辩的理由

业主不得仅以未接受或者无须接受相关物业服务为由进行抗辩。其法理如下：（1）物业服务合同系业主大会选聘，由业主委员会代理全体业主与物业服务企业签订，业主已成为合同的一方当事人，理应履行交纳物业服务费的义务，其不享受合同约定的部分权利，系其自由处分民事权利，不影响其义务的承担。（2）物业服务企业的物业管理活动具有整体性，部分业主不享受或无须接受相关物业服务，不影响物业服务企业提供全部物业服务，因此，也不应减少物业服务企业相应的报酬。（3）《民法典》第 271 条规定："业主对建筑物内的住宅、经营性用房等专有部分享有所有权，对专有部分以外的共有部分享有共有和共同管理的权利。"第 273 条规定："业主对建筑物专有部分以外的共有部分，享有权利，承担义务；不得以放弃权利为由不履行义务。业主转让建筑物内的住宅、经营性用房，其对共有部分享有的共有和共同管理的权利一并转让。"可见，业主的权利具有整体性，业主即使没有入住小区，只要其仍享有区分所有权，则其对共有部分的义务不得消灭，因此，物业服务企业对共有部分的管理与服务涉及全体业主的利益，所有业主均是受益者，均享受了相应权利。此外，也有学者提出，未入住业主享受的权利较少，应当少交纳物业费。笔者认为，这一观点有其合理性，当事人在物业服务合同中可以就此进行约定，但是在合同没有约定的情况下，不能当然以此为由少交物业费。

（三）业主应当交纳的前提

物业服务企业向人民法院起诉请求业主支付物业费，不以物业服务企业或者业主委员会催告其在合理期限内交纳，而业主仍未交纳为前提。虽然《民法典》第 944 条第 2 款、《物业管理条例》规定有催告程序，但上述规定应当视为倡导性条款，而非强制性条款，主要用于引导物业服务企业通过协商的形式处理纠纷，而非以此为前置程序，并列之经催告后未果才能提起诉讼。其理由在于，起诉是民事主体维护其合法权利最基本的途径，关于起诉的条件，除提起公益诉讼，法律有特别规定外，《民事诉讼法》有明确的规定，即该法第 122 条所规定："起诉必须符合下列条件：（一）原告是与本案有直接利害关系的公民、法人和其他组织；（二）有明确的被告；（三）有具体的诉讼请求和事实、理由；（四）属于人民法院受理民事诉讼的范围和受诉人民法院管辖。”如果业主违反物业服务合同的约定，欠交物业费，物业服务企业的合法权益受到侵害，其有权依照《民事诉讼法》第122条的规定提起诉讼，不存在任何前置程序。

（四）房屋所有权与使用权相分离的物业费交纳

在房屋的所有权与使用权相分离的情况下，所有权人可以与使用人约定由使用人向物业服务企业交纳物业费，但是，业主并不能因此当然免除交纳物业费的义务。《物业服务纠纷适用法律若干问题司法解释》第4条规定：“因物业的承租人、借用人或者其他物业使用人实施违反物业服务合同，以及法律、法规或者管理规约的行为引起的物业服务纠纷，人民法院可以参照关于业主的规定处理。”

【典型案例】

1. 青岛某物业管理有限公司南京分公司与徐某太、陆某侠物业管理合同纠纷案

原告：青岛某物业管理有限公司南京分公司（以下简称某物业南京公司）

代表人：陈某无，该分公司经理

被告：徐某太、陆某侠

〔基本案情〕

原告某物业南京公司因与被告徐某太、陆某侠发生物业管理合同纠纷，向江苏省南京市江宁区人民法院提起诉讼。

原告某物业南京公司诉称：2005年3月10日，被告徐某太、陆某侠购买了由原告管理的某小区房屋一套，同年10月1日办理了房屋交付手续。同年12月，二被告对该房屋进行装修，并擅自将该房屋南阳台外的公共绿地破坏，改建为水泥地坪和鱼池。二被告的上述行为已严重违反了《中南某业主公约》和《中南某物业管理服务协议》的相关规定，侵犯了小区其他业主的合法权益。请求判令二被告拆除违法改建的水泥地坪和鱼池，恢复为原有的绿地。

被告徐某太、陆某侠辩称：（1）原告某物业南京公司无权作为本案原告起诉；（2）开发建设某小区的南京甲房地产开发有限公司（以下简称甲公司）在销售房屋时向被告方承诺买一楼送花园，被告方所购房屋南阳台外的庭院即为甲公司所送，故被告方对南阳台外的庭院绿地具有使用权，其改造该庭院绿地的行为他人无权干涉；（3）被告方改造庭院绿地时某物业南京公司的管理人员是知晓的，但并未阻止被告方的改建行为，说明某物业南京公司同意被告方改造。故被告方不同意将该庭院绿地恢复原状，请求法院判决驳回某物业南京公司的诉讼请求。

南京市江宁区人民法院经一审查明，2005 年 3 月 10 日，被告徐某太、陆某侠与甲公司签订《商品房买卖契约》1 份，约定徐某太、陆某侠购买甲公司开发的某小区房屋 1 套，总价款为 323470 元。合同签订后，徐某太、陆某侠一次性付清了房款。

原告某物业南京公司受甲公司委托对某小区进行前期物业管理。2005 年 10 月 1 日，被告徐某太、陆某侠办理了房屋交付手续。当日，徐某太、陆某侠签署了《中南某业主公约》，并与某物业南京公司签订《中南某物业管理服务协议》。《中南某业主公约》第三章第二条第五项规定，业主应当遵守政府有关部门关于房屋使用及装修的规定，不得擅自改变使用房屋及公共设施的用途、外观、结构。该条第八项规定，业主应当自觉维护区域内的公共秩序和环境卫生，不得私搭乱建、乱停放车辆、随意占用绿地或破坏绿地、污染环境及制造噪声扰民。《中南某业主公约》第五章第二条第六项规定，物业管理服务的内容包括庭院绿地及其他设施的养护管理。《中南某业主公约》第六章第二条第三项规定，业主不得在天井、庭院、平台、房顶、绿地、道路或其他共用部位、场地搭建建筑物、构筑物。该条第四项规定，业主不得侵占或损害道路、绿地、花卉树木、艺术景观和文娱、体育及休闲设施。《中南某物业管理服务协议》第二条第九项约定，某物业南京公司向业主提供的物业管理服务内容包括对公共绿地、花木、建筑小品的养护与管理。

被告徐某太、陆某侠所购某小区的房屋南阳台外有一庭院绿地，该庭院绿地周边有高 50 厘米左右的木栅栏围挡，甲公司建设该房屋时在南阳台上预留了出入门。徐某太、陆某侠与甲公司签订的购房合同中并未就该庭院绿地的使用权归属问题作出明确约定。徐某太、陆某侠亦尚未领取房屋所有权证及国有土地使用权证。2005 年 12 月，徐某太、陆某侠在对所购某小区房屋进行装修时，将该房屋南阳台外的庭院绿地进行了改造，破坏原有绿地后在庭院里铺设水泥地、砌花台、建鱼池。为此，原告某物业南京公司分别于 2005 年 11 月 1 日、2006 年 3 月 21 日向徐某太、陆某侠发出整改通知单，要求徐某太、陆某侠停止对该庭院绿地的改建，恢复原状。徐某太两次签收了某物业南京公司出具的整改通知单。因徐某太、陆某侠未按物业管理要求加以整改，2006 年 11 月，某物业南京公司就本案纠纷向法院提起诉讼。

一审期间，被告徐某太、陆某侠申请证人出庭作证，以证明其在甲公司售楼处购房时，售楼人员曾口头承诺买一楼送花园。徐某太提出其仅签收过一次某物业南京公司出具的整改通知单，而且在签收时并未查阅整改通知的具体内容。

上述事实，有被告徐某太、陆某侠与甲公司签订的商品房买卖契约、《中南某业主公约》、《中南某物业管理服务协议》、现场勘验照片、原告某物业南京公司出具并经徐某太签收的整改通知单、证人证言及双方当事人的陈述等证据证实，足以认定。

本案的争议焦点：一是原告某物业南京公司是否是本案适格诉讼主体，能否作为原告提起本案诉讼；二是被告徐某太、陆某侠对所购某小区的房屋南阳台外的庭院绿地是否具有独占使用权；三是被告徐某太、陆某侠是否有权对上述庭院绿地实施改建。

〔一审裁判理由与结果〕

南京市江宁区人民法院经一审认为：

（1）原告某物业南京公司是本案适格诉讼主体，有权提起本案诉讼。

根据本案事实，原告某物业南京公司受甲公司委托对某小区进行前期物业管理。被告徐某太、陆某侠购买某小区房屋后，于2005年10月1日办理了房屋交付手续，并于当日签署了《中南某业主公约》，并与某物业南京公司签订了《中南某物业管理服务协议》。因此，徐某太、陆某侠与某物业南京公司之间建立了物业管理服务合同关系。某物业南京公司作为提供物业管理服务的合同一方当事人，有义务依约进行物业管理，要求业主遵守业主公约及小区物业管理规定，有权对于违反业主公约及物业管理规定的行为加以纠正，以维持小区正常的物业管理秩序，维护小区全体业主的共同利益。当业主不按照整改要求纠正违反业主公约和物业管理规定的行为时，某物业南京公司作为合同一方当事人，有权依法提起诉讼。

（2）根据本案事实，不能认定被告徐某太、陆某侠对所购某小区的房屋南阳台外的庭院绿地享有独占使用权。

被告徐某太、陆某侠主张甲公司的售楼人员曾口头承诺买一楼送花园，并有证人证实甲公司的售楼人员确实作出过上述口头承诺。根据现场勘查情况，徐某太、陆某侠所购某小区房屋的南阳台外的庭院绿地设有栅栏围挡，甲公司建设该房屋时在南阳台上预留了出入门。据此，徐某太、陆某侠一家可以进入该庭院绿地，而小区其他业主则不能进入，即从该庭院绿地的建造设计情况看，似乎该庭院绿地仅供徐某太、陆某侠一家使用。但是，根据上述事实，尚不能认定徐某太、陆某侠对所购某小区房屋南阳台外的庭院绿地享有独占使用权。该庭院绿地作为不动产，其使用权的归属不能仅仅依据现实占有、使用的情况进行判断，必须根据房屋买卖双方的协议内容及物权登记情况加以确定。

首先，即使甲公司的售楼人员曾向被告徐某太、陆某侠口头承诺买一楼送花园，但在甲公司与徐某太、陆某侠正式签订的商品房买卖契约中，并未对徐某太、陆某侠所购某小区房屋南阳台外的庭院绿地的使用权作出明确约定。甲公司的售楼人员作出口头承诺在先，徐某太、陆某侠签订商品房买卖契约在后，且商品房买卖契约系书面合同，故房屋买卖双方关于该庭院绿地使用权归属问题的约定，应当依据甲公司与徐某太、陆某侠正式签订的商品房买卖契约的内容加以确定，而根据该商品房买卖契约，不能认定徐某太、陆某侠在购买某小区房屋的同时取得了该房屋南阳台外庭院绿地的使用权。

其次，如果被告徐某太、陆某侠对其所购某小区房屋南阳台外的庭院绿地具有独占使用权，则该项事实应当在房屋所有权证、国有土地使用权证书中加以明确记载。鉴于徐某太、陆某侠尚未领取房屋所有权证及国有土地使用权证，不能以物权证书证明其对该庭院绿地享有独占使用权，因此，徐某太、陆某侠关于其对该庭院绿地享有独占使用权的主张，缺乏事实根据。

综上，根据本案事实，只能认定被告徐某太、陆某侠对其所购某小区房屋南阳台外的庭院绿地享有一般使用权，不能认定徐某太、陆某侠对该庭院绿地享有独占使用权。

（3）被告徐某太、陆某侠无权擅自对所购某小区房屋南阳台外的庭院绿地实施改建。

首先，鉴于不能认定被告徐某太、陆某侠对其所购某小区房屋南阳台外的庭院绿地享有独占使用权，徐某太、陆某侠关于他人无权干涉其改建该庭院绿地的抗辩主张不能成立。

其次，根据本案事实，原告某物业南京公司在发现被告徐某太、陆某侠对所购某小区房屋南阳台外的庭院绿地实施改建后，分别于2005年11月1日、2006年3月21日向徐某太、陆某侠发出整改通知，要求徐某太、陆某侠停止对该庭院绿地的改建，恢复原状。徐某太两次签收了某物业南京公司出具的整改通知单。庭审中，徐某太虽然主张其仅签收过一次某物业南京公司出具的整改通知单，而且在签收时并未查阅整改通知单的具体内容，但未能举证加以证明，且其关于未查阅整改通知单的具体内容即予以签收的主张有悖常理，故不予支持。根据某物业南京公司向徐某太、陆某侠两次送达整改通知，在徐某太、陆某侠拒不整改后即向法院起诉的行为，可以认定某物业南京公司不同意徐某太、陆某侠改建庭院绿地的行为，徐某太、陆某侠系擅自改建庭院绿地，其关于某物业南京公司明知其改造庭院绿地而未予阻止，应当视为同意改造的抗辩主张不能成立。

最后，被告徐某太、陆某侠签署的《中南某业主公约》及其与原告某物业南京公司签订的《中南某物业管理服务协议》，系其真实意思表示，且不违反法律、行政法规的强制性规定，应认定为合法有效。故《中南某业主公约》《中南某物业管理服务协议》均对徐某太、陆某侠具有约束力，二被告应当依据《中南某业主公约》《中南某物业管理服务协议》履行相应义务。根据《中南某业主公约》《中南某物业管理服务协议》的规定，徐某太、陆某侠不能破坏其所购某小区房屋南阳台外的庭院绿地，不能擅自对该庭院绿地进行改造。退一步讲，即使徐某太、陆某侠对于该庭院绿地具有独占使用权，鉴于该庭院绿地属于小区绿地的组成部分，根据物权的公益性原则，徐某太、陆某侠在使用该庭院绿地时亦应遵守《中南某业主公约》《中南某物业管理服务协议》关于小区绿地的管理规定，不得擅自破坏该庭院绿地，损害小区其他业主的合法权益。因此，徐某太、陆某侠擅自改造该庭院绿地的行为已违反了《中南某业主公约》《中南某物业管理服务协议》的规定，某物业南京公司要求徐某太、陆某侠停止对该庭院绿地的改建，拆除水泥地坪、鱼池、花台，恢复该庭院绿地原状的诉讼请求，应予支持。

据此，南京市江宁区人民法院依照《民法通则》第106条第1款、第111条①之规定，于2006年11月30日判决：

被告徐某太、陆某侠于本判决发生法律效力之日起60日内拆除在其所购某小区房屋南阳台外庭院绿地内改建的水泥地坪、鱼池、花台，恢复该庭院绿地原状。

一审宣判后，双方当事人在法定期间内均未提出上诉，一审判决已经发生法律效力。

2. 上海市虹口区某大厦小区业主大会诉上海某实业总公司业主共有权纠纷案

〔裁判要点〕

专项维修资金是专门用于物业共用部位、共用设施设备保修期满后的维修和更新、改造的资金，属于全体业主共有。交纳专项维修资金是业主为维护建筑物的长期安全使用而应承担的一项法定义务。业主拒绝交纳专项维修资金，并以诉讼时效提出抗辩的，人民法院不予支持。

〔基本案情〕

2004年3月，被告上海某实业总公司（以下简称某实业公司）取得上海市虹口区某大厦底层、二层房屋的产权，底层建筑面积691.36平方米、二层建筑面积910.39平方米。某实业公司未支付过上述房屋的专项维修资金。2010年9月，原告某大厦小区业主大会（以下简称某业主大会）经征求业主表决意见，决定由某业主大会代表业主提起追讨维修资金的诉讼。某业主大会向法院起诉，要求某实业公司就其所有的某大厦底层、二层的房屋向原告交纳专项维修资金57566.9元。被告某实业公司辩称，其于2004年获得房地产权证，至本案诉讼有6年之久，原告从未主张过维修资金，该请求已超过诉讼时效，不同意原告诉请。

〔裁判结果〕

上海市虹口区人民法院于2011年7月21日作出（2011）虹民三（民）初字第833号民事判决：被告某实业公司应向原告某业主大会交纳某大厦底层、二层房屋的维修资金57566.9元。宣判后，某实业公司向上海市第二中级人民法院提起上诉。上海市第二中级人民法院于2011年9月21日作出（2011）沪二中民二（民）终字第1908号民事判决：驳回上诉，维持原判。

---

① 《民法通则》现已失效，可参考《民法典》第577条，该条规定：当事人一方不履行合同义务或者履行合同义务不符合约定的，应当承担继续履行、采取补救措施或者赔偿损失等违约责任。

〔裁判理由〕

法院生效裁判认为：《物权法》第79条规定，“建筑物及其附属设施的维修资金，属于业主共有。经业主共同决定，可以用于电梯、水箱等共有部分的维修”。《物业管理条例》第54条第2款规定，“专项维修资金属于业主所有，专项用于物业保修期满后物业共用部位、共用设施设备的维修和更新、改造，不得挪作他用”。《住宅专项维修资金管理办法》（建设部、财政部令第165号）第2条第2款规定：“本办法所称住宅专项维修资金，是指专项用于住宅共用部位、共用设施设备保修期满后的维修和更新、改造的资金。”依据上述规定，维修资金性质上属于专项基金，系为特定目的，即为住宅共用部位、共用设施设备保修期满后的维修和更新、改造而专设的资金。它在购房款、税费、物业费之外，单独筹集、专户存储、单独核算。由其专用性所决定，专项维修资金的交纳并非源于特别的交易或法律关系，而是为了准备应急性的维修、更新或改造区分所有建筑物的共有部分。由于共有部分的维护关乎全体业主的共同或公共利益，所以维修资金具有公共性、公益性。

《物业管理条例》第7条第4项规定，业主在物业管理活动中，应当履行按照国家有关规定交纳专项维修资金的义务；第54条第1款规定：“住宅物业、住宅小区内的非住宅物业或者与单幢住宅楼结构相连的非住宅物业的业主，应当按照国家有关规定交纳专项维修资金。”依据上述规定，交纳专项维修资金是为特定范围的公共利益，即建筑物的全体业主共同利益而特别确立的一项法定义务，这种义务的产生与存在仅仅取决于义务人是否属于区分所有建筑物范围内的住宅或非住宅所有权人。因此，交纳专项维修资金的义务是一种旨在维护共同或公共利益的法定义务，其只存在补交问题，不存在因时间经过而可以不交的问题。

业主大会要求补交维修资金的权利，是业主大会代表全体业主行使维护小区共同或公共利益之职责的管理权。如果允许某些业主不交纳维修资金而可享有以其他业主的维修资金维护共有部分而带来的利益，其他业主就有可能在维护共有部分上支付超出自己份额的金钱，这违背了公平原则，并将对建筑物的长期安全使用、对全体业主的共有或公共利益造成损害。

基于专项维修资金的性质和业主交纳专项维修资金义务的性质，被告某实业公司作为某大厦的业主，不依法自觉交纳专项维修资金，并以业主大会起诉追讨专项维修资金已超过诉讼时效进行抗辩，该抗辩理由不能成立。原告根据被告所有的物业面积，按照同期其他业主交纳专项维修资金的计算标准算出的被告应交纳的数额合理，据此判决被告应当按照原告诉请支付专项维修资金。

第六章 业主知情权

规则9：业主以合理的方式行使知情权应当受到法律保护

——夏某鹏等人与上海市闸北区某小区业主委员会业主知情权纠纷案①；孙某军与南京市某小区业主委员会业主知情权纠纷案②

【裁判规则】

业主知情权是指业主了解建筑区划内涉及业主共有权以及共同管理权相关事项的权利。根据《建筑物区分所有权纠纷适用法律若干问题司法解释》第13条的规定，业主请求公布、查阅建筑物及其附属设施的维修资金的筹集、使用、业委会的决定及会议记录、共有部分的收益、物业服务合同等情况和资料的，人民法院应予支持。司法解释对于业主知情权的范围作出了明确的规定，业主以合理的方式行使知情权，应当受到法律保护。

【规则理解】

一、业主知情权概述

业主知情权是指业主了解建筑区划内涉及业主共有权以及共同管理权相关事项的权利。在建筑物的区分所有权中，业主除了对自有部分享有所有权外，对共用部分还享有共有权。为了业主更好地行使专有部分所有权，以及共有部分共有权，业主有必要了解共有部分的使用情况，以及其他与权利行使相关的情况，知情权是业主了解物业状态，行使权利的必然需要。业主知情权的规定散见于相关法律、司法解释和行政法规中：

1.《民法典》第281条规定：建筑物及其附属设施的维修资金，属于业主共有。经业主共同决定，可以用于电梯、屋顶、外墙、无障碍设施等共有部分的维修、更新和改造。建筑物及其附属设施的维修资金的筹集、使用情况应当

① 《中华人民共和国最高人民法院公报》2011年第10期。
② 《中华人民共和国最高人民法院公报》2015年第12期。

定期公布。紧急情况下需要维修建筑物及其附属设施的，业主大会或者业主委员会可以依法申请使用建筑物及其附属设施的维修资金。

2.《建筑物区分所有权纠纷适用法律若干问题司法解释》第13条规定：业主请求公布、查阅下列应当向业主公开的情况和资料的，人民法院应予支持：建筑物及其附属设施的维修资金的筹集、使用情况；管理规约、业主大会议事规则，以及业主大会或者业主委员会的决定及会议记录；物业服务合同、共有部分的使用和收益情况；建筑区划内规划用于停放汽车的车位、车库的处分情况；其他应当向业主公开的情况和资料。

3.《物业管理条例》第15条第1款第1项规定：业主委员会执行业主大会的决定事项，履行下列职责：召集业主大会会议，报告物业管理的实施情况；第19条第2款规定：业主大会、业主委员会作出的决定违反法律、法规的，物业所在地的区、县人民政府房地产行政主管部门或者街道办事处、乡镇人民政府，应当责令限期改正或者撤销其决定，并通告全体业主；第23条第1款规定：建设单位应当在物业销售前将临时管理规约向物业买受人明示，并予以说明；第52条第2款规定：物业服务企业应当将房屋装饰装修中的禁止行为和注意事项告知业主。

二、业主知情权的行使主体

顾名思义，业主知情权的行使主体应当是业主。所谓业主，则是指依法取得建筑物内的住宅、经营性用房的专有部分所有权的人，或者未依法登记取得所有，但基于买卖、赠与等旨在移转所有权的民事法律行为已经依法占有、使用该专有部分的人。[①] 此外，笔者认为，虽非基于移转所有权的民事法律行为而依法占有、使用专有部分的人，但基于租赁、借用等移转使用权的民事法律行为而依法占有、使用专有部分，并实际承担相应义务的人，也应视为业主，享有相应的业主知情权。

三、业主知情权的范围与内容

开发商、物业公司等机构往往了解业主的各种私人信息，以及所有房屋的具体情况，但是并非所有的信息都属于业主知情权的范围。只有涉及全体业主共同利益的事项，或者是影响业主行使权利的其他必要事项才属于业主知情权的范围。根据上述法律规定，业主知情权的内容至少应当包括以下五项。

---

① 李显冬主编：《新编中国物权法要义与案例释解》，法律出版社2009年版，第158页。

（一）维修资金的筹集、使用情况

根据《民法典》第281条和《建筑物区分所有权纠纷适用法律若干问题司法解释》第13条的规定，建筑物及其附属设施的维修资金的筹集、使用情况属于业主知情权的范围。建筑物及其附属设施的维修资金，是指业主交纳的，专用于建筑物的共有部分的维护、修缮费用。根据《民法典》第278条第1款第5项和第6项、第281条第1款的规定，建筑物及其附属设施维修资金属业主共有，维修资金的筹集与使用由业主共同决定。此外，《物业管理条例》第53条第1款、第2款也规定："住宅物业、住宅小区内的非住宅物业或者与单幢住宅楼结构相连的非住宅物业的业主，应当按照国家有关规定交纳专项维修资金。专项维修资金属于业主所有，专项用于物业保修期满后物业共用部位、共用设施设备的维修和更新、改造，不得挪作他用。"可见，建筑物及其附属设施维修资金事关全体业主的利益，应属于业主知情权的范围。

（二）管理规约、业主大会议事规则，以及业主大会或者业主委员会的决定及会议记录

管理规约是指对有关物业的使用、维护、管理，业主的共同利益，业主应当履行的义务，以及违反义务应当承担的责任等事项进行规定，对全体业主具有约束力的文件。在业主大会成立之前，应由建设单位制定临时管理规约，业主大会成立之后，应由全体业主制定业主规约。业主大会议事规则是指就业主大会的议事方式、表决程序、业主委员会的组成和成员任期等事项作出约定的文件。管理规约与业主大会议事规则均与业主权利的使用密切相关，因此，业主对此具有知情权。此外，由于业主大会或者业主委员会的决定对全体业主有约束力，也必然事关全体业主的利益，所以业主大会或者业主委员会的决定属于业主知情权的范围。

（三）物业服务合同、共有部分的使用和收益情况

物业服务合同是业主与物业服务企业之间就物业管理事项、服务质量、服务费用、双方的权利义务、专项维修资金的管理与使用、物业管理用房、合同期限、违约责任等的书面约定。物业服务合同关系到每一位业主的切身利益，对全体业主有约束力，因此，物业服务合同属于业主知情权的内容之一。在建筑物区分所有权中，共有部分属于全体业主共有，因此，共有部分的使用应依照一定的方法取得业主的同意，由此产生的收益应当归全体业主共有，可见，共有部分的使用和收益情况与业主的利益息息相关，理应属于业主知情权的范围。

（四）建筑区划内规划用于停放汽车的车位、车库的处分情况

《民法典》第275条规定，建筑区划内，规划用于停放汽车的车位、车库的归属，由当事人通过出售、附赠或者出租等方式约定。占用业主共有的道路或者其他场地用于停放汽车的车位，属于业主共有。第276条规定，建筑区划内，规划用于停放汽车的车位、车库应当首先满足业主的需要。只有业主了解到规划用于停放汽车的车位、车库的配置、归属情况，业主才有可能知道是否首先满足了业主的需要，从而保障业主的合法权益。占用业主共有的道路或者其他场所用于停放汽车的车位，属于业主共有，则对于此类车位的规划、使用情况，业主当然享有知情权。

（五）其他应当向业主公开的情况和资料

此条款属于兜底条款，除了上述事项之外，凡是其他影响业主权利义务的事项，业主均应享有知情权。

四、业主知情权的义务主体

业主知情权的权利主体较为容易认定，但义务主体则较为复杂，导致业主不知向谁行使知情权，在其知情权不能实现的情形下，也不知以谁为被告提起诉讼以维持合法权益。为此，有必要对知情权的义务主体进行明确。知情权的义务主体应视业主知情权的内容而有所不同。

1. 在业主大会成立之前，业主关于维修资金的筹集、使用情况的知情权相对应的义务机关是物业所在地直辖市、市、县人民政府建设（房地产）主管部门；业主大会成立之后，义务机关则为业主大会和业主委员会。具体法律依据如下：《住宅专项维修资金管理办法》第10条第1款规定："业主大会成立前，商品住宅业主、非住宅业主交存的住宅专项维修资金，由物业所在地直辖市、市、县人民政府建设（房地产）主管部门代管。"第15条规定："业主大会成立后……应当委托所在地一家商业银行作为本物业管理区域内住宅专项维修资金的专户管理银行……（二）业主委员会应当通知所在地直辖市、市、县人民政府建设（房地产）主管部门；涉及已售公有住房的，应当通知负责管理公有住房住宅专项维修资金的部门。（三）直辖市、市、县人民政府建设（房地产）主管部门或者负责管理公有住房住宅专项维修资金的部门应当在收到通知之日起30日内，通知专户管理银行将该物业管理区域内业主交存的住宅专项维修资金账面余额划转至业主大会开立的住宅专项维修资金账户，并将有关账目等移交业主委员会。"第16条规定："住宅专项维修资金划转后的账目管理单位，由业主大会决定。业主大会应当建立住宅专项维修资金管理制度。业主大会开

立的住宅专项维修资金账户，应当接受所在地直辖市、市、县人民政府建设（房地产）主管部门的监督。”

2. 管理规约、业主大会议事规则，以及业主大会或者业主委员会的决定及会议记录知情权相对应的义务主体为建设单位、业主大会或业主委员会。在业主大会成立之前，由建设单位制定临时管理规约，业主大会成立之后，应由全体业主制定业主规约。因此，在业主大会成立之前，业主有权向建设单位了解临时管理规约；在业主大会成立之后，业主则可向业主大会了解管理规约。业主大会议事规则，以及业主大会或者业主委员会的决定、会议记录由业主大会或者业主委员会制定，因此，业主此项知情权的义务主体应为业主大会或者业主委员会。

3. 物业服务合同、共有部分的使用和收益情况相对应的义务主体应为物业服务企业和业主委员会。物业服务合同是业主与物业服务企业之间就双方的权利义务签订的合同，共有部分的收支一般由物业服务企业代为管理。因此，业主此项知情权的主体应为物业服务企业。同时，物业服务合同一般为业主委员会代为签订，故业主委员会也是义务主体。

4. 建筑区划内规划用于停放汽车的车位、车库的处分情况相对应的义务主体为建设单位、物业公司或者业主委员会。《建筑物区分所有权纠纷适用法律若干问题司法解释》第5条第1款规定：“建设单位按照配置比例将车位、车库，以出售、附赠或者出租等方式处分给业主的，应当认定其行为符合民法典第二百七十六条有关‘应当首先满足业主的需要’的规定。”因此，对于规划用于停放汽车的车位、车库的出售、出租或赠与等情况，业主有权向建设单位了解。占用业主共有的道路或者其他场地用于停放汽车的车位的使用情况，则知情权的义务主体应为物业公司或者业主委员会。

五、业主知情权限的行使方式

业主应以何种方式行使知情权关系到业主自身权利的实现，以及其他业主合法权益的保护。如何使业主能了解到相关事项，又不损害其他业主或者其他民事主体的合法权益，值得思考。根据相关法律规定，业主行使知情权的方式主要有请求公布有关事项、要求义务主体通告相关事项以及查阅相关事项。究竟应采何种方式行使权利，应视业主有权知情的内容而定。

（一）请求公布有关事项

笔者认为，需要公布的事项主要为：（1）根据《民法典》第281条的规定，维修资金的筹集、使用情况等；（2）根据《建筑物区分所有权纠纷适用法律若干问题司法解释》第13条的规定，管理规约、业主大会议事规则以及业主大会或者业主委员会的决定及会议记录，物业服务合同、共有部分的使用和收益情况等。关于公布的具体方式，可视情况而定，一般在小区公告栏张贴公告，应当视为履行了公布义务。

（二）要求义务主体通告相关事项

根据《物业管理条例》的相关规定，业主委员会应向业主大会报告物业管理的实施情况；物业所在地的区、县人民政府房地产行政主管部门或者街道办事处，对违反法律、法规的业主大会、业主委员会决定限期改正或者撤销的情况，应通告全体业主；物业服务企业应当向业主告知房屋装饰装修中的禁止行为和注意事项。对于上述事项，业主有权请求相关单位予以通告。

（三）查阅相关事项

对于相关单位应当公布或者通告的事项，业主均应有权查阅。但是，对于某些不宜或者没有必要公布或通告的，涉及业主权益的事项，业主应当有权查阅。如业主大会的决定及会议记录，可能没有必要全部公布，但是应当备案，业主可请求查阅。还有建筑区划内规划用于停放汽车的车位、车库处分的具体情况，包括车位、车库权利人的具体情况，不宜向所有人公布，但涉及其他业主利益的，其他业主应有权查阅；如果必要，还可进行复印。但为了不影响业主委员会、物业服务企业等的正常工作，业主应当在合理的时间、采取合理的方式进行查阅。

【拓展适用】

除了业主知情权外，我国法律还对其他情形的知情权进行了规定。

一、股东知情权

《公司法》对股东知情权进行了明确规定。《公司法》第33条规定：“股东有权查阅、复制公司章程、股东会会议记录、董事会会议决议、监事会会议决议和财务会计报告。股东可以要求查阅公司会计账簿。股东要求查阅公司会计账簿的，应当向公司提出书面请求，说明目的。公司有合理根据认为股东查阅会计账簿有不正当目的，可能损害公司合法利益的，可以拒绝提供查阅，并应当自股东提出书面请求之日起十五日内书面答复股东并说明理由。公司拒绝提供查阅的，股东可以请求人民法院要求公司提供查阅。”该法第116条规定：“公司应当定期向股东披露董事、监事、高级管理人员从公司获得报酬的情况。”第165条规定：“有限责任公司应当依照公司章程规定的期限将财务会计报告送交各股东。股份有限公司的财务会计报告应当在召开股东大会年会的二十日前置备于本公司，供股东查阅；公开发行股票的股份有限公司必须公告其财务会计报告。”

司法实践中，股东知情权受到侵害的，可以向人民法院提起诉讼以保护其合法权益：（1）诉讼主体应为股东与公司。知情权的权利主体为股东，因此，股东知情权受到侵害时，股东可以作为原告提起诉讼；而从上述法律规定可以看出，知情权的义务主体为公司，因此，股东应以公司为被告提起诉讼。（2）在案件处理上，需要注意的是，虽然《公司法》第33条规定，股东查阅公司会计账簿的，应当提出书面请求，并说明目的，公司拒绝提供查阅的，股东可以请求人民法院要求公司提供查阅。那么司法实践中，如果股东并未依照该规定先向公司提出请求，人民法院是否可以支持其请求呢？笔者认为，通常情况下，股东需要查阅公司会计账簿，应当提出书面请求，并说明目的，只有在公司拒绝提供查阅的情况下，股东才能向法院提起诉讼。这也是公司管理的基本方式。当然，也可以认为通过诉讼的方式向公司提出正式的请求，法院应当组织双方协商，无不正当目的的，股东可查阅会计账簿。如果协商不成，经审查认为，股东查阅会计账簿不存在不正当目的的，可以直接判决公司提供查阅。

二、消费者知情权

《消费者权益保护法》对消费者知情权进行了明确规定。《消费者权益保护法》第8条规定：消费者享有知悉其购买、使用的商品或者接受的服务的真实情况的权利。消费者有权根据商品或者服务的不同情况，要求经营者提供商品的价格、产地、生产者、用途、性能、规格、等级、主要成分、生产日期、有效期限、检验合格证明、使用方法说明书、售后服务，或者服务的内容、规格、费用等有关情况。第13条第1款规定：消费者享有获得有关消费和消费者权益保护方面的知识的权利。第18条第1款规定：经营者应当保证其提供的商品或者服务符合保障人身、财产安全的要求。对可能危及人身、财产安全的商品和服务，应当向消费者作出真实的说明和明确的警示，并说明和标明正确使用商品或者接受服务的方法以及防止危害发生的方法。第19条规定，经营者发现其提供的商品或者服务存在缺陷，有危及人身、财产安全危险的，应当立即向有关行政部门报告和告知消费者，并采取停止销售、警示、召回、无害化处理、销毁、停止生产或者服务等措施。采取召回措施的，经营者应当承担消费者因商品被召回支出的必要费用。第20条规定，经营者向消费者提供有关商品或者服务的质量、性能、用途、有效期限等信息，应当真实、全面，不得作虚假或者引人误解的宣传。经营者对消费者就其提供的商品或者服务的质量和使用方法等问题提出的询问，应当作出真实、明确的答复。经营者提供商品或者服务应当明码标价。第 21 条规定，经营者应当标明其真实名称和标记。租赁他人柜台或者场地的经营者，应当标明其真实名称和标记。

在经营者未能向消费者提供相应信息的情况下，消费者可以向经营者要求提供，如果经营者拒不提供上述信息或者告知其他虚假信息，导致消费者陷入错误认识而订立合同的，该合同可以认定为因欺诈而订立的合同。如果该合同同时损害了国家、集体的利益，该合同为无效合同，消费者可以请求返还财产，并要求经营者承担违约责任，还可以依照《消费者权益保护法》的相关规定要求经营者承担责任；如果该合同未损害国家、集体或者公共利益，则该合同为可撤销合同，消费者可以申请撤销合同。

三、患者知情权

《民法典》对患者知情权进行了明确规定。《民法典》第 1219 条规定：医务人员在诊疗活动中应当向患者说明病情和医疗措施。需要实施手术、特殊检查、特殊治疗的，医务人员应当及时向患者具体说明医疗风险、替代医疗方案等情况，并取得其明确同意；不能或者不宜向患者说明的，应当向患者的近亲属说明，并取得其明确同意。医务人员未尽到前款义务，造成患者损害的，医疗机构应当承担赔偿责任。对该条文的理解应注意以下三方面因素：

第一，患者知情权产生于诊疗活动中。诊疗活动是指通过各种检查，使用药物、器械及手术等方法，对疾病作出判断和消除疾病、缓解病情、减轻痛苦、改善功能、延长生命、帮助患者恢复健康的活动。在医疗活动中，医务人员应当根据诊疗过程及时履行相应的告知义务，如应当在采取诊疗措施之前告知病情和相应的诊疗措施，在治疗之后告知注意事项等。

第二，患者知情权的范围通常包括两方面：（1）在通常的诊疗活动中告知病情和医疗措施，具体说来，病情包括疾病的性质、严重程度、发展变化趋势等信息，医疗措施包括可供选择的医疗措施，各种医疗措施的利与弊，根据患者的具体情况拟采用的医疗措施，该医疗措施的治疗效果和预计大致所需的费用，可能出现的并发症和风险以及不采取医疗措施的危险性等①；（2）需要实施手术、特殊检查、特殊治疗的，医务人员应当及时向患者说明医疗风险、替

---

① 罗东川等主编：《最高人民法院法官阐释侵权法疑难问题》，中国法制出版社 2010 年版，第 184 页。

代医疗方案等情况。其中特殊检查、特殊治疗是指具有下列情形之一的诊断、治疗活动：有一定危险性，可能产生不良后果的检查和治疗；由于患者体质特殊或者病情危急，可能对患者产生不良后果和危险的检查和治疗；临床试验性检查和治疗；收费可能对患者造成较大经济负担的检查和治疗[①]。所谓医疗风险，是指医疗措施可能出现的并发症、后遗症、不良反应等风险，代替医疗方案信息包括可选择的几种手术方案及其利弊等信息[②]。除此之外，医务人员还应当告知患者其他有利于患者恢复健康的必要知识，如治疗之后应当注意的相关事项、是否需要复查以及复查时间等。

第三，告知的方式有解释、说明、解答咨询等。医务人员在诊疗活动中应采用书面或口头的形式向患者说明病情、医疗措施等有关情况，并接受患者的咨询，解答相关问题。一般情况下，医务人员的告知使得患者明白相关内容即可，但在需要实施手术、特殊检查、特殊治疗时，应当取得患者的书面同意，不宜向患者说明的，应当取得患者近亲属的书面同意。

四、知情权与隐私权的冲突与协调

隐私权越来越受到人们的重视，由此引发对于隐私权保护的必要性。隐私权，是指自然人享有的私人生活安宁与私人生活信息依法受到保护，不受他人侵扰、知悉、使用、披露和公开的权利。[③] 我国《民法通则》中并没有明确规定隐私权的保护，《民法通则意见》认为以书面、口头等形式宣扬他人的隐私，造成一定影响的，应当认定为侵害名誉权的行为。后来颁布的《未成年人保护法》《妇女权益保障法》《残疾人保障法》等法律则对未成年人、妇女、残疾人的隐私权作了明确的规定。《侵权责任法》则对隐私权作了明确的规定，该法第2条第2款规定："本法所称民事权益，包括生命权、健康权、姓名权、名誉权、荣誉权、肖像权、隐私权……"可见，隐私权与知情权一样，均是我国法律明确规定的民事权利，那么在两者产生冲突时又当如何处理呢？

我国《宪法》第51条规定："中华人民共和国公民在行使自己的自由和权利的时候，不得损害国家的、社会的、集体的利益和其他公民的合法的自由和权利。"因此，任何公民在行使知情权时不得损害他人的隐私权。具体在生活

---

① 依据《医疗机构管理条例实施细则》第88条之规定。

② 罗东川等主编：《最高人民法院法官阐释侵权法疑难问题》，中国法制出版社2010年版，第184页。

③ 王利明：《民法》，中国人民大学出版社2000年版，第518页。

中，哪些属于隐私权的范围，法律并没有作出明确规定。2020 年《中华人民共和国民法典（草案）》规定隐私权的范围包括私人信息、私人活动和私人空间。在司法实践中，当知情权与隐私权发生冲突时，除了根据隐私的范围确认是否构成对隐私权的侵犯外，还应考虑下列原则确定行使知情权是否构成对隐私权的侵害。《民法典》第 110 条规定，自然人享有生命权、身体权、健康权、姓名权、肖像权、名誉权、荣誉权、隐私权、婚姻自主权等权利。法人、非法人组织享有名称权、名誉权和荣誉权。第 1164 条规定，本编调整因侵害民事权益产生的民事关系。第 990 条规定，人格权是民事主体享有的生命权、身体权、健康权、姓名权、名称权、肖像权、名誉权、荣誉权、隐私权等权利。除前款规定的人格权外，自然人享有基于人身自由、人格尊严产生的其他人格权益。第 1032 条规定，自然人享有隐私权。任何组织或者个人不得以刺探、侵扰、泄露、公开等方式侵害他人的隐私权。隐私是自然人的私人生活安宁和不愿为他人知晓的私密空间、私密活动、私密信息。第 1033 条规定，除法律另有规定或者权利人明确同意外，任何组织或者个人不得实施下列行为：（1）以电话、短信、即时通讯工具、电子邮件、传单等方式侵扰他人的私人生活安宁；（2）进入、拍摄、窥视他人的住宅、宾馆房间等私密空间；（3）拍摄、窥视、窃听、公开他人的私密活动；（4）拍摄、窥视他人身体的私密部位；（5）处理他人的私密信息；（6）以其他方式侵害他人的隐私权。

（一）公共利益原则

关于个人隐私的界限，恩格斯认为，个人隐私一般应受到保护，但当个人私事甚至隐私与最重要的公共利益——政治生活发生联系的时候，个人的私事就已经不是一般意义上的私事，而属于政治的一部分，它不受隐私权的保护，而成为历史记载和新闻报道不可回避的内容。[①] 当个人隐私的保护与公共利益相冲突时，法律应当保护当事人的知情权，如有关官员的财产状况关系该官员的廉洁情况，从而与公共利益相关。因此，法律规定在某些情况下官员应当申报财产，并由有关部门予以公示，即体现了这一原则。

（二）公众人物原则

公众人物，又称公共形象，是指在社会各个领域中作出突出贡献，有卓著

① 童映光：《裁判文书公开与隐私权保护的冲突衡平》，载《人民法院报》2012 年 6 月 27 日。

成绩或因身份地位的显赫等原因，而为公众所普遍知晓的人物。① 一方面，和普通人物不一样，公众人物的隐私成为社会公众合理兴趣指向的对象，具有新闻价值。因此，对公众人物的隐私权应当予以适度限制，以满足公众知情权的需要。另一方面，和普通人物一样，公众人物那些不属于公众合理兴趣范围内的隐私，则不属于公众知情权的范围。

（三）特殊群体特别保护原则

出于对特殊群体特别保护的需要，我国《未成年人保护法》《妇女权益保障法》《残疾人保障法》对未成年人、妇女、残疾人的隐私权作了更为明确的规定。如《未成年人保护法》规定，任何组织和个人不得披露未成年人的个人隐私；对未成年人犯罪案件，在判决前，新闻报道、影视节目、公开出版物不得披露该未成年人的姓名、住所、照片及可能推断出该未成年人的资料等。因此，在涉及未成年人、妇女、残疾人等特殊群体时，应根据这些法律给予更为严格的法律保护，而对他人的知情权加以更多的限制。

【典型案例】

1. 夏某鹏等人与上海市闸北区某小区业主委员会业主知情权纠纷案

原告：夏某鹏、杨某平、杨某华、罗某亚、周某安

被告：上海市闸北区某小区业主委员会（以下简称某业委会）

负责人：姜某章，该业主委员会主任

〔基本案情〕

原告夏某鹏、杨某平、杨某华、罗某亚、周某安因与被告某业委会发生业主知情权纠纷，向上海市闸北区人民法院提起诉讼。

原告夏某鹏、杨某平、杨某华、罗某亚、周某安诉称：五名原告系上海市闸北区某小区业主，被告某业委会系该小区业主委员会。根据法律规定，原告享有要求公布、查阅业委会决定及会议记录、维修基金使用情况的权利。被告应每月与开户银行核对维修基金账目，每半年向业主公布一次，但被告至今未按规定公布2007年下半年至2009年上半年小区维修基金和公共收益的有关账目情况，剥夺了原告的知情权。原告现对已公布账目中的停车费、广告费及清洗玻璃、景观灯改造及业委会值班津贴19023元有异议，被告应提供相关凭证以供原告核对。维修基金开户银行曾给被告实物回扣，被告在账目中未予公开。此外，被告选聘的上海某物业管理有限公司（以下简称某物业公司）超资质接盘，为此原告向有关部门反映，上海市某区住房保障和房屋管理局（以下简称某区房地局）在《信访答复》中称“我局曾就物

① 李先波、杨建成：《论言论自由与隐私权之协调》，载《中国法学》2003年第5期。

业超资质接盘的问题与业委会进行沟通，业委会还专门提交报告，说明情况”，但该报告未向业主公开。原告请求判令：(1) 某业委会公布2009年7月14日某区房地局在《信访答复》中所提及的“为此业委会还专门提交报告”之“报告”以及“与某业委会进行沟通”的全部情况和同意“续聘”某物业公司的全部会议记录；(2) 某业委会公布关于讨论某物业公司超资质接盘的业主大会或业主委员会的决定及会议记录；(3) 某业委会公布自2007年下半年至2009年上半年按每半年一次的小区维修资金和公共收益账目情况（公共收益账目具体指机动车停车费、广告费收支情况），并要求将上述账目张贴在小区及每个门牌号码前面；(4) 某业委会提供上述账目的费用清单、发票原件和按户分摊费用清单以供原告进行核对和查询，原告享有复印权（复印费由原告承担）；(5) 某业委会向原告出示《物业服务合同》之附件，原告对该合同附件享有复印权（复印费由原告承担）；(6) 某业委会向原告出示维修资金的会计账目，原告对该账目享有复印权（复印费由原告承担）；(7) 某业委会向原告出示《物业服务合同》中提及的物业公司各项工作报告，原告享有复印权（复印费由原告承担）。

原告夏某鹏、杨某平、杨某华、罗某亚、周某安提交以下证据：

1. 公共收益、维修资金收入财务管理账目公布明细表以及广告展示箱、蒸汽房、灯箱的照片，旨在证明被告某业委会公布的账目存在收支不清、部分收益未入账以及被告擅自动用公共收益资金的情况。

2. 2009年9月16日业主委员会公告、2009年7月14日某区房地局的《信访答复》、2008年6月10日被告某业委会与某物业公司签订的《物业服务合同》及业主大会议事规则、业主公约，旨在证明被告隐瞒某物业公司超资质的情况，擅自签订《物业服务合同》，侵犯业主权益。

3. 小区灯具、玻璃墙窗的照片，旨在证明小区擦玻璃、安装灯具工程未经公示、表决。

4. 上海市商品房预售合同、2009年9月7日政府信息公开申请答复书以及某物业公司资质证书，旨在证明某物业公司并非商品房预售合同中约定的物业公司。

5. 2009年11月19日小区部分业主签名的《关于某业委会侵犯业主知情权的经过》，旨在证明被告某业委会多次侵犯业主知情权、监督权。

6. 2009年9月16日×房管答字（2009）第36号回复，旨在证明前期物业管理合同未经备案。

7. 维修资金业主年度结存单，旨在证明维修基金开户银行定期向小区业主寄送年度结存单。

被告某业委会辩称：(1) 某区房地局在《信访答复》中所提及的“为此业委会还专门提交报告”“与某业委会进行沟通”的事实并不存在。为此，某业委会向某区房地局投诉，某房地办已对此做出书面澄清，所以被告无法提供五原告要求的上述材料。有关“续聘”某物业公司的全部会议记录已提交法庭。(2)某物业公司是经有关部门批准的前期物业，是按程序选举产生。签约时，某业委会并不知道某物业公司超资质，也未就此进行过专门讨论，无法提供讨论某物业公司超资质接盘的相关决定及会议记录。(3)某业委会成立于2007年12月，自2008年始小区公共收益账目已按每半年一次在小区及每个门牌号码张贴公布，即使账目形式上存在缺陷，并不影响其真实性。关于小区的维修基金，由于至今尚未动用，故无相关账目可供公布，且开户银行某银行闸北支行定期向小区业主寄发业主年度结存单，故不同意原告的第3项诉讼请求。(4)已公布的收益账目中涉及业委会开支（办公费、会议费、电话费、培训费、值班津贴）的清单及发票虽在某业委会处，但某业委会担心原告可能做出断章取义的行为，经讨论决定不向原告提供。其他清单及发票均由某物业公司保管，被告无法提供，且某业委会认为该部分的知情权不包括在法定范围之内。(5)2008年6月某业委会与某物业公司签订的《物业服务合同》之《补充协议书》已提交法庭。(6)上海市闸北区某小区的维修基金未曾使用，无会计账目可供提供，不同意原告的该项诉讼请求。(7)某物业公司从未向某业委会提供过书面的工作报告，双方仅是口头上的沟通，无法提供原告要求的相关材料。针对原告的诉讼请求，某业委会还认为：原告曾向被告提出查阅相关资料的要求，某业委会为此请示某房地办，房地办根据当时的法律规定认为个人无权查阅，故某业委会拒绝了原告的查阅请求。有关《物权法》司法解释实施后，原告未再与某业委会进行沟通即提起诉讼。现某业委会愿意按法律规定接受业主的查询，但原告的知情权仅限于司法解释规定的五项内容。此外，由于原告采取暴力手段阻碍被告的正常工作，限制业委会委员的人身自由，应某房地办的要求被告已停止工作，新一届的业委会选举工作正在筹备中。

被告某业委会提交以下证据：

1. 2009年9月18日被告某业委会针对《信访答复》的投诉、2009年11月30日某房地办的回复，旨在证明某区房地局在《信访答复》中所提及的“为此业委会还专门提交报告”“与某业委会进行沟通”的事实并不存在。

2. 2008年6月10日被告某业委会与某物业公司签订的《物业服务合同》《补充协议书》及“续聘”的会议记录、续聘物业的公告、几点说明、结果公告、选票样张，旨在证明某物业公司是按程序选举产生。

3. 公共收益账目明细表，旨在证明被告某业委会已每半年一次在小区内公布公共收益账目。

4. 2009年2月14日《关于某小区续订物业服务合同的情况汇报》以及2009年4月5日、9月16日两次业委会公告，旨在证明被告某业委会已就续聘物业及维修基金等问题作出说明。

上海市闸北区人民法院经一审查明：

原告夏某鹏、杨某平、杨某华、罗某亚、周某安系上海市闸北区某小区业主。

2007 年 12 月 6 日，上海市某区房屋土地管理局向上海市闸北区某小区业主大会、被告某业委会颁发了《业主大会、业主委员会备案证》，其中明确业委会负责人为姜某章、许某琪、王某宗。

2008 年 6 月 10 日，被告某业委会与某物业公司签订《物业服务合同》，委托某物业公司对小区实施物业服务与管理。合同期 3 年，自 2008 年 6 月 10 日起至 2011 年 6 月 9 日止。之后，某业委会与某物业公司又就小区内公益收入的分配签订了《补充协议书》。

2008 年 4 月 5 日、7 月 18 日，某物业公司对小区 2005 年 8 月至 2007 年 12 月、2008 年上半年的公共收益账目制表并在小区公布。上述账目中显示 1—23 号业主外墙玻璃清洗费为人民币 4.9 万元。

2009 年 1 月、7 月，被告某业委会与某物业公司共同对小区 2008 年下半年及 2009 年上半年的公共收益账目进行公布。上述账目中显示清洗玻璃费用共计 10 万元（第一次 4.9 万元、第二次 5.1 万元）；2007 年 11 月至 2008 年 12 月期间办公费、会议费、业委会值班津贴支出 19023 元；划入小区维修基金账户 10 万元；2009 年上半年南区景观灯改造费用 35050 元以及办公费、电话费、会议费、培训费、业委会值班津贴支出 7505.7 元。

2009 年 7 月 14 日，某区房地局就原告周某安的信访作出《信访答复》，称："某物业公司以三级资质承接某超出了其资质的承接范围。我局曾就某物业公司超资质接盘的问题与业委会进行沟通，业委会表示小区刚完成物业选聘，重新选聘需花费大量人力、物力，不利于小区建设，且大多数业主也认可某物业公司的管理水平，为此业委会还专门提交报告，说明情况。我局对某物业公司保留处罚的权力。"

由于被告某业委会认为上述《信访答复》的内容与实际不符，遂向某区房地局提出投诉。2009 年 11 月 30 日，某房地办做出书面答复如下：（1）关于"我局曾就某物业公司超资质接盘的问题与业委会进行沟通"的提法，是指业委会与房办或我局各部门之间的各种形式的联系、咨询等，并非拘泥于专门派人当面沟通。（2）关于"业委会专门提交报告"的提法，实际是我局根据贵委 2008 年 9 月 2 日针对有关投诉答复的一份材料，即"关于某小区有关情况的汇报"的部分摘录引用，而非"专门报告"。（3）关于选聘物业，我局认定物业超资质接盘，保留对物业处罚权力，并未认定业委会责任；相反，肯定续聘是经业主大会表决通过的，是走过程序的。

2008 年，被告某业委会与某银行闸北支行就小区维修基金签订存款合同，将维修基金存入该行。诉讼中，法院与该行取得联系，该行向法院表示：某小区维修基金至今未有支出，维修基金的利息系由电脑操作平摊至每户业主名下，银行按期向每户业主寄发维修基金年度结存单。不存在银行给某业委会回扣一事。

诉讼中，法院与某物业公司取得联系，某物业公司表示其确未向被告某业委会提交过书面的工作报告，双方均是口头沟通。小区清洗玻璃、景观灯改造、广告费及停车费的费用清单和发票均由其负责保管，如法院认为应向原告夏某鹏、杨某平、杨某华、罗某亚、周某安提供，其愿意配合被告予以提供。由于小区公共收益尚未进入维修基金账户，故无按户分摊费用清单。

鉴于被告某业委会当庭提交了原告夏某鹏、杨某平、杨某华、罗某亚、周某安要求的部分材料，原告自愿撤回第1、2、5、7项诉讼请求。

以上事实，有原告夏某鹏、杨某平、杨某华、罗某亚、周某安提供的公共收益账目明细表、《信访答复》、业委会公告、《物业服务合同》、维修资金业主年度结存单、被告某业委会提供的对《信访答复》的投诉、某房地办的回复、《关于某小区续订物业服务合同的情况汇报》、《补充协议书》、公共收益账目明细表、"续聘"的会议记录等证据证实，足以认定。

本案的争议焦点是：业主有权请求公布、查阅资料和情况的范围以及业委会应当如何公布上述资料和情况。

〔一审裁判理由与结果〕

上海市闸北区人民法院经一审认为：

根据《建筑物区分所有权纠纷具体应用法律若干问题司法解释》的规定，业主有权请求公布、查阅维修基金的使用情况、业委会的决定及会议记录、物业服务合同、共有部分的收益情况以及其他应当向业主公开的情况和资料。根据《上海市商品住宅维修基金管理办法》（以下简称《维修基金管理办法》）的规定，业委会应将物业管理区域内收取的停车费、广告费等经营性收益及时存入维修基金账户。业委会每月应与开户银行核对维修基金账目，并按每半年一次向业主公布以下情况：维修基金交纳、使用和结存的金额；发生物业维修、更新的项目和费用以及按户分摊情况；业委会活动经费在维修基金中列支的项目和费用及按户分摊情况；维修基金使用和管理的其他有关情况。维修基金公示的目的在于能充分反映出资金的使用情况和业主分摊情况，以便于业主及时进行监督。基于以上规定，被告某业委会虽已公布四次公共收益账目，但不完整，维修基金的结存及按户分摊情况亦未能在其中全面体现。原告夏某鹏、杨某平、杨某华、罗某亚、周某安认为已公布的维修基金、公共收益账目不符合规定的理由成立，被告应按照《维修基金管理办法》第19条的规定重新公布维修基金账目，以提高维修基金的透明度。至于上述账目在何处公布的问题，法院认为在该小区的公告栏内张贴既能够起到公示的作用又较为便利，原告要求某业委会将所有账目张贴于各个门牌号码前的要求，不具备合理性和必要性，亦有违经济原则，法院难以支持。

关于原告夏某鹏、杨某平、杨某华、罗某亚、周某安第4项诉讼请求，根据《维修基金管理办法》中有关核对账目的规定，业主对公布的维修基金账目情况有异议的，可以要求业委会和物业公司提供有关的费用清单、发票原件和按户分摊费用清单进行核对。本案中，原告对于被告已公布账目中的停车费、广告费及清洗玻璃、景观灯改造、业委会值班津贴（19023 元）的收支情况有异议，被告某业委会有义务提供相应的发票、清单等以便原告进行查阅、核对及复印。如需某物业公司协助的，被告应督促其予以配合。

关于原告夏某鹏、杨某平、杨某华、罗某亚、周某安第 6 项诉讼请求，鉴于原告上述权利的行使已足以保障原告对维修基金管理和使用的知情权，原告再行要求被告提供维修资金的会计账目缺乏法律依据，亦超出了业主知情权的合理范围，法院难以支持。

原告夏某鹏、杨某平、杨某华、罗某亚、周某安在诉讼中自愿撤回部分诉请，并无不妥，可予准许。

据此，上海市闸北区人民法院于 2010 年 8 月 11 日判决：

一、被告某业委会应于本判决生效之日起三十日内重新公布 2007 年下半年至 2009 年上半年的维修资金和公共收益账目（按每半年一次），并将上述账目张贴于小区公告栏内；

二、被告某业委会应于本判决生效之日起三十日内向原告罗某亚、夏某鹏、杨某平、杨某华、周某安出示上述账目中的停车费、广告费及清洗玻璃、景观灯改造、业委会值班津贴（19023 元）的费用清单、发票原件和按户分摊费用清单（原告如需复印的，被告应予提供，复印费由原告自行承担）；

三、原告周某安、夏某鹏、杨某平、杨某华、罗某亚其余的诉讼请求，不予支持。

一审判决宣判后，双方当事人均未提出上诉，一审判决已经发生法律效力。

2. 孙某军与南京市某小区业主委员会业主知情权纠纷案

原告：孙某军

被告：南京市某小区业主委员会（以下简称某业委会）

〔基本案情〕

原告孙某军与被告某业委会发生业主知情权纠纷，向南京市鼓楼区人民法院提起诉讼。

原告孙某军诉称：原告系某小区业主，本届业主委员会自 2012 年 12 月接手小区以来，管理混乱，财务收支不透明，从不公开依法应公开的信息，甚至出现违法行为，致使原告等广大业主合法权益受到损害。原告曾到业委会要求查询相关信息被推托。为维护业主合法权益，原告向法院提起诉讼，请求依法判决：1. 被告某业委会在小区公告栏内公布下列情况及资料：（1）某小区建筑物及附属设施的维修资金筹集、使用情况；（2）本届业主委员会所有决定、决议和会议记录；（3）本届业主委员会与物业公司之间的服务合同和共有部分的使用及收益情况；（4）本小区停车费收支分配和车位处分情况；（5）本届业主委员任期内的各年度财务收支账目、收支凭证。2. 诉讼费用由被告承担。

被告某业委会辩称：（1）原告孙某军的请求应通过业主大会集体行使。现因部分业主与被告产生冲突导致业委会无法召开，故原告起诉公布事项无法通过业主大会进行公示。（2）原告要求公布维修资金的使用情况，被告将当庭公示原告所属单元的维修资金使用情况。而且小区维修资金的使用应向相关管理部门申报，业委会并未掌握相关情况。（3）关于车位的情况。车位使用是根据先到先用的原则分配，故无法提供具体处分情况，原告应向小区物业公司质询。对于其他的诉求，被告已经予以公示。

南京市鼓楼区人民法院经审理查明：原告孙某军系南京市鼓楼区清风园×幢×单元××室房屋的所有权人，其房屋位于某住宅小区内。

2014 年 4 月 4 日，被告某业委会于小区公告栏内张贴《关于目前业委会账户资金情况的说明》，主要内容为：2014 年 1 月 27 日，业委会代表小区收取过街通道征地补偿款 2334820 元，为使公共收益保值增值，业委会工作人员于 2014 年 2 月 26 至 28 日通过网上银行分四笔合计 260 万元借用个人账户购买两只货币基金，后应法院要求，于 2014 年 4 月 3 日申请赎回，4 月 4 日，本金 260 万元及收益 10443. 12 元均已归入业委会公共账户，特予以公示。后被告在小区公告栏内对 2013 年度、2014 年度的业委会收支情况进行公示，2013 年度收支一览表载明收支各 5 项；2014 年度收支一览表载明收入 3 项、支出 4 项。2015 年 7 月 11 日，被告在小区公告栏内张贴公告，告知全体业主：小区物业变更及 2014 年业委会财务收支账目等信息已公布，如业主对有关信息需要进一步了解，请到业委会办公室询问和查阅。

另查明：2012 年 12 月 14 日，上届某业委会与无锡市某物业管理有限公司（以下简称某物业公司）签订《某小区物业服务合同》，委托其对小区物业进行管理。该物业服务合同已在小区公告栏内张贴。2015 年 3 月 15 日，被告某业委会向某物业公司发函催交 2014 年度公共收益，某物业公司答复称，将于 2015 年 3 月 30 日前将 2014 年度公共收益情况提交并公示，具体欠交金额及结算日期将与被告商定后实施。2015 年 6 月 19 日，被告在小区公告栏内张贴《物业变更公示》，告知小区业主：接某物业公司通知，因其面临破产，推荐江苏甲物业服务公司（以下简称甲公司）进行托管。后被告与甲公司签订物业服务合同，并在小区公告栏内公布《物业服务合同》。原告孙某军因要求被告公开相关信息，与被告产生纠纷，遂诉至法院，要求判如所请。

庭审中，被告某业委会举证招标时间为 2013 年 7 月的某小区屋面、墙体防水工程的开标、评标公示、招标文件、中标通知书、维修资金申请使用征询意见表及部分公摊明细等涉及维修资金使用情况的文件。原告孙某军对此认可，但认为被告应公布全部维修资金的情况，而非专项维修资金的情况。

〔一审裁判理由与结果〕

南京市鼓楼区人民法院经审理认为：业主对小区公共事务和物业管理的相关事项享有知情权，可以向业委会、物业公司要求公布、查阅依法应当向业主公开，且确由业委会和物业公司掌握的情况和资料。原告孙某军作为业主，可以向被告某业委会主张公布由被告掌握的情况和资料。根据《建筑物区分所有权纠纷具体应用法律若干问题司法解释》第13条之规定，“业主有权请求公布、查阅下列应当向业主公开的情况和资料的，人民法院应予支持：(一）建筑物及其附属设施的维修资金的筹集、使用情况；(二）管理规约、业主大会议事规则，以及业主大会或者业主委员会的决定及会议记录；(三）物业服务合同、共有部分的使用和收益情况；(四）建筑区划内规划用于停放汽车的车位、车库的处分情况；(五）其他应当向业主公开的情况和资料”。因此被告认为原告主张的权利应通过业主大会予以集体行使的抗辩理由，没有法律依据，且有违经济、便利原则，不利于业主上述知情权利的行使与保护，因此不予支持。某业委会应保障业主对上述资料进行查阅的权利，并及时公布与业主利益相关的资料。

关于原告孙某军请求公布某小区建筑物及其附属设施的维修资金筹集、使用情况的主张。建筑物及其附属设施的维修资金属于业主共有，用于住宅共有部位、共用设施设备保修期满后的维修及更新，业主有权了解其使用情况。被告某业委会作为小区全体业主的代表对小区进行管理，对于维修资金的筹集及使用情况应当知晓，而且资金是否由其直接掌握不影响其对维修资金情况的公布。被告向法院提交的2013年某小区屋面、墙体防水工程等资金使用情况，仅为部分资金的使用情况，并非全部维修资金的筹集、使用情况。故对原告的该项诉请，予以支持。

关于原告要求公布本届业主委员会所有决定、决议和会议记录的主张。业委会作出的决定、决议和会议记录与业主的权利紧密相关，应予公开，并供业主查阅。在本案审理过程中，被告虽已提交了相关会议纪要等证据，但并未在小区内向全体业主公布，故对原告的该项诉请，予以支持。

关于原告要求公布本届业主委员会与物业公司之间的物业服务合同和共有部分的使用及收益情况的主张。被告在小区公告栏内已经张贴了某物业公司、甲公司所签订的《物业服务合同》，原告亦可通过被告办公室查阅上述物业服务合同，因此对于原告该项主张，不予支持。小区共有部分使用和收益与业主的利益亦是密切相关，虽存在某物业公司未及时上交公共收益等的问题，但是被告作为全体业主代表应及时追缴，保障业主的合法权利，并将目前的使用和收益情况及时公布。

关于原告要求公布本小区停车费收支分配和车位处分情况的主张。小区共有停车位，即规划区外的车位，虽由物业公司代管，但归属小区全体业主共有，业主对于小区共有部分停车费的收支分配及停车位处分情况享有知情权。被告应及时联系物业公司，及时公布上述信息。故对于原告的该项主张，予以支持。

关于原告主张公布本届业主委员任期内的各年度财务收支账目、收支凭证的主张。小区财务收支与小区业主具体利益息息相关，业委会应予公布。被告虽在小区公告栏内公布了2013年度及2014年度的收支一览表，项目较少且不尽详细，后被告虽在庭审中提供账目明细表及凭证，但并未履行公布的义务，因此支持原告的主张。

综上，南京市鼓楼区人民法院依照《建筑物区分所有权纠纷具体应用法律若干问题司法解释》第13条、《民事诉讼法》第64条以及《民事诉讼法司法解释》第90条之规定，于2015年9月16日作出判决：

一、被告南京市某小区业主委员会于本判决生效之日起三十日内在小区公告栏内或公共区域内张贴公布本届业主委员会成立以来某小区建筑物及附属设施的维修资金筹集、使用情况；

二、被告南京市某小区业主委员会于本判决生效之日起三十日内在小区公告栏内或公共区域内张贴公布本届业主委员会成立以来业主委员会的决定、决议和会议记录；

三、被告南京市某小区业主委员会于本判决生效之日起三十日内在小区公告栏内或公共区域内张贴公布本届业主委员会成立以来（每半年一次）某小区共有部分的使用及收益情况；

四、被告南京市某小区业主委员会于本判决生效之日起三十日内在小区公告栏内或公共区域内张贴公布本届业主委员会成立以来某小区停车费收支分配及车位处分情况；

五、被告南京市某小区业主委员会于本判决生效之日起三十日内在小区公告栏内或公共区域内张贴公布本届业主委员会成立以来各年度财务收支账目明细、收支凭证。

一审判决后，双方均未上诉，该判决已发生法律效力。

第七章　建筑物共有

规则 10：建筑物共有部分在物业服务企业物业管理期间所产生的收益属全体业主所有，物业服务企业可以享有一定比例的收益

——无锡市某小区业主委员会与上海某物业管理有限公司等物业管理纠纷案[①]；重庆市某房地产开发有限公司诉重庆市九龙坡区某小区业主委员会车位纠纷案[②]

【裁判规则】

业主对建筑物专有部分以外的共有部分，享有权利，承担义务。共有部分在物业服务企业物业管理（包括前期物业管理）期间所产生的收益，在没有特别约定的情况下，应属全体业主所有，并主要用于补充小区的专项维修资金。物业服务企业对共有部分进行经营管理的，可以享有一定比例的收益。

【规则理解】

一、建筑物共有部分的认定

所谓建筑物区分所有权，是指建筑物区分所有权人对专有部分的所有权、共有部分的共有权，以及基于共同关系而产生的成员权共同组成的复合性权利。其中，对共有部分的共有权，是指区分所有人依据法律、合同以及区分所有人之间的规约，对建筑物的共有部分、基地使用权、小区的土地使用权及设施等共同享有的财产权利，该权利具有主体人数众多，与专有权密切联系，以及客体广泛等特点。[③] 共有权的行使对于维护建筑物整体安全，以及小区生活安宁十分重要，而共有权的行使又以共有部分的准确界定为前提。

（一）我国《民法典》对共有部分界定的内容

1.《民法典》第 273 条第 1 款采取排除法对共有部分的界定进行了概括性

① 《中华人民共和国最高人民法院公报》2010 年第 5 期。

② 《中华人民共和国最高人民法院公报》2021 年第 2 期。

③ 王利明：《物权法论》，中国政法大学出版社 2003 年版，第 367—368 页。

规定："业主对建筑物专有部分以外的共有部分，享有权利，承担义务；不得以放弃权利为由不履行义务。"根据该条规定，专有以外的部分，均属于共有部分。但由于现实生活中对何为专有部分、何为共有部分本就模糊不清，在专有部分并不确定的情况下，该条规定对于共有部分的界定同样模糊不清。对此，《民法典》还对一些重要的共有部分进行了明确规定。

2.《民法典》第274条规定："建筑区划内的道路，属于业主共有，但是属于城镇公共道路的除外。建筑区划内的绿地，属于业主共有，但是属于城镇公共绿地或者明示属于个人的除外。建筑区划内的其他公共场所、公用设施和物业服务用房，属于业主共有。"根据上述规定，可以确定如下部分为建筑物区分所有权人共有部分：（1）道路。建筑物区分所有权人进出其专有部分，维护正常生活必须有合理通行的道路。因此，道路属于业主共有部分，但是城镇公共道路关系到全体公民通行的权利，不属于业主所有，而应当属于国家所有。（2）绿地。建筑区划内的绿地属于小区公共环境的组成部分，原则上应当属于业主共有。但如果该绿地属于城镇公共绿地，则不属于业主共有。此外，如果房地产开发企业在出售房屋时，将某块绿地明确列入买受人的购房范围并予以了公示，则该片绿地应属于买受人专有，而不属于全体业主共有。（3）物业管理用房。《物业管理条例》第30条规定，建设单位应当按照规定在物业管理区域内配置必要的物业管理用房。物业管理用房系由建设单位依法配置，但其并不属于建设单位。根据《民法典》第274条的规定，物业服务用房属于全体业主共有。建设单位将小区房屋出售后，即对物业服务用房不享有所有权，如果建设单位仍保留部分房屋，则建设单位也可以成为区分所有权人，与其他业主享有物业管理用房的共有权。物业服务用房属于业主共有，还意味着建设单位不得将物业服务用房作为专有部分出售给他人。同时，由于物业服务用房属于全体业主所有，物业服务公司也不得随便改变其用途。对此，《物业管理条例》也有明确规定，该条例第37条规定："物业管理用房的所有权依法属于业主。未经业主大会同意，物业服务企业不得改变物业管理用房的用途。"此外，需要说明的是，建筑区划内的道路、绿地属于业主共有，是指该道路、绿地的使用权，以及该土地上的附属物属于业主共有，而非该土地的所有权属于业主共有。

3.《民法典》第275条规定，建筑区划内，规划用于停放汽车的车位、车库的归属，由当事人通过出售、附赠或者出租等方式约定。占用业主共有的道路或者其他场地用于停放汽车的车位，属于业主共有。第276条规定，建筑区划内，规划用于停放汽车的车位、车库应当首先满足业主的需要。根据该条规定，车库、车位的归属应根据不同情况而定。（1）非占用业主共有的道路或者其他场地，规划用于停放汽车的车位、车库，首先应满足业主的需要，即该部分车位、车库，建设单位可以通过附赠、出售等方式交由业主使用，其所有权可属于建设单位或者出钱购买的业主。（2）非占用业主共有的道路或者其他场地，规划用于停放汽车的车位、车库，在满足业主的需要后，可由建设单位通过出售、出租等方式交由业主以外的人使用。（3）占用业主共有的道路或者其他场地用于停放汽车的车位，属于业主共有。既然道路或其他场所属于业主共有，其上的附属物，即车位理应属于业主共有。

4.《民法典》第281条规定，建筑物及其附属设施的维修资金，属于业主共有。经业主共同决定，可以用于电梯、屋顶、外墙、无障碍设施等共有部分的维修、更新和改造。建筑物及其附属设施的维修资金的筹集、使用情况应当定期公布。紧急情况下需要维修建筑物及其附属设施的，业主大会或者业主委员会可以依法申请使用建筑物及其附属设施的维修资金。商品住房在出售时，购房者应当按照规定比例交纳维修基金，由建设单位代收，聘请物业服务企业后，维修基金可交由物业服务公司代管。由于物业维修资金由全体业主所交纳，且维修资金用于建筑物及其附属设施的维修，关系到建筑物及其附属设施能否正常使用，从而关系到全体业主的共同利益，所以维修资金应属于全体业主共有。此外，根据该条规定，电梯、水箱属于共有部分。

（二）司法解释对共有部分的规定内容

《建筑物区分所有权纠纷适用法律若干问题司法解释》对共有部分的认定作了补充规定，该司法解释第3条规定：“除法律、行政法规规定的共有部分外，建筑区划内的以下部分，也应当认定为民法典第二编第六章所称的共有部分：（一）建筑物的基础、承重结构、外墙、屋顶等基本结构部分，通道、楼梯、大堂等公共通行部分，消防、公共照明等附属设施、设备，避难层、设备层或者设备间等结构部分；（二）其他不属于业主专有部分，也不属于市政公用部分或者其他权利人所有的场所及设施等。建筑区划内的土地，依法由业主共同享有建设用地使用权，但属于业主专有的整栋建筑物的规划占地或者城镇公共道路、绿地占地除外。”根据上述规定，除了法律、行政法规规定的共有部分之外，房屋的基本结构部分、公共通行部分和其他公用部分，包括建筑物的承重结构、消防、公共照明设施等，属于业主共有。此外，由于我国在法律上确定了“房随地走”或“地随房走”的原则，业主拥有房屋的专有权，理应享有相应的建设用地使用权。由于在建筑物区分所有权中，具体专有部分对应的建设用地无法区分，因此，司法解释规定，建设用地使用权由业主共有。但是，也存在例外情形：（1）建筑区划内某一栋房屋完全属于特定业主的情况下，由于该栋房屋属于特定业主专有，相应的建设用地使用权的面积也可确定，并归属于该特定业主所有。因此，属于业主专有的整栋建筑物的规划占地属于该特定业主所有，不属于全体业主共有。（2）城镇公共道路、绿地属于国家所有，不属于业主共有。

二、建筑物区分所有权人对建筑物共有部分共有权的行使

《民法典》第273条规定："业主对建筑物专有部分以外的共有部分，享有权利，承担义务；不得以放弃权利为由不履行义务。业主转让建筑物内的住宅、经营性用房，其对共有部分享有的共有和共同管理的权利一并转让。"究竟建筑物区分所有权人对共有部分享有何种权利，应承担何种义务？一般而言，建筑物区分所有权人的共有权，虽从属于专有权，其权利的行使受制于专有权的存在与否，专有部分面积的大小，以及其他专有权人的意志，但就其权能而言，仍包括占有、使用、收益和处分，其义务取决于全体业主的公共利益的实现。

（一）建筑物区分所有权人对共有部分的权利

建筑物区分所有权人对共有部分的权利包括占有、使用、收益和处分四部分。不过，建筑物区分所有权的共有权不同于专有权，也不同于其他共有权，有其自身的特点。

第一，建筑物区分所有权人共有权的存续取决于专有权的存续。建筑物区分所有权具有复合性，对专有部分的专有权、对共有部分的共有权，以及成员权三位一体，不可分割。业主取得建筑物区划内的住宅或经营性用房的，一并取得共有部分的共有权。同时，业主转让住宅或者经营性用房的，其对共有部分享有的权利一并转让。业主不可以转让专有部分而保留共有部分，也不得转让共有部分而保留专有部分。

第二，建筑物区分所有权人对共有部分享有占有、使用、收益和处分等权利。首先，既然共有部分属于全体业主共有，受一物一权原则的限制，该共有部分当然不能再属于其他主体所有，包括建设单位与物业服务企业。即房屋出售后，除非建设单位保留部分住宅或经营性用房，因此，成为建筑物的区分所有权人，其不再对建筑物及其附属设施享有专有权或共有权；物业服务企业除非购买房屋，同时成为业主，从而按照其专有部分的面积享有权利外，对共有部分也不享有权利。因此，建设单位与物业服务企业均对共有部分不享有占有、

使用、收益或处分的权利。建设单位或者其他行为人擅自占用、处分业主共有部分、改变其使用功能或者进行经营性活动的，依照《建筑物区分所有权纠纷适用法律若干问题司法解释》第14条的规定，业主可以请求排除妨害、恢复原状、确认处分行为无效或请求赔偿损失，对于擅自进行经营性活动的，业主可以请求建设单位、物业服务企业或者其他管理人等将扣除合理成本之后的收益用于补充专项维修资金或者业主共同决定的其他用途。在物业服务企业管理期间，物业服务企业可与业主约定共用部分的使用、收益等事项，并就共有部分所产生收益的归属进行约定，在没有约定的情况下，共用部分的收益应归于全体业主。

其次，建筑物区分所有权人对共有部分占有、使用、收益、处分等权利的行使受制于其他专有权人的意志，以及专有部分的面积。《民法典》第283条规定："建筑物及其附属设施的费用分摊、收益分配等事项，有约定的，按照约定；没有约定或者约定不明确的，按照业主专有部分面积所占比例确定。"根据《民法典》第278条的规定，改建、重建建筑物及其附属设施，应当经参与表决专有部分面积四分之三以上的业主且参与表决人数四分之三以上的业主同意。决定共有和共同管理权利的其他重大事项，应当经参与表决专有部分面积过半数的业主且参与表决人数过半数的业主同意。何为"有关共有和共同管理权利的其他重大事项"？《建筑物区分所有权纠纷适用法律若干问题司法解释》第7条有进一步的规定："处分共有部分，以及业主大会依法决定或者管理规约依法确定应由业主共同决定的事项，应当认定为民法典第二百七十八条第一款第（九）项规定的有关共有和共同管理权利的'其他重大事项'。"

（二）建筑物区分所有权人对共有部分的义务

第一，业主应当按照共有部分的用途合理使用共有部分，不得违反法律法规的相关规定，以及业主大会的决议或管理规约。根据《建筑物区分所有权纠纷适用法律若干问题司法解释》第15条的规定，业主不得损害房屋承重结构，损害或者违章使用电力、燃气、消防设施，在建筑物内放置危险、放射性物品等危及建筑物安全或者妨碍建筑物正常使用；违反规定破坏、改变建筑物外墙面的形状、颜色等损害建筑物外观；违反规定进行房屋装饰装修；违章加建、改建，侵占、挖掘公共通道、道路、场地或者其他共有部分。

第二，业主应当分担共同费用。如在购买住宅或者经营性用房时，应当按照规定交纳维修基金，并分摊其他建筑及附属设施的费用。

第三，维护、保管共有部分。对于共有部分的维护、清洁与保管，全体业主均负有相应的义务。

第四，业主对共有部分的义务，不以业主实际使用该共有部分为前提，也不得以放弃权利为由不履行义务。业主对共有部分的义务为法定义务，只要业主仍享有专有部分所有权，共有部分的使用与维护就与其密切相关，其对共有部分的义务也必须承担。

【拓展适用】

一、对车库、车位归属处理的把握

《民法典》第275条规定，建筑区划内，规划用于停放汽车的车位、车库的归属，由当事人通过出售、附赠或者出租等方式约定。占用业主共有的道路或者其他场地用于停放汽车的车位，属于业主共有。第276条规定，建筑区划内，规划用于停放汽车的车位、车库应当首先满足业主的需要。该条规定对小区车库、车位的归属及处置进行了规定。但由于车库、车位问题关系到全体业主的切身利益，由此引发的纠纷也各不相同，上述规定尚不足以解决现实生活中的全部问题。

（一）对首先满足业主需要的理解

“业主的需要”是指全体业主的需要，还是某一位业主的需要？是指业主入住时的需要，还是业主随时的需要？开发商如何做才算是符合“首先满足业主的需要”的要求？有观点认为，首先满足业主的需要是指业主享有优先购买权或优先承租权，即在同等条件下，建设单位应当将车库、车位优先出售或出租给业主。笔者不赞同这一观点。因为，如果业主之外的人可以出价更高，则业主无法购买或承租车库、车位，车库、车位将由业主之外的人购买，这将不利于小区的管理，也将有损小区业主的利益。笔者认为，建设单位应当对车库、车位合理定价，由业主首先购买；如果业主暂无力购买，则应当由业主首先承租。在业主不愿购买或承租的情况下，才能出售或出租给业主之外的人。目前的普遍情况是车库、车位不足，难以满足所有业主的需要，因此，建设单位应当满足的是业主的合理需要。但是，业主的需要也不应当是无限制、无期限地满足。如业主购买房屋时没有购买汽车，表示不需要购买车库、车位，入住后购买了汽车，是否可以随时要求购买或者承租车位、车库呢？答案是否定的。如果建设单位尚有可以出售的车位、车库，应当首先满足该业主的需要；如果尚有可以出租的车位、车库，也应首先出租给业主。但如果建设单位已将车库、车位出售、出租完毕，则不可能再满足业主的需要。而且，有些家庭可能拥有几辆汽车，也无法满足该家庭的全部需要。

《建筑物区分所有权纠纷适用法律若干问题司法解释》第 5 条规定："建设单位按照配置比例将车位、车库，以出售、附赠或者出租等方式处分给业主的，应当认定其行为符合民法典第二百七十六条有关'应当首先满足业主的需要'的规定。前款所称配置比例是指规划确定的建筑区划内规划用于停放汽车的车位、车库与房屋套数的比例。"该司法解释进一步明确"首先满足业主的需要"的标准为"按照配置比例"，方式包括"出售、附赠或者出租"等。

配置比例，是指规划确定的车位、车库与房屋套数的比例。当车位、车库的数量大于或者等于房屋套数时，业主对车库、车位的需求一般情况下均能得到满足。当车位、车库的数量小于房屋套数时，随着业主购买汽车数量的增多，车位、车库的供求矛盾将日益凸显，开发商须将规划确定的配置比例内的车位、车库用于满足业主需要。

（二）未"首先满足业主需要"情形下处分效力的确定

建设单位未将车位、车库"首先用于满足业主需要"，而将车库、车位出售、出租或赠与他人时，其效力如何认定？对该问题的回答取决于《民法典》第 276 条规定的性质，是管理性强制性规范，还是效力性强制性规范？如果属于管理性强制性规范，则违反该条并不必然导致合同无效；如果属于效力性强制性规范，则建设单位对车库、车位的处分将无效。对此，目前司法实践中倾向于认为该条属于效力性强制性规范。最高人民法院主流观点认为：如果不属于效力性强制性规定，那么开发商可以任意处分车位、车库给业主之外的第三人，出售或者出租给某个业主过多的车位、车库，其结果会使整个小区业主的停车利益受到损害。导致出现因该规定不是强制性规定，开发商就可以不承担责任的结果。如果出现这种结果，应当认为其与《民法典》第 276 条的立法初衷是大相径庭的。因此，我们认为，《民法典》第 276 条关于车位、车库应当首先满足业主的需要的规定属于强制性规定。如果开发商违反了该规定出卖或者出租车位、车库，有利害关系的业主请求宣告该买卖行为无效或者请求终止租赁关系的，人民法院应予支持。

（三）建设单位是否可将车位、车库出售、出租给业主以外的第三人

根据《民法典》第 275 条第 2 款的规定，占用业主共有的道路或者其他场地用于停放汽车的车位，属于业主共有。因此，占用业主共有的道路或者其他场地用于停放汽车的车位，建设单位当然无权出售或者赠与业主之外的第三人，即使是出租，也应由业主共同决定，且收益应当属于业主共有。但对于其他车

位、车库，建设单位在满足业主需要之后，是否可以出售、赠与或者出租给第三人呢？从第275条第1款的规定来看，建筑区划内，规划用于停放汽车的车位、车库的归属，由当事人通过出售、附赠或者出租等方式约定，那么，是否建设单位首先满足业主需要后，可以对其他车位、车库进行处分呢？如果可以，购买车位、车库的人是否成为车位、车库的专有权人，是否可以成为小区业主，并进而享有业主的共有权利和成员权？如果说不能因为购买车位、车库成为业主，那么如何理解《建筑物区分所有权纠纷适用法律若干问题司法解释》第3条第2款关于“建筑区划内的土地，依法由业主共同享有建设用地使用权……”的规定？既然购买车位、车库的人不能享有建设用地使用权的共有权，那如何能享有车位、车库的所有权？既然建筑区划内的土地，依法由业主共同享有建设用地使用权，而业主必须是专有部分的所有人，那么建设单位应当无权将车库、车位出售给业主以外的第三人，而且，“如果开发商将小区的车位随意地转让或出租给小区之外的第三人，第三人作为产权人必然可以随意出入，这不仅对于小区的管理带来不便，也会影响业主生活的安全”。[①] 但是，在车位、车库满足业主需要之后，仍有剩余的，应当允许建设单位出租给第三人，以保障建设单位的利益，同时可缓解目前车位紧张、停车困难的问题。

二、绿地的专有使用权

《民法典》第274条规定：“建筑区划内的道路，属于业主共有，但是属于城镇公共道路的除外。建筑区划内的绿地，属于业主共有，但是属于城镇公共绿地或者明示属于个人的除外。建筑区划内的其他公共场所、公用设施和物业服务用房，属于业主共有。”《建筑物区分所有权纠纷适用法律若干问题司法解释》第3条第2款规定：“建筑区划内的土地，依法由业主共同享有建设用地使用权，但属于业主专有的整栋建筑物的规划占地或者城镇公共道路、绿地占地除外。”根据上述规定，建筑区划内的绿地在有明示的情况下，可以属于个人所有。对此，司法实践中需要明确两个问题：一是属于个人所有是指绿地属于个人所有，还是该绿地所在的建设用地使用权属于个人所有？二是如何明示？

（一）关于绿地属于个人所有的理解

根据我国《民法典》及其他相关法律法规的规定，土地所有权属于国家或者集体所有，任何个人均不得享有土地所有权，因此，绿地所在的建设用地所有权属于国家，不论是开发商，还是物业服务企业，或者是业主个人，均对绿

---

① 王利明：《物权法论》，中国政法大学出版社2008年版，第173页。

地所在的建设用地不享有所有权，对此并无争议。争议的问题在于上述规定中提到的绿地属于个人所有，是绿地所在的建设用地使用权属于个人所有还是仅该“草坪”属于个人所有？认为绿地所在的建设用地使用权属于个人所有的理由主要是绿地属于专有部分的组成部分；认为仅仅“草坪”属于个人所有的理由在于专有部分对应的建设用地使用权尚不可能明确，目前也不可能对绿地所占的建设用地使用权进行登记。

从文义上看，《民法典》规定是绿地属于业主共有，然后对明示属于个人所有的绿地进行了排除，并不能看出该处所指绿地属于业主共有是绿地所在的建设用地使用权属于业主所有，还是草坪属于业主所有，但从《建筑物区分所有权纠纷适用法律若干问题司法解释》第 3 条第 2 款的规定来看，即使明确建筑区划内的土地由业主共同享有建设用地使用权，但对绿地占地进行了排除。从该条司法解释整体来理解，前后对应，应当理解为建设用地使用权。如此一来，就不难理解业主对绿地建设用地使用权从何而来。一般而言，业主对绿地的权利来源于其与开发商之间商品房买卖合同的约定，问题在于，开发商将房屋出售后，其不是业主，对建筑区划内的建设用地使用权应不享有任何权利，绿地也不具有构造上的独立性与使用上的独立性，不属于专有部分，开发商也应不能将绿地的使用权保留下来或者单独出售，那么在开发商对绿地所在的建设用地使用权不享有权利的情况下，其为何可以将该建设用地使用权让与业主？显然上述逻辑不能成立。因此，业主不能享有绿地所在建设用地的使用权。但如果认为业主对绿地的权利仅限于草坪，恐怕也不妥。如果业主对绿地的权利仅限于草坪，那么如果草坪灭失，业主的权利将不复存在，而且，业主也无权在该土地上另行种植其他植物。笔者认为，业主对绿地享有的权利应是对绿地所在建设用地的专有使用权，即开发商与业主通过约定，将某部分绿地所在建设用地的专有使用权让与某些或者某个业主专有使用。作为转让人，即开发商在出售房屋时可以保留部分绿地的专有使用权，并将之出售或者赠与某些业主。业主受让后，即对该绿地所在的建设用地享有专有使用权，即使草坪灭失，该业主仍可以另行种植，恢复绿地，并按照自己的方式打理绿地。但是，业主行使绿地的专有使用权也不得改变绿地的规划用途，例如在该绿地上改建住房等。

（二）关于明示的方式

明示应当分为两部分，包括开发商在出售房屋时向所有业主明示，该部分绿地的专有使用权属于部分业主，以及开发商具体明示绿地的专有使用权属于该业主。由于绿地关系到全体业主的共同利益，某些业主甚至可能是因为该建筑小区绿化环境好而购买住房，如果事实上开发商已将绿地全部或大部分通过出售、附赠等方式让与部分业主，则其他业主的利益势必受到侵害，甚至影响业主购买房屋的根本目的。故开发商如欲保留部分绿地的专有使用权，并将之让与部分业主，必须向全体业主明示。明示的方式可以是在全部商品房买卖合同中明确告知，也可采取在所有业主可以获悉的地方公示，并在出售房屋时向其明确说明。业主在明知此情况下仍签订商品房买卖合同应当视为其对此予以认可。业主向具体业主明示绿地的专有使用权属于该业主的方式，一般是通过在商品房买卖合同中进行约定的方式进行，且商品房买卖合同均必须进行备案，故该明示方法已经较为明确。鉴于一般情形下，我国并不要求业主对专有部分的所有权，以及其他财产权利予以公开，因此，具体业主对绿地的专有使用权也无须向其他业主明示，仅供利害关系人查阅即可。

此外，由于法律并未规定开发商可以将何种绿地出售给个人，以及属于个人的绿地占全部绿地的比例，在实践中有可能出现开发商将大部分绿地专有使用权出售给业主个人所有，从而谋取利益，并损害全体业主利益的情形。对此，应当明确的是，可以出售给单个业主的绿地必须是与业主房屋相邻的部分，且应严格限制占全部绿地的比例。否则，可以否定其相应的效力。

【典型案例】

1. 无锡市某小区业主委员会与上海某物业管理有限公司等物业管理纠纷案

原告：江苏省无锡市某小区业主委员会（以下简称业委会）

代表人：常某靖，该业主委员会主任

被告：上海某物业管理有限公司无锡分公司（以下简称无锡分公司）

代表人：袁某栋，该公司经理

被告：上海某物业管理有限公司（以下简称物业公司）

法定代表人：徐某进，该公司董事长

〔基本案情〕

原告业委会因与被告无锡分公司、被告物业公司发生物业管理纠纷，向江苏省无锡市锡山区人民法院提起诉讼。

原告业委会诉称：2002 年 11 月 25 日，被告物业公司与无锡市某小区住宅小区的开发商无锡甲房地产开发有限责任公司（以下简称甲地产开发公司）签订前期物业管理委托合同一份，约定甲地产开发公司委托物业公司对某小区进行物业管理，管理期限为 2002 年 11 月 25 日起至某小区业委会成立时止。合同成立后，物业公司安排被告无锡分公司具体对某小区实施物业管理。2007 年 12 月 22 日，原告业委会依法成立。2008 年 6 月 21 日，业委会根据某小区业主大会作出的业主自治决议，致函物业公司，明确不再与其签订物业管理合同，并要求物业公司及时办理移交。2008年7月17日，物业公司即派员与业委会正式办理移交，并签订了移交清单一份，明确物业公司应向业委会移交的物业管理费等费用总额为2327931.87元，其中小区共有部分收益结算的期间为2008年1月至6月。业委会经审查物业公司移交的资料发现，无锡分公司在2004年至2007年间，收取了小区共有部分收入5967370.31元未列入移交。为维护全体业主的利益，遂诉至法院，要求物业公司和无锡分公司立即返还移交清单确认的2327931.87元中的2273872.32元（差额部分54059.55元为双方协议订立后业委会认可应返还给物业公司部分），及2004年至2007年共有部分收益的70%即4177159.22元，两项合计6451031.54元。

原告业委会提交了以下证据：

1. 原告业委会备案证明及无锡市物业管理区域内业主委员会备案回执各一份，用于证明业委会依法成立的事实。

2. 2008年1月11日原告业委会和被告无锡分公司的会议纪要一份，用于证明业委会与无锡分公司开会要求进行资料移交。

3. 2008年6月23日被告物业公司与原告业委会的会议纪要一份，用于证明双方协议商谈某小区业主自治后双方的交接事宜。

4. 通知一份，用于证明原告业委会向被告物业公司发出通知，告知其某小区业主大会决议实施业主自治，要求物业公司移交相关资料和结算相关工人工资和日常费用的事实。

5. 2008年6月29日的物资移交协议、2008年6月29日的资料移交协议、2008年6月30日无锡某小区对外合同修正协议，用于证明原告业委会和被告物业公司协议商定进行相关物资和材料的移交。

6. 2008年6月29日，原告业委会和被告物业公司签订的无锡某小区退盘人事关系处理协议，用于证明双方对相关人员进行安置的事实。

7. 2008年7月17日“关于无锡某小区退盘移交协议”一份，用于证明被告物业公司同意于2008年6月23日退出对某小区的物业管理，进行有关资料的移交。

8. 2008年7月17日“物业公司某小区一期、二期结算款项移交清单”一份。证明双方就2008年间被告物业公司应移交给原告业委会的财物达成协议的事实。

9. 2008年7月21日原告业委会致被告物业公司的书函。证明业委会要求物业公司确认其经办人于2008年6月23日至7月17日期间，与业委会签订的一系列协议的事实。

10. 2008年7月29日被告物业公司对原告业委会的回函，用于证明物业公司对双方签订的人事关系处理、资料移交、对外合同签订、物资移交四个方面的协议无异议，并要求在费用结算上双方应继续协商的事实。佐证2008年7月17日的移交清单并不是双方对所有事项的全部了结。

11. 2005年至2007年被告无锡分公司制作的当年的收支情况表，以及2004年部分收退费日报表等，用于证明被告物业公司2004年至2007年的共有部分收入共计5967370.31元应当移交。

被告物业公司、无锡分公司辩称：2002年11月25日，物业公司与甲地产开发公司协商签订前期物业管理合同，并由无锡分公司具体实施对某小区的物业管理属实。在原告业委会成立后，双方已陆续办理了资料等的移交，并通过结算，于2008年7月17日订立移交清单，该清单明确截至2008年6月30日，物业公司应结算给业委会的款项总额为2327931.87元。这是双方对实施前期物业管理期间的总结算，是对应当移交给业委会所有资料和财产的“一揽子”处理方案。移交清单第十条也明确：“双方约定，在各自管理期限内的应由各自承担的收入、支出由各自承担。”依据该约定可以看出，双方之间已经解决了所有争议，故现业委会的诉讼请求，超出了双方协议的范围，其超出部分的诉讼主张，不应得到法院的支持。根据协议，物业公司、无锡分公司应当移交给业委会的款项总额为2327931.87元，扣除业委会诉讼请求中已认可给物业公司的54059.55元，现已实际支付了1857995.72元，故尚需移交业委会415876.6元。对该部分款项，同意及时移交。

退一步讲，即使移交清单未包括2004年至2007年的共有部分收益，原告业委会的诉讼请求也无事实和法律依据，应予驳回。主要理由是：根据相关法规和地方性法规，该共有部分的收入应首先去除成本计算出收益，对该收益应当首先弥补物业公司的管理成本，超出部分还应当保证物业公司8%的利润，在此之后如还存余额的，才能按照一定的比例由物业管理企业和业主共享。就本案而言，物业公司和无锡分公司对某小区的管理，本来就是微利，根本达不到8%的利润额，故对2004年至2007年某小区业主共有部分管理所得，在按照上述方法计算后，已经不存在可分配利润。此外，因小区部分业主尚结欠2008年6月30日之前的物业管理费131万元，而业委会系全体业主的代表，故要求对该部分欠款行使抵销权，从物业公司应向业委会移交的款项中扣除。

被告物业公司、无锡分公司提交了以下证据：

1. 2002年11月25日，被告物业公司与甲地产开发公司签订的某小区前期物业管理委托合同一份，用于证明物业公司取得对某小区实施前期物业管理资格。

2. 建设银行电子转账凭证一份，用于证明双方在2008年7月17日签订“物业公司某小区一期、二期结算款项移交清单”后，被告物业公司已经履行557995.72元付款义务的事实。

3. 2006年7月至2008年6月“某小区管理处经营情况表”，用于证明被告物业公司在某小区的物业管理经营为微利经营，仅取得63539.46元的利润，原告业委会的主张没有根据。

无锡市锡山区人民法院经一审查明：

2002年11月25日，被告物业公司与开发商甲地产开发公司协商签订某小区前期物业管理合同一份，约定由物业公司对甲地产开发公司开发的某小区住宅小区实施前期物业管理，管理范围为某小区一、二、三期，占地面积为32.3万平方米，建筑面积为60万平方米；约定管理期间，物业公司按照物价局批准的标准，按建筑面积向业主和物业使用人收取物业管理服务费；对物业范围内的商铺、地下停车库、会所的物业成本不计入向业主所收取的物业费用中，须单列。合同约定的管理期限为2002年11月25日（即合同签订日）起至业委会成立时止。合同还约定有其他相关事项。合同成立后，物业公司指派其下属分支机构被告无锡分公司具体实施某小区的前期物业管理。

2007年12月22日，原告某小区业委会成立。业委会成立后，于2008年1月2日在无锡市锡山区某街道办理了登记备案手续。2008年6月21日，业委会根据业主大会作出的实施业主自治的决议，致函被告物业公司明确与其终止物业管理服务合同，同时要求物业公司在接函后15天内，向业委会移交相关资料和财产，并交接完毕。物业公司接函后即派其副总经理朱某丰，于2008年7月17日与业委会主任常某靖协商，并达成了移交协议性质的“移交清单”一份。该协议确认：物业公司截至2008年6月30日，应当返还业委会预收的2008年7月1日后的物业管理费、保管的业主各类押金、2008年1月至6月的小区共有部分收益等合计2327931.87元。其中1890931.87元于2008年7月31日前全部付清，另437000元于2009年4月30日前付清。协议第十条还约定，“双方约定，在各自管理期限内的应由各自承担的收入、支出由各自承担”。该协议附有双方确认的“结算项目表”和“支付协议”各一份。其中“结算项目表”记载2008年收取的某小区共有部分停车费为629035元，2007年预收2008年共有部分停车费160180元。该部分停车费的70%归业委会管理，由物业公司将此款移交给业委会。

本案在审理中，被告物业公司于2008年8月26日主动履行了557995.72元的付款义务。后经原告业委会申请，法院裁定先予执行了物业公司的银行存款130万元，合计物业公司实际支付了1857995.72元。

另查明：根据被告无锡分公司进行前期物业管理期间的财务报表显示：无锡分公司对某小区业主共有部分物业实施管理的收入包括场地租赁费、停车管理费、会所收入三项，具体为：2005年度1415112.82元，2006年度1808004.50元，2007年度2144933元；共有部分物业管理的支出为2005年度298155.95元，2006年度497204.12元，2007年度430131.07元，收入和支出的差额为4142559.18元。上述支出项目中，包括物业服务支出、停车管理费用、会所支出（包括泳池支出、维修支出、其他支出）、其他业务税金（包括营业税、城建税、教育费附加、物价调节基金、粮食风险基金、防洪保安基金）等。双方对财务报表确认的上述事实均无异议。

上述事实，有原告业委会和被告物业公司、无锡分公司所提供证据材料，以及本案开庭笔录等在卷佐证，足以认定。

本案一审的争议焦点：一是2008年7月17日双方所签移交协议是否已包含了所有结算事项，特别是是否包含2004年至2007年业主共有部分的共有部分收益；二是2004年至2007年业主共有部分收益的界定和分配问题；三是被告物业公司能否对部分业主结欠的物业管理费行使抵销权。

〔一审裁判理由与结果〕

无锡市锡山区人民法院经一审认为：

关于争议焦点一，移交协议所体现的内容。法院认为，2008年7月17日的移交协议系双方真实意思的表示，该协议对被告物业公司2008年度实施管理期间应当返还给原告业委会的款项以及在整个前期物业管理期间代管的业主押金等事项和交付时间均作出了详细的规定。根据该协议记载，物业公司应当返还业委会的款项为2327931.87元。但值得注意的是，该协议对2004年至2007年间，被告物业公司、无锡分公司实施业主共有部分物业管理的收益没有具体记载，而该部分收益依据无锡分公司的财务报表数目巨大。物业公司、无锡分公司在本案审理中将该协议第十条“双方约定，在各自管理期限内的应由各自承担的收入、支出由各自承担”解释为：通过签订该条款，双方就移交内容作出了“一揽子”解决，已经不存有其他纠葛，即使还有纠纷，双方也应各自承受，而不应向对方主张。而业委会则认为，该条款仅表明就清单列明的移交内容不再存在纠葛，并不表明其已经放弃了共有部分收益的分配请求权。法院认为，双方的移交协议，明确移交的是2008年1—6月的共有部分收益，而协议第十条内容，也无法理解为业委会对2008年前某小区业主共有部分收益作出放弃的意思表示。故该协议应为一个不完全的移交协议，其没有将2004年至2007年共有部分收益纳入其中。且依据无锡分公司的报表记载，2004年至2007年共有部分收益数目巨大，业委会作为代表全体业主行使权利的组织，其权限来自于业主大会的授权，在无全体业主授权的情形下，其不能以自己的意志对业主的重大权利作出放弃，即使作出放弃的意思表示，该行为也为无效民事行为。据此，法院认为，2004年至2007年共有部分物业的收益，在上述移交协议中没有得到体现，该部分收益应当在物管企业和全体业主之间依法分配。

关于争议焦点二，2004年至2007年业主共有部分收益的界定和分配问题。法院认为，本案中所谓共有部分的物业管理收益应为共有部分收入与成本支出的差额，双方在本案审理中已经达成一致，即2004年至2007年某小区业主共有部分的收入和支出以被告无锡分公司的报表为准。双方的民事行为不违反法律法规的禁止性规定，法院予以确认。经法院审查该部分报表，2005年至2007年小区业主共有部分的总收入为5368050.32元，其间的总支出为1225491.14元，故总收益为4142559.18元。原告业委会主张的2004年的收益，因其提供的报表对该收益无法判断，双方对该年度共有部分的收益也无法统一，业委会作为主张权利方对此负有举证义务，应当对其举证不能承担不利后果。故因证据不足，法院对业委会主张的2004年度收益分配的诉讼请求不予支持。

关于收益的分配，法院认为，本案中争讼收益之产生，一方面得益于被告物业公司、无锡分公司的管理行为，另一方面也应注意到物管企业管理的物业属于全体业主共有。共有人对共有物享有收益权，这是一项法定权利。对该部分的收益分配，全体业主和物管企业可以通过合同约定进行分配，在没有约定的情形下，应当依法分配。本案中双方对该部分收益的分配没有合同根据，故应当按照法律规定进行分配。由于我国法律对此没有具体规定，故法院认为应当在不违反法律原则的前提下，公平合理分配共有部分物业的管理收益。物业管理有其特殊性，物管企业在实施物业管理期间其服务的对象为小区业主，而其对共有部分进行管理时业主并不给予报酬。如物管企业付出管理成本后不能获得经济回报，这对物管企业是不公平的。同时，小区共有部分作为小区全体业主的共有物，全体业主才是该物的所有权人，如果在收益分配上排除业主的权利，显而易见，这有悖法律原则。据此，在存有小区共有部分管理收益的情形下，该收益应主要归属于全体业主享有，同时物管企业付出了管理成本，也应享有合理的回报。综上，根据公平原则的要求，并参照《江苏省物业管理条例》第33条①“经批准设置的经营性设施的收益，在扣除物业管理企业代办费用后，应当将收益的30%用于补贴物业管理公共服务费，收益的70%纳入维修基金，但合同另有约定的除外”的精神。同时考虑到原、被告双方自行协商确定的2008年上半年共有部分收益的分配方案，即业主得七成、物管企业得三成。法院认为本案对共有部分收益分配的比例，确定为原告业委会得70%、物业公司得30%较为合理。据此，业委会代表某小区全体业主对4142559.18元的收益享有其中的2899791.43元。值得注意的是，该部分款项，业委会不具有自行处置的权利，依据相关法律法规，该款应用作小区的维修基金，业委会作为执行机构，使用该款应按照业主的意志和法律的规定行使。关于物业公司提出的对上述收益应当首先弥补物管企业管理费用开支，多余部分还应满足物管企业8%的利润，余额再行分配的意见，因缺乏法律依据和双方合意，法院不予采纳。

关于争议焦点三，被告物业公司能否对部分业主结欠的物业管理费行使抵销权的问题。物业公司提出有部分业主尚结欠2008年6月30日以前的物业管理费131万元，并未提交充分证据予以证明，更重要的是，《合同法》第99条第1款规定：“当事人互负到期债务，该债务的标的物种类、品质相同的，任何一方可以将自己的债

① 该条例已修订，本条已失效。

务与对方的债务抵销，但依照法律规定或者按照合同性质不得抵销的除外。”① 根据该规定，要进行债务抵销，当事人之间应当互负债务，互享债权。本案中诉讼的双方当事人为原告业委会和被告物业公司、无锡分公司，而结欠物业管理费的为部分业主，为单个的主体。业委会系代表小区全体业主提起诉讼，虽然包括了该部分欠费业主，但两者有本质的区别。因此，双方债权债务主体不同，不符合法定抵销的规定，因此，对物业公司行使抵销权的主张不予支持。

综上所述，被告物业公司应当将移交清单确认的款项（扣除54059.55元）和2005年至2007年间小区共有部分收益的70%返还给原告业委会，即双方确认的2273872.32元，以及应当返还给业主的共有部分收益2899791.43元，合计5173663.75元。鉴于物业公司已经履行了1857995.72元，其仍应返还给业委会3315668.03元。因被告无锡分公司系物业公司下属不具有法人资格的分支机构，其合法成立并有一定的组织机构和财产，也具体实施了物业管理行为，故其应与物业公司共同承担上述返还之责。据此，无锡市锡山区人民法院依照《物权法》第70条、第73条、第74条第3款、第79条②，国务院《物业管理条例》第54条第2款、第55条③，参照适用《江苏省物业管理条例》第33条的规定，于2009年6月12日判决如下：

一、被告物业公司、无锡分公司共同于本判决生效后三日内返还原告业委会3315668.03元。

二、驳回原告业委会的其他诉讼请求。

一审宣判后，双方当事人在法定期限内均未提出上诉，判决已经发生法律效力。

2. 重庆市某房地产开发有限公司诉重庆市九龙坡区某小区业主委员会车位纠纷案

〔基本案情〕

再审申请人（一审原告、二审上诉人）：重庆市某房地产开发有限公司（以下简称某房地产公司）

被申请人（一审被告、二审被上诉人）：重庆市九龙坡区某小区业主委员会（以下简称某小区业委会）

再审申请人某房地产公司因与被申请人某小区业委会车位纠纷一案，不服重庆

---

① 现《民法典》第568条规定：当事人互负债务，该债务的标的物种类、品质相同的，任何一方可以将自己的债务与对方的到期债务抵销；但是，根据债务性质、按照当事人约定或者依照法律规定不得抵销的除外。

当事人主张抵销的，应当通知对方。通知自到达对方时生效。抵销不得附条件或者附期限。

② 现《民法典》第271条、第274条、第275条第2款、第281条。

③ 现《物业管理条例》第53条第2款、第54条。

市高级人民法院（2016）渝民终 7 号民事判决，向法院申请再审。法院依法组成合议庭对本案进行了审查，现已审查终结。

某房地产公司申请再审称：（1）原判决适用法律错误。某小区建设用地使用权是某房地产公司出资取得的，某房地产公司是土地使用权人，根据《物权法》第 142 条之规定，某小区建筑区划内规划的地上停车位应当归某房地产公司所有。原判决未适用《物权法》第 142 条，而适用《重庆市物业管理条例》第 63 条第 2 款，属于适用法律错误。（2）原判决认定案涉车位系占用业主共有的道路或者其他场地的车位，缺乏事实依据。小区的绿化面积、共有面积、交通道路，经政府相关部门验收合格，备案可查。小区绿化还超过了规划面积，不存在任何占用共有面积的情况。综上，某房地产公司根据《民事诉讼法》第 200 条第 2 项、第 6 项的规定申请再审。

某小区业委会提交意见称，案涉车位属于小区业主共有，某房地产公司不享有权利。（1）案涉车位使用的是全体业主共有的土地使用权。某房地产公司给小区业主办理了房屋初始登记及转移登记后业主共同享有小区全部土地使用权。根据《物权法》第 74 条第 3 款的规定，占用了业主共有道路或场地，车位就应属业主共有。（2）某房地产公司不能取得案涉车位的所有权证，案涉车位不属于专有部分，产权应归全体业主共有。（3）案涉车位未计入容积率，且不参与规划建设用地面积分摊，产权应归业主共有。

〔最高人民法院裁判理由与结果〕

法院经审查认为，本案焦点问题是：（1）原判决适用法律是否确有错误；（2）原判决认定基本事实是否缺乏证据证明。

1. 原判决适用法律是否确有错误。某房地产公司申请再审认为原判决适用法律错误，应适用《物权法》第 142 条，而不应适用《重庆市物业管理条例》第 63 条第 2 款。《物权法》第 142 条规定："建设用地使用权人建造的建筑物、构筑物及其附属设施的所有权属于建设用地使用权人，但有相反证据证明的除外。"而《重庆市物业管理条例》第 63 条第 2 款规定："建设单位依法取得车位、车库权属登记后，可以向业主出售车位、车库。拟出售的车位、车库数量等于或低于物业管理区域的房屋套数时，每户业主只能购买一个车位或车库。"两者并不矛盾。由于某地产公司向小区业主出售房屋，小区内的土地使用权也转移至小区业主，小区共有部分土地使用权归小区业主共有。故某房地产公司关于适用《物权法》第 142 条之规定，本案所涉地上停车位应归其所有的主张不能成立。原判决适用《重庆市物业管理条例》第 63 条第 2 款之规定，在于明确建设单位只有取得车位、车库权属登记之后才能进行出售，而案涉车位不能取得产权登记，因此不能进行出售。故原判决适用《重庆市物业管理条例》第 63 条第 2 款并无不当。某房地产公司关于原判决适用法律错误的申请再审事由不能成立，法院不予支持。

2. 原判决认定基本事实是否缺乏证据证明。根据《建筑物区分所有权纠纷具体应用法律若干问题司法解释》第2条第1款关于“建筑区划内符合下列条件的房屋，以及车位、摊位等特定空间，应当认定为物权法第六章所称的专有部分：（一）具有构造上的独立性，能够明确区分；（二）具有利用上的独立性，可以排他使用；（三）能够登记成为特定业主所有权的客体”之规定，案涉车位不能办理产权登记，因此其不能成为享有专有权的专有部分。即使某房地产公司在建造某小区时支付了建筑区划内的土地使用权出让金，成为建设用地使用权人，但是小区建设完成之后，随小区内房屋的出售，小区建筑区划内的土地使用权也随之转移，小区的共有部分土地使用权归小区业主共有。由于案涉车位不能办理产权登记，不能成为专有部分，原判决确认该部分停车位属于占用业主共有的道路或者其他场地用于停放汽车的车位并无不当。而开发商建设的小区经验收合格，是开发商的基本义务，且绿化是否超过规划面积对认定停车位是否占用业主共有场地没有必然联系。故某房地产公司关于原判决认定案涉车位系占用业主共有的道路或者其他场地的车位，缺乏事实依据的申请再审事由不能成立。

综上所述，某房地产公司的再审申请不符合《民事诉讼法》第200条第2项、第6项规定的情形。依照《民事诉讼法》第204条第1款、《民事诉讼法司法解释》第395条第2款的规定，裁定如下：

驳回重庆市某房地产开发有限公司的再审申请。

第八章 相邻关系

规则 11：相邻关系人建房时，未充分考虑相邻建筑物的安全，给相邻方造成损害的，应依法承担民事责任

——某报社与南京某实业有限公司相邻关系侵权损害赔偿纠纷案[①]

【裁判规则】

相邻关系一方建房时，应充分考虑相邻建筑物的安全，采取必要的防护措施。但未做维护工程，即开始敞开式开挖，大量抽排地下水，致使相邻另一方建筑物的地面沉降，造成损害的，应负赔偿责任。

【规则理解】

一、相邻权的性质

（一）相邻权的内涵

相邻关系是指不动产的所有人或使用人之间因不动产相邻，行使不动产的所有权或使用权时发生的权利义务关系。相邻关系起源于罗马法，起因在于不动产物权的支配力、排他性与他人行使不动产物权时所发生的冲突。由此而产生的两个或两个以上相互毗邻的不动产所有人或使用人之间，一方行使所有权或使用权时，享有要求另一方提供便利或接受限制的权利，就是相邻权。[②]

（二）相邻权的特性

相邻权属于物权的范畴，不同于债权。同时，相邻权不是一种独立的物权，该权利是所有权的延伸。

1. 相邻权在性质上属于物权。物权是指直接支配特定物并对抗第三人的财产权利。该权利不同于债权。表现为：第一，该权利是绝对权，相邻权是不动产所有权人或者使用权人要求相毗邻的不动产物权的所有人或者使用人行使权

---

① 《中华人民共和国最高人民法院公报》1996 年第 3 期。

② 王利明：《物权法论》（修订版），中国政法大学出版社 2003 年版，第 389 页。

利时提供一定的便利或者接受一定限制的权利，该权利具有绝对性，任何其他人都不得侵犯。第二，相邻权的产生采用法定主义，该权利的产生及内容基于法律的明确规定，而非基于当事人的契约行为产生。《民法典》在物权编第七章对相邻关系进行了专门的规定。第三，相邻权是永久性的权利，其权利基于不动产毗邻的事实而产生，只要该事实存续，则相邻权永续存在。

2. 相邻权不是独立的物权，它实质是所有权的延伸，是基于所有权而延伸的一种权利。对于相邻权是否为一种独立的物权，理论上存有争议。有观点认为，相邻权应是用益物权的一种。也有观点认为相邻权不是用益物权，甚至不是独立的物权，而应当是所有权的限制与延伸。笔者赞同后一种观点。首先，用益物权是非所有人对他人之物享有的占有、使用、收益的权利，该权利可依法律规定的方式产生；一旦产生，则具备对抗其他所有人，包括所有权人的效力，且该权利独立存在，可以依照法律规定的方式流转。而相邻权虽然依照法律规定而设立，且该权利可以对抗其他人，包括毗邻土地的所有权人和使用权人。但是，该权利必须依附于产生该权利的毗邻不动产而存在，不得单独转让，因此，该权利不同于独立的用益物权。其次，一般而言，不动产的所有权或使用权具有绝对性、支配性，权利人可以独立支配该不动产，不受任何第三人的干涉。但是，所有权的绝对性，并不是意味着所有权的内容是绝对不受限制的，而是指任何人不得非法干涉或者侵害，况且任何权利的行使都有必要的限度；而相邻权正是为了调和不同所有权人行使权利时产生的冲突，更好地整合资源，提高不动产的利用价值而产生，其通过对于相邻不动产权利人一方行使权利予以必要的限制，给予另一方权利人适当的延伸而达到其制度目的。因此，相邻权依附于所有权而存在，是所有权的适当延伸。

3. 相邻权是所有权的延伸，并非所有权的权能。所有权是所有权人对自己的不动产或者动产，依法享有占有、使用、收益和处分的权利。所有权的权能包括占有、使用、收益和处分，相邻权并不是所有权的权能，只是所有权人行使权利时，对他人的不动产所享有的一定权利。相邻权并不是直接支配自己的不动产的权利，而是基于自己所有或者使用的不动产而产生，但效力及于相邻的不动产的权利。因此，相邻权是所有权的延伸，而不是所有权的权能之一。

二、相邻关系的特点

相邻关系是我国《民法典》明确规定的物权法律关系，它具有如下特点。

（一）相邻关系必须基于不同权利人的不动产相邻而产生

不动产的相邻既包括不动产在地理位置上的直接相连，如土地直接相连，也包括不动产在一定区域内邻近，如基于用水、排水产生的相邻关系，不仅仅在直接相连的两个权利人之间产生，也可能在相互影响的一定区域内发生。

（二）相邻关系的主体是相邻不动产的所有权人或者使用权人

相邻权基于相邻不动产的使用而发生，只有相邻不动产的所有权或者使用权分属于不同的权利人时，才产生相邻权。

（三）相邻关系的客体是权利人在行使不动产的所有权或使用权时所体现的利益

相邻权的客体不是不动产本身，而是行使不动产权利时所体现的利益。同时，相邻权指向的对象并不是自己所有或者使用的不动产，而是及于与自己的不动产相邻的他人享有所有权或者使用权的不动产。

（四）相邻关系的权利行使具有相互性

相邻关系的内容是权利人一方在行使自己的所有权或者使用权时，有权要求相邻一方给予一定的便利，或者容忍一定的限制，同时负有合理利用相邻不动产的义务；而另一方则有对其他权利人的容忍义务，或者提供便利的义务，同时享有在自己权利受到损害时要求适当补偿的权利。

三、相邻损害防免关系

相邻损害防免关系是我国《民法典》明确规定的相邻关系的重要组成部分。

（一）相邻损害防免关系的范围

相邻损害防免关系纠纷是《民事案件案由规定》中规定的独立案由。该类纠纷应当包括两类：

第一类是指不动产所有权人或者使用权人因为挖掘土地、建造建筑物、铺设管线以及安装设备等，危及相邻不动产的安全而产生的纠纷。该类纠纷对应的处理依据主要是《民法典》第 296 条的规定。该条规定，不动产权利人因用水、排水、通行、铺设管线等利用相邻不动产的，应当尽量避免对相邻的不动产权利人造成损害。

第二类是指不动产及其上构筑物倾倒、林木等越界而影响，或者可能影响相邻不动产的安全而产生的纠纷。该类纠纷在《民法典》中没有具体规定，但是《民法通则意见》第 103 条规定，相邻一方在自己使用的土地上挖水沟、水池、地窖等或者种植的竹木根枝伸延，危及另一方建筑物的安全和正常使用的，应当分别情况，责令其消除危险，恢复原状，赔偿损失。

（二）相邻损害防免关系纠纷中的权利义务

1. 权利人的所有权和使用权。权利人基于其所有权或使用权享有对土地、房屋等占有、使用、收益的权利。权利人可基于其物权支配物，但是，任何权利的行使都是有限度的，该限度即为不得妨碍他人正当权利的行使。权利人可以在自己使用的土地上挖水沟、水池、地窖等，也可以在自己的土地上建造建筑物、铺设管线以及安装设备，但是该行为不得妨害相邻权利人对土地、房屋的使用。同时，权利人也可以在自己的土地上种植林木，但是权利人必须妥善管理其种植物，不得因为种植物的延伸，危及相邻建筑物的安全和正常使用。

2. 相邻土地或房屋的所有权人或使用权人的防止损害请求权及赔偿损失请求权。如果权利人挖掘土地等行为危及相邻不动产的安全或者正常使用的，相邻不动产的权利人享有消除危险、恢复原状的请求权，造成损害的，还可以请求赔偿损失。

四、相邻污染侵害纠纷

随着社会的发展，人们对生活环境的质量要求越来越高，但随之而来的是人们生活、生产垃圾的排放也日益增多。如何控制污染物的排放，提高人们的生活质量已经受到越来越多的重视。对于污染物的排放，我国已有相关的法律、法规进行专门性的规定，笔者仅从相邻关系的角度分析因排污而产生的纠纷。

相邻污染侵害纠纷是指权利人因违反国家规定弃置固体废物、排放大气污染物、水污染物、土壤污染物、噪声、光辐射、电磁辐射等有害物质而给相邻权利人造成妨碍或损害时产生的纠纷。相邻污染侵害纠纷与相邻防免关系纠纷类似，实际上也因权利人行使权利侵害或者可能侵害相邻土地、房屋的权利人而产生的纠纷。不过《民法典》对两者分别进行了规定，《民事案件案由规定》也将它们列为不同的案由，故笔者对此分别进行分析。

现代社会中，来自相邻不动产的污染物的侵害也难以避免，如何将污染物的侵害限制在合理的范围内，使对相邻权利人的侵害在可以容忍的范围内，是相邻关系应当考虑的问题。在司法实践中，如何处理该类纠纷，衡量污染物的排放是否构成对相邻权的侵害，应重点考量以下因素：（1）侵害是否发生在相邻不动产的所有人或者使用人之间，如果不是，则不构成物权关系中的相邻权纠纷，而有可能构成侵权责任法上的侵权纠纷。（2）污染物的排放是否超过国家相关法律、行政法规的标准，影响了相邻权利人的生产或生活。（3）污染物的排放是否超出了相邻权利人正常的容忍范围。为了生产、生活的需要，污染物的排放是不可避免的，因此，相邻权利人对污染物的一定容忍是必要的。如装修房屋必然会产生噪声，否则无法装修。对于装修产生的噪声，相邻权利人负有一定的容忍义务；但是装修人必须选择装修的时间尽量不影响相邻权利人的休息。此外，装修人还应当采用合理的装修方式、必要的隔音措施，防止对相邻权利人的侵害。

《民法典》第294条规定，不动产权利人不得违反国家规定弃置固体废物，排放大气污染物、水污染物、土壤污染物、噪声、光辐射、电磁辐射等有害物质。该条并没有直接规定排放污染物损害相邻权利人的利益时，相邻权利人如何救济。但是，既然相邻权属于物权中所有权的延伸，对该权利的救济可以适用《民法典》中关于物权的救济方式。《民法典》第二编物权编中的第三章专门就物权的保护作了规定。根据其中第236条、第237条、第238条的规定，一旦污染物的排放对相邻权利人构成了妨害或者可能造成妨害，相邻权利人可以请求排除妨害或者消除危险，如果造成不动产或者动产毁损，相邻权利人可以请求修理、重作、更换或者恢复原状，造成损害的，还可以请求赔偿损失。

【拓展适用】

相邻关系的处理直接影响到相邻各方对其不动产的合理利用，并影响到相邻各方的和睦相处，《民法典》对于相邻各方的权利义务有明确规定，从而为相邻关系的处理提供了明确的法律依据。为了更好地处理各类相邻关系纠纷，笔者拟对各类相邻关系纠纷的处理依据进行梳理。

一、相邻关系处理的原则性规定

《民法典》第288条、第289条对相邻关系的处理作了较为原则性的规定。《民法典》第288条规定："不动产的相邻权利人应当按照有利生产、方便生活、团结互助、公平合理的原则，正确处理相邻关系。"第289条规定："法律、法规对处理相邻关系有规定的，依照其规定；法律、法规没有规定的，可以按照当地习惯。"以上是我国法律关于相邻关系处理的原则性规定，适用于各类相邻关系纠纷的处理。

二、相邻关系的种类与具体处理依据

（一）因用水、排水产生的相邻关系

因用水、排水产生的相邻关系，包括因用水产生的相邻关系和因排水产生的相邻关系。水资源属国家所有，相邻土地的所有权人共用水源时，一方必须以合适的方式使用水源，不得因自己使用水源而对相邻一方使用水源造成损害，导致相邻一方无法用水。一方必须利用相邻一方的土地排水时，相邻一方亦不得妨碍。高地所有人或使用人有向低地排水的权利，低地所有人或使用人负有承受高地排水的义务。[1]

调整该类相邻关系的法律依据主要有：《民法典》第290条规定，“不动产权利人应当为相邻权利人用水、排水提供必要的便利。对自然流水的利用，应当在不动产的相邻权利人之间合理分配。对自然流水的排放，应当尊重自然流向”。第296条规定，“不动产权利人因用水、排水、通行、铺设管线等利用相邻不动产的，应当尽量避免对相邻的不动产权利人造成损害”。

根据上述规定，因用水、排水引起的相邻关系，主要有如下三种情况：（1）对于自然流水的利用，应当尊重自然流向。在水源不足以满足全部土地的需要时，一方不得擅自堵截水源，独占水源而导致下游无水可用；在水源过多时，下游一方也不得擅自在上游堵截水流，导致高处无法排水。（2）在生产、生活用水的排放中，相邻一方必须利用另一方的土地排水时，应当准许；但是，排水一方必须采取合理的措施排水。因此造成他方损害的，应当给予合理补偿。如果未采取合理措施造成损害的，则应承担停止侵害、消除危险、赔偿损失等责任。（3）因房屋滴水引起的相邻关系纠纷。对于该类纠纷如何处理，法律并没有明确规定，只是规定有过错的一方造成他方损害的，应当排除妨碍、赔偿损失。因此，处理该类纠纷的关键是如何认定过错，一般而言，建设房屋应当注意预留滴水空间，在后建设者更应当注意滴水问题，不能仅为了建足土地面积而任由屋檐滴水流向他人房屋。

（二）因通行产生的相邻关系

一般而言，不动产的权利人有权依其自由意志排他性地支配其不动产，因此，权利人有权禁止他人出入其土地或者房屋。但是，如果相邻权利人因通行的需要必须利用其土地时，权利人应当容忍。此处所指必须通行，是指于相邻一方通行是唯一通道，或者虽有其他通道通行，但费用过高，且十分不便。

《民法典》第291条规定：“不动产权利人对相邻权利人因通行等必须利用其土地的，应当提供必要的便利。”因通行引起的相邻关系纠纷主要有如下情况：（1）必须经过相邻土地通行的，相邻权利人应当准许，如果因此导致相邻权利人损害的，则通行人应当给予补偿；（2）已经存在历史形成的必经通道的，相邻权利人可以继续通行，土地所有权人或者使用权人不得堵塞，但是如果相邻权利人可以另开通道、则可以另开通道。何为有条件另开通道、另开通

---

① 梁慧星、陈华彬编：《物权法》，法律出版社2003年版，第189页。

道的费用应由谁承担，法律没有明确规定。笔者认为，有条件另开通道主要是指相邻权利人可以在自己的土地或者房屋上另开通道，或者可以开辟其他公共通道。对于另开通道的费用，笔者认为应由相邻权利人自行承担，因为相邻权主要是为了满足权利人必需的生产、生活之便而不得不对他人的权利进行必要的限制，如果权利人可以不对他人权利限制就满足其生产、生活需要，则相邻权利人没有义务为其提供便利，因此也不应承担另开通道的费用。

（三）因相邻土地、建筑物的利用而产生的相邻关系

不动产权利人因建造、修缮建筑物以及铺设电线、电缆、水管、暖气和燃气管线等必须利用相邻土地、建筑物的，该土地、建筑物的权利人应当提供必要的便利。《民法典》第292条规定："不动产权利人因建造、修缮建筑物以及铺设电线、电缆、水管、暖气和燃气管线等必须利用相邻土地、建筑物的，该土地、建筑物的权利人应当提供必要的便利。"主要包括两种情况：第一，因施工需要临时占用他人土地。在此情况下，相邻权利人应当采取合理的方式使用邻地，尽量不影响邻地权利人对土地的使用，在使用完毕之后还应当及时清理现场，恢复原状。第二，需要利用邻地铺设电线、电缆、水管等。因生产、生活需要必须在邻地铺设管线的，邻地权利人应当允许，但是，使用人应当采取对邻地影响最小的方式进行，且必须尽快恢复原状。

（四）因通风、采光、日照引起的相邻关系

通风、采光、日照是人们正常生活必需的条件，土地的所有权人或使用权人在建造建筑物时，必须与相邻方建筑物保持必要的距离，不得妨碍相邻方的通风、采光、日照。《民法典》第293条规定："建造建筑物，不得违反国家有关工程建设标准，妨碍相邻建筑物的通风、采光和日照。"

（五）因排污产生的相邻关系

人们的生产和生活难免会排放大气污染物、水污染物，产生噪声、光电等有害物质，从而对周边环境，特别是相邻方产生影响。不动产的所有权人或使用权人，应遵守有关环境保护的法律法规，尽量避免对相邻权利人产生侵害，同时，相邻权利人也有义务容忍轻微的、正当的影响。《民法典》第294条规定："不动产权利人不得违反国家规定弃置固体废物，排放大气污染物、水污染物、土壤污染物、噪声、光辐射、电磁辐射等有害物质。"

（六）因防险产生的相邻关系

不动产的权利人在自己所有或使用的土地上挖掘、修建建筑物或进行其他施工时，必须注意相邻地基、房屋或其他建筑物的安全，不得因为自己的行为

危及相邻不动产的安全，对此也有明确的法律规定。《民法典》第295条规定：“不动产权利人挖掘土地、建造建筑物、铺设管线以及安装设备等，不得危及相邻不动产的安全。”

三、处理相邻关系的原则

尽管我国法律对于相邻关系进行了较为详尽的规定，但鉴于社会生活千变万化，而法律不可能穷尽一切社会生活，因此，司法实践中还须依照相关的法律原则来处理相邻关系纠纷。《民法典》第288条规定，不动产的相邻权利人应当按照有利生产、方便生活、团结互助、公平合理的原则，正确处理相邻关系。《民法典》第289条还规定，法律、法规对处理相邻关系有规定的，依照其规定；法律、法规没有规定的，可以按照当地习惯。以上规定体现了我国处理相邻关系的原则。

（一）有利生产、方便生活的原则

相邻权利人如果不受限制地行使自己的所有权或者使用权，则很可能影响他人的权利，由此产生纠纷，不利于权利人的生产、生活。如果不能很好地处理相邻关系纠纷，则可能增加生产、生活成本。例如，相邻权利人如不能共用通道，或者允许相邻权利人从其土地上通行，则相邻权利人势必均预留通道，不利于土地的有效利用。在处理相邻关系纠纷时，应当从有利生产、方便生活的角度考虑，尽可能地提高不动产的利用效率。

（二）团结互助、公平合理的原则

团结互助是中华民族的传统美德，邻里关系是人们最重要的社会关系。相邻各方在行使自己不动产的所有权或使用权时，应当兼顾相邻各方的利益，和睦相处，一旦发生纠纷，在处理时，也应当发扬团结互助的精神，综合考虑各方的利益，公平合理地解决纠纷。

（三）习惯补充的原则

相邻关系涉及生活的方方面面，法律不可能穷尽各种具体的相邻关系，此时，可以按照当地习惯处理。习惯是人们在长期生活过程中形成的，大多数人愿意自发遵守的通常做法。在大多数情况下，人们遵照习惯做法行事，往往不易发生纠纷，内心也愿意遵守。因此，一旦发生纠纷，法律又没有明确规定时，应当按照当地习惯处理。

四、相邻权与地役权的关系

相邻权和地役权均属于物权的范畴，且都是以对他人的不动产权利进行限制，以便更好地行使自己的不动产权利为内容。因此，有观点认为，地役权的内容可以为相邻权所包含，在已经对相邻权有明确规定的情况下，无须另行规定地役权。但事实上，相邻权与地役权仍有许多不同之处，两者不能相互替代。司法实践中，须注意相邻权与地役权的区分。

（一）权利性质不同

如前所述，相邻权是不动产所有权的延伸，而地役权是用益物权的一种，《民法典》在物权编的用益物权中对地役权进行了专章规定。

（二）权利产生不同

相邻权依照法律的规定直接产生，而地役权需通过当事人的约定产生。《民法典》第372条第1款规定："地役权人有权按照合同约定，利用他人的不动产，以提高自己的不动产的效益。"

（三）权利主体不同

相邻权的主体为相邻不动产的权利人，而地役权的主体不限于相邻不动产权利人。相邻权必然在相邻不动产的权利人之间产生，而地役权中，供役地与需役地不一定相邻。因此，地役权可以发生在相邻的两块土地之间，也可以发生在不相邻的土地之中。

（四）权利内容不同

相邻权的内容由法律进行明确规定，相邻一方权利人行使不动产权利，必须符合不妨害他人权利行使的最低限度要求。而地役权的内容可以由当事人协商确定。供役地和需役地的位置，利用的目的和方法，利用期限，费用及支付方式等都可以由当事人通过协商予以确定。

（五）权利效力不同

相邻权无须登记，可以对抗任何人，包括相邻土地的所有权人。但根据《民法典》第374条的规定，地役权未向登记机构进行登记的，不得对抗善意第三人。

（六）是否需要支付对价不同

相邻权的行使不需要支付对价，地役权的行使是否需要支付对价，可由当事人进行约定，一般情况下，地役权的取得是有偿的。

【典型案例】

某报社与南京某实业有限公司相邻关系侵权损害赔偿纠纷案

原告：某报社

被告：南京某实业有限公司（以下简称某公司）

〔基本案情〕

原告某报社因与被告某公司相邻关系侵权损害赔偿纠纷一案，向江苏省高级人民法院提起诉讼。

原告某报社诉称，被告在建设与原告相距 20 米的某大厦而进行的基础工程期间，因施工大量抽排地下水，使原告印刷厂地面下沉、厂房墙体多处开裂、厂内 3 台进口印刷机和 4 台国产印刷机的基础移位，印刷机受到严重损伤，造成经济损失 1399 万元，请求法院判令被告赔偿并承担有关诉讼费用。

被告某公司辩称，原告损失是某大厦基础工程施工单位造成的，应由施工单位赔偿；原告超过了诉讼时效起诉已丧失胜诉权；原告的请求应交由行政部门处理。要求驳回原告的诉讼请求。

江苏省高级人民法院经审理查明，被告某公司投资建设的某大厦与原告某报社相邻。1991 年 1 月 15 日，甲房地产开发总公司与香港某投资有限公司合资的南京某房产开发建设有限公司（后更名为“某公司”）正式成立。同年 4 月，该公司投资建设的某大厦的基础工程根据被告及有关单位论证通过的施工方案开始施工，一个月后发现施工现场附近地面下沉即停止施工。同年 6 月 15 日，被告及有关单位又论证通过了施工修改方案后，基础工程继续施工。10 月中旬，某报社发现其印刷厂厂房墙壁、地面开裂、3 台德国进口的胶印机出现异常，报纸印刷质量明显下降，印刷机严重受损，厂房墙体损害并危及人员安全。对此，某市人民政府派员召集有关单位、专家商讨，采取补救措施后，某报社印刷厂地面沉降才得到有效控制，但厂房、印刷机受损方面的处理并未涉及。经某报社委托的某土木建筑学会、国家印刷机械质量监督检验中心及某省地震局等单位鉴定认为，某报社印刷厂厂房和厂内印刷机受损的直接原因是某大厦基础工程施工大量抽排地下水造成。1992 年 7 月 10 日，某报社向某市人民政府报告要求某公司赔偿损失，但未得到解决，遂直接向某公司索赔，经交涉未果。1994 年 6 月 30 日，某报社向法院起诉，要求某公司赔偿财物损失。

经查，（1）某报社已损失为：请国内外专家调校修理印刷机费用 179504 元；在专家修理调校印刷机期间请他人代印部分报纸费用差额 31893.5 元；德国专家来南京修理印刷机食宿费 6796.4 元；某土木建筑学会鉴定费 3000 元；国家印刷机械质量监督检验中心鉴定费、评估费、交通费、食宿费共计 11.81 万元；其他有关单位咨询、鉴定费 4.76 万元。（2）某报社必将继续受损失的为：修理进口印刷机必须进口的零部件购置费 765 万元，购置该零部件需交关税及增值税 244 万元；拆除印刷机需拆除费、运输费、保管费、安装费、调校费等计 190 万元；维修加固厂房和重做印刷机基础所需工程费 1506686.38 元。原告上述已损失和即将损失总计人民币 13883580.28 元。

以上事实，有双方当事人陈述、有关证人证言、鉴定结论、工程预算书票据等证据证实。经当庭质证，被告对原告委托的有关部门作出的鉴定结论和评估预算等亦未要求重新鉴定。

〔一审裁判理由与结果〕

江苏省高级人民法院认为，被告某公司建设的某大厦与原告某报社印刷厂厂房相邻。某公司在建设某大厦时，未充分考虑邻里建筑物的安全，于施工期间大量抽排地下水，并于初期发现问题后又未能及时采取必要的防护措施，使某报社印刷厂地面发生沉降，损坏了印刷厂房屋基础，致该厂房及屋内印刷机械受损。事实清楚，证据充分，足以认定。某公司违背《民法通则》第83条关于“不动产的相邻各方，应当按照有利生产、方便生活、团结互助、公平合理的精神，正确处理截水、排水、通行、通风、采光等方面的相邻关系”的规定建设房屋，给某报社造成了巨大损失，应负全部赔偿责任。所建某大厦系某公司的所有权，某报社的印刷厂房和印刷机的损害，系某公司基础工程施工抽排地下水造成；至于某公司与施工单位还有纠纷，系另一法律关系，本案不予审理。因此，其主张“应由施工单位赔偿”的理由不予采纳。某报社的权益被侵害后，于1992年7月30日即向某市人民政府报告，并一直要求某公司予以赔偿，未获解决，直到1994年6月30日向法院提起诉讼，符合《民法通则》第135条关于“向人民法院请求保护民事权利的诉讼时效期间为2年”的规定，并未超过法定的诉讼时效，某公司关于某报社“超过了诉讼时效起诉，已丧失胜诉权”的主张，不能成立。某报社其余损失因自动放弃，故不予认定。据此，该院于1994年11月28日判决如下：

某公司于本判决生效后30日内，赔偿某报社各项损失计人民币13883580.28元。

本案诉讼费79428元、诉讼保全费70520元，合计人民币149948元由某公司负担。

〔当事人上诉及答辩意见〕

某公司不服一审判决，向最高人民法院提出上诉，其理由是：被上诉人胶印车间的设计使用不合理，胶印机基础下未做沙石垫层、胶印机运转后无沉降观测记录，因此不能证明不均匀沉降只是某大厦施工抽水所致，请求撤销一审判决，在分清双方当事人责任程度、合理计算被上诉人损失的前提下，改判由双方分担民事责任。

某报社答辩认为，原审认定的事实完全符合实际，该社厂房和机器受损原因完全是某大厦施工长期、大量抽排地下水造成的，请求维持原判，驳回上诉人的上诉请求。

〔最高人民法院裁判理由与结果〕

最高人民法院认为，上诉人某公司在被上诉人某报社厂房相邻处修建某大厦，本应充分考虑相邻建筑物的安全，但该公司违反《民法通则》关于处理相邻关系的原则，未做维护工程，即开始敞开式开挖，大量抽排地下水。初期发现问题后虽采取了补救措施，亦未能完全阻止不均匀沉降，致使某报社印刷厂和设备基础地面发生沉降，厂房及胶印机严重受损，故其应对此负全部责任。关于上诉人所持上诉理由，法院审理期间，即根据上诉人的申请，委托了某省技术监督建设工程质量检验站（以下简称质检站）就某大厦施工中抽取地下水对某报社印刷车间厂房及进口胶印机基础有哪些影响等问题进行了鉴定。质检站经鉴定认为：某大厦施工大量抽排地下水是造成某报社胶印车间下沉开裂和胶印机不能正常运行、遭受损伤的直接原因。鉴定针对上诉人提出的某报社厂房基础和设备基础的设计和使用均存在问题的主张作出了“该厂房基础和设备基础的结构型式对沉降反应敏感，对环境变化适应性差，但事故发生前三年来的使用尚没有发现问题，在某大厦基坑施工期间如不抽水不致突然发生这个事故”的结论。故原审法院认定事实清楚，适用法律正确，其上诉理由不能成立，据此，最高人民法院于1996年5月13日依照《民事诉讼法》第153条第1款第1项之规定，判决如下：

驳回上诉，维持原判。

二审诉讼费79428元，鉴定费232751.7元，均由上诉人某公司承担。

规则12：出租人在承租人承租房屋附近建楼房，影响承租人承租房屋采光、通风的，承租人有权提起违约或侵权诉讼

——某建筑木材加工总厂与某实业发展总公司房屋租赁纠纷案①

【裁判规则】

出租人在承租人所承租房屋近距离建房，影响承租人所承租房屋的采光、通风，给其正常经营造成损失，该行为既是违约行为又是侵犯相邻权的侵权行为，承租人有权选择依法要求出租人承担违约责任或者依照其他法律要求其承担侵权责任。

【规则理解】

一、因通风、采光、日照等引起相邻关系的概述

在不动产上建造建筑物是不动产权利人行使不动产的所有权和使用权的主要形式，但是，不动产权利人在自己土地上行使权利不是绝对不受任何制约的，其权利行使的方式不得影响相邻权利人的通风、采光和日照。

（一）因通风、采光和日照等引起相邻关系的性质

相邻权从本质上说是不动产所有权的延伸，相邻关系是不动产权利人在行使不动产所有权或使用权时，必须接受一定的限制或给予一定的便利，确保相

① 《中华人民共和国最高人民法院公报》2002年第1期。

邻权利人正常行使权利，从而在相邻不动产的权利人之间形成的法律关系。该法律关系的实质在于，一方行使权利时受到一定的限制，而相邻一方的权利得到适当的延伸，从而平衡相邻权利人的利益，促进土地和建筑物的有效利用。因通风、采光和日照引起的相邻关系的性质则在于，为了相邻权利人的通风、采光和日照，不动产权利人在自己土地上建造建筑物时，必须受到一定的限制，与此同时，相邻权利人的权利得到适当延伸。

（二）因通风、采光和日照等引起相邻关系纠纷的法律适用

为了调整因通风、采光和日照引起的相邻关系，《民法典》对此专门进行了规定。《民法典》第 293 条规定："建造建筑物，不得违反国家有关工程建设标准，不得妨碍相邻建筑物的通风、采光和日照。"该条规定明确了建造建筑物不得妨碍相邻建筑物的通风、采光、日照的要求。依照上述规定，建造建筑物，不得违反国家有关工程建设的标准，妨碍相邻不动产权利人的通风、采光和日照，如果对相邻权利人构成妨害的，相邻权利人可以请求停止侵害、排除妨碍，造成损失的，还可以请求赔偿损失。

二、因通风、采光、日照等引起相邻关系的法律特征

根据相邻关系的基本原理，以及相关的法律规定，应当认定构成因通风、采光、日照引起的相邻关系必须符合如下要件。

（一）相邻关系的主体必须是相邻不动产的所有权人或者使用权人

构成相邻关系的主体必须是相邻不动产的所有权人或者使用权人，因此，因通风、采光、日照引起相邻关系的主体也必须是相邻不动产的所有权人或者使用权人，其中使用权人也包括承租人。但是，此处所指相邻不动产应不限于相邻不动产的直接连接，而应当是一定范围内的相邻。有学者认为，随着人们生活观念以及现代法律相邻关系的发展，"相邻"并不仅限于"邻接"之意，而应理解为"近邻""附近"之意。[①] 笔者赞同这一观点。如两块土地，中间隔了一条不属于两块土地的权利人的马路，这两块土地的权利人之间依然可能因为通风、采光、日照而产生相邻关系纠纷。

（二）相邻关系的客体是相邻土地利用中所体现的利益

相邻关系的客体不是相邻土地的所有权或者使用权，而是相邻土地利用中所体现的通风、日照、采光的利益。这一利益表现在土地权利人为了自己的通风、日照和采光，有权要求相邻权利人在自己的土地上建造建筑物时，必须遵照标准，与周边建筑物保持一定的距离，或者限制高度。

---

① 李国光等主编：《物权法经典案例评析》，人民法院出版社 2008 年版，第 342 页。

（三）妨碍行为的标准

不动产的所有权人、使用权人依照其物权的绝对性、排他性，有权在自己的土地上建造建筑物，但是，为了协调相邻权利人的利益，其权利的行使必须接受一定的限制，构成相邻关系中通风、采光、日照等妨碍行为的标准。那么，其权利行使的限度应在哪里？根据我国《民法典》第293条的规定，构成相邻关系中通风、采光、日照等妨碍行为的判断标准是国家有关工程建设标准。如果违反了国家有关工程建设标准，妨碍相邻权利人的通风、采光、日照，则构成了相邻关系中的妨碍行为。反之，如果其建设行为符合有关国家工程建设标准，则一般不应认定为相邻关系中的妨碍行为。事实上，即使是符合国家建设标准的建设行为，也可能影响相邻权利人的通风、采光或者日照，但是为了平衡相邻权利人的利益，应当认定一定范围内的影响是必须容忍的。

相邻建筑物之间的通风、采光和日照的相关建筑标准在我国相关建筑规范中作了一些规定。例如原建设部发布的《中华人民共和国国家标准〈城市居住区规划设计规范〉》，对城市居住区妨碍相邻权利人的通风、采光和日照等作出了相应的规定。此外，一些地方性法规或者地方政府规章也对该地区建筑标准作了相应规定，可以作为该地区判断是否构成妨碍的参考依据。

在一些没有国家建筑标准规范的地区，应当根据当地的习惯，以及当地一般人是否可以容忍的程度来判断是否构成妨碍相邻权利人的通风、采光和日照。如果不动产权利人的建筑行为违背了当地的习惯，对相邻权利人的通风、采光和日照的妨碍已经超过了一般人可以容忍的范围，严重影响相邻权利人的生产和生活，应当认定构成相邻关系上的妨碍。否则，相邻权利人对邻地的建筑行为具有容忍的义务。

此外，判断是否构成对通风、采光和日照的侵害应当考虑两地建筑行为的先后，一般而言，应当是在后建筑物影响在先建筑物。

三、通风、采光、日照受到妨碍时物权法上的救济方式

不动产权利人的通风、采光、日照受到相邻不动产权利人的侵害时，可以依法取得救济。根据《民法典》关于物权的保护方式的规定，相邻权利人的通风、采光、日照受到妨碍时的救济方式主要有：停止侵害、排除妨碍、消除危险、赔偿损失。当不动产权利人的建筑行为可能影响相邻权利人的通风、采光、日照时，相邻权利人可以请求停止侵害；如果建筑行为已经影响相邻权利人时，相邻权利人可以请求排除妨碍或消除危险；已经造成损失的，还可以同时请求赔偿损失。

四、相邻关系中侵权责任与违约责任的竞合

所谓责任竞合，是指由于某种法律事实的出现而导致两种以上的责任产生，

这些责任彼此之间是相互冲突的。[①] 在民法中，责任竞合主要表现为违约责任与侵权责任的竞合。违约责任与侵权责任竞合具有如下特征：

第一，引起竞合的行为只有一个。行为人的一个行为同时符合侵权责任与违约责任的构成要件，才构成责任竞合。如果是两个行为分别违反两个或两个以上的法律规范，则分别承担责任，不构成责任竞合。

第二，行为造成的损害只有一个。虽然行为人的行为违反两种或两种以上的法律规范，但造成的损害后果只有一个，该损害后果可因其中任何一种责任的承担而予以救济。

第三，行为同时符合侵权责任与违约责任的构成要件，分别构成违约责任与侵权责任。

第四，数个责任相互冲突。《民法典》第 186 条规定："因当事人一方的违约行为，损害对方人身权益、财产权益的，受损害方有权选择请求其承担违约责任或者侵权责任。"可见，侵权责任与违约责任竞合的情形下，当事人只能择一行使请求权，不能同时行使两个以上的请求权。

在相邻关系中，如果不动产的权利人与相邻不动产的权利人之间存在合同关系时，则可能构成侵权责任与违约责任的竞合。不动产权利人可以提起违约之诉，要求侵害人承担违约责任，也可以提起侵权之诉，要求侵害人依照相邻关系承担责任。如在不动产租赁合同中，承租人租赁不动产后就成为不动产的使用权人，其可以成为相邻关系中的一方当事人，成为相邻权的主体。如果其对租赁物的通风、采光与日照受到相邻不动产所有权人或者使用权人的妨碍，其可以依照相邻关系提起诉讼。如果相邻不动产的权利人同时也是租赁合同的出租人时，则承租人有权提起违约之诉或侵权之诉。

【拓展适用】

一、相邻权与地役权的关系

一般认为，地役权是指利用他人土地以便有效地使用或经营自己的土地的权利。[②]《民法典》将地役权作为用益物权的一种作了明确的规定，根据《民法典》的规定，地役权不仅在不同权利人的土地上发生，还可以在不同权利人的不动产上发生。《民法典》第 372 条第 1 款规定："地役权人有权按照合同约定，利用他人的不动产，以提高自己的不动产的效益。"据此，地役权应是指利用他人不动产以便有效地使用或经营自己的不动产的权利。不论是地役权，

---

① 王利明、房绍坤、王轶：《合同法》，中国人民大学出版社 2002 年版，第 293 页。

② 王利明：《物权法论》（修订本），中国政法大学出版社 2003 年版，第 494 页。

还是相邻权，都涉及利用他人的不动产，以便自己更好地行使不动产权利，两者有一定的联系，同时也存有差异。

（一）两者之间的联系

相邻权与地役权存在以下三方面的联系：

第一，两者皆属于物权的范畴，都由《民法典》作出了明确规定。《民法典》物权编第七章和第十五章分别对相邻关系和地役权作了较为系统的规定。

第二，两者都是为了使用不动产的利益而存在。不论是关于相邻关系的规定，还是关于地役权的规定，都是以调整不动产所有权人或使用权人对其不动产的利用为目的。

第三，两者的内容有共同之处，均是以不动产权利的扩张与限制为内容。

（二）两者之间的区别

尽管相邻权与地役权较为相似，存在一定的联系，但两者仍有差异，不可相互取代。

第一，性质不同。尽管相邻权与地役权都属于物权的范畴，都由物权法进行规定，但两者性质上并不完全相同，表现为相邻权是所有权的延伸，不是独立的物权；而地役权是用益物权，是独立的物权。

第二，产生方式不同。相邻权是不动产物权中的应有之义，因不动产的权利人或使用权人行使权利之便利，而自然、必须地要求相邻权利人给予一定的便利或者实施一定的限制而产生，法律也对相邻关系直接进行了规定。而地役权系依照当事人的协议而产生。《民法典》第 373 条第 1 款规定："设立地役权，当事人应当采用书面形式订立地役权合同。"可见，地役权合同是要式合同，当事人之间地役权的产生必须依照书面的地役权合同而产生。

第三，权利内容不尽相同。相邻关系的内容依照法律的直接规定而确定，根据我国现有法律，相邻关系主要包括因用水、排水产生的相邻关系，因通行产生的相邻关系，因相邻土地、建筑物的利用而产生的相邻关系，因通风、采光、日照引起的相邻关系，因排污产生的相邻关系，因防险产生的相邻关系，对于以上相邻关系的具体内容，《民法典》作了较为明确的规定。而地役权的具体内容，也由当事人之间的地役权合同而定。根据《民法典》第 373 条第 2 款的规定，地役权合同一般包括下列条款：当事人的姓名或者名称和住所；供役地和需役地的位置；利用目的和方法；地役权期限；费用及其支付方式；解决争议的方法。可见，地役权的内容、期限均可由当事人自行协商确定。此外，两者内容上的差别还体现在相邻关系上，权利仅限于对自己权利行使的必要延伸，从而使自己的权利可以正常行使，或者可以维持正常的生活、生产，对相邻权利人权利的行使予以必要的限制，而地役权则不受此限，可由当事人自由约定。

第四，是否以不动产相邻为必要条件不同。相邻权的产生以不动产的邻接或邻近为必要，而地役权的产生则不以不动产相邻为必要，供役地或需役地可以相邻，也可以不相邻。例如，权利人可以为了远眺的需要，而与其视线范围内的土地所有权人签订地役权合同，约定其他土地所有权人不得在其自己的土地上建设高层建筑物。

第五，存续期间不同。相邻权系不动产所有权的自然延伸，随着不动产的存在而永续存在，当然，如果权利人行使权利不以相邻权利人给予便利或接受限制为必要，原相邻关系的内容自然终止。如原权利人为了维持正常的生活，必须在相邻权利人的土地上通行，而后来权利人通行有了更便捷的通道，此时，相邻权利人不再有提供通行便利的义务。而地役权的期限则可由当事人约定，当然，地役权的期限不得与其他不动产物权的期限相冲突。如《民法典》第377条即规定："地役权期限由当事人约定；但是，不得超过土地承包经营权、建设用地使用权等用益物权的剩余期限。"

第六，登记效力不同。相邻权系所有权的自然延伸，具有对抗任何第三人的效力，无须登记。地役权则不同，《民法典》第374条规定："地役权自地役权合同生效时设立。当事人要求登记的，可以向登记机构申请地役权登记；未经登记，不得对抗善意第三人。"可见，地役权对抗第三人的效力基于登记而产生。

二、侵犯相邻权行为与行政违法行为的交叉和冲突

在相邻不动产权利人之间发生的纠纷中，经常涉及民事责任与行政责任的竞合问题。有些行为构成对相邻权的侵犯，但并未违反相关的行政法律规定，应当承担民事责任；有些行为虽然违反相关的行政法律规定，但未构成对相邻权的侵犯，则不属于相邻关系的调整范围，应通过行政途径或者行政诉讼予以解决；还有些行为可能既构成对相邻权的侵犯，又违反了相应的行政法律规定。在相邻关系民事纠纷中，应重点审查双方当事人是否为相邻不动产的所有权人，一方行使权利的行为是否妨碍相邻权利人的正常生产和生活，而行为人的行为是否违反了相关的行政法律规定则不是相邻关系纠纷民事案件必须重点审查的问题，行政违法也不是侵害相邻权的构成要件；当然，行为人的行为违反了行政法律规定，可以作为认定行为损害相邻权利人正常生产和生活的依据之一。在民事诉讼中，对于不同行为应当区别对待。

（一）侵犯相邻权，但并未违反行政法律规定的情形

有些行为即使没有违反行政法律规定，甚至可能得到相应的行政许可，但

是给相邻权利人正常行使权利，或者维持正常的生产、生活造成妨碍，则该行为应受民事法律规范的调整，承担相应的民事责任。例如，某些生产企业虽然得到行政单位的批准设立，其排污标准也符合国家相关法律、法规的规定。但是，只要其排污行为确实影响相邻权利人的正常生产、生活，相邻权利人可以基于相邻关系提起民事诉讼，要求该生产企业停止侵害，排除妨碍，造成损害的，还可以请求赔偿损失，该生产企业不得以其设立得到行政许可，其排污符合国家标准为由进行抗辩。又如，某些建筑行为虽然已经取得建设施工许可证，但是该房屋建成后将严重影响相邻权利人的通风、采光，则相邻权利人有权请求停止侵害，该民事责任的承担不能因建筑行为取得建设施工许可证而免除。

（二）违反相关行政法律规定，但并未侵犯相邻权的情形

有些行为可能违反了相关的行政法律规定，但并未影响相邻权利人的正常生产和生活，相邻权利人以侵害相邻权为由起诉请求人民法院责令行为人停止侵害的，不予支持；至于该行为是否属于行政违法行为、应否受到相应的行政处罚，则不属于民事纠纷的审理范围，应通过行政途径或者行政诉讼途径解决。如行为人擅自占用耕地修建住宅，并未影响相邻权利人的通行、通风、采光、用水、排水等权利，也未给相邻权利人行使权利造成其他影响，相邻权利人认为行为人擅自占用耕地建房不符合相关行政法律规定，提起民事诉讼，要求行为人停止修建房屋的，不应支持，应由相关部门对行为人的行为予以相应处理。

（三）既违反相关行政法律规定，又侵犯相邻权的情形

行为人的行为违反了相关行政法律规定，同时影响了相邻权利人的正常生产和生活，此时，行为人应同时承担相应的行政责任和民事责任。但是在民事案件，只宜对民事责任进行处理，而不应对是否构成行政违法行为，以及应承担何种行政责任进行处理。如行为人违章改建房屋，给相邻权利人的安全带来隐患，相邻权利人可以提起民事诉讼，请求行为人排除妨碍，消除危险。同时，行政机关也可对该行为进行相应的行政处罚。总之，如果行为人的行为同时违反行政法律规定与民事法律规定关于相邻权的规定，则行为人可能同时要承担行政责任与民事责任，两者并不冲突；同时，违反行政法律规定也不是侵犯相邻权的必要构成条件。

三、相邻关系纠纷与人格权纠纷的关系

相邻关系纠纷是因相邻不动产的利用而产生的纠纷，人格权纠纷则是因侵害人格利益而产生的纠纷，两者属于不同的范畴，看似并无联系，但司法实践中并非如此。如在因排放污染物引起的纠纷中，不动产的权利人排污导致他人

损害，究竟是相邻关系纠纷还是人格权纠纷有时难以辨别。笔者认为，应从以下方面区分：

（一）相邻权与人格权性质不同

相邻权属于物权的范围，是所有权的延伸；人格权是民事主体享有的以人格利益为客体的固有权利，包括生命权、身体权、健康权、姓名权、肖像权、人身自由权等。[①] 相邻权的性质决定了相邻权与不动产密不可分，不得脱离不动产而存在。人格权则是民事主体固有的权利，与其人身不可分离，自然人的人格权自出生享有，直至死亡；而法律对人格利益的保护还可以延伸至自然人未出生前以及死亡后，法人的人格权则自其依法成立时享有。因此，两者的根本区别在于，相邻权必然与不动产的所有权或使用权同时存在，而人格权则与民事主体的人格同时存在。

（二）是否以权利人在地理位置上相邻为要件不同

相邻关系纠纷的认定必须以双方当事人所有或者使用的不动产相邻为构成要件，如果不符合这一构成要件，则不构成相邻关系纠纷，不能适用法律关于保护相邻关系的有关规定。而人格权纠纷则不以双方当事人所有或者使用的不动产相邻为构成要件，如一方当事人途经某地，遭受当地不动产权利人的侵害，则构成人格权纠纷，而不构成相邻关系纠纷。

（三）侵害来源不同

对相邻权的侵害来自于不动产所有权人或者使用权人行使不动产权利的行为，如建造建筑物、排水、排污等，而对人格权的侵害则不以行使不动产的过程为要件，该行为可以来源于使用不动产的过程，也可以来源于其他与不动产的利用无关的行为。如行为人经常在家中大声播放音乐，导致邻居夜夜无法安睡，从而导致健康问题，由于该行为主要是人的行为，而不是利用不动产的行为，因此，该行为应是侵犯邻人的人格权，而不是相邻权，由此产生的纠纷是人格权纠纷，而不是相邻关系纠纷。如果行为人在自己的土地上建筑房屋，为赶工期而夜晚施工，导致周围房屋的使用人无法休息，则应是侵犯了相邻权利人的相邻权，由此产生的是相邻关系纠纷，而不是人格权纠纷。

（四）侵害的客体不同

相邻关系纠纷中，侵害的客体是权利人行使不动产物权所体现出来的利益，而人格权纠纷中，侵害的客体是人格利益，两者截然不同。如权利人堵塞通道，导致相邻权利人无法通行，则构成相邻关系纠纷，但人们故意在道路上设置障碍，导致他人（包括邻居）通行时受伤，则应构成人格纠纷，而不是相邻关系

---

① 张新宝：《侵权责任法原理》，中国人民大学出版社2005年版，第184页。

纠纷。

司法实践中，应从以上四方面注意区分相邻关系纠纷与人格权纠纷。对两者进行区分的意见在于：一方面，由于在相邻关系纠纷和人格权纠纷中，对行为侵害的程度要求不同，从而直接影响到受害人是否可以得到法律救济。因为所有权是绝对权、对世权，一般情况下，法律应当保护权利人对其所有物的排他性使用。因此，法律默认相邻权利人对他人行使物权的行为应有必要的容忍，只有在行为人的容忍达到一般人难以忍受的程度时，相邻关系才予以保护，即相邻关系只保护权利人维持正常的生产和生活需要。而人格权是人与生俱来的权利，该权利应优先于其他一切权利得到保护，任何权利的行使都不得侵犯他人的人格权；同时，任何人对侵犯人格权和行为不负有容忍的义务。因此，在相邻关系纠纷中，对相邻权利人的侵害行为认定的标准较高，而在人格权纠纷中，对他人的侵害行为认定的标准较低。另一方面，根据我国《民法典》的相关规定，对于相邻权的救济方式主要有停止侵害、排除妨碍、赔偿损失，而不包括精神损害赔偿。而根据《民法典》第1183条关于“侵害自然人人身权益造成严重精神损害的，被侵权人有权请求精神损害赔偿。因故意或者重大过失侵害自然人具有人身意义的特定物造成严重精神损害的，被侵权人有权请求精神损害赔偿”的规定，在人格权纠纷中，受害人受到严重精神损害的，可以请求精神损害赔偿。

【典型案例】

某建筑木材加工总厂与某实业发展总公司房屋租赁纠纷案

上诉人（原审被告、反诉原告）：某建筑木材加工总厂（以下简称木材总厂）

上诉人（原审原告、反诉被告）：某实业发展总公司（以下简称实业公司）

〔基本案情〕

上诉人木材总厂与上诉人实业公司房屋租赁纠纷一案，不服新疆维吾尔自治区高级人民法院（1999）新民初字第13号民事判决，向法院提起上诉。法院依法组成合议庭公开开庭审理了本案，木材总厂的委托代理人吕某辉、关某，实业公司的法定代表人王某年、委托代理人吴某海、吴甲到庭参加诉讼，现已审理终结。

经审理查明：1992年10月6日，木材总厂与某现代文化交流站（以下简称交流站）签订《营业大楼租赁合同书》，约定：交流站租用木材总厂办公楼左侧式营业大楼共四层（包括地下室），建筑面积3054平方米，作为办公室、宾馆、餐厅、舞厅等，租期为20年。营业大楼续建的工程费用，交流站投资100万元，应在合同生效后半个月内支付给木材总厂20万元，1993年3月底前再支付40万元，其余投资款在工程竣工前全部交清。交流站支付的续建费用100万元，抵扣租金，扣完后依合同约定继续向木材总厂支付租金。按建筑面积计算，每平方米每月租金20元；每年度分四次支付，一次按年租金的25%付清，每次付款时间为该季度的第一个月。租金价格在合同生效后三年内不变，逾期后在市场平均水平上另行调整。水、暖、电费用按规定分季度向木材总厂交纳。如实业公司拖欠租金，按日千分之五交纳滞纳金。营业大楼正式交付实业公司使用之日为起租日。木材总厂负责办理营业大楼租赁手续。除交流站投资的100万元外，续建大楼所需的其他费用由木材总厂承担。在不影响整体结构前提下，可按交流站需要设计。木材总厂保证承租房内的水、暖、电的正常供应。木材总厂在使用期限内，不干预交流站对承租房的使用权、经营权。双方必须严格遵守合同约定的各项条款，任何一方违约，必须向对方赔偿合同额25%的违约金及一切相关的经济损失。

1993年7月26日，交流站向工商局申请将交流站更名为实业公司，后工商局给实业公司核发了营业执照，注册资金80万元。

签订合同后，实业公司于1992年11月2日向木材总厂付款20万元，1993年5月18日付款10万元、5月29日付款40万元、6月25日付款15万元、9月30日付款30万元，以上共计115万元。此后从1994年5月至1995年12月实业公司又付给木材总厂款项274847元。关于付款问题，一审判决还认定：讼争的营业大楼原由甲建筑公司所属史某宝工程队施工，后变更为乙建筑公司施工。经实业公司、木材总厂与史某宝协商，由实业公司支付给史某宝前期工程费用4万元，史某宝收款后向实业公司出具了收据并向一审法院出具了证明。1994年5月1日营业大楼1—3层由乙建筑公司施工完毕后交付实业公司，地下室于1995年1月1日交付实业公司。施工中木材总厂共支付给乙建筑公司工程款984081.17元，其余款项由实业公司支付。1998年7月，实业公司与木材总厂在《建筑与安装工程审核情况说明书》中最后审定的营业大楼工程造价2235789.81元，实业公司实际直接支付给乙建筑公司的工程款为1251708.64元。实业公司付给木材总厂、史某宝、乙建筑公司款项共计2716555.64元。实业公司为建设营业大楼实际超付资金1716555.64元。对一审判决认定的这一事实，双方在二审期间中均未提出异议。一审期间，双方于1999年11月16日签署了两份付款清单，对账结论为实业公司支付给木材总厂的款项为1424847元，双方无争议。另付给史某宝40000元和搬迁费10000元双方有争议，由法庭确认。木材总厂支付984081.17元双方无争议，另有四笔费用计95230元，双方有争议，由法庭确认。同日，双方还签订了《某实业发展有限公司欠木材总厂款项清单》，确认实业公司欠木材总厂64005元。

此外，交流站与木材总厂在1993年3月签订《协议书》，约定：木材总厂同意为交流站向银行贷款150万元提供担保。交流站同意在银行贷款落实到位时，提前将租赁营业大楼合同书中约定应支付的续建工程款80万元一次性付清，并同时付足50万元，作为信誉保证金。1997年4月，该市某区税务局无偿使用承租房二楼约325.32平方米房屋作该局办公室，二上诉人均未与某区税务局签订允许该局无偿使用部分讼争房屋书面协议。一审判决认定，1996 年 1 月 1 日至 1999 年 5 月 18 日，木材总厂反租实业公司房屋两间，每间每年按 1.8 万元计算，木材总厂应付实业公司租金 12.15 万元；1997 年 3 月 18 日至 1998 年 2 月 16 日，木材总厂又租实业公司房屋一间，每间每年 1.8 万元，应付租金 1.65 万元；1998 年 7 月 17 日至 1999 年 5 月 18 日，木材总厂又租实业公司房屋一间，每间每年仍为 1.8 万元，应付租金 1.5 万元。木材总厂反租实业公司四间房屋，共应支付实业公司租金 15.3 万元。对上述认定，双方当事人在二审期间均未提出异议。

1997 年 6 月 10 日，木材总厂与实业公司签订《关于收取金三角租金的协议》，约定：根据双方签订营业大楼租赁合同，经双方充分协商，既考虑到原合同生效之日起三年内租金不变，逾期后在市场平均价水平上另行调整的条款，又考虑到实业公司存在困难的实际情况，同意对实业公司按优惠方案计算租金，即 1996 年应收租金 3054 平方米×50 元×9 个月=137.43 万元，1997 年应收租金 3054 平方米×50 元×12 个月=182.24 万元，1996 年的租金于 1997 年 7 月底前交清，1997 年的租金于 12 月底前分三期付清。不再按期付清，按原合同第 7 条办理，即违约拖欠租金按日千分之五计滞纳金。对于这份协议的效力，一审判决认定木材总厂清算小组写给该厂的清算报告中并未出现和涉及该协议，说明在 1998 年 8 月以前双方未就租金价格调整达成一致意见。清算小组负责人俞某元证实报告真实。木材总厂反租实业公司的四间房屋自 1996 年至 1999 年租金价格未作调整，也说明双方未就调整租金价格达成一致意见。实业公司认为，木材总厂是为了应付上级检查才要求与其签订该协议，该协议是虚假的，不是双方当事人的真实意思表示，应无效。木材总厂清算小组负责人俞某元向一审法院提供的书面《补充说明》称：清算报告反映的是个人观点，未经集体讨论，未形成领导班子集体意见，报告文本上未加盖单位公章。该报告不具备法律效力，一审法院以该报告作为证据不尊重客观事实。木材总厂参与合同签订的工作人员向一审法院提供书面证言证明该合同真实、合法。

另查明，双方在 1998 年 6 月 28 日签订了实业公司欠木材总厂水电费清单。实业公司已支付水电费 163710.5 元，共欠 441631.54 元，尚欠 441631.54 元-163710.5 元=277921.04 元。1998 年 11 月，木材总厂在讼争房屋一侧临窗采光处不足 5 厘米间距处另建一栋楼，影响营业大楼部分场地采光、通风，影响承租房屋的正常经营使用。1982 年 9 月 15 日，木材总厂取得厂区占地的《国有土地使用证》，土地性质为行政划拨，用途为生产和生活用地。承建讼争房屋先后取得立项批文、建设工程规划许可证、建设工程施工许可证。某自治区人民政府办公厅发文同意木材总厂建立属社会服务性大型综合市场商贸城。某市市场建设领导小组办公室发文同意实业公司开办“金三角大市场”，并到工商、消防、税务等部门办理开办登记证。

又查明，1997 年 1 月 6 日实业公司给乌鲁木齐市甲商贸有限公司（以下简称甲商贸公司，以后更名为乌鲁木齐市乙商贸有限公司）出具了委托书，记明：甲商贸公司代理实业公司在承租楼内收取租金、水、电、暖费、物业管理、还贷业务。受托方与木材总厂签订租赁合同如与实业公司、木材总厂签订的合同相抵触，以后一个为准。代理期限为1997年1月6日至2000年1月5日。以后代理期限延至2005年1月4日。1997年1月6日，木材总厂与甲商贸公司签订《营业大楼租赁合同书》，约定：自签字、盖章生效后，租金按建筑面积每月每平方米20元计，三年内不变，逾期后在市场平均水平上另行调整。同日，双方签订的《补充合同》约定，上述协议如与1992年10月6日木材总厂与交流站签订的《营业大楼租赁合同书》相抵触，则以后一协议为准。实业公司以木材总厂、甲商贸公司签订的两份协议作为证据否认实业公司、木材总厂签订的《关于收取金三角租金的协议》中有关提租的内容。

实业公司以木材总厂违约、影响其正常使用和经营房屋为由向一审法院起诉，要求木材总厂承担违约金，赔偿损失和利息。木材总厂提起反诉称：依租赁合同约定，实业公司投入的100万元折抵完租金后应按约定继续交纳租金，但事实上自1994年该楼竣工交付使用后，其未交纳分文租金，截止到1998年8月31日其已累计欠租6641972元，拖欠水、电、卫生费计331683.34元。实业公司承租期间将承租房一层窗户全部改造成门面，造成该楼存在严重安全隐患。承租期间，实业公司在承租房内从事色情表演，被社会传媒披露因此严重损害了木材总厂的名誉。据此请求：解除双方签订的《营业大楼租赁合同书》。实业公司支付拖欠房屋租金6441972元，水、电、暖、卫生费331683.34元，利息57851.32元。实业公司承担违约金3579159.64元。实业公司将擅造的楼层恢复原状，在报纸上公开道歉，消除因从事色情表演给木材总厂带来的不良影响。实业公司承担全部诉讼费用。

〔一审裁判理由与结果〕

一审法院经审理认为，双方当事人签订的《营业大楼租赁合同书》为有效合同。签订合同后，在实业公司已依约投入100万元的情况下，追加投入全部营业大楼建设款将房建成。木材总厂未依约履行100万元以上的补充投资义务，已构成违约。木材总厂为实业公司贷款担保与木材总厂和实业公司间的房屋在租行为，是两个不同的法律关系，木材总厂提出改变投资方式不构成违约的理由不成立。1998年12月木材总厂在实业公司承租的营业大楼旁另建大楼，致使营业大楼600平方米的房产不能采光，严重影响了实业公司对营业大楼的正常使用，给实业公司造成较大的经济损失，也违反了合同约定。木材总厂违约行为给实业公司造成的经济损失，用支付违约金的方式即可补偿，实业公司要求木材总厂赔偿经济损失的请求不予支持。某区税务局无偿占用营业大楼325.12平方米房产而造成的损失，实业公司建设营业大楼中多支付的1716555.64元，应从1994年5月1日木材总厂交付房屋时起算利息，并按照折抵租金递减本金的方法计算。实业公司应支付给木材总厂的租金为3445274.4元，同实业公司已付款项2716555.64元及多付款1716555.64元的利息相折抵，基本抵平。实业公司未逾期支付租金，因木材总厂反诉请求实业公司支付延期付款违约金并解除合同的请求，一审法院不予支持。实业公司拖欠木材总厂的水、电、暖费277921.04元应予给付，同时应承担延期付款利息56511.28元。实业公司拖欠木材总厂的借款64005元应一并给付。实业公司使用营业大楼中因经营需要对一楼窗户所做的改动，符合合同要求；木材总厂以此主张实业公司违约，要求其恢复原状，一审法院不予支持。据此判决：

一、木材总厂与实业公司签订的《营业大楼租赁合同书》有效；

二、实业公司投入款2716555.64元（预付租金），及实业公司多投入款1716555.64元的利息731428元，共计3447984元；截止到1999年8月31日实业公司应付木材总厂租金3445274.4元，两项折抵，实业公司尚余款2709.6元可继续折抵租金；

三、木材总厂偿付实业公司违约金3664800元；

四、实业公司给付木材总厂水、电、暖费277921.04元，偿付利息56511.28元；

五、实业公司给付木材总厂欠款64005元；

六、驳回实业公司的其他诉讼请求；

七、驳回木材总厂的其他反诉请求。

案件受理费本诉费60210.4元，实业公司负担30%，即18063.12元，木材总厂负担70%，即42147.28元；反诉费58076.33元，实业公司负担40%，即23230.53元，木材总厂负担60%，即34845.80元。

一审判决主文第二项731428元利息的计算方法是：1994年5月1日木材总厂交付出租房1—3层时，实业公司超付资金1716555.64元已全部投入出租房建设中。从1994年5月1日至1995年11月30日租金100万元折抵完毕，这期间超付资金1716555.64元不分段计息，利率按当时平均利率13.95%（年利率）计息，共计431027元。从1995年11月30日以后每季度扣除租金179430元。本金递减后计租，利息共计300401元时，本金折抵完毕。两项利息合计731428元，一审法院对一审判决主文第三项违约金3664800元，是按下列方法计算出来的，即20元（每月每平方米租金标准）×3054平方米（实业公司承租房屋总面积）×12个月×0.25（违约金标准）×20年（合同约定）＝3664800元。

〔当事人上诉及答辩意见〕

木材总厂与实业公司均不服一审判决，向最高人民法院提起上诉。木材总厂上诉请求：撤销一审判决，判令实业公司承担违约责任并赔偿因违约给其造成的经济损失。事实和理由如下：一审判决认定木材总厂违约缺乏事实和法律依据。实业公司未按合同约定的时间支付租金已构成违约。实业公司向银行贷款支付房租，木材总厂为贷款提供担保，双方改变了合同约定的付款方式，不能认定木材总厂支付续建资金不足构成违约。按合同约定，三年内房租为每月每平方米20元，三年后双方按市场价格商定；一审判决以此价格作为三年后租金标准违反了合同约定，侵犯了木材总厂权益，应认定《关于收取金三角租金的协议》有效。一审判决将实业公司多交的续建承租房的投资款抵作租金，又计算利息，违反了财务原则，而且也不知道利息数额是如何计算出来的。一审判决木材总厂承担3664800元违约金，既不符合合同约定，也没有法律依据，且不知是如何计算出来的。一审判决认定实业公司改建承租房不违约与合同约定不符，违背了意思自治原则。一审判决驳回木材总厂反诉请求缺乏事实和法律依据，请求二审法院支持反诉请求。实业公司亦不服一审判决，向最高人民法院提起上诉请求：改判木材总厂承担因其违约给实业公司造成的经济损失3877894.08元；改判木材总厂承担因其违约占用实业公司利息2497386.74元。事实和理由为：木材总厂多次违约给实业公司造成巨大经济损失，依据《经济合同法》[①] 第31条的规定：当事人一方违反经济合同时，应向对方支付违约金。如果由于违约已给对方造成的损失超过违约金的，还应进行赔偿，补偿违约金不足的部分。按法律规定，利息的计算应以银行同期利率作为标准，银行同期利率分别为月利率16.5%、15%、13.725%、12.24%，平均利率为13.9%，以此为标准计算木材总厂应向实业公司支付利息的数额为2222076.3元，而非一审判决认定的利息731428元。

〔最高人民法院裁判理由与结果〕

最高人民法院认为，木材总厂与交流站签订的《营业大楼租赁合同书》是双方当事人真实自愿的意思表示。出租房屋所占用的土地性质为国有划拨用地，《城市房地产管理法》第55条[②]规定，房屋所有人以营利为目的，将以划拨方式取得使用权的国有土地上建成的房屋出租的，应当将租金中所含土地收益上缴国家。由于房屋租赁合同成立、生效后，出租人才可能收取租金并将其中土地收益部分上缴国库；缴纳土地收益并不是合同成立并生效的前提条件。木材总厂应根据法律规定将收取的房租中所含的土地收益部分上缴国家并办理出租登记备案、领取租赁许可证。实业公司承租讼争房屋开办金三角大市场获得市人民政府有关部门批准，并已办妥营业、税收、消防审批手续，据此，一审判决认定《营业大楼租赁合同书》有效是正确的，应予维持。关于《关于收取金三角租金的协议》的效力问题。《营业大楼租赁合同书》约定：按建筑面积计算每月每平方米20元的租金价格在合同生效后三年内不变，过期后在市场平均水平上另行调整。《关于收取金三角租金的协议》的内容与主合同关于三年后调整租金标准的内容是连贯的、相互衔接的，是租赁合同的补充协议。木材总厂的内部清算报告未署名、未签章、未经厂领导讨论，是木材总厂的内部材料，对外不产生证据效力，实业公司以此作为主张该协议不成立或不生效的证据理由不成立。木材总厂反租实业公司四间房屋与实业公司承租木材总厂营业大

---

① 已失效。

② 对应2019年《城市房地产管理法》第56条。

楼是两个法律关系，二者没有必然的因果关系，实业公司上诉主张以反租房屋未提租来否认《关于收取金三角租金的协议》的效力，亦缺乏事实和法律依据。1997年1月6日木材总厂与甲商贸公司签订了《营业大楼租赁合同书》和《补充合同》，就《补充合同》内容看，约定如1997年1月6日签订的租赁合同与1992年10月6日签订的租赁合同相抵触，应以1992年10月6日租赁合同为准；后一租赁合同约定租金按建筑面积每月每平方米20元计，自合同生效之日起三年内不变，合同经双方签字盖章后即生效；前一租赁合同约定营业大楼正式交付使用之日为起租日；两份合同约定的起租日相矛盾，应以前一约定为准。实业公司以前后两个合同约定的租金标准相同来证明《关于收取金三角租金的协议》不成立或无效，也是没有道理的，因后一合同约定的起租日无效而不具备证明力。《关于收取金三角租金的协议》上盖有交流站的印鉴，还有实业公司董事长吴某海的签字，实业公司未能举出签订该协议时存在意思表示不自愿、不自由的法定情形，应认定《关于收取金三角租金的协议》有效。根据《营业大楼租赁合同书》和《关于收取金三角租金的协议》约定的租金标准，实业公司投入的100万元资金折抵租金至1995年9月12日，1716555.64元折抵租金至1997年4月8日。木材总厂未对实业公司履行《关于收取金三角租金的协议》是否存在违约事实以及如何承担违约责任提出明确、具体的诉讼请求，对履行该协议涉及的违约问题，法院不予审理。1993年3月，木材总厂与交流站签订的《协议书》将木材总厂为实业公司贷款提供担保与实业公司向木材总厂提前支付80万元联系起来，但未约定提前付款时间，参照《合同法》第78条的规定，当事人对合同变更的内容约定不明确的，推定为未变更，据此应推定原合同的履行方式未因签订该协议而变更。木材总厂为实业公司向银行贷款提供担保而签订的其他合同，与本案的房屋租赁纠纷是各自独立的两个法律关系，且与本案合同主体亦不同，木材总厂上诉主张因签订贷款担保合同而改变了《营业大楼租赁合同书》的履行方式，从而应免除木材总厂不支付续建投资款的违约责任，其理由不成立，法院不予支持。

依《营业大楼租赁合同书》的约定，实业公司应于1993年10月21日前支付承租房屋续建投资款20万元，实际于1993年11月2日付清；应于1993年3月底前支付40万元，实际在5月18日支付10万元，5月29日支付30万元，其延期付款行为已构成违约。合同中有关拖欠租金以日千分之五交纳滞纳金的约定，其法律性质为专项违约金，仅对拖欠租金产生法律效力，实业公司应以此为标准承担违约责任。木材总厂未依合同约定支付营业大楼续建投资款已构成违约，应承担违约责任并赔偿实业公司因此造成的损失。实业公司多投入的资金产生的利息应视为木材总厂违约给其造成的损失，由木材总厂予以赔偿。一审判决在计算利息上存在两方面缺陷，应予纠正：其一，一审判决按年利率13.95%作为计息利率明显高于国家规定的同期最高类别的利率（即固定资产贷款利率），从而违反了《中国人民银行法》规定的利率法定原则，应以同期固定资产贷款利率计息。其二，一审判决以实业公司多投入资金折抵租金期间作为计息期间，未考虑《关于收取金三角租金的协议》生效后提租的事实。实业公司拖欠木材总厂水、电、暖费已构成违约，应承担违约责任；一审判决其承担延期付款利息而不承担违约责任，缺乏法律依据，应予纠正。《营业大楼租赁合同书》约定：任何一方违反合同约定的条款，必须向对方赔偿合同额的25%违约金，即任何一方违约，按比例向对方支付违约金；由于本案双方当事人均违约，违约金比例相同，相互抵销。木材总厂上诉主张实业公司承租期间擅自改变房屋结构、从事色情表演，因证据不足，法院不予认定。某区税务局无偿使用营业大楼中325.32平方米的房屋是由出租人同意还是承租人同意的，双方各执一词，因双方或其中一方均未与某区税务局签订书面协议而难以查清，根据公平原则，由双方合同约定、法院判令的租金标准，按50%的比例分摊租金。木材总厂在实业公司承租的营业大楼旁近距离建楼房，影响实业公司承租房屋的采光、通风，给其正常经营造成损失，这一行为既是违约行为又是侵犯相邻权的侵权行为，参照《合同法》第122条的规定：因当事人一方的违约行为，侵害对方人身、财产权益的，受损害方有权选择依照本法要求其承担违约责任或者依照其他法律要求其承担侵权责任。实业公司已选择追究木材总厂的违约责任，对该违约行为给实业公司造成的损失是否超过违约金，是否应对超出违约金的损失予以赔偿，缺乏定量化的证据，法院难以对是否应赔偿损失或应当赔偿多少作出判断；由于这一事实有相对独立性，权利人可就此另行提起诉讼。

《关于收取金三角租金的协议》仅对1996年4月1日至1997年年底的租金标准等作出约定，对1998年1月1日以后的租金标准没有约定，在合同履行过程中以致诉讼中双方当事人就租金标准不能协商达成一致意见，导致租赁合同难以继续履行，木材总厂请求解除《营业大楼租赁合同书》，法院准许。法院根据《营业大楼租赁合同书》《关于收取金三角租金的协议》的约定、当地房屋租赁的市场行情、双方房屋租赁关系提前解除以及实业公司出资承运讼争房屋的情况、当事人提出的上诉请求，将1998年1月1日至租赁合同解除之日的租金标准确定为每月每建筑平方米30元。据此，依据《民事诉讼法》第153条第1款第2项之规定，判决如下：

一、维持新疆维吾尔自治区高级人民法院（1999）新民初字第13号民事判决第一、五、六项；

二、撤销新疆维吾尔自治区高级人民法院（1999）新民初字第13号民事判决第二、三、七项；

三、解除木材总厂与实业公司签订的《营业大楼租赁合同书》，自本判决生效后90日内实业公司将承租房屋交还木材总厂；

四、自判决生效之日起30日内，实业公司向木材总厂支付1997年4月9日至1997年12月30日租金（其中2728.68平方米按建筑面积每月每平方米50元计租，

325.32平方米按建筑面积每月每平方米25元计租)；

五、自本判决生效之日起30日内，实业公司向木材总厂支付自1998年1月1日至本判决生效之日租金（其中2728.68平方米按建筑面积每月每平方米30元计租，325.32平方米按建筑面积每月每平方米15元计租)；

六、自本判决生效之日起30日内，木材总厂向实业公司支付1716555.64元利息(自1995年9月13日至1997年4月8日，按中国人民银行公布的同期固定资产贷款利率计息)；

七、自本判决生效之日起30日内，实业公司向木材总厂支付延期支付租金的违约金123500元；

八、变更新疆维吾尔自治区高级人民法院（1999）新民初字第13号民事判决第四项为：自本判决生效之日起30日内，实业公司向木材总厂支付水、电、暖费277921.04元；

九、驳回上诉人的其他上诉请求。

一审案件受理费按一审判决执行。二审案件受理费118286.73元，由实业公司负担82800.71元、木材总厂负担35486.02元。

本判决为终审判决。

第九章　善意取得

规则 13：行为人取得他人合法所有动产，不能证明自己为善意并付出相应合理价格的，不构成善意取得

——刘某兵与卢某成财产权属纠纷案①

【裁判规则】

无处分权人将他人所有的不动产或者动产转让给受让人，原则上所有权人有权追回；但受让人是善意的且付出合理的价格，依法取得该不动产或者动产的所有权。动产善意取得应当符合以下条件：受让人受让该动产时是善意的，以合理的价格受让，受让的动产依照法律规定应当登记的已经登记或不需要登记的已经交付给受让人。

【规则理解】

一、无权处分行为的效力

无权处分是指没有处分权的人从事了法律上的处分行为。一般而言，无权处分包括两种情形：一是处分人没有所有权，而行使了所有权中的处分权能，将财产转让给他人；二是处分人在权利受限制的情形下行使了处分权，如部分共有人将共有财产转让给他人。通常情况下，无权处分不发生物权变动的效力。

（一）合同法上的无权处分合同属于效力待定合同

从合同法原理上看，无权处分合同属于效力待定合同。原《合同法》第 51 条规定，“无处分权的人处分他人财产，经权利人追认或者无处分权的人订立合同后取得处分权的，该合同有效”。根据该规定，非经权利人追认，或无权处分人事后取得物权，无权处分合同不发生效力。例外情形在于：

1. 权利人追认。所谓权利人追认是指权利人事后认可无处分权人对财产的处分。司法实践中对权利人追认的认定可注意以下三个问题：（1）权利人是指

① 《中华人民共和国最高人民法院公报》2008 年第 2 期。

对处分之财物享有处分权的人。在处分所有权的情形下，权利人是指所有权人，或者其他有权处分所有权的人；在处分用益物权的情形下，权利人应是土地承包经营权人、建设用地使用权人、宅基地使用权人、地役权人等。(2) 追认是指同意处分行为的意思表示。要注意的是，追认是单方意思表示，可以向交易相对人作出，也可以向无权处分人作出，无须交易相对人的同意即可发生效力。(3) 所谓追认，是指事后认可。如果是事前认可，则不构成无权处分，而应是代理关系，直接按照代理关系相关的法律规定，对委托人发生法律效力，无须追认。

2. 无处分权的人事后取得处分权。无权处分合同属于效力待定的合同，其原因在于处分人没有处分权，处分他人财物，侵犯了他人的合法权益；在无权处分人取得权利后，其成为真正的权利人，对财产的处分不再影响原权利人的权利，故无权处分的效力就此可以确定。关于无权处分人事后取得权利的方式可以是买卖、互易等，甚至也可以包括善意取得。

3. 原《合同法司法解释（二）》第15条规定："出卖人就同一标的物订立多重买卖合同，合同均不具有合同法第五十二条规定的无效情形，买受人因不能按照合同约定取得标的物所有权，请求追究出卖人违约责任的，人民法院应予支持。"可见，司法解释着力解决合同的效力、履行等问题，确定交易秩序，不将合同无效或者有效作为善意取得制度适用的前提，而将登记权利人实际无处分权作为善意取得制度适用的条件。在一房多卖的情况下，一般会涉及无权处分行为，根据上述司法解释的规定，在一房多卖的情况下，可以要求出卖人承担违约责任，而承担违约责任的前提是合同成立并生效，因此，在一房多卖的情况下，无权处分合同不属于效力待定合同，而直接属于有效合同。但买受人不能直接基于买卖合同有效而取得房屋的所有权，不动产的物权变动应当办理相关的登记，故房屋的归属仍须按照物权法的相关规定予以确定。

此外，《民法典物权编司法解释（一）》第20条规定，"具有下列情形之一，受让人主张依据民法典第三百一十一条规定取得所有权的，不予支持：（一）转让合同被认定无效；（二）转让合同被撤销"，可见，在绝对无效与被撤销而无效两种情形下，排除善意取得的适用。其原因在于，合同因违反强制性规定、公序良俗等导致其绝对无效，如仍然因善意取得而产生物权变动，一方面将导致物权变动这一法律效果违反法律体系的整体规划，产生内部体系的矛盾；另一方面将导致善意取得所保护的法益高于居于更有地位的、合同无效所保护的法益，在利益衡量上显然失衡。

（二）物权法上权利人可以追回财物

从物权法上看，权利人可以追回财物。《民法典》第311条第1款规定："无处分权人将不动产或者动产转让给受让人的，所有权人有权追回。"无权处分侵害了真正权利人的利益。根据物权法定原则，物权的变动还必须遵循相应的公示方法，即不动产必须进行变更登记，动产必须交付。《民法典》第209条和第224条作出了相应的规定。因此，在无权处分的情形下，如果没有完成相应的公示方法，物权当然不发生变动，如果完成了相应的公示方法，权利人可以请求返还原物，也可以请求损害赔偿，或请求承担其他民事责任。

1. 返还原物。物权是绝对权，具有追及力，无权处分侵害了真正权利人的权利。依照《民法典》第235条关于"无权占有不动产或者动产的，权利人可以请求返还原物"的规定，在无权处分，权利人未经追认，且处分人事后也未取得处分权的情况下，受让取得财产没有合法依据，权利人可以要求返还原物。需要注意的是，司法实践中返还原物必须以原物存在为前提，如果原物已经不复存在，则不可判决返还原物，权利人可以请求损害赔偿。

2. 赔偿损失。在无权处分情形下，权利人丧失物权，受到损害，权利人可以请求返还原物，也可以请求赔偿损失，但在原物已经不复存在，或者不能返还的情形下，权利人可以请求赔偿损失。

在无权处分的通常情形下，权利人得请求无权占有人返还原物，或请求无权处分人赔偿损失，例外情形在于受让人善意取得该财物。

二、善意取得制度的适用范围

善意取得是物权法中的一个重要制度，在物权纠纷、合同纠纷、侵权纠纷以及婚姻家庭继承纠纷等许多类型的纠纷中，往往都会涉及如何适用善意取得制度判定财产权利的归属问题。善意取得亦称即时取得，是指原物由占有人转让给善意第三人时，善意第三人取得原物的所有权，所有权人不得请求善意第三人返还原物。[①] 据学者研究，善意占有源于日耳曼法中的"以手护手"原则，根据这一原则，权利人将自己的财产让与他人占有的，只能向占有人请求返还占有物，如果占有人将财产转让给第三人时，权利人不得请求第三人返还，而只能要求占有人（转让人）赔偿损失，这一原则逐渐演化成近现代民法的善意取得制度。[②] 善意取得制度中涉及三方当事人，即真正权

---

① 李显冬主编：《新编中国物权法要义与案例释解》，法律出版社2009年版，第260页。

② 李显冬主编：《新编中国物权法要义与案例释解》，法律出版社2009年版，第260页。

利人、转让人（占有人）与善意第三人。真正权利人，是指善意取得制度中转让的标的物的真正所有权人；转让人，则是指标的物的占有人，同时也是将该物无权转让给他人的人；善意第三人，则是指依照法律规定从无权处分人处受让财产的人。善意取得制度涉及上述三方当事人之间因为无权转让他人财产而产生的法律关系。

善意取得是否适用于动产和不动产，以及认定受让人善意时是否根据动产和不动产设定不同的标准，均存在一定争议。在传统的善意取得制度中，一般认为善意取得仅适用于动产。如有学者认为，善意取得，又称即时取得，是指动产占有人无权处分其占有的动产，如果他将该动产转让给第三人，受让人取得该动产时出于善意，则受让人将依法即时取得对该动产的所有权或其他物权。[①] 还有学者认为，善意取得，是指无权处分他人动产的让与人，在不法将其占有的他人的动产交付买受人以后，如买受人取得该动产时系出于善意，则其取得该动产的所有权，原动产所有人不得要求受让人返还。[②] 可见，传统民法理论中，一般认为善意取得制度仅适用于动产，而不适用于不动产。

有观点认为，不动产坚持的是权利外观原则，即知道权利瑕疵才构成恶意，而动产则是权利外观原则+诱因原则，即除去占有的外观，还应考虑对原权利人的可归责性，只在基于其意志丧失占有时需要适用善意取得制度，同时也要求动产受让人在受让动产时应当结合转让人的转让价款、转让环境等进行综合判断。我们认为，从解释论上讲这并不成立。从我国法律规定来看，并不排除在不动产的取得中适用善意取得制度。《民法典》第311条规定：“无处分权人将不动产或者动产转让给受让人的，所有权人有权追回；除法律另有规定外，符合下列情形的，受让人取得该不动产或者动产的所有权：（一）受让人受让该不动产或者动产时是善意；（二）以合理的价格转让；（三）转让的不动产或者动产依照法律规定应当登记的已经登记，不需要登记的已经交付给受让人。受让人依据前款规定取得不动产或者动产的所有权的，原所有权人有权向无处分权人请求损害赔偿。当事人善意取得其他物权的，参照适用前两款规定。”上述规定，则明确善意取得制度同时适用于动产与不动产，并未对两者在受让人善意的构成上进行区分，因而在认定受让人善意时，区分动产和不动产受让人设定不同标准的依据并不充分，动产与不动产的权利表彰方式虽然存在一定

---

① 王利明：《物权法论》（修订本），中国政法大学出版社2003年版，第206页。
② 梁慧星、陈华彬：《物权法》，法律出版社2003年版，第203页。

差别，但在我国物权法体系下，最主要的物权变动形式是一致的，也就是原因行为+权利外观，因此，在善意的认定上确立统一标准符合法律规定的基本原则。至于具体认定时所据以参考评判的因素在形式上因占有和登记方式的不同而当然有所不同，但这并不能导致在善意认定标准上的差异。因此，《民法典物权编司法解释（一）》本着尊重立法原意的原则，对于动产与不动产规定了统一的善意认定标准。

三、善意取得的构成要件

由于善意取得制度是以牺牲财产的静态安全为代价，保护财产的动态安全，在保护善意第三人利益的同时，也适度牺牲了财产原权利人的利益。因此，对于善意取得必须规定严格的构成要件。《民法典》第 311 条明确了构成善意取得的要件，即受让人受让该不动产或者动产时是善意；以合理的价格转让；转让的不动产或者动产依照法律规定应当登记的已经登记，不需要登记的已经交付给受让人。《民法典物权编司法解释（一）》对善意取得制度进行了细化。《民法典物权编司法解释（一）》第 14 条规定，“受让人受让不动产或者动产时，不知道转让人无处分权，且无重大过失的，应当认定受让人为善意。真实权利人主张受让人不构成善意的，应当承担举证证明责任”；第 15 条规定，“具有下列情形之一的，应当认定不动产受让人知道转让人无处分权：（一）登记簿上存在有效的异议登记；（二）预告登记有效期内，未经预告登记的权利人同意；（三）登记簿上已经记载司法机关或者行政机关依法裁定、决定查封或者以其他形式限制不动产权利的有关事项；（四）受让人知道登记簿上记载的权利主体错误；（五）受让人知道他人已经依法享有不动产物权。真实权利人有证据证明不动产受让人应当知道转让人无处分权的，应当认定受让人具有重大过失”；第 16 条规定，“受让人受让动产时，交易的对象、场所或者时机等不符合交易习惯的，应当认定受让人具有重大过失”。

（一）受让人出于善意

善意取得制度的立法初衷之一就是保护善意第三人的利益，因此，第三人的善意是其优先于原权利人得到保护的唯一理由，如果该第三人出于恶意，则无所谓保护其利益。因此，善意应是善意取得的最重要的条件。“善意”作为民法意义上的抽象概念，通常指行为人在从事民事行为时，认为其行为合法，或者认为相对方具有合法权利、行为合法的一种心理状态。法律把“善意”作为善意取得的一项构成要件，以行为人的主观心理状态来评判其是否具有主观可责难性，则体现了一种法律评判，反映了法律在伦理道德和价值取向上的选择，彰显了民法所倡导的“诚实守信，扬善抑恶”理念以及所追求的正义价值。可见，善意取得系法律对诚信之人的一种特殊保护，而法律上的诚信之人首先应当是一个尽到合理审慎义务之人，故不具有某种程度以上的过失应当成为认定善意的一个重要标准，不应把两者割裂开来。同时，由于善意系一种内在心理活动状况，它并不直接显露于外部，因而难以度测，但作为一个法律概念，在司法实践中，需要明确认定善意的裁量标准，从而准确地适用法律。[①] 如何判断第三人不知道且不应当知道转让人无处分权是司法实践中的难点。故《民法典物权编司法解释（一）》第14条第1款明确规定，受让人不知道转让人无处分权，且无重大过失的，应当认定受让人为善意。可见，善意第三人的“善意”，是指受让人不知道，且不应当知道转让人无处分权。笔者认为，判断第三人是否“善意”应考虑以下因素。

1. 是否符合权利的公示方式

物权的公示方式包括不动产的登记和动产的交付。物权的公示具有物权的转移效力和物权的推定效力。《民法典》第216条第1款规定：“不动产登记簿是物权归属和内容的根据。”第224条规定：“动产物权的设立和转让，自交付时发生效力，但是法律另有规定的除外。”《民法典物权编司法解释（一）》第15条规定：“具有下列情形之一的，应当认定不动产受让人知道转让人无处分权：（一）登记簿上存在有效的异议登记；（二）预告登记有效期内，未经预告登记的权利人同意；（三）登记簿上已经记载司法机关或者行政机关依法裁定、决定查封或者以其他形式限制不动产权利的有关事项；（四）受让人知道登记簿上记载的权利主体错误；（五）受让人知道他人已经依法享有不动产物权。真实权利人有证据证明不动产受让人应当知道转让人无处分权的，应当认定受让人具有重大过失。”司法解释强调登记对于不动产受让人善意的推定作用，并反向列举影响推定效力的登记类型。由此，使登记作为物权公示方法，在正反两个方面发挥作用。由此可见，不动产登记簿所记载的权利人应推定为真正的权利人，动产的实际占有人可以推定为动产的真正权利人。因此，转让时，受让人是否审查不动产的登记权利人，以及动产的实际占有人应是判断受让人是否为“善意”的重要标准。如果受让不动产时，受让人根本未对该不动产登记情况进行了解，或者未对动产的实际占有人进行审查，就受让该财产，应不

---

① 最高人民法院民事审判第一庭编著：《最高人民法院〈物权法司法解释（一）〉理解与适用》，人民法院出版社2016年版，第18页。

能认定受让人为善意。

此外，在司法实践中，存在机动车名实不符，以及机动车抵押、交通事故引发损害赔偿、机动车所有权人破产等原因而形成的权利人，与机动车买卖交易的双方当事人的权利产生交集，应如何处理成为审判实践中的热点和难点。一方面，根据《民法典》第224条、第225条的规定，机动车等特殊动产物权变动，是交付即发生物权变动的效力，未经登记，只是不得对抗第三人。另一方面，在物权与债权的关系上，在一物之上既有物权又有债权时，一般而言，物权优先于债权。对此，《民法典物权编司法解释（一）》第19条规定："转让人将民法典第二百二十五条规定的船舶、航空器和机动车等交付给受让人的，应当认定符合民法典第三百一十一条第一款第三项规定的善意取得的条件。"第6条规定："转让人转让船舶、航空器和机动车等所有权，受让人已经支付合理价款并取得占有，虽未经登记，但转让人的债权人主张其为民法典第二百二十五条所称的'善意第三人'的，不予支持，法律另有规定的除外。"可见，该司法解释以实践中经常发生的权利冲突类型为导向，遵循特殊动产物权变动的物权法规则，通过排除转让人的债权人作为《民法典》第225条所称"善意第三人"的角度进行了规定。具体到机动车等特殊动产之上存在未办理登记的受让人与转让人的债权人的情况，通过转让人的交付取得特定动产物权的人，虽未办理登记，但其已经依法享有物权，故从法律条文的本身含义以及法律整体的逻辑体系看，其权利应优先于转让人的一般债权人。换句话说，就是转让人的一般债权人，包括破产债权人、人身损害债权人、强制执行债权人、参与分配债权人，都应当排除于《民法典》第225条所称的"善意第三人"范畴之外。当然，这里所称的债权人自然不包括针对该标的物享有担保物权的债权人，因为，此时其债权已设定担保，该债权人已经成为该物的担保物权人，自然就抵押或质押担保的财产享有优先受偿的权利。对于人身损害债权人的问题，由于《民法典》第225条仅是解决机动车等特殊动产物权变动中的对抗问题，如果将该类特殊债权人作为不可对抗的第三人，则与该条的立法本意以及物权优先于债权的基本原则不符。至于这种情形下，哪一个权利应优先保护的问题，应由立法者基于价值理念判断，通过法律规定加以回应。事实上，《民法典物权编司法解释（一）》第6条规定的"法律另有规定的除外"中所包含的权利已经有一些关于人身损害债权的内容，比如《海商法》第22条规定的船舶优先权中就包含了在船舶营运中发生的人身伤亡的赔偿请求权，对法律已经特别规定享有法定优先权的债权人，不管物权变动登记与否，均应属于绝对不可对抗的善意第三人范畴。当然，对于船舶、机动车等特殊动产，也不能仅根据占有的事实而推定受让人的善意。该类动产系未经登记不得对抗善意第三人的动产，且有相应的登记制度。对于该类动产，应采不动产权利推定的方式，必须审查其登记权利人才可能被认定为第三人善意。

2. 支付的对价是否合理

一般而言，民事行为会遵循公平合理、等价有偿的原则。因此，支付的对价是否合理也是判断第三人是否善意的重要标准。如果受让人受让财产时明知其支付的对价明显低于财产的实际价值，则其有理由怀疑财产是否存在法律上或者事实上的瑕疵，并基于这种怀疑进行进一步的审查。受让人未进行审查而直接交易，不能推定第三人是善意的。

3. 真正权利人、转让人与第三人的关系

真正权利人、转让人与第三人的关系也是判断第三人是否善意的标准之一。如果三者关系密切，第三人明知转让人没有处分权或者没有完全的处分权，而受让财产，则不能认定为善意。如第三人明知财产系夫妻共同财产，即使登记权利人只有夫妻一方，第三人也支付了合理的代价，但第三人与夫妻一方交易不能构成善意取得，除非该交易行为在日常家事代理的范围之内。同时，如果转让人与第三人关系十分密切，具有亲戚关系或者其他利害关系，交易的结果将使第三人明显受益，而原权利人受损，则受让人很可能是非善意的。

4. 交易的场所和背景

《民法典物权编司法解释（一）》第16条规定："受让人受让动产时，交易的对象、场所或者时机等不符合交易习惯的，应当认定受让人具有重大过失。"如果受让人系在公开交易场所，如拍卖会、正规商场购买商品，则受让人应是善意的；但如果受让人系在不正规的二手市场购买商品，则有可能是非善意的。此外，交易的时间、背景也可能反映受让人是否善意。如果受让人在晚上、路边与人交易，则很可能并非善意。

以上因素可以作为判断受让人是否善意的主要标准，但是司法实践中，还应根据交易的具体情况具体分析。

（二）通过交易行为取得财产，并支付了合理的对价

第三人应是通过买卖、互易等交易取得财产，否则，不存在保护交易安全之说；如果第三人未支付合理的对价，也就不存在需要优先于原权利人保护的利益。因此，第三人基于非民事法律行为（如继承等）受让物权的不适

用善意取得；[1] 第三人受让物权还必须是基于民事法律行为中的有偿行为而非无偿行为（如赠与等）。[2]

对于何为合理的对价，《民法典物权编司法解释（一）》第18条规定："民法典第三百一十一条第一款第二项所称'合理的价格'，应当根据转让标的物的性质、数量以及付款方式等具体情况，参考转让时交易地市场价格以及交易习惯等因素综合认定。"

（三）履行财产转移的公示方式

《民法典》第209条规定："不动产物权的设立、变更、转让和消灭，经依法登记，发生效力；未经登记，不发生效力，但是法律另有规定的除外。依法属于国家所有的自然资源，所有权可以不登记。"第224条规定："动产物权的设立和转让，自交付时发生效力，但是法律另有规定的除外。"可见，物权的变动必须符合物权的公示方法。未经登记，不发生不动产转移的法律效果，此时，受让人享有的只是请求转让人变更登记的债权，尚不享有物权，因此，不发生善意取得法律效果。同理，未经交付，受让人享有的也仅是请求转让人交付动产的债权，并未发生实际取得财产的物权效果，因此，也不能善意取得动产。

四、无处分权人与受让人之间订立的转让合同的效力与善意取得制度的适用之间的关系

对于无处分权人与受让人之间订立的转让合同的效力与善意取得制度的适用之间的关系问题，在理论界和实务界仍然存在较大分歧。从法律性质来看，善意取得因转让人处分权缺失而应被纳入法律拟制的原始取得，就理论而言，认为转让合同效力影响善意取得的观点于法理不符。而且，从《民法典》第311条的表述来看，法律并未将转让合同有效作为善意取得的法定要件。也就是说，善意取得的适用情形既可能存在于转让合同有效的情形，也可能存在于转让合同无效的情形。同时，由于合同效力问题可能会涉及国家、社会利益和公序良俗，也难以得出合同无效一概均不影响善意取得适用的结论。

根据原《合同法》的规定及相关理论，合同效力情形包括：合同有效、绝对无效、可撤销、效力待定、未生效等形态。法律对于不同类别规定了不同的法律后果。其中：（1）对于绝对无效合同，因其与合同制度目的完全背道而

---

① 孙宪忠：《物权法基本范畴及主要制度的反思（下）》，载《中国法学》1999年第6期。

② 梁慧星、陈华彬：《物权法》，法律出版社1997年版，第276页。

驰，严重侵害国家利益、社会公共利益，其瑕疵不可治愈，法律对其作出完全彻底否定性评价，确定其绝对地、当然地无效；（2）对于可撤销合同，因其主要是在意思表示上存在瑕疵，影响合同利益在当事人之间的分配，法律着眼于为意思表示瑕疵的一方当事人提供救济，由其根据自身利益予以考量，决定对合同是否予以撤销提出自己的请求；（3）对于效力待定合同，主要是因合同仅欠缺缔约能力要件，对社会公共利益的损害相对轻微，与合同制度的目的不存在根本性抵触，法律允许有权人通过追认消除瑕疵。可见，合同是否最终确认为无效，反映出法律对于法秩序和法价值的追求和评价的不同。对于合同绝对无效，因当事人之间的行为损害的是国家利益或社会公共利益，是社会的公序良俗，法律对此效力予以绝对的否定，这体现了法律对于维护国家利益或社会公共利益、维护公序良俗的价值的绝对追求和坚定立场。善意取得作为物权的取得方式之一，也应当符合这一要求，《民法典物权编司法解释（一）》第20条规定："具有下列情形之一，受让人主张依据民法典第三百一十一条规定取得所有权的，不予支持：（一）转让合同被认定无效；（二）转让合同被撤销。"明确规定排除合同绝对无效情形下善意取得的适用，符合法律的基本精神和价值追求。

对于在具有欺诈、胁迫的手段或者乘人之危，使对方在违背真实意思的情况下订立的转让合同，除以欺诈、胁迫手段订立合同损害国家利益应归于无效外，则属于《民法典》规定的可撤销情形。此时，应再进一步区分不同情形加以区别对待。如系受让人具有欺诈、胁迫的手段或者乘人之危的情形，在转让人行使撤销权撤销该转让合同时，则该行为表明转让人对其此前在受到欺诈、胁迫或乘人之危情形下而为的意思表示的否认，合同因欠缺有效要件而归于无效。此时，法律在尊重当事人自身选择的基础上亦应对此作出否定性评价。而且，从民法所追求的正义价值的角度来看，受让人为达到目的所实施的欺诈、胁迫或乘人之危的行为，是一种主观恶意较高的行为，转让人行使撤销权表明受让人所追求的不利益已经超出了转让人所能容忍和接受的程度，构成了对公序良俗的挑战，故其所应受到的法律的非难在程度上亦应相当于或者仅次于法律对合同绝对无效行为的评判。[1] 因此，《民法典物权编司法解释（一）》第20条第2项对于此种情形也明确规定排除善意取得的适用。

---

① 《进一步提升保障财产权利及市场交易安全与效率的法治化程度——最高人民法院民一庭负责人就物权法司法解释（一）答记者问》，载《人民法院报》2016年2月24日，第2版。

【拓展适用】

一、善意取得制度的价值基础

物权是指依法享有的直接支配特定物并对抗第三人的财产权利，该权利具有绝对性和对世性，同时具有排他性和追及性。一般情况下，任何人无权处分他人之物，一旦物权的标的物被非法转让，权利人可以依法向物的占有人请求返还。在强调物权绝对性的同时，为何又要规定善意取得制度，该制度到底有何价值基础？事实上，善意取得制度的价值基础存在于以下三方面。

（一）保护交易安全的需要

财产的安全包括静态安全与动态安全。一般情况下，静态安全与动态安全应当是一致的，但是，在某些情况下可能产生冲突。如果两者发生冲突时，法律特别规定在某些情况下优先保护动态安全，是因为任何财产必须在交易中才能体现价值。如果善意第三人通过正常交易所取得的财产，随时可能被财产的原有权利人追回，则交易安全无从保障，将不利于促进交易的进行，从而妨碍财产价值的实现。

（二）提高交易效率、降低交易成本的需要

如果没有善意取得制度，财产的受让人为了确保受让的财产没有权利瑕疵，必然付出更多的时间和精力调查财产的真实状态，由此，必然增加交易成本，影响交易的迅速进行。因此，为了提高交易效率、降低交易成本，应当规定善意取得制度。

（三）出于公平的考虑

即使付出大量的时间成本与经济成本，财产的受让人仍有可能无法了解到财产的真实权利状态，由此，其通过交易的成本可能会被追回，其为此付出的对价也可能无法返还，这对于善意第三人极不公平。反之，财产的真正权利人怠于行使权利，不积极对不动产的归属进行登记，或者将其所有的动产交由他人，就应当承担由此带来的风险。同时，财产的真正权利人与实际占有人之间往往存在其他关系，由真正权利人向占有人行使权利要求赔偿损失，比善意第三人要求实际占有返还对价要方便得多。因此，善意取得制度还体现了公平的法律价值。

二、判断受让人构成善意的时间节点

受让人以什么时间节点来判断是否构成善意，对其最终能否取得转让标的物物权至关重要，在很多纠纷中这将直接决定相关权利人的权利保护顺位。这是因为，“善意”作为一种主观状态，随着时间的推移常常会出现变化。比如在签订转让合同时，受让人确实不知道转让人不具有处分权，但签订合同后、完成交付或者不动产物权变动登记之前，受让人对于转让人无处分权已经明知，则其主张善意取得该转让物权能否成立，就必须对《民法典》第331条规定的“受让人受让该不动产或者动产时”作出合理解释。

对于动产，现实交付适用善意取得，并且应当以交付之时作为动产善意取得的判断时点，不存在争议。对于不动产，从转让人与受让人开始进行联系、磋商、缔约、提交登记申请到最终完成不动产物权变动登记，过程缓慢、时间跨度较长。可见，不动产交易中签订合同与办理物权变动登记之间往往有较明显的时间差，受让人的主观状态尤其是“善意”与否的状态随时发生变化，故在应将何时作为“受让不动产时”，司法实践中存在不同观点，如以签订不动产转让合同成立并生效时，以当事人向不动产登记机构提出转移登记申请之时，以物权登记机关的物权变动记载在登记簿时等。《民法典物权编司法解释（一）》第17条规定：“民法典第三百一十一条第一款第一项所称的‘受让人受让该不动产或者动产时’，是指依法完成不动产物权转移登记或者动产交付之时。当事人以民法典第二百二十六条规定的方式交付动产的，转让动产民事法律行为生效时为动产交付之时；当事人以民法典第二百二十七条规定的方式交付动产的，转让人与受让人之间有关转让返还原物请求权的协议生效时为动产交付之时。法律对不动产、动产物权的设立另有规定的，应当按照法律规定的时间认定权利人是否为善意。”可见，司法解释最终确定“依法完成不动产物权转移登记”之时，作为判断不动产善意取得中的善意时间点，即以不动产转移登记为准而非以订立合同成立并生效时为准，也就是说，作为受让人想要取得善意取得制度的保护，实现从无处分权人处取得不动产物权，获得法律的认可，需要在完成不动产物权转移登记之前，始终保持善意，即不知道且不应当知道转让人无处分权的事实。之所以作出如此规定，实际上是尽量后置了善意的判断时点，与善意取得制度解决物权归属秩序的立法目的遥相呼应，以最大可能抑制善意取得的负面效果。[①]

三、不动产善意取得的主要情形

一般而言，不动产的静态安全通过公示公信原则予以保护；同样，善意取

---

① 《进一步提升保障财产权利及市场交易安全与效率的法治化程度——最高人民法院民一庭负责人就物权法司法解释（一）答记者问》，载《人民法院报》2016年2月24日，第2版。

得制度在不动产的交易安全中似乎难有适用的余地，但事实不然。善意取得制度在以下三种情形下完全可能适用。

（一）错误登记的情况

当事人可能提供虚假材料申请登记，导致登记错误，也可能因为登记机关工作人员失职造成登记错误，使不动产登记簿上登记的权利人不是真正的权利人，或者登记的事项不完整，有些限制物权未得登记，导致登记权利人对不动产进行处分，而第三人通过善意取得制度取得该不动产的权利。

（二）共有人擅自处分不动产的情况

一般而言，共有权利人都应当进行登记，但在某些情形下，不动产可能只登记在部分共有人名下，此时登记簿上记载的部分共有人处分不动产则可能构成无权处分，但第三人基于善意，依赖登记簿上的登记进行交易，适用善意取得制度。

（三）其他原因导致不动产权利发生变更，但尚未在不动产登记簿上体现

如因为通过人民法院生效法律文书确认，人民政府的征收决定导致权利发生变化，而当事人未去登记机关办理登记，名义登记人仍以真正权利人的身份处分不动产，第三人不知道权利发生变动，仍然信赖登记的效力而与之交易，适用善意取得。

以上是不动产善意取得最常见的三种情形，当然，不动产善意取得还可能在其他情形下发生，如被继承人死亡后，部分继承人处分不动产，受让人不知道被继承人死亡的事实，或不知晓尚有其他继续人的事实，基于对继承人与部分继承人关系的信赖，也有可能发生善意取得，这得在具体案件中具体分析。

四、善意取得制度与夫妻共同财产

司法实践中，对于登记在夫或妻一方名下的夫妻共同财产的处分效力存在分歧。《民法典》第 216 条第 1 款规定：“不动产登记簿是物权归属和内容的根据。”可见，不动产的权利归属应以不动产登记簿为依据。但是，《民法典》第 1062 条第 1 款同时规定：“夫妻在婚姻关系存续期间所得的下列财产，为夫妻的共同财产，归夫妻共同所有：（一）工资、奖金、劳务报酬；（二）生产、经营、投资的收益；（三）知识产权的收益；（四）继承或者受赠的财产，但是本法第一千零六十三条第三项规定的除外；（五）其他应当归共同所有的财产。”第 1065 条第 1 款规定：“男女双方可以约定婚姻关系存续期间所得的财产以及婚前财产归各自所有、共同所有或者部分各自所有、部分共同所有。约定应当采用书面形式。没有约定或者约定不明确的，适用本法第一千零六十

二条、第一千零六十三条的规定。”可见，根据《民法典》的规定，在夫妻双方对财产没有特别约定的情况下，只要是婚姻关系存续期间所得的财产，不论是登记在夫妻双方名下，还是登记在一方名下，都属于夫妻共同财产。那么，如果只登记在夫妻一方名下，该夫妻一方以个人名义处分财产，第三人能否适用善意取得呢？

有学者认为，第三人有注意某项财产是否为夫妻共同财产的义务，认为“如果第三人知道或应当知道共有人，其有义务征求隐名共有人对显名登记人‘处分’财产的意思；第三人有注意某项财产是否为夫妻共同财产的义务；第三人应当直接征求隐名共有人的意见”。[①] 笔者认为，在目前的情况下，夫妻财产登记在一方名下的情况很普遍，同时，中国公民的婚姻状况是不随便对外公开，也并非任何人均可查询的。因此，如果要求第三人除了审查登记簿外，还需要审查交易相对人是否已婚，该财产是否系婚姻关系存续期间所得似有困难。对此，笔者认为，一般情况下，应当保护善意第三人基于信赖不动产登记簿而从事的交易行为。当然，此处善意须结合其他因素考虑，必须是真正信赖不动产登记簿的行为，如果第三人明知该财产属于夫妻共同财产，甚至明知该夫妻属于分居或者准备离婚状态，仍然与夫妻一方进行交易，则其不应被认定为善意第三人。

总之，公示公信原则是《民法典》的基本原则，行为人基于对不动产登记簿的信赖所进行的交易应当得到保护，但是，此时行为人的善意只是推定的善意，可以允许真正权利人举证证明第三人并非善意。

五、善意取得的举证责任

在因善意取得产生的不动产权利纠纷中，究竟应由谁承担举证责任，是司法实践中的难点之一。《民事诉讼法》第 67 条第 1 款规定：“当事人对自己提出的主张，有责任提供证据。”《民事诉讼法司法解释》第 90 条规定：“当事人对自己提出的诉讼请求所依据的事实或者反驳对方诉讼请求所依据的事实，应当提供证据加以证明，但法律另有规定的除外。在作出判决前，当事人未能提供证据或者证据不足以证明其事实主张的，由负有举证证明责任的当事人承担不利的后果。”第 91 条规定：“人民法院应当依照下列原则确定举证证明责任的承担，但法律另有规定的除外：（一）主张法律关系存在的当事人，应当对产生该法律关系的基本事实承担举证证明责任；（二）主张法律关系变

---

① 徐婷姿：《不动产善意取得制度刍议》，载中国民商法律网，http：//old. civillaw. com. cn/article/default. asp？ id=17499，最后访问时间：2023 年 5 月 19 日。

更、消灭或者权利受到妨害的当事人，应当对该法律关系变更、消灭或者权利受到妨害的基本事实承担举证证明责任。”在诉讼中，应遵循“谁主张，谁举证”的原则。

按照《民法典》的规定和学理通说，不动产物权以登记、动产物权以占有为公示方式。因此，不动产登记簿所记载的权利状态和内容以及动产占有所公示的权利状态，具有初步的推定力，即按照法律规定的方式公示的物权一般应推定为真实物权。在此前提下，交易参加人只要相信权利公示的正确性，并根据公示状态进行交易，应直接推定其为善意，无须交易参加人就其进行该交易时的善意再行举证证明。因此，无论受让人在具体案件中的诉讼地位如何，都不应影响其举证责任的负担，对于其“善意”之主观状态，无须承担举证责任，而是应当由主张其为非善意的对方当事人，就受让人受让物权时，存在明知或因重大过失而未知转让人无处分权的主观恶意，承担举证责任。[①] 因此，《民法典物权编司法解释（一）》第 14 条第 2 款规定：“真实权利人主张受让人不构成善意的，应当承担举证证明责任。”有观点提出，受让人受让动产时“不构成善意”属于消极事实，因而难以由主张者予以证明。我们认为，这种观点实际上是混淆了“消极事实”和“消极评价”的概念。对于受让人“不构成善意”，是一种法律的消极评价，但要对此予以证明，则是可以通过积极事实的举证实现的，因而不应因此排除主张对方非善意者的举证证明责任。在因善意取得产生的不动产权利纠纷中，如果原权利人主张其对不动产享有权利，应由原权利人提供其享有权利的证据，在原权利人可以证明其享有原权利的情况下，如果第三人主张其基于善意取得成为财产的新权利人时，应当就其取得权利符合善意取得的构成要件进行举证。具体而言，应证明如下内容：其通过交易行为取得财产，并支付了合理的对价；其与无权处分人进行交易出于善意；完成了财产归属或转移的公示形式。在以上构成要件中，最难以证明的是从事交易时出于善意。笔者认为，是否善意系第三人的内心活动，外人难以知晓，第三人自己也难以证明，司法实践中应通过第三人的外在行为来判断其是否善意，具体而言，可从以下方面进行证明：（1）就不动产而言，其已经要求无权处分人提供了相应的权利证书，并查阅了不动产登记簿，基于不动产登记簿的公示效力而从事交易，该规则同样适用于轮船、机动车等采登记对抗主义的特

---

① 最高人民法院民事审判第一庭编著：《最高人民法院〈物权法司法解释（一）〉理解与适用》，人民法院出版社 2016 年版，第 19 页。

殊动产；(2) 就动产而言，则交易时无权处分人实际占有动产。如果受让人可以证明其对上述事项进行了审查义务，则应推定其是善意的。但是在此情况下，仍应当允许原权利人提供证据推翻该推定，如原权利人有证据证明第三人明知不动产的登记权利人或者动产的实际占有人并非真正权利人。至于另一构成要件“无权处分”则无须受让人举证，因为在原权利人有证据证明其为真正权利人时，本身已经证明了与第三人从事交易的人系无权处分。

在第三人举证证明其具有善意、支付了合理的对价，并完成了公示行为的情况下，应当认定第三人完成举证责任。

六、善意取得的法律后果

善意取得涉及三方当事人：原权利人、无权处分人、善意第三人。善意取得的法律后果体现于以下方面。

(一) 善意第三人取得财产的所有权

善意取得的基本法律效果就是第三人基于善意取得成为财产的新权利人，且该权利不是基于法律行为或事实受让于原权利人的权利，而是直接基于法律的规定取得的原始权利，该权利是完整的，不受原权利的约束。

(二) 原权利人丧失权利

原权利人对物的追及效力终止，且因为善意第三人的权利并非来源于原权利人的让渡，所以，原权利人不能请求善意第三人返还原物，也无权要求善意第三人支付对价。

(三) 原权利人取得对无权处分人的债权请求权

该请求权可能是合同之债，也可能是侵权之债，还有可能是不当得利返还之债。(1) 合同之债。如果原权利人基于租赁、保管等合同关系而将财产转移占有于无权处分人，无权处分人擅自将财产处分给善意第三人，则原权利人可以违约为由，请求无权处分人承担违约责任，要求其赔偿损失。(2) 侵权之债。无权处分人没有处分权而处分原权利人的财产，侵犯了原权利人的财产权，应当承担相应的侵权责任。原权利人可以基于侵权关系请求无权处分人承担侵权责任。在原权利人与无权处分人之间存在合同关系，是基于合同关系而转移占有的情况下，产生请求权的竞合，原权利人可以选择基于侵权法律关系或者违约法律关系请求无权处分人赔偿损失。(3) 不当得利返还之债。无权处分人基于无权处分，从善意第三人处取得对价，则其取得该对价没有合法依据，导致原权利人利益受损，在原权利人与无权处分人之间产生不当得利返还之债，原权利人可以请求无权处分人返还该不当利益。

【典型案例】

刘某兵与卢某成财产权属纠纷案

原告（上诉人）：刘某兵

被告（被上诉人）：卢某成

〔基本案情〕

原告刘某兵诉称：原告于2004年购入一辆牌照为浙DH×××号的金杯面包车，并于2005年6月27日为该车办理了车辆登记手续，该车属原告的私人合法财产。此后，原告将该车租给他人暂时使用。2006年10月，被告卢某成串通该租车人，通过所谓的“交易”将该车占为己有。被告购买涉案车辆，事先没有征得原告同意，没有向原告支付车款，更没有依法办理车辆过户手续。原告对于被告购买涉案车辆一事根本不知情。2006年11月23日，原告发现涉案车辆由被告占有并用于营运，遂向嵊州市公安局某派出所（以下简称某派出所）报案。某派出所经核查，认为不属盗、抢机动车案件，双方争议不属公安机关管理范围，故未予受理。该车至今仍由被告占有。请求判令被告返还原告所有的车牌号为浙DH×××号的金杯面包车一辆，并赔偿原告从2006年10月起因不能使用该车而遭受的损失。

原告刘某兵提交以下证据：

1. 某派出所出具的“情况说明”一份，用于证明原告向公安机关报案后，公安机关经核查认为不属盗、抢机动车案件，故未予受理。涉案浙DH×××号金杯面包车仍由被告卢某成占有。

2. 机动车登记证书复印件一份，用于证明涉案浙DH×××号金杯面包车属于原告所有。

被告卢某成辩称：浙DH×××号金杯面包车是被告从案外人陈某波处买来的，已货款两清，与原告刘某兵没有关系。涉案车辆物权的转移合法，应受到法律的保护。请求驳回原告的诉讼请求。

被告卢某成提交：购车协议复印件一份，用于证明被告是从案外人陈某波处购买的浙DH×××号金杯面包车。

举证期限届满后，被告卢某成在庭审中又提交了以下证据：

1. 车辆保险单一份，用于证明浙DH×××号金杯面包车已经由被告投保。

2. 车辆行驶证一份，用于证明原告刘某兵将涉案车辆行驶证给过案外人陈某波，原告对陈某波将涉案车辆卖给被告的事情是明知的。

嵊州市人民法院依法组织双方当事人对以上证据进行了质证、认证。被告卢某成对原告刘某兵提交的证据没有异议。原告对被告提交的证据有异议，认为购车协议违反了相关法律、法规和规章的规定，故该协议无效；对被告在庭审中提交的证据，因已经超过举证期限，故原告不予质证。嵊州市人民法院认为，虽然被告对原告提交的证据没有异议，但上述证据与本案关联性不足。原告对被告提交的购车协议的真实性没有异议，只是认为该协议无效，故应认定该协议的真实性。被告在庭审中提交的证据，因已经超过法定举证期限，且被告不能说明在举证期限届满后举证具有合法情由，故对该组证据不予认证。

嵊州市人民法院经一审查明：

2004年上半年，原告刘某兵通过二手车交易市场以33000元的价格购得牌照为浙DH×××号的金杯面包车一辆。从2005年8月31日开始，原告以月租金3000元的价格将该车出租给案外人樊某波使用。樊某波没有向原告交付押金，且付过两个月租金后，只是偶尔发短信称一定会交付租金，没有再向原告实际交付租金。2006年9月后，原告无法再与樊某波本人取得联系。2005年10月18日，被告卢某成从案外人陈某波处以28000元的价格购得车牌号为浙DH×××号的金杯面包车一辆，陈某波承诺办好车辆过户手续。后被告对该车辆进行投保，并交纳了保险费。2007年被告在陈某波的陪同下对该车进行了车辆年检，但始终没有办理车辆过户手续。2006年11月23日，原告发现该车辆已由被告占有、使用，于是向某派出所报案，某派出所依法扣押了涉案车辆。经某派出所干警核查，认为不属于盗、抢机动车辆案件，故未予受理。涉案车辆于2006年11月28日由被告之子卢某红领走。

〔一审裁判理由与结果〕

嵊州市人民法院经一审认为：

根据本案查明的事实，涉案浙DH×××号金杯面包车确系原告刘某兵所有，但其将涉案车辆出租后，因无法联系到承租人樊某波而实际丧失了对涉案车辆的占有。被告卢某成系从案外人陈某波处以28000元的价格购买浙DH×××号金杯面包车。虽然陈某波出售涉案车辆事先没有征得原告的同意，也未将购车款交给原告，且没有办理车辆过户手续，属于无权处分，但被告作为涉案车辆的买受人支付了合理的价格，事后为涉案车辆办理了车辆保险及车辆年检，说明被告是善意取得涉案车辆。机动车辆属于动产，我国现行法律并未明确规定机动车辆所有权的转移必须办理机动车辆过户登记手续。机动车辆所有权的转移与一般动产所有权的转移并无不同，都是交付即转移。因此，被告通过支付合理的价格购得涉案车辆的行为，可以认定为善意取得。原告因此而遭受的损失，可以向涉案车辆承租人樊某波追偿。

综上，原告刘某兵的诉讼请求没有事实根据和法律依据，不予支持。嵊州市人民法院于2007年4月9日判决：驳回原告刘某兵的诉讼请求。

〔当事人上诉及答辩意见〕

刘某兵不服一审判决，向浙江省绍兴市中级人民法院提起上诉，主要理由是：一审判决认定被上诉人卢某成属善意取得涉案车辆的所有权，违背相关法律规定。被上诉人与案外人陈某波订立购车协议时，陈某波只向被上诉人提供了车主为刘某兵的机动车行驶证，而没有出示机动车登记证书，也没有出示上诉人签署的出售涉案车辆的委托书，故被上诉人明知陈某波无处分权。在此情况下，被上诉人仍与陈某波订立购车协议，从陈某波处购得涉案车辆，应属恶意取得。同时，被上诉人与陈某波之间就涉案车辆进行的买卖行为也违反了《二手车管理办法》。综上，一审判决认定被上诉人为善意取得涉案车辆所有权没有法律依据。请求二审法院依法改判被上诉人返还上诉人车牌照为浙 DH×××号的金杯面包车一辆（价值约 2.2 万元），并赔偿从 2006 年 10 月起至终审判决生效之日止因被上诉人占用该车给上诉人造成的经济损失。2007 年 6 月 6 日，上诉人以缺乏证据为由申请撤回关于要求被上诉人赔偿损失的诉讼请求。

被上诉人卢某成答辩称：首先，上诉人刘某兵在一审时起诉的被告应该是涉案车辆的承租人樊某波，而不应当是被上诉人，被上诉人在本案中仅仅是有利害关系的第三人。其次，被上诉人对涉案车辆的善意取得应受法律保护。机动车辆买卖并非必须经车辆管理部门办理过户登记才能转移所有权，只要买卖合同成立，机动车辆一经交付，即使未办理过户登记手续，所有权也发生转移。本案中，被上诉人取得涉案车辆所有权后还为该车办理了保险和年检。最后，公安部门明确认定本案不属盗、抢机动车辆案件，而是机动车辆买卖。综上，一审判决认定事实清楚，适用法律正确，请求二审法院依法驳回上诉，维持原判。

双方当事人在二审中均未提交新的证据。

绍兴市中级人民法院经二审，确认了一审查明的事实。

本案的争议焦点是：被上诉人卢某成从案外人陈某波处购得涉案车辆，是否构成善意取得？

〔二审裁判理由与结果〕

绍兴市中级人民法院经二审认为，无处分权人将他人所有的财产转让给受让人，所有权人原则上有权追回。但为了保护交易安全，民法上设置了善意取得制度，即在前述情形下，受让人受让该财产构成善意取得的，则受让人可以依法取得该财产的所有权，原所有权人无权向受让人追回该财产。善意取得应当符合以下条件：受让人受让该不动产或者动产时是善意的；以合理的价格转让；转让的不动产或者动产依照法律规定应当登记的已经登记，不需要登记的已经交付给受让人。根据本案事实，可以认定被上诉人卢某成取得涉案浙 DH×××号金杯面包车的行为不属于善意取得。

首先，被上诉人卢某成取得涉案浙 DH×××号金杯面包车时不是基于善意。善意取得制度中的“善意”，主要是指受让人不知让与人无所有权或处分权的事实。这是善意取得人取得财产所有权或其他权利的法律前提。明知让与人无处分权而仍受让该财产与无权处分人违反所有权人意志转让财产的行为，都属于故意侵犯他人所有权的行为。《二手车流通管理办法》第 6 条规定：“二手车直接交易是指二手车所有人不通过经销企业、拍卖企业和经纪机构将车辆直接出售给买方的交易行为。二手车直接交易应当在二手车交易市场进行。”第 15 条第 1 款规定：“二手车卖方应当拥有车辆的所有权或者处置权。二手车交易市场经营者和二手车经营主体应当确认卖方的身份证明，车辆的号牌、《机动车登记证书》、《机动车行驶证》，有效的机动车安全技术检验合格标志、车辆保险单、交纳税费凭证等。”第16条规定：“出售、拍卖无所有权或者处置权车辆的，应承担相应的法律责任。”第17条规定：“二手车卖方应当向买方提供车辆的使用、修理、事故、检验以及是否办理抵押登记、交纳税费、报废期等真实情况和信息。买方购置的车辆如因卖方隐瞒和欺诈不能办理转移登记，卖方应当无条件接受退车，并退还购车款等费用。”本案中，被上诉人没有按照《二手车流通管理办法》规定的方式进行二手车交易，且在车辆转让时已明知车辆行驶登记证所登记的车主并非让与人。在此情况下，被上诉人没有进一步查明涉案车辆的来源，甚至连让与人的身份情况也一概不知，即在明知让与人不具有涉案车辆处分权的情况下进行了交易，显然不属于善意取得。

其次，被上诉人卢某成没有充分证据证明其在受让涉案浙DH×××号金杯面包车时，付出了合理的价格。善意取得是为保护交易安全而设定的，以有偿取得为前提，而且还应支付合理的价格。分析这一点实际上也可以从另一方面印证受让人是否基于善意取得财产，因为财产转让一般是有相应条件的，没有转让价格或者转让价格明显低于实际价格，足以引起受让人对让与人是否有处分权的合理怀疑。本案中被上诉人虽提供了其与案外人陈某波签订的协议书，但该协议并非按照《二手车流通管理办法》规定的方式在二手车交易市场内签订，让与人也未出庭作证。在此情况下，被上诉人应当举出其他充分证据证明自己已经为涉案车辆交易支付了合理的价款。但被上诉人并未完成这一举证义务，故不能认定其在受让涉案车辆时支付了合理的价款。

最后，善意取得要求转让的财产依照法律规定应当登记的已经登记，不需要登记的已经交付给受让人。机动车虽然属于动产，但具有一定的特殊性，车主需办理机动车登记证、车辆行驶证，这些严格的管理措施使车辆不同于其他无须登记的动产，也利于受让人审核车辆转让时的合法正当性。本案被上诉人卢某成无法办理涉案车辆过户手续的事实，也说明他明知让与人未取得涉案车辆处分权，进一步说明被上诉人对涉案车辆不属于善意取得。

综上，被上诉人卢某成并未善意取得涉案车辆。上诉人刘某兵基于物权请求权要求被告返还涉案车辆，理应支持。上诉人以缺乏证据为由撤回赔偿损失这一诉讼请求，系其真实意思表示，理由正当，予以准许。据此，浙江省绍兴市中级人民法院依照《民事诉讼法》第153条第1款第3项之规定，于2007年6月6日判决：

一、撤销浙江省嵊州市人民法院（2007）嵊民一初字第533号民事判决；

二、被上诉人卢某成应于本判决生效之日起十日内返还给上诉人刘某兵牌照为浙DH×××号的金杯面包车一辆。

本判决为终审判决。

第十章　财产无主的认定

规则 14：对无主房屋所有人生前尽了主要扶养义务，可以适当分得部分无主财产

——陈某锡申请认定财产无主案①

【裁判规则】

房屋确属无主财产，依法应收归国家或者集体所有。申请人对原房屋所有人生前尽了主要扶养义务，依照《民法典》的相关规定，可以从该无主财产中分给申请人适当的财产。

【规则理解】

一、无人继承又无人受遗赠遗产的条件

遗产是指公民死亡时遗留的个人合法财产。一般而言，公民的遗产会依照《民法典》继承编的相关规定，由其继承人继承或由受遗赠人取得。但在公民没有继承人，又没有指定遗嘱继承人时，遗产不发生继承或遗赠。通常情形下，无人继承又无人受遗赠的遗产收归国家或集体所有。司法实践中，应从以下两方面来认定无人继承又无人受遗赠的条件。

（一）无人继承

所谓无人继承包括无法定继承人，也无遗嘱继承人，以及法定继承人、遗嘱继承人放弃或者丧失继承权的情形。继承包括法定继承和遗嘱继承。法定继承是指按照法律规定的原则、顺序、方式进行的继承。遗嘱继承是指按照被继承人生前意志进行的继承。一般情形下，在存在法定继承人或者遗嘱继承人时，遗产归法定继承人或者遗嘱继承人继承，不存在收归国有或者由集体所有制组织所有的情形。但是，如果法定继承人或者遗嘱继承人均放弃继承，或者丧失继承权时，遗产不发生继承。

① 《中华人民共和国最高人民法院公报》1995 年第 4 期。

根据《民法典》第1124条第1款规定，继承开始后，继承人放弃继承的，应当在遗产处理前，以书面形式作出放弃继承的表示；没有表示的，视为接受继承。对于继承人放弃继承，《民法典继承编司法解释（一）》有更为明确的规定，该司法解释第32条规定，继承人因放弃继承权，致其不能履行法定义务的，放弃继承权的行为无效。关于放弃继承的方式，该司法解释第33、34条进行了规定：一般情况下，继承人放弃继承应当以书面形式向遗产管理人或者其他继承人表示；在诉讼中，继承人向人民法院以口头方式表示放弃继承的，要制作笔录，由放弃继承的人签名。

在某些情形下，继承人还可能丧失继承权。根据《民法典》第1125条第1款、第2款的规定，继承人有下列行为之一的，丧失继承权：（1）故意杀害被继承人；（2）为争夺遗产而杀害其他继承人；（3）遗弃被继承人，或者虐待被继承人情节严重；（4）伪造、篡改、隐匿或者销毁遗嘱，情节严重；（5）以欺诈、胁迫手段迫使或者妨碍被继承人设立、变更或者撤回遗嘱，情节严重。继承人有前款第（3）项至第（5）项行为，确有悔改表现，被继承人表示宽恕或者事后在遗嘱中将其列为继承人的，该继承人不丧失继承权。该条规定未明确适用于法定继承或遗嘱继承，但从《民法典》继承编的体系来看，该条规定于总则部分，故应同时适用于法定继承和遗嘱继承。

（二）无受遗赠人

所谓无受遗赠人包括受遗赠人放弃遗赠，以及遗赠附有义务时，受遗赠人没有正当理由不履行义务，经有关单位或者个人请求，取消受遗赠人接受遗产的情形。公民可以立遗嘱将个人财产赠给国家、集体或者法定继承人以外的人。公民立遗嘱将个人财产赠给国家，与无人继承且无人受遗赠，两者的遗产归属一致的，都是归国家所有。但此时，国家作为遗产接受人的身份并不相同，公民立遗嘱将个人财产赠给国家的，国家是依照被继承人的意志，作为受遗赠人接受遗产；而遗产无人继承，且无人受遗赠的，国家是依照法律的直接规定取得遗产。在公民为集体所有制组织成员，其立遗嘱将财产赠给其所在集体时，集体可以作为受遗赠人取得遗产，此时，与无人继承亦无人受遗赠时，集体所有制组织取得遗产的性质亦不相同。

应当注意的是，有受遗赠人的，不发生国家、集体所有制组织依照法律的直接规定取得遗产的情形。但是，受遗赠人放弃遗赠，或者其受遗赠的权利被人民法院取消的除外。《民法典》第1124条第2款规定，受遗赠人应当在知道受遗赠后六十日内，作出接受或者放弃受遗赠的表示；到期没有表示的，视为放弃受遗赠。《民法典》第1144条规定，遗嘱继承或者遗赠附有义务的，继承人或者受遗赠人应当履行义务。没有正当理由不履行义务的，经利害关系人或者有关组织请求，人民法院可以取消其接受附义务部分遗产的权利。在受遗赠人放弃受遗赠，或者其受遗赠的权利被人民法院取消的，视为无人受遗赠。

二、无人继承又无人受遗赠的遗产归属

《民法典》第1160条规定："无人继承又无人受遗赠的遗产，归国家所有，用于公益事业；死者生前是集体所有制组织成员的，归所在集体所有制组织所有。"根据该条规定，无人继承又无人受遗赠的遗产可能有两种归属：第一是归国家所有，第二是归集体所有制组织所有，其前提是死者生前是集体所有制组织的成员。

《民法典》和《民事诉讼法》对如何认定无人继承又无人受遗赠财产均未作出明确规定，但是《民事诉讼法》第15章"特别程序"第6节"认定财产无主案件"中第204条规定："判决认定财产无主后，原财产所有人或者继承人出现，在民法典规定的诉讼时效期间可以对财产提出请求，人民法院审查属实后，应当作出新判决，撤销原判决。"根据该条规定，可以推定无人继承又无人受遗赠财产的认定程序适用于认定财产无主案件的相关规定。因此，申请认定无人继承又无人受遗赠，该财产应属于国家或集体所有的，应由公民、法人或其他组织向财产所在地基层人民法院提出，申请书应当写明财产的种类、数量以及要求认定财产无主的根据。[①] 人民法院受理申请后，经审查核实，应当发出财产认领公告。公告满一年无人认领的，判决认定财产无主，收归国家或者集体所有。[②] 公告期间有人对财产提出请求的，人民法院应裁定终结特别程序，告知申请人另行起诉，适用普通程序审理。[③]

上述规定对无人继承又无人受遗赠财产的认定程序进行了原则性的规定。但是，《民法典》或者《民事诉讼法》仍对下述问题没有予以明确：国家或者集体所有制组织自何时开始取得财产的所有权，自被继承人死亡之时或者自认定遗产属于无主财产时开始？在国家或者集体所有制组织接受遗产之前，遗产归何人管理？被继承人的债权人是否可以在公告期内对财产提出请求？如果债权成立，债权人是向接受遗产的国家或者集体所有制组织主张债权，还是从遗

① 《民事诉讼法》第202条。

② 《民事诉讼法》第203条。

③ 2022年《民事诉讼法司法解释》第348条。

产中直接受偿，受偿之后财产才归属于国家或者集体所有制组织？上述问题法律尚未明确，司法实践中做法不一，有待进一步研究。

三、适当分得遗产权的把握

为了保障继承人以外的依靠被继承人扶养的缺乏劳动能力又没有生活来源的人，或者继承人以外的对被继承人扶养较多的人的合法利益，防止依靠被继承人扶养的缺乏劳动能力又没有生活来源的继承人之外的人丧失扶养，同时鼓励营造赡养老人的良好风尚，在对遗产归属的认定上，《民法典》还规定了适当分得遗产权。适当分得遗产权是指继承人以外的人，基于和被继承人之间的扶助关系，依照《民法典》而对遗产提出请求的资格。

适当分得遗产权与继承权或者受遗赠权不同，相比较有其自身的特点，应当从以下五个方面把握。

（一）权利人的范围

继承人分为法定继承人与遗嘱继承人。根据《民法典》第1127条的规定，遗产按照下列顺序继承：第一顺序：配偶、子女（包括婚生子女、非婚生子女、养子女和有扶养关系的继子女）、父母（包括生父母、养父母和有扶养关系的继父母）；第二顺序：兄弟姐妹（包括同父母兄弟姐妹、同父异母或者同母异父的兄弟姐妹、养兄弟姐妹、有扶养关系的继兄弟姐妹）、祖父母与外祖父母。继承开始后，由第一顺序继承人继承，第二顺序继承人不继承；没有第一顺序继承人继承的，由第二顺序继承人继承。同时根据《民法典》第1133条第2款、第3款的规定，自然人可以立遗嘱将个人财产指定由法定继承人中的一人或者数人继承，自然人可以立遗嘱将个人财产赠与国家、集体或者法定继承人以外的组织、个人。而根据《民法典》第1131条规定，对继承人以外的依靠被继承人扶养的人，或者继承人以外的对被继承人扶养较多的人，可以分给适当的遗产。可见，法定继承人与遗嘱继承人都必须是配偶、子女、父母，兄弟姐妹、祖父母与外祖父母范围内的人，而受遗赠人则是国家、集体或者上述范围之外的人，而适当分得遗产权人则是继承人以外的人。“继承人以外”的人，不同于“法定继承人以外”的人，在法定继承人中，存在第一顺序继承人时，第二顺序继承人则不属于继承人；在遗嘱继承中，被遗嘱排除的法定继承人，也属于《民法典》第1131条规定的“继承人以外”的人。

（二）权利产生的依据

法定继承人虽是基于继承法直接规定而产生，但法律对法定继承人范围的确定是基于继承人与被继承人之间特定的亲缘关系而产生。基于两者之间特定的亲缘关系，被继承人没有立遗嘱表明其意思，法律推定被继承人同意由特定范围内的亲属继承，遗嘱继承人则是基于被继承人明确表示出来的意愿而产生；而适当分得遗产权中，不论是依靠被继承人扶养的缺乏劳动能力又没有生活来源的人，还是对继承人扶养较多的人，都是基于权利人与被继承人之间的扶养关系而产生，而非亲缘关系。

（三）立法目的

遗嘱继承反映了继承法关于个人财产处分的自由原则，是民法中意思自治原则在财产继承领域的体现，而法定继承与适当分得遗产继承则体现了国家对个人遗产处分的干预，但两者仍有不同。法定继承在一定程度上限制了被继承人处分遗产的自由，但仍反映了一般情况下被继承人的生前意愿；而适当分得遗产则体现了对被继承人扶养的缺乏劳动能力又没有生活来源的人的保障，防止因为被继承人的死亡，导致被继承人扶养的人失去扶养而生活陷入困境，体现了对尊老爱幼、互相帮助的传统美德的弘扬，使得与被继承人无特定亲属关系，但尽了扶养义务的人员能得到适当回报。

（四）分得的份额

《民法典》第1130条规定："同一顺序继承人继承遗产的份额，一般应当均等。对生活有特殊困难又缺乏劳动能力的继承人，分配遗产时，应当予以照顾。对被继承人尽了主要扶养义务或者与被继承人共同生活的继承人，分配遗产时，可以多分。有扶养能力和有扶养条件的继承人，不尽扶养义务的，分配遗产时，应当不分或者少分。继承人协商同意的，也可以不均等。"可见，在继承人没有协商同意其他方案时，法定继承以均等继承为原则，特殊情况下可适当多分或者少分。遗嘱继承中，各继承人的份额则以被继承人的遗嘱为依据进行分配。对适当分得遗产人的分配份额，《民法典》没有明文规定，只是规定可以分给他们"适当的"遗产，而未规定具体的数量，另《民法典继承编司法解释（一）》第20条规定，依照《民法典》第1131条规定可以分给适当遗产的人，分给他们遗产时，按具体情况可以多于或者少于继承人，具体份额如何确定可由人民法院根据案件具体情况自由裁量。

（五）权利的行使方式

根据《民法典》第1124条规定："继承开始后，继承人放弃继承的，应当在遗产处理前，以书面形式作出放弃继承的表示；没有表示的，视为接受继承。受遗赠人应当在知道受遗赠后六十日内，作出接受或者放弃受遗赠的表示；到期没有表示的，视为放弃受遗赠。"适当分得遗产人如何行使权利，在《民法典》中没有明确规定，但在《民法典继承编司法解释（一）》第21条规定："依照民法典第一千一百三十一条规定可以分给适当遗产的人，在其依法取得被继承人遗产的权利受到侵犯时，本人有权以独立的诉讼主体资格向人民法院提起诉讼。"根据该条规定，适当分得遗产权利人行使权利的期间应当是遗产分割时，行使权利的方式是提出请求，如果权利人未在遗产分割时提出请求，则应视为放弃权利。

由于适当分得遗产权是为了保障权利人的基本生活，或者基于其对被继承人尽了主要义务的法定报酬，因此无论该遗产是否发生继承或遗赠，或是在无人继承又无人受遗赠，遗产应收归国家的情形之下，均可适用。

【拓展适用】

《民法典》并未明确对无主财产进行规定，但对无人认领的遗失物、漂流物、埋藏物或隐藏物的归属，进行了规定。《民法典》第319条规定："拾得漂流物、发现埋藏物或者隐藏物的，参照适用拾得遗失物的有关规定。法律另有规定的，依照其规定。"因此，笔者主要对拾得遗失物的相关问题进行分析。遗失物的拾得是指发现他人的遗失物而加以占有的法律事实。[①] 遗失物的拾得，并非拾得人旨在引起民事法律关系发生、变动或消灭的法律行为，但该客观行为依据《民法典》的相关规定可以引起某种法律效果的产生，因此，遗失物的拾得属于事实行为。

一、遗失物的认定

遗失物是指非故意抛弃而丢失的物品。[②] 对遗失物的认定应注意以下四点。

（一）遗失物为动产

不动产的自然属性决定不动产不可能成为遗失物。不动产四至不清，权利不明，也应当能通过确权确定权利人，而不应认定为遗失物；不动产被掩埋，或被淹没，则可能成为隐藏物或埋藏物，也不是遗失物。

（二）遗失物为占有人丧失占有的物

占有可以是自主占有，也可以是他主占有，可以是直接占有，也可以是占有辅助。判断占有是否丧失，应依社会一般观念，根据具体情况，考察原占有人是否具有事实上控制该物的可能性，仅一时丧失对物的占有，并不构成遗失。[③]

---

① 梁慧星、陈华彬：《物权法》，法律出版社2010年版，第217页。
② 胡康生主编：《中华人民共和国物权法释义》，法律出版社2007年版，第245页。
③ 李显冬主编：《新编中国物权法要义与案例释解》，法律出版社2009年版，第273页。

（三）遗失物为非因占有人的意志丧失占有的物

遗失物须为占有人不慎丢失的物，而非占有人自愿抛弃的物。如系占有人自愿抛弃的物则为抛弃物，并非遗失物。

（四）遗失物非无主物

无主物系没有法律上的权利人的物，应依法律的规定确定权利人，应适用遗失物的拾得制度。

根据《民法典》的规定，不动产物权以登记为公示要件，动产物权则以占有为公示方法。在遗失动产的情形下，占有人取得权利的外观；而原权利人丧失占有，即丧失权利的外观。此时，原权利人主张遗产物的所有权，根据“谁主张，谁举证”的原则，应由原权利人举证证明遗失物归其所有，如购买该遗失物的凭证等。

二、拾得人义务的把握

由于遗失物并非遗弃物，也非抛弃物，故遗失物的权利人并不因遗失而丧失权利。根据我国法律规定，拾得人也不因拾得遗失物而取得遗失物的所有权。因此，拾得遗失物后，拾得人应履行下列义务。

（一）返还权利人的义务

《民法典》第 314 条规定：“拾得遗失物，应当返还权利人。拾得人应当及时通知权利人领取，或者送交公安等有关部门。”可见拾得遗失物后，拾得人最主要的义务是归还失主。在知道权利人的情况下，拾得人应当及时归还权利人，或者采取适当的方式通知权利人领取，在权利人不明的情况下，拾得人应当将遗失物送交公安等有关部门。在公共场所，有关部门可以是该公共场所的管理部门，如学校、图书馆、医院等管理部门。实践中，在知道权利人的情况下，拾得人为避免管理拾得物，应直接归还失主，或通知失主领取，或直接将遗失物交与公安等有关部门。

如果拾得人未履行上述义务，侵占遗失物的，按照《民法典》第 317 条的规定，无权请求权利人支付保管遗失物等支出的费用，在权利人悬赏寻找遗失物的情况下，亦无权请求权利人按照承诺履行义务。何为侵占遗失物，在司法实践中应当具体分析，如隐匿遗失物，在权利人向其询问时隐瞒拾得遗失物的情况，在权利人要求其返还时拒不返还，或者为自己利益使用遗失物，处分遗失物等都可认定为侵占遗失物。拾得人请求权利人支付保管遗失物等支出费用的理论基础应为无因管理。所谓无因管理，是指没有法定或约定的义务，为避免他人利益受损失，自愿管理他人事务或为他人提供服务的行为。根据《民法典》第979条的规定，管理人没有法定的或者约定的义务，为避免他人利益受损失而管理他人事务的，可以请求受益人偿还因管理事务而支出的必要费用；管理人因管理事务受到损失的，可以请求受益人给予适当补偿。在拾得遗失物时，拾得人返还权利人、通知权利人或送交公安等有关部门，在未返还权利人或送交有关部门之前妥善管理遗失物，均是为了权利人的利益，因此，其行为属于无因管理，理应由权利人支付必要费用。但在拾得人侵占遗失物时，其管理遗失物不再是为了权利人的利益，故其无权要求权利人支付相应的费用。

值得注意的是，司法实践中，拾得人侵占遗失物，还构成不当得利或者侵权行为。根据《民法典》第985条的规定，得利人没有法律根据取得不当利益的，受损失的人可以请求得利人返还取得的利益，不当得利的构成要件包括：必须是一方受益；使他方受损；一方受益与另一方受损之间存在因果关系；受益没有合法依据。在拾得遗失物中，拾得人将遗失物据为己有，拾得人获得利益，必须使失主受到损失，两者之间具有因果关系，且失主并未丧失对遗失物的权利。根据我国法律规定，拾得人也不因拾得行为而获得遗失物的所有权，拾得人将遗失物据为己有，没有法律依据。因此，拾得人侵占遗失物的，构成不当得利。同时，拾得人侵占遗失物，还可构成侵权行为。侵权行为是指行为人由于过错侵害他人的财产、人身，依法应当承担侵权责任的行为。侵权责任的构成要件包括：存在违法行为；存在损害后果；违法行为与损害事实之间存在因果关系；行为人具有过错。拾得人拾得遗失物后据为己有，违反了法律关于拾得人返还义务的规定，行为具有违法性，该行为直接导致权利人丧失占有，造成权利人损失，且行为人明知遗失物并非其所有，仍予以侵占，具有明显的故意，因此，拾得人侵占遗失物的行为，也符合侵权责任的构成要件。综上，有人认为拾得人侵占遗失物的行为，同时符合不当得利与侵权责任的构成要件，由此产生了民事责任竞合。也有学者认为，尽管此种行为构成竞合，但不能完全按照竞合处理，或者说应当对失主选择行使请求权作出适当的限制，即在一般情况下，应当按照不当得利处理，而不应按照侵权行为处理。[①] 笔者赞同这一观点，在一般情况下，如果拾得人拒不返还遗失物，可按不当得利处理，但在拾得人故意毁损遗失物，或者处分遗失物的情况下，可按侵权行为处理。

（二）妥善保管遗失物的义务

《民法典》第316条规定：“拾得人在遗失物送交有关部门前，有关部门在

① 王利明：《物权法论》，中国政法大学出版社2003年版，第225页。

遗失物被领取前，应当妥善保管遗失物。因故意或者重大过失致使遗失物毁损、灭失的，应当承担民事责任。”根据上述规定，拾得人在拾得遗失物之后，未返还权利人，或送交公安等有关部门之前，必须妥善保管遗失物，因故意或重大过失致使遗失物毁损、灭失的，还应承担相应的民事责任。拾得人对遗失物的保管与无因管理类似，但并不完全相同。两者相同的是，不论是无因管理中的管理人，还是拾得人，均应承担尽到必要的注意程度，采取适当的管理方法进行管理，并可依照相应的法律规定要求受益人或者权利人支付为管理事务支出的必要费用，并且在未尽适当管理义务造成损失时，应承担相应的赔偿责任。两者不同之处是，无因管理系管理人没有法定或约定的义务，为他人的利益管理事务；而拾得人拾得遗失物后，妥善保管遗失物即为拾得人的法定义务，因此，拾得人对遗失物的管理并非没有法定义务的管理。

三、有关部门对拾得遗失物的义务

《民法典》第 314 条规定：“拾得遗失物，应当返还权利人。拾得人应当及时通知权利人领取，或者送交公安等有关部门。”拾得遗失物后，拾得人可将拾得物送交公安等有关部门。此处所指有关部门，应当是指对拾得物或所在区域有管理义务的部门。如在列车上拾得遗失物，可送交列车上的工作人员；在学校拾得遗失物，可送交学校管理部门；拾得银行卡，可送交相应银行等。有关部门收到遗失物后，根据《民法典》的规定，应承担一定的义务，主要是通知权利人领取和妥善保管遗失物。

（一）通知权利人领取的义务

《民法典》第 315 条规定：“有关部门收到遗失物，知道权利人的，应当及时通知其领取；不知道的，应当及时发布招领公告。”无论是直接通知，还是发布招领公告，其目的均在通知权利人领取遗失物，不过适用的具体情况不同。在知道权利人，或者从遗失物中可以找到权利人的信息时，有关部门可直接通知权利人领取；在不知道权利人，且通过遗失物本身无法查询到权利人的信息时，无法直接通知，只能采取发布招领公告的方式，让权利人知晓遗失物的下落，从而到有关部门领取遗失物。关于发布招领公告的方式、范围、期限和程序，因为法律没有明确规定，导致有关部门在处理时缺乏规范性和有效性。笔者认为，在法律对此没有明确规定的情况下，有关部门应当根据权利人可能存在的具体区域采取适当的方式发布招领公告。如在学校遗失的书本等物品，可在学校发布的失主招领栏予以公告，价值较大的珍贵物品可在发现遗失物的区域范围内张贴告示，可通过报纸、电视、网络等媒体发布招领公告，尽可能使权利人获悉遗失物的信息。

也有观点认为，并非所有情况下，有关部门收到拾得人送交的遗失物都有必要及时通知或发布招领公告，如果遗失物价值过于微小，远远低于通知权利人或者发布招领公告的成本，则没有必要遵从此程序，但对权利人有重要意义的不在此限。[①] 笔者赞同这一观点，在遗失物价值过于微小时，由于寻找遗失物的成本过高，权利人也许会放弃寻找遗失物，即使知道遗失物所在地，也可能不会前往领取，此时发布招领公告并无必要，但如果对权利人有特定意义的物品则应当例外，如先人遗物或遗像等。具体如何处理，应由有关部门视情况而定。

（二）妥善保管遗失物的义务

拾得人将遗失物送交有关部门后，有关部门即负有妥善保管遗失物的法定义务；如果未尽此义务，导致遗失物毁损、灭失的，还应承担赔偿责任。对此，《民法典》有明文规定。该法第 316 条规定："拾得人在遗失物送交有关部门前，有关部门在遗失物被领取前，应当妥善保管遗失物。因故意或者重大过失致使遗失物毁损、灭失的，应当承担民事责任。"虽然《民法典》对拾得人的保管义务与有关部门的保管义务规定于同一条款中，未予以区分，但笔者认为，拾得人和有关部门对遗失物的保管义务应有所不同，有关部门本身系对一定的区域或某类物品具有管理义务的部门，对于送交的遗失物的保管应尽更高的注意义务。

四、权利人的义务

权利人并不因遗失物品而丧失权利，但权利人享有要求返还或领取遗失物的同时，也负有一定的义务，主要是支付保管遗失物的费用和按照承诺支付相应报酬。

（一）支付保管遗失物费用的义务

《民法典》第 317 条第 1 款规定：权利人领取遗失物时，应当向拾得人或者有关部门支付保管遗失物等支出的必要费用。拾得人拾得遗失物，有关部门收到遗失物后，妥善保管遗失物并非为了自己的利益，而是为了权利人的义务，根据权利义务相一致的原则，权利人理应向拾得人或有关部门支付保管费用。

（二）按照承诺支付报酬的义务

《民法典》第 317 条第 2 款规定："权利人悬赏寻找遗失物的，领取遗失物

① 李显冬主编：《新编中国物权法要义与案例释解》，法律出版社 2009 年版，第 275 页。

时应当按照承诺履行义务。”尽管有学者认为从实际需要来看，规定报酬请求权可以给拾得遗失物的返还提供激励机制，有利于失主找回遗失物，我国法律可以从实际需要出发，规定拾得人报酬请求权。[①] 但拾得人返还遗失物是其法定义务，而且拾金不昧是我国的传统美德，《民法典》并未对拾得人的报酬请求权予以规定。不过，如果权利人为了鼓励拾得人返还遗失物，以便尽快或尽可能找回遗失物，主动悬赏寻找遗失物的，其在领取遗失物时应当按照承诺履行义务。有观点认为，如果权利人不按照承诺履行义务的，拾得人可以按照合同法的有关规定，行使同时履行抗辩权，拒绝返还遗失物。笔者认为该观点有待商榷。对于悬赏广告的性质仍有争议，如果认定悬赏广告为要约行为，拾得人返还遗失物的行为可视为承诺，此时双方成立合同关系，尚有同时履行抗辩权行使的余地，但考虑到遗失物本归权利人所有，返还遗失物系拾得人的法定义务，返还遗失物与获得报酬并非适用等价有偿原则，不宜允许拾得人行使同时履行抗辩权，以未获得相应报酬为由拒不返还遗失物；如果认定悬赏广告系单方法律行为，则权利人与拾得人之间并非合同法律关系，无同时履行抗辩权适用之余地。

综上，支付保管遗失物的费用，以及按照承诺支付报酬是权利人的法定义务，但在特殊情况下，上述义务可以不予履行：其一，根据《民法典》第 317 条第 3 款的规定，拾得人侵占遗失物的，无权请求保管遗失物等支出的费用，也无权请求权利人按照承诺履行义务。其二，如果拾得人系负有法定义务的公职人员，应不得请求支付相应报酬。尽管法律没有明确规定，但是，考虑到公职人员对特定事项或者特定区域的管理负有法定义务，拾得遗失物后返还是其法定职责，则不得请求权利人支付报酬，如公安机关工作人员在其履行职务过程中，拾得他人物品，无权请求支付报酬。

五、无人认领遗失物的归属

《民法典》第 318 条规定，遗失物自发布招领公告之日起一年内无人认领的，归国家所有。关于无人认领的遗失物的归属，不同的国家有不同的立法例。有的规定拾得人可以有条件地取得所有权，也有的规定拾得人不能取得所有权。根据我国法律规定，拾得遗失物，不论经过多长时间，拾得人均没有从法律上取得所有权。经有关部门发布招领公告，经过六个月无人认领的，该遗失物归国家所有。但应注意的是，现实生活中，对于价值较小的遗失物，失主未找寻，

---

① 王利明：《物权法论》，中国政法大学出版社 2003 年版，第 227—228 页。

拾得人也未送交有关部门，实际拾得人占有该遗失物的情况较为常见，对此种行为应予以一定的规制。

【典型案例】

陈某锡申请认定财产无主案

申请人：陈某锡

〔基本案情〕

申请人陈某锡要求认定上海市河间路××弄××号前半间房屋为无主财产，并将该房屋判归其所有，向财产所在地上海市杨浦区人民法院提出申请。

上海市杨浦区人民法院依照《民事诉讼法》关于特别程序的规定，由审判员独任审理，经审理查明：

坐落于上海市河间路××弄××号前半间约 7 平方米房屋，系申请人陈某锡之姑母陈某妹遗留的私房。陈某妹于 1989 年 9 月死亡。陈某妹与其丈夫徐某龙（于 1979 年 6 月死亡）生前育有一子，名徐某林（于 1973 年 1 月死亡）。陈某妹的丈夫徐某龙及儿子徐某林死亡后，其生活主要由申请人陈某锡照料，陈某锡对陈某妹尽了较多的扶养义务。

上海市杨浦区人民法院依照《民事诉讼法》第 175 条的规定，于 1994 年 4 月 18 日在该院公告栏及上述财产所在地发出认领该财产的公告，法定公告期为一年。公告期届满，上述财产无人认领。

〔一审裁判理由与结果〕

上海市杨浦区人民法院认为，位于该市河间路××弄××号前半间约 7 平方米房屋确属无主财产，依法应收归国家或者集体所有。鉴于申请人陈某锡对原房屋所有人陈某妹生前尽了主要扶养义务，依照《继承法》第 14 条关于“继承人以外的对被继承人扶养较多的人，可以分给他们适当的遗产”的规定，应当从该无主财产中分给陈某锡适当的财产。但是，该无主财产价值不大，收归国家或集体所有无多大实际意义。因而，申请人陈某锡要求将上述无主财产归其所有，符合法律规定，对此应予支持。据此，该院于 1995 年 8 月 4 日判决如下：

上海市河间路××弄××号前半间房屋归陈某锡所有。

依照《民事诉讼法》第 161 条之规定，本判决为生效判决。

第十一章　土地承包经营权

规则15：承包土地的农民落户小城镇，其土地承包经营权可以保留或者依法流转；如该土地被征用，承包土地的农民有权获得征地补偿款

——陈某棕与福建省厦门市同安区某镇某村村民委员会第一村民小组、福建省厦门市同安区某镇某村村民委员会征地补偿款分配纠纷案[①]

【裁判规则】

承包土地的农民到小城镇落户后，应当按照其意愿保留土地承包经营权，或者允许其依法进行土地承包经营权的流转；如果该土地被征用，承包土地的农民有权获得征地补偿款。

【规则理解】

经过多年的实践，我国农村土地实行所有权与使用权相分离的制度。对此相关法律已经做出了明确的规定，《民法典》第330条规定："农村集体经济组织实行家庭承包经营为基础、统分结合的双层经营体制。农民集体所有和国家所有由农民集体使用的耕地、林地、草地以及其他用于农业的土地，依法实行土地承包经营制度。"上述规定确定了农村土地的双层经营体制，肯定了农村土地承包经营权的法律地位。

一、土地承包经营权的内涵

根据上述法律规定，可知土地承包经营权是指公民和集体经济组织依法对集体所有的或者国家所有由集体使用的土地所享有的承包经营的权利。土地承包经营权具有如下特征：

（一）土地承包经营权以土地归国家所有或集体所有为前提

《土地管理法》第9条规定："城市市区的土地属于国家所有。农村和城市

① 《中华人民共和国最高人民法院公报》2005年第10期。

郊区的土地，除由法律规定属于国家所有的以外，属于农民集体所有；宅基地和自留地、自留山，属于农民集体所有。”可见，我国土地归国家或者农民集体所有，任何个人对土地均无所有权。因此，土地承包经营权人对土地不享有所有权，无权对其承包经营的土地所有权进行处分。

（二）土地承包经营权的主体包括公民个人或者农村集体经济组织

一般而言，土地承包经营权的主体为本集体经济组织的成员。《土地管理法》第 13 条第 1 款规定：“农民集体所有和国家所有依法由农民集体使用的耕地、林地、草地，以及其他依法用于农业的土地，采取农村集体经济组织内部的家庭承包方式承包，不宜采取家庭承包方式的荒山、荒沟、荒丘、荒滩等，可以采取招标、拍卖、公开协商等方式承包，从事种植业、林业、畜牧业、渔业生产。家庭承包的耕地的承包期为三十年，草地的承包期为三十年至五十年，林地的承包期为三十年至七十年；耕地承包期届满后再延长三十年，草地、林地承包期届满后依法相应延长。”

（三）农村土地承包采取家庭承包方式或者采取招标、拍卖、公开协商等方式

《农村土地承包法》第 3 条第 2 款规定：“农村土地承包采取农村集体经济组织内部的家庭承包方式，不宜采取家庭承包方式的荒山、荒沟、荒丘、荒滩等农村土地，可以采取招标、拍卖、公开协商等方式承包。”

（四）土地承包经营权的内容根据法律规定或者土地承包合同的约定产生

土地承包经营权是由《民法典》明确规定的权利，《民法典》对土地承包经营权的基本内容做出了规定，如其第 331 条规定：“土地承包经营权人依法对其承包经营的耕地、林地、草地等享有占有、使用和收益的权利，有权从事种植业、林业、畜牧业等农业生产。”同时，根据《土地管理法》第 13 条第 3 款关于“发包方和承包方应当依法订立承包合同，约定双方的权利和义务。承包经营土地的单位和个人，有保护和按照承包合同约定的用途合理利用土地的义务”的规定，我国法律也不排除由发包方与承包方就土地承包经营权的内容进行约定，但该约定不得违反法律法规的强制性规定。

（五）土地承包经营权是农村集体经济组织成员权的体现

根据《农村土地承包法》第 5 条的规定，农村集体经济组织成员有权依法承包由本集体经济组织发包的农村土地。任何组织和个人不得剥夺和非法限制农村集体经济组织成员承包土地的权利。可见，土地承包经营权是农村集体经济组织成员享有的权利，即土地承包经营权是农村集体经济组织成员权的体现，但两者并不等同。成员权还应当包括享有农村集体经济组织的集体福利，集体收

益分配等权利，且成员权只能是农村集体经济组织成员所享有，而如前所述，土地承包经营权也可以在一定条件下由本集体经济组织以外的单位或者个人享有。

二、土地承包经营权的流转方式

《民法典》第 334 条规定："土地承包经营权人依照法律规定，有权将土地承包经营权互换、转让。未经依法批准，不得将承包地用于非农建设。"土地承包经营权的流转，是土地承包经营权人对土地承包经营权行使方式之一。

（一）互换

互换是指土地承包经营权人将其承包的土地相互交换，在交换后的土地上经营并进行收益。关于互换的具体条件，《农村土地承包法》第 33 条明确规定："承包方之间为方便耕种或者各自需要，可以对属于同一集体经济组织的土地的土地承包经营权进行互换，并向发包方备案。"可见，互换主要限于同一集体经济组织内的土地承包经营权的互换，且一般出于方便耕种的需要。

（二）出租

出租是指土地承包经营权人将其承包的土地出租给他人耕种、收益，并收取租金的行为。根据《农村土地承包法》的相关规定，土地承包经营权出租的，应当签订书面合同，双方当事人可以约定出租的年限，但不得超过承包期限的剩余年限，同时，不得改变土地所有权的性质和土地的农业用途。

（三）转让

转让是指土地承包经营权人将其享有的土地承包经营权让与他人，自己退出承包关系，不再享有土地承包合同的权利义务。转让与转包不同，转让时，原土地承包经营权人退出承包关系，与发包人的权利义务关系终止，而受让人成为承包合同的当事人，取代原承包人的地位，直接与发包人形成承包关系；转包时，原土地承包经营权人并不退出承包关系，其与发包人之间的承包关系不变，受让人只与转包人发生权利义务关系，并不直接加入原承包合同，与发包人形成承包关系。《农村土地承包法》第 34 条对转让作出了规定，经发包方同意，承包方可以将全部或者部分的土地承包经营权转让给本集体经济组织的其他农户，由该农户同发包方确立新的承包关系，原承包方与发包方在该土地上的承包关系即行终止。

（四）其他方式

《民法典》第 342 条还规定："通过招标、拍卖、公开协商等方式承包农村土地，经依法登记取得权属证书的，可以依法采取出租、入股、抵押或者其他方式流转土地经营权。"

三、土地征收、征用时对土地承包经营权的补偿

如前所述，《民法典》已经明确规定土地承包经营权是一种用益物权。作为用益物权，土地承包经营权应当具备物权的对世性，但是，土地承包经营权的行使也应当受到公共利益的制约。《宪法》第 10 条第 3 款规定："国家为了公共利益的需要，可以依照法律规定对土地实行征收或者征用并给予补偿。"《土地管理法》第 2 条第 4 款规定："国家为了公共利益的需要，可以依法对土地实行征收或者征用并给予补偿。"《民法典》第 243 条第 1 款规定："为了公共利益的需要，依照法律规定的权限和程序可以征收集体所有的土地和组织、个人的房屋以及其他不动产。"在集体土地被征收或征用的情形下，设立于集体土地的土地承包经营权也将失去存在的基础，在此情况下，土地承包经营权的行使或将灭失，或将受到影响。

（一）土地征收的条件

1. 国家是土地征收的唯一主体。《宪法》第 10 条第 3 款、《土地管理法》第 2 条第 4 款均明确规定，国家为了公共利益的需要，可以对土地进行征收、征用。因此，国家是土地征收的唯一主体，其他人均无权对土地实行征收、征用。

2. 公共利益的需要是土地征收的唯一目的。《宪法》《民法典》《土地管理法》关于土地征收、征用的相关条款，均规定是为了"公共利益的需要"可以征收、征用土地。对集体土地的征收、征用必然影响原土地所有权人和使用权人的利益，而对他人权利的限制必然有正当的理由，征收、征用集体土地的正当理由则是"公共利益"。司法实践中的难题在于"公共利益"的认定。相关法律并未明确何为公共利益，现实生活中，经常出现将建商品房认定为公共利益的情形，笔者对此并不赞同。

3. 必须给予合理补偿。《宪法》第 10 条第 3 款、《土地管理法》第 2 条第 4 款均明确规定对土地进行征收、征用的，必须给予补偿。《民法典》第 243 条第 2 款还规定："征收集体所有的土地，应当依法及时足额支付土地补偿费、安置补助费以及农村村民住宅、其他地上附着物和青苗等的补偿费用，并安排被征地农民的社会保障费用，保障被征地农民的生活，维护被征地农民的合法权益。"因此，给予合理补偿是征收、征用的必要条件。

（二）土地承包经营权的独立补偿地位

《民法典》将土地承包经营权规定于用益物权一编中，可见《民法典》认可土地承包经营权作为一种独立的用益物权，在土地被征收、征用时，土地承包经营权人有权获得独立的补偿。对此，《民法典》第 327 条也有明确规定：

“因不动产或者动产被征收、征用致使用益物权消灭或者影响用益物权行使的，用益物权人有权依据本法第二百四十三条、第二百四十五条的规定获得相应补偿。”第338条规定：“承包地被征收的，土地承包经营权人有权依据本法第二百四十三条的规定获得相应补偿。”

尽管《民法典》明确规定了对土地承包经营权人的补偿，但由于法律对于土地承包经营权的补偿程序、补偿标准并不完善，导致实际操作中未能补偿到位，损害土地承包经营权人利益的情况时有发生，由此引发的纠纷也十分常见。具体而言，存在的问题如下：（1）《土地管理法》第47条规定：“国家征收土地的，依照法定程序批准后，由县级以上地方人民政府予以公告并组织实施。县级以上地方人民政府拟申请征收土地的，应当开展拟征收土地现状调查和社会稳定风险评估，并将征收范围、土地现状、征收目的、补偿标准、安置方式和社会保障等在拟征收土地所在的乡（镇）和村、村民小组范围内公告至少三十日，听取被征地的农村集体经济组织及其成员、村民委员会和其他利害关系人的意见。多数被征地的农村集体经济组织成员认为征地补偿安置方案不符合法律、法规规定的，县级以上地方人民政府应当组织召开听证会，并根据法律、法规的规定和听证会情况修改方案。”可见，在土地征收之前，土地承包经营权人对于是否符合征收条件、征收标准是否合理等关键问题并没有与征收方平等协商的机会，“听取意见”也经常流于形式。（2）是否直接发放到承包经营户手中并未明确。《土地管理法》并没有明确规定征收补偿应发放给承包经营权人。2014年《土地管理法实施条例》第26条①规定，土地补偿费归农村集体经济组织所有；地上附着物及青苗补偿费归地上附着物及青苗的所有者所有。需要安置的人员由农村集体经济组织安置的，安置补助费支付给农村集体经济组织，由农村集体经济组织管理和使用；由其他单位安置的，安置补助费支付给安置单位；不需要统一安置的，安置补助费发放给被安置人员个人或者征得被安置人员同意后用于支付被安置人员的保险费用。可见，土地承包经营权人只有在直接使用土地的情形下，可以获得地上附着物及青苗补偿费，以及在不要求统一安置的前提下可以获得安置补助费。对于土地补偿费，在统一安置情形下，承包经营权人无权直接获得土地补偿费和安置补助费，而在农村集体经济组织未合理分配土地补偿费或安置单位未妥善安置时，原土地承包经营权人亦没有明确的法律依据或者法律途径寻求救济。

---

① 《土地管理法实施条例》于2021年修改，原第26条已删除。

【拓展适用】

一、土地承包经营权的性质

土地承包经营权在性质上属于物权，该点已为《民法典》所确定。土地承包经营权在性质上属于物权，意味着土地承包经营权的设立、内容等必须遵循物权法的基本原则，同时，土地承包经营权享有物权的效力，可受物权法的保护。

第一，土地承包经营权必须按法律规定的方式设立。《民法典》第 333 条第 1 款规定，土地承包经营权自土地承包经营权合同生效时设立。

第二，土地承包经营权的内容必须由法律加以规定。根据《民法典》第 331 条的规定，土地承包经营权的基本内容包括占有、使用和收益，同时物权法还对土地承包经营权的期限、流转等内容进行了规定，尽管发包方与承包方可以通过土地承包合同对双方权利义务进行约定，但是当事人的约定不得违背法律法规关于土地承包经营权内容的强制性规定。

第三，土地承包经营权属于物权，因此，依法具有对抗第三人的效力。如果土地承包经营权属于债权，则承包人享有的只是合同权利，也只能对合同相对人，即发包人享有债权，不享有依照承包合同对抗第三人的权利。此外，一旦土地承包经营权人的土地承包经营权受到侵害，土地承包经营权人可以依照物权法的规定采取物权的保护方法进行救济；同时，如果其权利受到发包人的侵害，承包经营权人还可依照土地承包合同的规定，请求发包人承担相应的合同责任。

第四，土地承包经营权的设立与存续还须遵循物权的公示公信原则。对此，我国《民法典》第 333 条第 2 款规定："登记机构应当向土地承包经营权人发放土地承包经营权证、林权证等证书，并登记造册，确认土地承包经营权。"第 335 条规定："土地承包经营权互换、转让的，当事人可以向登记机构申请登记；未经登记，不得对抗善意第三人。"

二、土地承包经营权的产生方式

《农村土地承包法》第 3 条第 2 款规定，农村土地承包采取农村集体经济组织内部的家庭承包方式，不宜采取家庭承包方式的荒山、荒沟、荒丘、荒滩等农村土地，可以采取招标、拍卖、公开协商等方式承包。

根据上述规定，一般情况下，农村土地承包采取农村集体经济组织内部的家庭承包方式。在家庭承包方式下，承包方是本集体经济组织的农户，发包方视情况不同而有所不同：农民集体所有的土地依法属于村农民集体所有的，由村集体经济组织或者村民委员会发包，已经分别属于村内两个以上农村集体经济组织的农民集体所有的，由村内各该农村集体经济组织或者村民小组发包；国家所有依法由农民集体使用的农村土地，由使用该土地的农村集体经济组织、村民委员会或者村民小组发包。

根据《农村土地承包法》第 3 章的相关规定，采取其他方式承包的，应当签订承包合同。当事人的权利和义务、承包期限等，由双方协商确定。以招标、拍卖方式承包的，承包费通过公开竞标、竞价确定；以公开协商等方式承包的，承包费由双方议定。同时，承包方不限于本集体经济组织成员，但本集体经济组织成员在同等条件下享有优先承包权。此外，发包方将农村土地发包给本集体经济组织以外的单位或者个人承包，应当事先经本集体经济组织成员的村民会议三分之二以上成员或者三分之二以上村民代表的同意，并报乡（镇）人民政府批准。

三、土地承包经营权的产生要件

（一）土地承包经营权的产生以承包经营合同的生效为要件

物权的公示公信原则是指物权在设立、变动时，必须通过一定的公示方法予以公开，使第三人知晓物权设立、变动的事实，第三人因信赖物权的公示而进行交易的，即使依公示方法表现出来的物权有瑕疵，法律依然承认该交易具有与物权为真实时相同的法律效果。[①] 不动产权利的设立和变动，一般以登记为公示方法。关于不动产登记的效力，有登记要件说和登记对抗说。登记要件说认为不动产权利的设立与变动，非经登记不产生法律效力；登记对抗说认为，未经登记不影响权利的设立与变动，但不得对抗善意第三人。

《民法典》第 333 条规定，土地承包经营权自土地承包经营权合同生效时设立。登记机构应当向土地承包经营权人发放土地承包经营权证、林权证等证书，并登记造册，确认土地承包经营权。可见，我国土地承包经营的产生以土地承包经营合同的生效为要件，土地承包经营合同不生效，土地承包经营权不成立，同时，土地承包经营合同生效后，未能登记造册，未发放承包经营权证的，不影响土地承包经营权的产生。当事人之间土地经营承包合同生效后，登记造册、发放权证应当是县级以上人民政府的义务，同时，土地承包经营权证仅是国家依法确认承包方享有土地承包经营权的法律凭证。

---

① 王利明：《物权法论》，中国政法大学出版社 2003 年版，第 91 页。

（二）土地承包经营合同的生效要件

根据《民法典》的相关规定，土地承包经营合同的生效，应当符合如下要件：

第一，土地承包经营合同的主体具有相应的缔约能力。首先，作为缔约主体的发包人与承包人，应具有相应的民事行为能力。其次，土地承包经营合同的发包人应是享有集体土地所有权的集体组织，或者是对国家所有的土地享有使用权的集体组织；承包人应是公民个人，或是农村集体经济组织。目前我国农村依然实行的是以家庭联产承包为主的承包方式，承包方一般以户为单位承包。一般而言，承包人应是本集体经济组织的成员，但在特定条件下，也可是本集体经济组织以外的单位或者个人。

第二，发包人和承包人意思表示真实。土地承包经营合同应是发包人和承包人真实意思的表示。如果两方或一方存在意思表示不真实的情形，则可能影响合同的效力：因重大误解而订立的合同，或因欺诈、胁迫订立的不损害国家利益的合同，或乘人之危订立的合同，或订立时显失公平的合同，属于可撤销或可变更的合同；因欺诈、胁迫而订立的确损害国家利益的合同，则属无效合同。

第三，土地承包经营合同的内容不得违反法律、法规的强制性规定和国家公共利益。此处所指强制性规定是指效力性强制性规定，如果违反的是管理性的强制性规定，则不必然导致合同无效。

第四，土地承包经营合同应符合法律规定的形式。根据《农村土地承包法》第22条第1款的规定，发包方应当与承包方签订书面承包合同。此外，该条第2款还规定，承包合同一般包括以下条款：发包方、承包方的名称，发包方负责人和承包方代表的姓名、住所；承包土地的名称、坐落、面积、质量等级；承包期限和起止日期；承包土地的用途；发包方和承包方的权利和义务；违约责任。

四、土地承包经营权的消灭

《民法典》第337条规定："承包期内发包人不得收回承包地。法律另有规定的，依照其规定。"在承包期内，发包人不得收回土地，且依据《农村土地承包法》的规定，承包期内，妇女结婚，在新居住地未取得承包地的，发包方不得收回其原承包地，即妇女结婚，即使其户口迁走，居住地发生改变，只要其没有在新居住地取得承包地，原集体经济组织也不得以其不是本村集体经济组织成员而收回其承包地。此外，在承包期结束后，承包人要求继续承包的，只要没有重大的、正当的理由，发包人应与原承包人继续签订合同。土地承包期内，承包人主要因以下原因丧失土地承包经营权：

（一）发包人或承包方不履行承包合同约定的义务

《农村土地承包法》第 18 条规定：“承包方承担下列义务：……依法保护和合理利用土地，不得给土地造成永久性损害……”同时该法第 59 条规定：“当事人一方不履行合同义务或者履行义务不符合约定的，应当依法承担违约责任。”《民法典》规定的违约责任当然包括解除合同。因此，如果承包人不履行合同义务，荒废、浪费和破坏土地，导致合同目的不能实现，发包人应可以解除合同，承包人丧失土地承包经营权。

（二）承包人交回承包地

《农村土地承包法》第 30 条规定：“承包期内，承包方可以自愿将承包地交回发包方。承包方自愿交回承包地的，可以获得合理补偿，但是应当提前半年以书面形式通知发包方。承包方在承包期内交回承包地的，在承包期内不得再要求承包土地。”可见，承包人在承包期内自愿交回承包地的，在该承包期内，承包人的承包经营权消灭。

（三）全家落户小城镇

根据《农村土地承包法》第 27 条第 3 款的规定，承包期内，承包农户进城落户的，引导支持其按照自愿有偿原则依法在本集体经济组织内转让土地承包经营权或者将承包地交回发包方，也可以鼓励其流转土地经营权。承包期内，土地承包经营权人全家迁入小城镇落户的，要根据其意愿，允许其依照法律规定进行承包经营权流转。

（四）原承包土地被依法征收

《民法典》第 243 条第 1 款和第 2 款规定：“为了公共利益的需要，依照法律规定的权限和程序可以征收集体所有的土地和组织、个人的房屋以及其他不动产。征收集体所有的土地，应当依法及时足额支付土地补偿费、安置补助费以及农村村民住宅、其他地上附着物和青苗等的补偿费用，并安排被征地农民的社会保障费用，保障被征地农民的生活，维护被征地农民的合法权益。”因此，承包地被征收的，承包人获得相应补偿，同时其承包经营权消灭。

五、土地转让、互换、转包与出租情形下补偿款的归属

在土地承包经营权发生流转时，直接使用土地的人与原承包经营权人并不相同，土地被征收、征用的，实际直接使用土地人的利益应当如何维持、补偿费应当如何分配，应依流转方式的不同而有所不同。

1. 在土地承包经营权转让、互换的情况下，原土地承包经营权人退出土地承包关系，发包方与受让人重新建立新的土地承包关系，此时，受让人成为征收补偿对象。

2. 在土地承包经营权转包或者出租的情况下，土地承包经营权人并未发生变更，原有的土地承包关系依然存在，此时土地被征收、征用的，转包人和出租人仍是土地使用权人，是征收补偿的对象，受转包方和承租人只是取得债权性的权利，应无权直接请求补偿安置，但其可以按照转包合同、租赁合同向转包人或者出租人主张权利。

【典型案例】

陈某棕与福建省厦门市同安区某镇某村村民委员会第一村民小组、福建省厦门市同安区某镇某村村民委员会征地补偿款分配纠纷案

原告（上诉人）：陈某棕

被告（被上诉人）：福建省厦门市同安区某镇某村村民委员会第一村民小组（以下简称某村一组）

法定代表人：陈某文

被告（被上诉人）：福建省厦门市同安区某镇某村村民委员会（以下简称某村村委会）

法定代表人：陈某番

〔基本案情〕

原告陈某棕因与被告某村一组、某村村委会发生征地补偿款分配纠纷，向福建省厦门市同安区人民法院提起诉讼。

原告诉称：原告一家四口是被告某村一组的村民。1996 年 1 月 5 日，原告代表全家承包了某村一组的 1.54 亩土地，该土地承包关系得到厦门市同安区人民政府于 1998 年 12 月 31 日颁发的 0×××7 号《土地承包经营权证》的确认。2002 年 7 月 23 日，被告某村村委会与厦门某食品有限公司（以下简称某食品公司）签订土地征用协议，由某食品公司在向某村村委会支付土地补偿款、安置款及青苗补偿款后，征用某村的旱地 69.8 亩，其中包括原告承包的 1.16 亩土地。某村一组在向承包土地被征用的各户村民发放土地补偿款时，不给原告一家发放。请求判令某村一组和某村村委会给原告支付土地征用补偿款、安置款共计 17400 元。

被告某村一组辩称：原告一家四口原来虽是本组村民，并在本组承包过土地，但自 2002 年 1 月 21 日，原告一家已将户口迁出本村并转为非农户。其原承包的土地，已由本组按村规民约形成的惯例，重新调整给其他村民承包。本组土地被征用后，土地补偿款、安置款等，均已如数发放给相关农户。由于自 2002 年 1 月 21 日后，原告已不是本集体经济组织的成员，没有承包经营的土地被征用，故无权请求分配征地补偿款。原告即使仍持有前几年发放的《土地承包经营权证》，也改变不了这一事实，因此其诉讼请求应当驳回。

被告某村村委会辩称：首先，支持某村一组的答辩意见。其次，依照《村民委员会组织法》第5条的规定，本村委会作为村农民集体所有土地的管理者，只是按照某村一组大多数村民的意愿，履行与某食品公司签订《土地征用协议》的手续而已。土地被征用后获得的土地补偿款，村委会已经全部交给某村一组，由该组村民按照自主决策的方案全部分配。村委会没有截留这笔款项，谈不上与原告发生土地补偿款分配纠纷。原告将本村委会列为被告起诉，是错误的。请依法驳回原告的诉讼请求。

厦门市同安区人民法院经审理查明：1996年1月5日，原告陈某棕代表全家四口人，以被告某村一组村民（户别为农业户口）的身份，与某村一组签订农业承包合同，承包了该组村民所有的旱地1.16亩、水田0.38亩，共计1.54亩。1998年12月31日，厦门市同安区人民政府给陈某棕发放证号为0×××7号的《土地承包经营权证》，确认了陈某棕一家与某村一组之间的农业承包合同关系。2002年1月21日，陈某棕一家迁往同安区大同镇甲村居住，户别也转为非农业户。陈某棕一家迁出后，某村一组就将陈某棕一家原来承包的土地调整给其他村民。2002年7月23日，某食品公司与被告某村村委会签订《土地征用协议》，征用了包括陈某棕一家原来承包的1.16亩土地在内的旱地69.8亩，支付了土地补偿款、安置款及青苗补偿款。某村村委会和某村一组按比例将补偿款分发给被征用土地的各户村民，但未分给陈某棕一家，因此引起纠纷。2002年7月24日，陈某棕将全家户口从大同镇甲村迁回某村，户口类别仍为非农业户。2003年3月11日，陈某棕提起本案诉讼。

〔一审裁判理由与结果〕

厦门市同安区人民法院认为：《民法通则》第71条规定："财产所有权是指所有人依法对自己的财产享有占有、使用、收益和处分的权利。"第74条第2款规定："集体所有的土地依照法律属于村农民集体所有，由村农业生产合作社等农业集体经济组织或者村民委员会经营、管理。已经属于乡（镇）农民集体经济组织所有的，可以属于乡（镇）农民集体所有。"原告陈某棕一家原来虽是被告某村一组的村民，但因其一家已于2002年1月21日迁往大同镇居住，户别也转为非农户，故已丧失了作为农业人员承包土地的权利。某村一组依法收回陈某棕一家承包的土地，是合理的。陈某棕一家承包该地享有的权利及应尽的义务随之消灭。此后，该承包土地于2002年7月23日被征用。陈某棕一家虽于2002年7月24日迁回某村，但仍保留非农业户性质。故陈某棕请求某村一组及被告某村村委会给其支付征地补偿安置款，理由不能成立，不予支持。

据此，厦门市同安区人民法院于2003年6月25日判决：

驳回原告陈某棕的诉讼请求。

本案案件受理费706元，由原告陈某棕负担。

〔当事人上诉及答辩意见〕

一审宣判后，原告陈某棕不服，向福建省厦门市中级人民法院提出上诉。理由是：(1)《土地承包经营权证》是证实农村土地承包合同关系真实有效存在的唯一法律凭证，上诉人在一审中已经举出这个证据和《农业承包合同书》，充分证实上诉人一家对某村一组的1.16亩旱地享有三十年的承包经营权。上诉人迁出某村时，将自己的承包地交给他人耕种，不是由被上诉人某村一组调整给他人耕种。某村一组虽然主张其已经收回上诉人的承包地，但却没有举出任何有效证据。在此情况下，一审置真实有效的法律凭证于不顾，完全采信某村一组的说法，认定某村一组已经收回上诉人的承包地，这是认定事实错误。(2) 根据《农村土地承包法》第26条的规定，只有在承包方全家迁入设区的市并转为非农户的情况下，发包方才能收回承包地；相反，承包人如果仅是迁入城镇或者仅是将户口转为非农户，承包地则不能被收回。上诉人一家虽于2002年年初迁往大同镇生活半年，户口也转为非农户，但由于大同镇未曾建立相应的社会保障机制，上诉人与妻子到那里后，没有固定职业，缺乏稳定的收入来源，因此生活无着，不得已才又于当年7月迁回原址居住，准备继续靠承包地收入维持生活。上诉人一家常年在被上诉人的村民小组劳作生活，与其他村民一样将农业收入作为重要生活来源，理应享有参与分配土地补偿款、安置款的权利。短短半年时间，户籍类别虽然变更为非农户，但上诉人的农民身份却未改变。从今年7月1日起，厦门市的户籍管理开始取消农户与非农户的区别。现在，那些事实上已经取得过土地补偿款、安置款的村民，也和上诉人一样，都是居民户。这说明，尽管户籍管理上曾经存在过类别的区分，但这不能成为取得土地补偿款、安置款的决定因素。被上诉人某村村委会、某村一组负有维护成员合法财产权利及生活保障权利的责任，理应妥善安置上诉人一家，帮助上诉人一家摆脱生活困境。然而某村村委会、某村一组竟以上诉人已不是本村农户为由，不给上诉人以同等的村民待遇，剥夺上诉人一家的生存基本权利，将上诉人一家推向生活困境，这种做法与法律规定明显不符。一审忽视了上诉人的具体情况，违背相关法律规定的基本精神，简单地以上诉人一家已转为非农户为由，认定某村一组收回上诉人的承包地合理，继而依此驳回上诉人的诉讼请求，是适用法律错误。请求二审撤销一审判决，改判支持上诉人在一审提出的诉讼请求。

被上诉人某村一组答辩称：自从实行生产责任制以来，本组村民的承包地，每年都要根据各户人口增减情况调整一次，后来改为每两年变动一次。这种变动方式，已经延续了二十年，成为本组村民约定俗成的土地调整分配形式。尽管1998年年底实行了土地延包和给各户发放了《土地承包经营权证》，但本组村民还都一直按原来约定俗成的惯例，进行承包土地的调整分配。这种约定俗成的承包土地分配形式，全体村民（包括迁出户口前的上诉人在内）没有异议，已构成一项村规民约。上诉人正是根据本组村民人口构成比例和此项村规民约，才在当时按惯例取得一家四口相应份额的承包土地。2002 年 1 月 21 日以后，上诉人的户口迁出本村，按照本组的村规民约，其原承包的土地已由全组村民重新调整分配承包。本组所有 69.8 亩土地的使用权按照每亩 1.5 万元标准出让给某食品公司后，获得的 104.7 万元土地补偿款和 168792.40 元地上物补偿款已经全部支付给承包土地被征用的农户。由于上诉人不是本组村民，此次也没有承包经营的土地被征用，故无权请求分配征地补偿款。一审判决正确，应当维持。

被上诉人某村村委会支持某村一组的答辩意见。

〔二审查明的事实〕

厦门市中级人民法院经审理查明：一审判决事实认定部分关于“陈某棕一家迁出后，某村一组就将陈某棕一家原来承包的土地调整给其他村民”的认定，没有相应的证据证实，应不予确认；关于某食品公司支付土地补偿款、安置款及青苗补偿款的时间，应当是 2002 年 9 月 1 日。除此以外，确认一审认定的其他事实属实。另查明，在土地被征用前，被上诉人曾以《新乡村征地表决书》一份，逐户征求在征地范围内有承包地的村民对征地的意见，上诉人陈某棕在该表决书上签字同意征地。

〔二审裁判理由与结果〕

厦门市中级人民法院认为：《民法通则》第 4 条规定：“民事活动应当遵循自愿、公平、等价有偿、诚实信用的原则。”《土地管理法》第 14 条第 1 款规定：“农民集体所有的土地由本集体经济组织的成员承包经营，从事种植业、林业、畜牧业、渔业生产。土地承包经营期限为三十年。发包方和承包方应当订立承包合同，约定双方的权利和义务。承包经营土地的农民有保护和按照承包合同约定的用途合理利用土地的义务。农民的土地承包经营权受法律保护。”第 2 款规定：“在土地承包经营期限内，对个别承包经营者之间承包的土地进行适当调整的，必须经村民会议三分之二以上成员或者三分之二以上村民代表的同意，并报乡（镇）人民政府和县级人民政府农业行政主管部门批准。”《农村土地承包法》第 26 条第 1 款规定：“承包期内，发包方不得收回承包地。”第 2 款规定：“承包期内，承包方全家迁入小城镇落户的，应当按照承包方的意愿，保留其土地承包经营权或者允许其依法进行土地承包经营权流转。”第 3 款规定：“承包期内，承包方全家迁入设区的市，转为非农业户口的，应当将承包的耕地和草地交回发包方。承包方不交回的，发包方可以收回承包的耕地和草地。”

农民到城市落户，是社会发展趋势，然而适合小城镇特点的社会保障制度，还在积极探索和建立中。目前农民进入小城镇后，无论户口类别是否改变，都还不能确保享受到基本生活保障。《农村土地承包法》之所以规定“承包方全家迁入小城镇落户的，应当按照承包方的意愿，保留其土地承包经营权或者允许其依法进行土地承包经营权流转”，主要考虑土地是农民的基本生活保障，在农民进入小城镇后的基本生活保障尚未落实时，如果收回他们的承包地，可能使他们面临生活困难。

2002年1月21日以前，上诉人陈某棕及其家人居住在某村，是被上诉人某村村委会和某村一组的村民。《土地承包经营权证》证明，陈某棕一家在某村一组承包了土地，承包期至2028年12月31日。陈某棕签字同意的《新乡村征地表决书》，不仅可以证明陈某棕承包的部分土地在此次征地范围内，还可以证明在该土地被征用前，某村村委会和某村一组承认陈某棕对这部分土地享有承包经营权。在承包期内，陈某棕一家的土地承包经营权，依法应当受到保护。2002年1月22日至7月24日期间，陈某棕一家的户口虽然迁离某村并转为非农业户，但其不是迁往设区的市，而是小城镇。在此期间，陈某棕一家在某村承包的土地，应当按照其意愿保留土地承包经营权，或者允许其依法进行土地承包经营权的流转。某村村委会和某村一组没有证据证明陈某棕承包的旱地已经在征用前被调整给其他村民，即使能证明此事属实，这种做法也由于不符合《土地管理法》第14条第2款和《农村土地承包法》第26条第1款、第2款的规定，不能受到法律保护。因此，陈某棕诉请比照其他村民的标准获得征地补偿款（即每亩1.5万元×1.16亩=17400元），符合法律规定，应当支持。一审判决认定事实不清，适用法律错误，依法应当改判。

据此，厦门市中级人民法院依照《民事诉讼法》第64条第1款、第153条第1款第3项的规定，于2003年12月11日判决：

一、撤销一审民事判决；

二、被上诉人某村一组、某村村委会应于本判决生效之日起10日内，支付上诉人陈某棕土地补偿款17400元。

本案一、二审案件受理费各706元，均由被上诉人某村一组、某村村委会负担。

规则16：经依法召集村民会议讨论决定后，村民委员会与他人订立的不违反法律强制性规定的协议应认定为有效

——浙江省某市某镇某村村民委员会与浙江甲房地产开发有限公司合作开发房地产合同纠纷案①

【裁判规则】

根据《村民委员会组织法》第21条、第24条的规定，村民会议由村民委员会召集，对于涉及村民利益的事项和村民会议认为应当由村民会议讨论决定

① 《中华人民共和国最高人民法院公报》2008年第9期。

的涉及村民利益的其他事项，村民委员会必须提请村民会议讨论决定后方可办理。村民委员会经依法召集村民会议讨论决定后与他人订立的不违反法律强制性规定的协议，应当认定为有效。

【规则理解】

一、集体所有权概述

《宪法》第 6 条规定："中华人民共和国的社会主义经济制度的基础是生产资料的社会主义公有制，即全民所有制和劳动群众集体所有制。社会主义公有制消灭人剥削人的制度，实行各尽所能、按劳分配的原则。国家在社会主义初级阶段，坚持公有制为主体、多种所有制经济共同发展的基本经济制度，坚持按劳分配为主体、多种分配方式并存的分配制度。"根据该条规定，集体所有制是我国公有制的重要组成部分，该制度具体落实到民法之中，表现为集体所有权。《民法典》第 261 条第 1 款规定："农民集体所有的不动产和动产，属于本集体成员集体所有。"该条规定是集体所有权在民法上的基本体现。具体而言，集体所有权，是指集体组织对其财产依法享有占有、使用、收益和处分的权利，它是劳动群众集体所有制的法律表现。[①] 集体所有权不同于国家所有权，也不同于个人所有权，有其自身的特点。

（一）集体所有权的主体

《民法典》对国家所有权和集体所有权、私人所有权进行了规定，根据该部分的规定，根据主体不同，我国所有权可以分为三种形式，即国家所有权、集体所有权和私人所有权。从该部分规定来看，集体所有权的主体即是集体，包括农村集体经济组织和城镇集体组织。本文主要探讨农村集体经济组织集体所有权。《民法典》第 261 条第 1 款规定，农民集体所有的不动产和动产，属于本集体成员集体所有。可见农村集体经济所有权的主体应是农村集体经济组织本身，而非农村村民委员会，也非农村集体成员的全部或者个人。

（二）集体所有权的客体

《民法典》对集体所有权的客体有明确规定。《民法典》第 260 条规定，集体所有的不动产和动产包括：法律规定属于集体所有的土地和森林、山岭、草原、荒地、滩涂；集体所有的建筑物、生产设施、农田水利设施；集体所有的教育、科学、文化、卫生、体育等设施；集体所有的其他不动产和动产。上述法条对集体所有权的客体进行了较为详细的规定。

---

① 李显冬主编：《新编中国物权法要义与案例释解》，法律出版社 2009 年版，第 133 页。

此外，《民法典》还规定了某些财产专属于国家所有，因此，这些财产不能成为集体所有权的客体。如《民法典》第247条规定："矿藏、水流、海域属于国家所有。"第249条规定："城市的土地，属于国家所有。法律规定属于国家所有的农村和城市郊区的土地，属于国家所有。"第250条规定："森林、山岭、草原、荒地、滩涂等自然资源，属于国家所有，但是法律规定属于集体所有的除外。"第251条规定："法律规定属于国家所有的野生动植物资源，属于国家所有。"第252条规定："无线电频谱资源属于国家所有。"第253条规定："法律规定属于国家所有的文物，属于国家所有。"第254条规定："国防资产属于国家所有。铁路、公路、电力设施、电信设施和油气管道等基础设施，依照法律规定为国家所有的，属于国家所有。"根据上述规定，矿藏、水流、海域，城市的土地，无线电频谱资源，国防资产，以及法律规定属于国家所有的野生动植物资源、文物、铁路等基础设施，均属于国家所有，不能成为集体所有权的客体；森林、山岭、草原、荒地、滩涂等自然资源，原则上也属于国家所有，但是法律规定属于集体所有的可以成为集体所有权的客体。

二、农村集体所有权的行使主体

由于集体系抽象概念，自身没有思维活动，不可能直接行使所有权。因此，集体所有权的行使必须依赖一定的意思表示机构，并遵循一定的行使方式。《民法典》规定了农村集体所有权相应的行使主体，该法第262条规定："对于集体所有的土地和森林、山岭、草原、荒地、滩涂等，依照下列规定行使所有权：（一）属于村农民集体所有的，由村集体经济组织或者村民委员会依法代表集体行使所有权；（二）分别属于村内两个以上农民集体所有的，由村内各该集体经济组织或者村民小组依法代表集体行使所有权；（三）属于乡镇农民集体所有的，由乡镇集体经济组织代表集体行使所有权。"根据上述规定，集体所有权的行使主体可以分为三种情况：

（一）属于村农民集体所有的，由村集体经济组织或者村民委员会代表集体行使所有权

《宪法》第30条规定："中华人民共和国的行政区域划分如下：（一）全国分为省、自治区、直辖市；（二）省、自治区分为自治州、县、自治县、市；（三）县、自治县分为乡、民族乡、镇。直辖市和较大的市分为区、县。自治州分为县、自治县、市。自治区、自治州、自治县都是民族自治地方。"可见，村在我国并非一级行政区域，而是群众自治组织，相应的村民委员会也并非我国一级政府组织机构，而是村民自我管理、自我教育、自我服务的基层群众性自治组织，并负责办理本村的公共事务和公益事业，调解民间纠纷，协助维护

社会治安，向人民政府反映村民的意见、要求和提出建议。[①] 此外，在实践中，许多集体经济组织已不存在或者不健全，难以履行集体所有土地的经营、管理等行使所有权的任务。因此，如果有以村为单位的农村集体经济组织，就由该村集体经济组织经营、管理；如果没有以村为单位的农村集体经济组织，就由村民委员会经营、管理。[②]

（二）分别属于村内两个以上农民集体所有的，由村内各该集体经济组织或者村民小组代表集体行使所有权

《村民委员会组织法》第 3 条规定，村民委员会可以根据村民居住状况、集体土地所有权关系等分设若干村民小组。在我国大部分农村地区，在村内划分为若干个村民小组，农村集体所有的土地或者其他财产在改革开放的过程中就属于两个或两个以上的村民小组共同所有，此时，应当由村内各该集体经济组织或者村民小组代表集体行使所有权。

（三）属于乡镇农民集体所有的，由乡镇集体经济组织代表集体行使所有权

乡镇农民集体所有的情况是由历史原因形成的。在改革开放以前，我国以人民公社为核算单位组织生产经营，改革开放以后，人民公社改为乡镇，此时，原属于人民公社的土地等自然资源，以及其他财产属于乡镇集体所有，仍由乡镇集体经济组织代表集体行使。

三、农村集体所有权的行使程序

集体经济组织，或者村民委员会虽然可以代表村民集体行使所有权，但为了防止村民委员会成员或者村民代表滥用权力，损害其他集体成员的合法权益，法律对于农村集体所有权的行使应规定必要的程序。《民法典》第 261 条第 2 款规定："下列事项应当依照法定程序经本集体成员决定：（一）土地承包方案以及将土地发包给本集体以外的组织或者个人承包；（二）个别土地承包经营权人之间承包地的调整；（三）土地补偿费等费用的使用、分配办法；（四）集体出资的企业的所有权变动等事项；（五）法律规定的其他事项。"其他相关法律对相应的决定程序进行了规定。

（一）决定土地承包方案以及将土地发包给本集体以外的单位或者个人承包

《农村土地承包法》第 20 条规定："土地承包应当按照以下程序进行：（一）本集体经济组织成员的村民会议选举产生承包工作小组；（二）承包工作小组依照法律、法规的规定拟订并公布承包方案；（三）依法召开本集体经济组织成员的村民会议，讨论通过承包方案；（四）公开组织实施承包方案；

① 《村民委员会组织法》第 2 条。

② 胡康生：《中华人民共和国物权法释义》，法律出版社 2007 年版，第 144 页。

（五）签订承包合同。”第 52 条规定：“发包方将农村土地发包给本集体经济组织以外的单位或者个人承包，应当事先经本集体经济组织成员的村民会议三分之二以上成员或者三分之二以上村民代表的同意，并报乡（镇）人民政府批准。由本集体经济组织以外的单位或者个人承包的，应当对承包方的资信情况和经营能力进行审查后，再签订承包合同。”

（二）个别土地承包经营权人之间承包地的调整

《农村土地承包法》第 28 条规定：“承包期内，发包方不得调整承包地。承包期内，因自然灾害严重毁损承包地等特殊情形对个别农户之间承包的耕地和草地需要适当调整的，必须经本集体经济组织成员的村民会议三分之二以上成员或者三分之二以上村民代表的同意，并报乡（镇）人民政府和县级人民政府农业农村、林业和草原等主管部门批准。承包合同中约定不得调整的，按照其约定。”上述规定对个别土地承包经营权人之间承包地调整的条件、程序等进行了规定。农村集体经济组织或者村民委员会代表发包方对个别农户之间承包土地进行调整的，必须符合并遵循上述条件。

（三）土地补偿费等费用的使用、分配办法

《民法典》第 243 条第 1 款、第 2 款规定：“为了公共利益的需要，依照法律规定的权限和程序可以征收集体所有的土地和组织、个人的房屋以及其他不动产。征收集体所有的土地，应当依法及时足额支付土地补偿费、安置补助费以及农村村民住宅、其他地上附着物和青苗等的补偿费用，并安排被征地农民的社会保障费用，保障被征地农民的生活，维护被征地农民的合法权益。”第 338 条规定：“承包地被征收的，土地承包经营权人有权依据本法第二百四十三条的规定获得相应补偿。”《农村土地承包法》第 17 条第 4 项规定，承包地被依法征收、征用、占用的，承包方有权依法获得相应的补偿。根据上述规定，在集体所有的土地被征收、征用时，有权获得补偿，但补偿费落实到村集体后，应当如何分配由本集体成员共同决定。

（四）集体出资的企业的所有权变动等事项

集体组织利用集体土地或者集体财产出资兴办的企业，涉及转让、抵押等可能发生所有权变动的事项，应当经本集体组织成员决定，而不得由村委会或者其他代表村集体行使权利的组织擅自决定。

（五）法律规定的其他事项

根据《村民委员会组织法》第 24 条的规定，涉及村民利益的下列事项，经村民会议讨论决定方可办理：（1）本村享受误工补贴的人员及补贴标准；（2）从村集体经济所得收益的使用；（3）本村公益事业的兴办和筹资筹劳方案及建设承包方案；（4）土地承包经营方案；（5）村集体经济项目的立项、承包方案；（6）宅基地的使用方案；（7）征地补偿费的使用、分配方案；（8）以借贷、租赁或者其他方式处分村集体财产；（9）村民会议认为应当由村民会议讨论决定的涉及村民利益的其他事项。

【拓展适用】

一、村民委员会概述

（一）村民委员会的性质

村民委员会权利的发展大体经历了四个阶段：1980 年至 1982 年，村民自治萌芽时期，广西壮族自治区村民自发成立村民委员会；1982 年至 1987 年，村民委员会成立，1982 年《宪法》确认了其法律地位；1987 年至 1990 年，村民自治法律制度框架形成，《村民委员会组织法》颁布实施；1990 年后，村民自治制度民主化、法制化，民主选举、民主决策、民主管理、民主监督纳入修改后的《村民委员会组织法》。[①]

根据现行《村民委员会组织法》第 2 条第 1 款的规定："村民委员会是村民自我管理、自我教育、自我服务的基层群众性自治组织，实行民主选举、民主决策、民主管理、民主监督。"根据该条规定，我国村民委员会的性质明确为基层群众性自治组织。具体而言，村民委员会作为群众性自治组织可说明如下问题：（1）村民委员会不是国家基层政权组织，也不是政府的派出机构，而是农村的群众性自治组织；（2）村民委员会的成员由村民选举产生，乡镇人民政府不能用行政手段任命、委派和撤换村委会成员；（3）村委会的成员不是国家的工作人员，村干部的补贴由村民群众负担，享受补贴的人数及其数额由村民群众决定，不由政府财政负担。[②] 不过，现行《村民委员会组织法》第 6 条第 3 款规定："对村民委员会成员，根据工作情况，给予适当补贴。"该条规定并未明确村民委员会的补贴由谁负担。

（二）村民委员会的产生

村民委员会由主任、副主任和委员共三至七人组成。村民委员会成员中，应当有妇女成员，多民族村民居住的村应当有少数民族的成员。根据《村民委员会组织法》第 3 章的相关规定，村民委员会主任、副主任和委员，由村民直接选举产生。任何组织或者个人不得指定、委派或者撤换村民委员会成员。村民委员会每届任期五年，届满应当及时举行换届选举。村民委员会成员可以连选连任。具体而言，村民委员会的选举，由村民选举委员会主持，在村民委员

---

① 刘文光：《村民自治：历史回顾与反思》，载《理论建设》2004 年第 3 期。
② 马汉学：《村民委员会的法律地位研究》，载《宁夏大学学报》2002 年第 5 期。

会选举前，应当对符合选举条件的村民进行登记，并将登记参加选举的村民名单在选举日的二十日前予以公布。对登记参加选举的村民名单有异议的，应当自名单公布之日起五日内向村民选举委员会申诉，村民选举委员会应当自收到申诉之日起三日内作出处理决定，并公布处理结果。选举村民委员会，由登记参加选举的村民直接提名候选人。候选人的名额应当多于应选名额。村民选举委员会应当组织候选人与村民见面，由候选人介绍履行职责的设想，回答村民提出的问题。选举村民委员会，有登记参加选举的村民过半数投票，选举有效；候选人获得参加投票的村民过半数的选票，始得当选。当选人数不足应选名额的，不足的名额另行选举。另行选举的，第一次投票未当选的人员得票多的为候选人，候选人以得票多的当选，但是所得票数不得少于已投选票总数的三分之一。选举实行无记名投票、公开计票的方法，选举结果应当场公布。村民委员会应当自新一届村民委员会产生之日起十日内完成工作移交。工作移交由村民选举委员会主持，由乡、民族乡、镇的人民政府监督。

（三）村民委员会的议事规则

根据《村民委员会组织法》第5章的规定，村民委员会应当实行少数服从多数的民主决策机制和公开透明的工作原则，对于下列事项，村民委员会应当及时公布，接受村民的监督：（1）本法第23条、第24条规定的由村民会议、村民代表会议讨论决定的事项及其实施情况；（2）国家计划生育政策的落实方案；（3）政府拨付和接受社会捐赠的救灾救助、补贴补助等资金、物资的管理使用情况；（4）村民委员会协助人民政府开展工作的情况；（5）涉及本村村民利益，村民普遍关心的其他事项。村民委员会不及时公布应当公布的事项或者公布的事项不真实的，村民有权向乡、民族乡、镇的人民政府或者县级人民政府及其有关主管部门反映，有关人民政府或者主管部门应当负责调查核实，责令依法公布；经查证确有违法行为的，有关人员应当依法承担责任。

二、村民委员会在农村土地承包与流转中的职责

《村民委员会组织法》第8条规定："村民委员会应当支持和组织村民依法发展各种形式的合作经济和其他经济，承担本村生产的服务和协调工作，促进农村生产建设和经济发展。村民委员会依照法律规定，管理本村属于村农民集体所有的土地和其他财产，引导村民合理利用自然资源，保护和改善生态环境。村民委员会应当尊重并支持集体经济组织依法独立进行经济活动的自主权，维护以家庭承包经营为基础、统分结合的双层经营体制，保障集体经济组织和村民、承包经营户、联户或者合伙的合法财产权和其他合法权益。"根据上述规定，村民委员会对于促进农村集体经济的发展，维护农村集体土地的合理利用和良性流转发挥着十分重要的作用。

（一）村民委员会是土地承包经营关系中的发包方

根据《农村土地承包法》第 13 条第 1 款的规定，农民集体所有的土地依法属于村农民集体所有的，由村集体经济组织或者村民委员会发包。根据该法第 14 条、第 15 条的规定，村民委员会作为发包方，享有一定的权利，并应承担相应的义务。具体而言，村民委员会享有下列权利：发包本集体所有的或者国家所有依法由本集体使用的农村土地；监督承包方依照承包合同约定的用途合理利用和保护土地；制止承包方损害承包地和农业资源的行为；法律、行政法规规定的其他权利。村民委员会的义务则主要体现为：维护承包方的土地承包经营权，不得非法变更、解除承包合同；尊重承包方的生产经营自主权，不得干涉承包方依法进行正常的生产经营活动；依照承包合同约定为承包方提供生产、技术、信息等服务；执行县、乡（镇）土地利用总体规划，组织本集体经济组织内的农业基础设施建设；法律、行政法规规定的其他义务。事实上，村民委员会的权利也是村民委员会的职责，村民委员会不得怠于行使上述权利。

（二）村民委员会是农村土地承包经营权的保护者

村民委员会作为发包方，同时也是农村土地承包经营权的重要维护者，在土地承包经营权的发包、收益以及流转中也发挥着重要的作用：根据 2009 年《农村土地承包法》第 26 条第 3 款①的规定，承包期内，承包方全家迁入设区的市，转为非农业户口的，应当将承包的耕地和草地交回发包方。承包方不交回的，发包方可以收回承包的耕地和草地。农村集体所有的土地归该集体组织全体成员集体所有，并非该集体组织全体成员共同所有。因此，一旦该集体组织成员脱离该集体，不再成为该集体的一员，则其对于集体所有的土地将不再享有权利，此外，村民委员会作为农村集体土地所有权的行使代表，有权收回承包地。

（三）村民委员会是土地承包经营权流转的维护者

根据《农村土地承包法》第 36 条规定："承包方可以自主决定依法采取出租（转包）、入股或者其他方式向他人流转土地经营权，并向发包方备案。"通过家庭承包取得的农村土地承包经营权可以通过平等协商、自愿的原则依法采取转包、出租、互换、转让或者其他方式流转，村民委员会实际上是土地承包经营权流转的维护者。

（四）村民委员会是土地承包经营权纠纷的调解机构

村民委员会是农村集体土地所有权的行使代表、农村土地承包经营权的发

---

① 《农村土地承包法》于 2018 年修改，原第 26 条第 3 款已删除。

包方、农村土地承包经营权的保护者，以及农村土地承包经营权流转的维护者，由村民选举产生，在本村具有较高的威望或者影响力，因此，村民委员会在土地承包经营权纠纷的调解中具有天然的优势。《农村土地承包法》第55条还规定，因土地承包经营发生纠纷的，双方当事人可以通过协商解决，也可以请求村民委员会、乡（镇）人民政府等调解解决。

三、村民委员会的诉讼当事人地位

在民事诉讼理论上，当事人通常是指由于自己所享有或支配管理的民事权益受到侵害或者与他人发生争执，得以自己的名义请求法院行使审判权以解决该私权纠纷的人及相对人。当事人具有如下特征：当事人仅为程序意义上的当事人，实体权利是否享有并不是界定某一主体能否成为当事人的唯一或主要标准；是以自己的名义实施诉讼行为的人；是受人民法院生效裁判约束的人。①

（一）诉讼当事人的类型

《民事诉讼法》第51条规定，“公民、法人和其他组织可以作为民事诉讼的当事人”，因此，诉讼当事人可以分为公民、法人和其他组织三类。

《民法典》第13条规定，自然人从出生时起到死亡时止，具有民事权利能力，依法享有民事权利，承担民事义务。因此，公民的权利受到侵害或者与他人发生争执，可以自己的名义起诉或者应诉，公民是当事人中最普遍的一类。此外，根据《民事诉讼法司法解释》的相关规定，应根据具体情况确定当事人：提供劳务一方因劳务造成他人损害，受害人提起诉讼的，以接受劳务一方为被告。在劳务派遣期间，被派遣的工作人员因执行工作任务造成他人损害的，以接受劳务派遣的用工单位为当事人。当事人主张劳务派遣单位承担责任的，该劳务派遣单位为共同被告。在诉讼中，个体工商户以营业执照上登记的经营者为当事人。有字号的，以营业执照上登记的字号为当事人，但应同时注明该字号经营者的基本信息。营业执照上登记的经营者与实际经营者不一致的，以登记的经营者和实际经营者为共同诉讼人。在诉讼中，未依法登记领取营业执照的个人合伙的全体合伙人为共同诉讼人。个人合伙有依法核准登记的字号的，应在法律文书中注明登记的字号。全体合伙人可以推选代表人；被推选的代表人，应由全体合伙人出具推选书。

法人是指法律拟制的人，具有当事人资格。根据《民事诉讼法司法解释》的相关规定，下列情况下，以法人为当事人：（1）法人或者其他组织应登记而

---

① 赵钢、占善刚、刘学在：《民事诉讼法》，武汉大学出版社2010年版，第115—116页。

未登记，行为人即以该法人或者其他组织名义进行民事活动的；（2）行为人没有代理权、超越代理权或者代理权终止后以被代理人名义进行民事活动的，但相对人有理由相信行为人有代理权的除外；（3）法人或者其他组织依法终止后，行为人仍以其名义进行民事活动的。企业法人合并的，因合并前的民事活动发生的纠纷，以合并后的企业为当事人；企业法人分立的，因分立前的民事活动发生的纠纷，以分立后的企业为共同诉讼人。

其他组织是指合法成立，有一定的组织机构和财产，但又不具备法人资格的组织。依据《民事诉讼法司法解释》的规定，村民委员会或者村民小组与他人发生民事纠纷的，村民委员会或者有独立财产的村民小组为当事人。

（二）村民委员会属于诉讼当事人中的其他组织

如前所述，村民委员会是基层群众性自治组织，是农村集体所有权的行使代表，应能以自己的名义向人民法院提起诉讼，请求保护村民集体的合法权益，并受法院生效裁判的约束，因此，村民委员会具备民事当事人资格。

关于村民委员会的性质，有不同的观点。有观点认为，应将村委会法人化，将其主体地位定位于法人。认为村委会具有独立于村民会议和各个村民的独立人格，对外能够完全按照自己的意志独立进行各种民事活动，其行为和决策的后果完全由自己承担，行为效果不能直接归属于村集体和各个村民。[①] 也有观点认为，村民委员会是经过村民会议讨论同意并依法选举产生，并经县级人民政府批准设立的；并有一定的组织机构和运营财产，符合《民事诉讼法》规定的“其他组织”的构成要件。笔者赞同后一种观点。法人最重要的特征在于能对外独立承担责任，而村民委员会并非集体所有权的权利主体，仅是权利的行使代表。因此，村民委员会并不能独立承担责任，故不具备法人资格。村民委员会系依法设立的，有一定组织机构的基层群众性自治组织，它虽然没有独立的财产，但它代表集体行使所有权，依法定程序作出的决定对集体全体成员具有约束力，因此，村民委员会属于当事人中的其他组织。

四、集体财产的保护

第一，《民法典》第265条规定：“集体所有的财产受法律保护，禁止任何组织或者个人侵占、哄抢、私分、破坏。农村集体经济组织、村民委员会或者其负责人作出的决定侵害集体成员合法权益的，受侵害的集体成员可以请求人民法院予以撤销。”该条是对集体财产保护的特殊规定，分为两个层次：

第1款是对集体财产保护的原则性规定，明确任何组织或者个人，包括集

---

① 任自力：《村民委员会的法律地位辨析》，载《中国农业大学学报》2006年第3期。

体组织的成员，均不得侵害集体财产。侵害的方式分条列举了侵占、哄抢、私分和破坏四种：侵占是指将集体财产非法据为己有；哄抢是指以非法占有为目的，组织多人，或者参与多人一起抢劫、抢夺集体财产；私分是指擅自将集体所有的财产分配给部分集体成员所有；破坏则是指损毁集体财产，致使集体财产的价值或者使用价值降低。

第2款则是针对农村集体经济组织自身或者村民委员会及其负责人的侵害行为所作的特殊规定。由于集体财产所有权的行使代表一般为农村集体经济组织或者村民委员会，而农村集体经济组织、村民委员会作为一个机构，还需要相应的负责人来主持工作，具体行使相应职责。因此，现实生活中，农村集体经济组织或村民委员会负责人利用其职权，违反法律法规规定，或者部分集体成员决定的规约，损害全体集体成员利益的情况时有发生。对此，《民法典》规定了受侵害的集体成员的撤销权。首先，该款规定并未规定需要一定人数的集体成员才能行使该权利，因此，应当认定为只在其权利受到了损害，任何集体成员的一人或者多人均可行使该权利，向人民法院申请撤销；其次，该款规定并未规定集体成员撤销权的行使期限，因此，该权利的行使可适用关于诉讼时效的一般规定，即在知道或者应当知道其权利受到损害之日起两年内行使，但从权利受到侵害之日起超过二十年的，人民法院不予保护；最后，集体成员的撤销权必须向人民法院行使，即必须向人民法院提起诉讼，请求撤销农村集体经济组织、村民委员会或者其负责人侵害集体成员的合法权益的决定，而非向民事行为的对方当事人行使。

第二，《村民委员会组织法》还对村民委员会的决定损害集体成员利益时如何处理做出了相应的规定。该法第23条规定："村民会议审议村民委员会的年度工作报告，评议村民委员会成员的工作；有权撤销或者变更村民委员会不适当的决定；有权撤销或者变更村民代表会议不适当的决定。村民会议可以授权村民代表会议审议村民委员会的年度工作报告，评议村民委员会成员的工作，撤销或者变更村民委员会不适当的决定。"第36条第1款、第2款规定："村民委员会或者村民委员会成员作出的决定侵害村民合法权益的，受侵害的村民可以申请人民法院予以撤销，责任人依法承担法律责任。村民委员会不依照法律、法规的规定履行法定义务的，由乡、民族乡、镇的人民政府责令改正。"

【典型案例】

浙江省某市某镇某村村民委员会与浙江甲房地产开发有限公司合作开发房地产合同纠纷案

上诉人（原审原告）：浙江省某市某镇某村村民委员会（以下简称村委会）

法定代表人：李某康，村委会主任

被上诉人（原审被告）：浙江甲房地产开发有限公司（以下简称甲公司）

法定代表人：余某平，董事长

〔基本案情〕

上诉人村委会与被上诉人甲公司合作开发房地产合同纠纷一案，浙江省高级人民法院于2006年5月18日作出（2005）浙民一初字第7号民事判决。村委会不服该判决，向最高人民法院提起上诉。最高人民法院依法组成合议庭，于2006年11月8日开庭审理了本案。村委会的委托代理人陈某、赵某石，甲公司的法定代表人余某平，委托代理人刘某稳到庭参加诉讼。本案现已审理终结。

一审法院经审理查明：2003年1月，村委会集体所有的土地700余亩被某市国土资源局征用，某市国土资源局返还村委会留用地指标70亩，其中包括双方讼争的C-c41地块（以下简称7号地块），作为村委会从事开发经营、兴办企业及村民住宅用地。由于土地被征用后，土地承包户强烈要求补足每亩30万元的补偿款，故村委会经村民代表会议讨论，决定开发7号地块，以解决土地承包户的补偿款问题。村委会与瑞安市乙房地产开发有限公司（以下简称乙公司）多次协商开发该地块。经村委会村民代表会议讨论后，村委会与乙公司先后于2003年8月30日、9月9日、10月16日签订了三份协议书。其中8月30日的协议书载明，双方就7号地块（约12.27亩，以附图为准）挂牌出让有关问题达成如下协议：（1）确保村委会该地块土地出让净值5000万元，即无论乙公司以任何价格取得该地，均应净付给村委会5000万元。涉及该地块的政策等规定或其他一切因素的变化而产生的任何权利与义务均与村委会无关。（2）若挂牌出让时其他公司取得该地块，村委会净得出让金少于5000万元，不足部分由乙公司补足；村委会净得出让金多于5000万元，多余部分双方各半分成。（3）本协议签订后，乙公司于2003年9月10日前付给村委会保证金3000万元（包括已收700万元），挂牌结束后多退少补。乙公司承诺本协议签订后约6个月完成该地块出让。（4）本协议双方各执一份为凭。9月9日的协议书载明，村委会承诺拥有7号地块合法使用权，面积约为12.27亩，经村民代表大会决议，决定与乙公司合作开发。为此，双方就相关事宜达成协议如下：（1）村委会提供上述土地使用权，乙公司以提供资金、技术、管理经营资源等为主进行开发事宜，双方共同开发上述土地，然后按约定比例分成。（2）为表示合作诚意，乙公司先行支付3000万元前期资金到村委会账户，用于处理前期合作的相关费用等。（3）乙公司即日起抽调组织人员，对土地进行勘察、测量、设计，完成相关经营技术数据和图纸，并进行必要的策划和广告，以提升该地块的商业价值。（4）合作的相关详细事宜，另行协商。在详细协议达成前，双方合作事宜必须不停止执行。2003年10月16日的协议书载明，村委会拥有一块被国家征用的返回地，面积约为12.27亩，规划编号为7号地块。对该地块，村委会承诺持有合法使用权。村委会经多次召开村民代表大会决议，决定与乙公司共同合作开发该地块。为此，乙公司支付村委会3000万元，同时，抽调人员进行合作开发的咨询、设计、勘察、策划等工作，基本完成开发实施前的所有工作，使该地块价值得以大幅度提升。现村委会提出，该地块按某市土地主管机关要求，必须“挂牌”出让，由此，必须对双方合作事宜重新进行协商。村委会经村民代表大会决议后，重新与乙公司达成如下协议：（1）为了使双方合作事务继续下去，乙公司参与某市土地主管机关就上述地块挂牌出让的竞投。如由乙公司取得该地块权属，鉴于双方合作前乙公司投入人、财等使地价上升等因素，双方约定：不论土地主管机关挂牌出让后返给村委会多少数额的土地出让款项，村委会净得额为5000万元，多余部分作为乙公司此前合作过程的投入和努力的收益分成，此款连同乙公司已付村委会的3000万元，由村委会一并返还给乙公司。返还时间为村委会收到土地主管机关出让款项的七天内，否则，按日万分之十支付违约金。同时，乙公司如支付土地主管机关出让款资金紧张，则可以提前要求村委会返还原来所交的3000万元，村委会应予支持。（2）如挂牌出让由其他单位取得上述地块权属，则村委会返还乙公司已投入支付的3000万元。同时，某市土地主管机关返还村委会的土地出让款额超过5000万元的，超出部分属双方前期合作的收益，双方各半分成，村委会应支付乙公司享有的一半份额，支付时间及违约的条款同第一条。（3）乙公司无条件保证，鉴于乙公司曾承诺经设计、策划并进行合作开发的土地总地价将达到5000万元，而此承诺作为村委会同意合作的前提，因此，如土地主管机关返还村委会款项少于5000万元，则乙公司保证补足，兑现承诺。否则承担违约金3000万元。（4）协议达成前的双方所作口头、书面协议均作废，以本协议为准。（5）不论何种情形出现，双方就上述利益数额确定方案，对双方具有不可撤销的效力，如协议条款因故无效，则条款的有关数额转为同额赔偿款。

协议书签订后，乙公司根据双方的约定先后支付给村委会3000万元，并为该地块的开发进行了前期设计、测量、资金筹集等工作。

2003年11月27日，乙公司更名为甲公司。

2003年11月5日，村委会向某市国土资源局呈送报告，要求对7号地块予以挂牌出让。2004年1月22日，某市国土资源局对7号地块使用权进行招标出让，后由甲公司以1.565亿元的价格竞得。2004年2月27日，甲公司与某市国土资源局签订了《国有土地使用权出让合同》。2004年3月8日至5月12日，甲公司分五次向某市国土资源局交清了1.565亿元土地出让金。村委会根据其与甲公司的约定，将其中的8240万元转给了甲公司。

2005年7月11日，村委会向浙江省高级人民法院起诉，请求：确认双方当事人在2003年10月16日签订的协议书无效，并返还村委会5240万元；诉讼费由甲公司承担。事实和理由为：2003年，某市国土资源局征用村委会土地700亩，按规定返还70亩作为村委会安置留用地，用于村民住宅和经营性开发。后村委会就该留用地中 12.27 亩的 7 号地块与甲公司于 2003 年 8 月 30 日、10 月 16 日签订了两份协议书。协议的大致意思为无论土地主管机关返还村委会的土地款是多少，村委会都净得 5000 万元，如由甲公司竞得，则超出部分连同甲公司已付给村委会的 3000 万元保证金一并返还甲公司；如由其他单位竞得，则超出部分双方各半分成。2004 年 1 月 22 日，某市国土资源局依法对 7 号地块土地使用权进行招标出让，后由甲公司以 1.565 亿元的价格竞得。根据有关规定，某市政府又将该土地出让金中的 1.224 亿元返还给了村委会。2004 年 4 月 21 日、5 月 8 日，村委会分两次通过转账形式共付给了甲公司 8240 万元（该款项包含了村委会返还甲公司的 1000 万元保证金）。

对于村委会的上述行为，原告称当时村民并不知道。事后村民要求村委会向甲公司索回除甲公司已付 3000 万元保证金外的 5240 万元，但村委会未履行其职责。村民还向政府要求废除甲公司的中标，也未被支持。村民又向法院起诉协议书无效，并要求退款，但因主体问题而未能立案。为此，村民依照《村民委员会组织法》重新选举了新村委成员和村主任。新村委成立后，曾要求政府主动废标，但政府仍然未支持。在招投标中，土地的起始价为 7000 万元，甲公司以 1.565 亿元的价格竞得，而第二标的报价仅比甲公司的竞得价低 20 万元。因此，双方当事人签订的协议书属恶意串通损害村民集体及其他竞标人合法利益的行为，属无效合同。双方应当返还各自取得的财产。甲公司曾向村委会支付了 3000 万元保证金，村委会分两次共向甲公司支付了 8240 万元。因此，甲公司应当向村委会返还除已付保证金外的 5240 万元。

甲公司于 2005 年 7 月 11 日向一审法院提起反诉，后又申请撤回，一审法院裁定予以准许。

甲公司答辩称：依据 2003 年 1 月 28 日村委会与某市国土资源局签订的统一征地协议及某市政府×政（1999）7 号、×政（2000）149 号文件，证明双方合作经营的标的物（土地）的取得是合法的。村委会于 2003 年 8 月 29 日召开村民代表大会，依法形成有效的村民代表决议。该次村民代表大会应到人数 89 人，实到 72 人，最后以 71 票同意、1 票弃权通过了该决议（其中村民代表应到 44 人，实到 39 人；党员应到 45 人，实到 33 人、党员外出 5 人）。双方的合作是以公开、自愿为基础，村委会所称双方恶意串通不实。2003 年 8 月 30 日与 10 月 16 日的两份协议书是在村民代表大会以后双方签订的，基本内容与大会决议一致，但是对该土地挂牌时超过 5000 万元或低于 5000 万元时如何操作以及双方违约时的罚则作了进一步的约定，其实质是对双方权利与义务及罚则的界定。双方协议签订后，由于 7 号地块的建筑容积率政府未予规定，而容积率的高低，决定土地的商业价值，为此，甲公司做了大量工作。2004 年 1 月 12 日，某市国土资源局下发了建设用地批准书，该批准书规定容积率 <5.8，建筑面积 <50610 平方米，从而提升了 7 号地块的商业价值。另按照双方的协议，甲公司还进行了前期的土地规划、设计、测量等。2004 年 2 月 28 日，甲公司以 1.565 亿元价格竞得 7 号土地使用权。同时，甲公司与某市国土资源局签订了《国有

土地使用权出让合同》，并经公证。综上，双方订立的协议是双方真实意思的表示，且符合相关的法律法规，故协议有效，双方应继续履行，请求依法驳回村委会的诉讼请求。

〔一审裁判理由与结果〕

浙江省高级人民法院经审理认为，综合双方当事人诉辩意见，本案争议的焦点是双方于2003年10月16日签订的协议书效力问题。村委会称，双方当事人签订的协议书系前任村“两委”所为，村民不知道，违反了《村民委员会组织法》有关规定，协议书系双方恶意串通，损害村民集体及其他竞标人合法利益的行为，依法应确认无效。甲公司则称，该协议书已经村民代表会议讨论通过，双方恶意串通无事实证据；双方签订协议书后，甲公司已为开发该地块做了大量的工作，并通过挂牌出让的合法途径取得了国有土地使用权，双方所签订的协议书是真实意思的表示，符合法律的规定，属有效协议。

浙江省高级人民法院认为，村民代表会议的记录，证实村委会已按照《村民委员会组织法》第19条①有关涉及村民利益处置的规定，就双方协议所指事项提交村民代表会议讨论通过，村委会称村民不知道与事实不符，不予采信。某市国土资源局文件×土资〔2003〕76号函，只证明某市国土资源局于2003年6月15日发函给某镇某村两委，要求终止村两委所筹划的对7号地块向社会公开招标的行为，无法证明双方当事人之间系恶意串通。虽然诉争地块的挂牌出让的起始价为7000万元，最后成交价为1.565亿元，都高于双方协议约定的5000万元，但并没有证据证实双方当事人在签订协议前存在恶意串通的事实。双方签订协议的目的是确保双方的利益，且协议内容经过村民代表会议讨论通过，不存在损害集体利益的问题。某市国土资源局已于2004年2月27日确认诉争国有土地使用权的挂牌出让以1.565亿元成交，作为受让方甲公司已经付清了土地出让款1.565亿元，并于2004年6月26日取得了讼争地块的国有土地使用权证，整个挂牌出让过程已经完成。双方对此并无异议，挂牌行为是合法有效的。甲公司参与挂牌并没有违反招标拍卖挂牌出让国有土地使用权的规定，因此也不存在侵害其他竞投人利益的情况。本案不存在《合同法》第52条第2项规定的恶意串通，损害国家、集体或者第三人利益的无效情形，也不存在第52条规定的其他无效情形，甲公司主张双方协议有效，予以采纳。依照《民事诉讼法》第64条第1款之规定，判决驳回村委会的诉讼请求。一审案件受理费272010元、调查费2000元，由村委会负担。

〔当事人上诉及答辩意见〕

村委会不服一审判决，提起上诉。请求：（1）撤销一审判决；（2）确认双方当事人在2003年10月16日签订的协议书无效，并返还村委会5240万元；（3）诉讼费

① 对应2018年《村民委员会组织法》第24条。

由甲公司承担。主要事实理由是：(1) 村委会与甲公司签订协议前未召开村民大会，“村民会议记录”来源不明，不应采信；(2) 甲公司没有提供证据证明因其做工作提高了土地容积率；(3) 讼争土地挂牌损害其他竞标人的合法权益；(4) “村民会议记录”中张某定、唐某敏、杨某忠村民代表的签字是假的，不具有法律效力；(5) 三份协议书没有经过合法的村民代表会议讨论；(6) “村民会议记录”没有对“超出5000万元的部分”如何分配作出明确约定。

甲公司答辩称：对双方争执土地，甲公司是经合法程序取得的，其与村委会不存在非法转让关系，也不存在与他人恶意串通等；“村民会议记录”的取得不违反法律，其真实性不可否认，三名村民的证言前后矛盾，不可采信；对挂牌效力异议与本案无关。

〔最高人民法院查明的事实〕

最高人民法院查明的事实与一审查明的事实相同。

〔最高人民法院裁判理由与结果〕

最高人民法院认为，本案争议焦点为：双方于2003年10月16日签订的协议书是否有效，土地挂牌出让所得价款1.224亿元如何处理，对挂牌效力异议应如何认定三个问题。

关于双方于2003年10月16日签订的协议书是否有效的问题。双方当事人前后共签订三份协议书，村委会与甲公司在签订8月30日协议书前，于2003年8月29日召开了村民代表大会，形成了会议决议。其内容为：确保净地款5000万元（土地竞标部门抽多少由甲公司自负，与村无涉），先付开发保证金3000万元解决困难，找补承包户，其余款在挂牌后付清（一次性），竞标后的价格多少双方各无反悔。会后第二天，双方当事人签订协议约定，甲公司确保村委会该地块土地出让金净值5000万元，即无论甲公司以任何价格取得该地，均应净付给村委会5000万元。涉及该地块的政策等规定或其他一切因素的变化而产生的任何权利与义务均与村委会无关。若挂牌出让时其他公司取得该地块，村委会净得出让金少于5000万元，不足部分由甲公司补足，村委会净得出让金多于5000万元，多余部分双方各半分成。同年9月9日，双方又签订协议书，由于该协议书与双方争议问题无关，故不再赘述。2003年10月16日，双方签订第三份协议书，该协议书除约定村委会净得额为5000万元以外，又明确约定，多出5000万元的部分作为甲公司此前合作过程的投入和努力的收益分成，此款连同甲公司已付村委会的3000万元，由村委会一并返还甲公司。另该协议书还约定了本协议达成前的双方所作口头、书面协议均作废，以本协议书为准。

最高人民法院认为，村委会召开村民代表大会后，双方当事人签订的是8月30日协议书。而双方于10月16日签订协议书之前，村委会没有再召开村民代表大会。虽然两个协议书在约定的给付村委会土地出让款额及挂牌出让后出现的情况如何处理等内容上大致相同，但8月30日协议书没有明确约定竞标多于5000万元部分由村委会全部返还甲公司的内容，村民代表大会决议也没有此项内容。因此，10月16日协议书作为一个新协议，没有证据证明已经村民代表大会同意。甲公司称10月16日协议书是经过村民代表大会决议而签订的事实依据不足，故该协议应认定无效。一审判决认定10月16日协议书有效是错误的，应予纠正。甲公司提供的村民代表大会的会议记录，仅能证明8月30日协议书是经村民代表大会决议后签订的。根据村委会会议记录证明，2003年8月29日村委会召开了村民代表大会，到会人员72人，签名同意会议决议的71人、弃权1人。从会议召开的程序看，符合《村民委员会组织法》第18条①的法律规定，而且8月30日协议书约定与村民代表大会决议内容基本上是一致的，即确保村委会取得净地款5000万元，对甲公司中标后超出5000万元的部分如何处理均没有明确意见。因此，8月30日双方所签订的协议书内容是经过村民代表大会讨论决定的，符合《村民委员会组织法》第19条②的规定，故该协议书应认定为有效。至于在庭审中，有三名村民代表称村民代表大会决议中，不是本人签名问题，法院认为，即使会议决议中有个别人的名字是代签的，也不能由此而否认多数村民代表通过的会议决议。因此，村委会主张8月30日协议书无效证据不足，不予支持。

关于7号地块挂牌出让所得价款1.224亿元，应如何处理问题。法院认为，根据协议书的约定，1.224亿元土地价款中的5000万元应归村委会所有；其余7240万元双方当事人如何分配未作明确约定。分配这笔款项，应当平衡双方当事人的利益，从本案的具体情况看，甲公司在土地竞标前对土地做了一些前期工作，这笔款项关系到失地村民的生产和生活。由于双方当事人的情况没有直接的可比性，确定分配款项的数额可以依据相对公平的原则由双方各分得一半，即村委会与甲公司各分得3620万元。1.224亿元土地价款，村委会实得8620万元、甲公司实得3620万元。因村委会已返还甲公司8240万元，扣除村委会尚未退还甲公司已付的2000万元保证金，甲公司还应再付给村委会1620万元。

关于对挂牌效力异议应如何认定问题。村委会认为在竞标中双方当事人有串标行为，侵害了第三方利益，应为无效。法院认为，某市国土资源局在确认讼争土地使用权的挂牌出让后，甲公司中标，而且在中标后付清了土地出让款，并已取得了讼争地块的《国有土地使用权证》。对此，如果有第三方提出异议，认为在竞标中当事人有串标行为侵害其利益，应由第三方向有关部门提出主张，而村委会无权主张。对村委会该项诉讼请求，不予支持。

综上，依照《民事诉讼法》第153第1款第2项之规定，判决如下：

---

① 对应2018年《村民委员会组织法》第21条。

② 对应2018年《村民委员会组织法》第24条。

一、撤销浙江省高级人民法院（2005）浙民一初字第7号民事判决。

二、浙江甲房地产开发有限公司在本判决生效后十五日内给付浙江省某市某镇某村村民委员会1620万元。如逾期不履行本判决确定的金钱给付义务，应当依照《民事诉讼法》第232条的规定，加倍支付迟延履行期间的债务利息。

三、驳回浙江省某市某镇某村村民委员会的其他诉讼请求。

一、二审案件受理费544020元、调查费2000元，共计546020元，由双方各半承担，即浙江省某市某镇某村村民委员会负担273010元、浙江甲房地产开发有限公司负担273010元。

本判决为终审判决。

第十二章 抵押权

规则 17：抵押人转让已办理登记的抵押物，未通知抵押权人或者未告知受让人的，该转让行为并非绝对无效

——贵州某药业有限公司与遵义甲房地产开发有限责任公司买卖合同纠纷案①

【裁判规则】

抵押权设定后，抵押人对抵押物的所有权并未丧失，并非不能向他人转让抵押物，只是应当在转让时履行通知抵押权人并经其同意，以及告知受让人的义务。未通知抵押权人和未告知受让人的，抵押人转让已办理登记的抵押物，抵押人在转让后向抵押权人清偿了债务，或者受让人在得知受让物上有抵押权后代抵押人清偿了债务，使物上设定的抵押权消灭，转让行为可以有效。

【规则理解】

一、抵押人对抵押物享有之权利

抵押权作为一种担保物权，是指债务人或者第三人不转移对抵押物的占有，而将该抵押物作为债权的担保，债务人不履行债务或发生当事人约定的实现抵押权的情形时，债权人有权依法以该抵押物折价或者拍卖、变卖的价款优先受偿。因之制度设计，抵押物仍留存在抵押人（债务人或第三人）手中，抵押人因此保有对抵押物的使用价值，仅向抵押权人（债权人）提供其交换价值，故就特定物的优先受偿性而言，设定抵押相较于人之担保其功能更为强大。同时，不移转抵押物的占有，无碍于抵押人对抵押物的使用收益，抵押人可以充分利用该物的使用价值，创造物质财富，强化其履约能力，对抵押人的利益损害较少，对债权的保障更为有力。而对于债权人而言，亦避免了因保管抵押物而必需的注意义务及合理的费用支出。因抵押制度双重顾及交易安全与效益最大化，

---

① 《中华人民共和国最高人民法院公报》2006 年第 3 期。

使之获得担保各方的共同推崇，进而成为罗马法以降各国民法中最重要的担保制度，被誉为“担保之王”。[①]

抵押权之所以为担保物权的理想形态，集中表现在其权利的设定不以转移抵押物的占有为要件，抵押人、抵押权人可得以对抵押物使用价值和交换价值的充分利用。在抵押人已在抵押物上为他人设定了抵押负担的前提下，其仍保有对抵押物的所有权，也就是说，抵押标的物的用益关系并不因抵押权之设定而受影响，抵押人仍得以对抵押物享有占有、使用、收益及处分之权利。具体而言，包括抵押人对抵押物的用益物权、设定多个抵押权的权利、于抵押物上为他人设定用益物权的权利以及出让抵押物的权利。[②]

（一）对抵押物的用益物权

《民法典》第323条规定：“用益物权人对他人所有的不动产或者动产，依法享有占有、使用和收益的权利。”抵押人对抵押物的用益权基于抵押权不移转抵押物占有的固有属性，但同时因抵押权作为一种担保物权亦属定限物权[③]，其对抵押物的事实处分之行为将受抵押物正常使用收益范围之限制，即在不影响抵押物价值前提下抵押人可对抵押物进行事实上的处分，而法律上的处分则不受其限。[④] 在德国、日本的民法中，土地作为最为重要的抵押物，抵押人往往在作为抵押物的土地上设定地上权、地役权等用益物权，我国现行法禁止将土地所有权作为抵押物，除法律另有规定外，抵押人就抵押物不可能设立建设用地所有权、宅基地使用权等用益物权。也有学者提出，因建筑物的可抵押性，抵押人可以设立以建筑物为供役地或需役地的地役权。[⑤] 如《民法典》第381条规定：“地役权不得单独抵押。土地经营权、建设用地使用权等抵押的，在实现抵押权时，地役权一并转让。”

（二）在同一抵押物上设定多个抵押权的权利

《民法典》第394条规定：“为担保债务的履行，债务人或者第三人不转移

---

① 梅夏英、高圣平：《物权法教程》，中国人民大学出版社2007年版，第359页。

② 梁慧星、陈华彬：《物权法》，法律出版社2010年版，第309页。

③ 关于担保物权的性质，在大陆法系国家历来存有争议，主要观点有“物权说”“债权说”和“中间权利说”三种。梅夏英、高圣平：《物权法教程》，中国人民大学出版社2007年版，第317页；余能斌主编：《现代物权法专论》，法律出版社2002年版，第274—276页。

④ 谢在全：《民法物权论》，中国政法大学出版社2011年版，第691页；梁慧星、陈华彬：《物权法》，法律出版社2010年版，第309页。

⑤ 王利明、尹飞、程啸：《中国物权法教程》，人民法院出版社2007年版，第476—477页。转引自崔建远《物权：规范与学说——以中国物权法的解释论为中心》，清华大学出版社2011年版，第796页。

财产的占有，将该财产抵押给债权人的，债务人不履行到期债务或者发生当事人约定的实现抵押权的情形，债权人有权就该财产优先受偿。前款规定的债务人或者第三人为抵押人，债权人为抵押权人，提供担保的财产为抵押财产。”可见，抵押权作为一种担保物权，根本目的是保障债权的实现，而其不转移抵押物的特定属性为抵押物价值的充分实现提供了可能性，在抵押物价值大于所担保的债权价值时，抵押人当然可得以充分发挥抵押物的价值，在其上设立多个抵押权而不影响所担保债权的实现。对此，原《担保法》第35条明确规定：“抵押人所担保的债权不得超出其抵押物的价值。财产抵押后，该财产的价值大于所担保债权的余额部分，可以再次抵押，但不得超出其余额部分。”这种余额抵押又称再抵押，是指在同一抵押物的部分价值上设定抵押权后，在其余价值上设定其他抵押。与其对应的另一种抵押或称为重复抵押，通常是指在同一抵押物的同一价值上设定两个或两个以上的抵押权。两者的不同之处在于，重复抵押与第一抵押权重合或部分重合，故数个抵押权所担保的债权总额会超过抵押物的价值，而再抵押只是在除去第一抵押权的抵押物剩余价值上设定的，两者不相重合。[①]

两种概念的实质之别在于，对于超出抵押物价值的部分，可否设立重复抵押？该问题在理论界和实务界素来存有争论。因重复抵押或产生后顺位的抵押权人无法获得清偿、担保物权不能实现其最终价值的可能性，考虑到现实国情的制约因素，我国法律对该项制度一贯秉持谨慎态度，从原《担保法》第35条的制度设计可见一斑。后来颁布的《物权法》未再重复《担保法》对超额抵押的禁止性规定，但也没有明确允许抵押物的价值额可低于被担保债权的价值额。于是对《担保法》第35条是否应继续适用的问题形成了两种截然相反的理解。有观点认为《物权法》并未设明文规定被担保债权的价值额可以高于抵押物的价值额，亦未明文废止《担保法》第35条的规定，难谓《物权法》与《担保法》规定不一致，因而不可适用《物权法》第178条“担保法与本法的规定不一致的，适用本法”之规定，《担保法》第35条的规定仍然有效。[②] 但大部分学者认为，《物权法》未重申《担保法》第35条的相关规定，依据《物权法》第178条之规定，应认为其已取消了对抵押物价值的限制，抵押人可对抵押物设

---

① 吴艳：《抵押权的次序研究》，西南政法大学民商法学2004年硕士毕业论文。

② 崔建远：《物权：规范与学说——以中国物权法的解释论为中心》，清华大学出版社2011年版，第794页。

定重复抵押。[①] 我们认为，允许抵押人在同一抵押物上为他人设定多个抵押权之制度设计有其合理之处，其一，抵押权之非占有担保物权的特殊属性使该设计具有可能性；其二，抵押物价值额的变动因素或造成抵押权设立时与实行时其与被担保债权数额的价值差距；其三，因物权之排他效力，先次序依法设立之抵押权不受后次序设立抵押权之侵害，故抵押权的顺位规则为重复抵押提供了救济途径；其四，融通资本促进经济的现实需要与社会发展趋势。因此，宜允许抵押人在同一抵押物上设定多个抵押权，实现抵押物之价值最大化。《民法典》第 414 条和第 415 条从清偿顺序方面对同一财产向两个以上债权人抵押的情形作了规定。[②]

（三）出租、出借抵押物的权利

抵押人在设立抵押权后，可否将抵押物另行出租？从《民法典》第 405 条可予以推知，其规定："抵押权设立前，抵押财产已经出租并转移占有的，原租赁关系不受该抵押权的影响。"从该条文可知，可将已出租的财产进行抵押。在此情形下，抵押权的设立不影响抵押合同的效力，即使因抵押权人行使抵押权而使抵押物所有权发生移转，承租人仍可向抵押人主张租赁权。《民法典》第 725 条对此做出明确规定，突破了"物权优于债权"的效力定式，采用"买卖不破租赁"[③] 的规则。

（四）转让抵押物的权利

如前所述，抵押人并不因抵押权之设定而丧失抵押物之法律上的处分权。[④] 因此，从抵押权的法律性质及逻辑推论而言，抵押人就其财产为他人设定抵押权

---

① 梁慧星、陈华彬：《物权法》，法律出版社 2010 年版，第 310 页；梅夏英、高圣平：《物权法教程》，中国人民大学出版社 2007 年版，第 395 页；崔建远：《物权：规范与学说——以中国物权法的解释论为中心》，清华大学出版社 2011 年版，第 794 页，以上学者对该问题的相关论述，均采此观点。

② 《民法典》第 414 条规定："同一财产向两个以上债权人抵押的，拍卖、变卖抵押财产所得的价款依照下列规定清偿：（一）抵押权已经登记的，按照登记的时间先后确定清偿顺序；（二）抵押权已经登记的先于未登记的受偿；（三）抵押权未登记的，按照债权比例清偿。其他可以登记的担保物权，清偿顺序参照适用前款规定。"《民法典》第 415 条规定："同一财产既设立抵押权又设立质权的，拍卖、变卖该财产所得的价款按照登记、交付的时间先后确定清偿顺序。"

③ 所谓买卖不破租赁，即指租赁关系成立后，即使出租人将出租物转卖给第三人，该原已存在的租赁关系仍对买受人有效，承租人仍然可以向受让人主张租赁权，受让人取得的是一项有租赁权负担的财产所有权。

④ 谢在全：《民法物权论》，中国政法大学出版社 2011 年版，第 700 页。

后，仍可将该抵押财产再转让给他人。然抵押物同时负载担保功能，抵押物的转让势必要兼顾担保债权的实现可能及抵押物受让人的交易安全。《民法典》第406条对抵押期间转让抵押财产做出相应制度设计："抵押期间，抵押人可以转让抵押财产。当事人另有约定的，按照其约定。抵押财产转让的，抵押权不受影响。抵押人转让抵押财产的，应当及时通知抵押权人。抵押权人能够证明抵押财产转让可能损害抵押权的，可以请求抵押人将转让所得的价款向抵押权人提前清偿债务或者提存。转让的价款超过债权数额的部分归抵押人所有，不足部分由债务人清偿。"依此规定，抵押人可以转让抵押财产的处分权，但应当及时通知抵押权人。

二、抵押登记的效力

抵押登记，是指基于抵押权人和抵押人的申请，登记部门将抵押合同约定的有关事项在不动产登记簿及不动产权利证书上加以记载，并向抵押权人派发他项权证明书的现象[①]。通常而言，物权的公示方法分为占有与登记。由于抵押权的设立并不以转移抵押物的占有为要件，故采用登记形式无疑为抵押权对外公示的最佳选择。

《民法典》第395条对抵押物的范围做出了规定，将物区分为不动产和动产，并因其之不同在物权的设立、转让、变更等方面分别制定了相应规定，故抵押权设立产生的条件因抵押物的区分而有所不同。具体而言，可分为登记生效主义与登记对抗主义。《民法典》第402条至第404条分别对动产与不动产的登记做出相应规定，《民法典》将抵押合同生效与抵押登记、抵押权的设立明确予以区分。抵押合同的订立是以发生物权变动为目的的原因行为，属于债权关系范畴，其成立、生效应当依据合同法确定。抵押权的效力，除要求抵押合同合法有效这一要件外，还必须符合物权法的公示原则。[②]

（一）登记生效主义

所谓登记生效主义，即是指抵押登记为抵押权设立的生效要件。按照《民法典》第402条的规定，以建筑物和其他土地附着物、建设用地使用权、海域使用权以及正在建造的建筑物抵押的，应当办理抵押登记；抵押权自登记时设立。从该条文可见，登记生效主义主要用于以不动产或不动产物权为

---

① 崔建远：《物权：规范与学说——以中国物权法的解释论为中心》，清华大学出版社2011年版，第778页。

② 全国人大常委会法制工作委员会民法室编：《中华人民共和国物权法条文说明、立法理由及相关规定》，北京大学出版社2007年版，第349页。

客体设立抵押权。在此情形下，抵押合同是否生效与抵押权的生效与否并无必然联系。登记生效主义的优点在于抵押权设立的时间点十分清晰，抵押权具有绝对性，抵押权人对任何人都可主张其抵押权。[①] 同时，因登记的公示性与公信力，第三人查询抵押物上权利状况的成本较低，对登记簿的信赖程度较高，有助于强化担保功能、维护交易安全。

（二）登记对抗主义

登记对抗主义，是指抵押登记为抵押权对抗善意第三人的要件。《民法典》第403条对此作出明确规定，以生产设备、原材料、半成品、产品、交通运输工具以及正在建造中的船舶、航空器抵押的，抵押权自抵押合同生效时设立；未经登记，不得对抗善意第三人。动产抵押以其不移转抵押权标的物的特征，宣告了动产上权益与占有的分离，从而突破了担保物权制度的传统格局[②]。但是，动产抵押权因欠缺公示表征，第三人无从知悉抵押权的设定，所以，常常导致当事人之间的利益摩擦，特别是动产抵押权人与善意第三人之间的利益冲突。[③]《民法典》对此采用了登记对抗主义模式，即在设立动产抵押权、浮动抵押权时，抵押合同生效即可产生抵押权设定的效果，抵押登记仅为对抗善意第三人的要件。于此，平衡了抵押权设定双方的意思自治与善意第三人利益保护之关系，兼顾交易安全与便捷。

（三）已办理登记的抵押物能否转让

事实上，对已登记抵押物转让的设限主要是平衡抵押权人之抵押权实现与抵押物受让第三人之善意取得间的利益冲突。在以不动产或不动产物权为客体设立抵押权时，抵押登记系抵押权设定的生效要件。因以登记为公示方式的公信力具有对世性，故受让人在办理不动产过户过程中存在获悉不动产上存有抵押权的必然性，即便受让人事实上不知，也应推定为应知。因此，不动产的抵押登记事实上排斥了对该抵押物所有权的善意取得[④]，故在转让已经登记的不动产抵押物时，抵押权人所享有的抵押权足以对抗包括善意第三人在内的任意第三

---

① 崔建远：《物权：规范与学说——以中国物权法的解释论为中心》，清华大学出版社2011年版，第778页。

② 大陆法系国家基于占有与登记两种传统公示方法的特性，往往在担保物权中以动产对应质权，不动产对应抵押权。

③ 最高人民法院物权法研究小组编著：《〈中华人民共和国物权法〉条文理解与适用》，人民法院出版社2007年版，第561页。

④ 曹士兵：《中国担保制度与担保方法——根据物权法修订》，中国法制出版社2008年版，第243页。

人。而动产抵押因其物的本身属性，并不以登记为设权要件，故无法产生对善意第三人的当然排斥力，仅在以特殊动产为客体设立抵押权时，抵押登记为对抗善意第三人的要件。故在转让已登记的动产抵押物时，抵押权人亦可取得对抗第三人之法定权利。若抵押物未经登记，则不具有公示效力，不产生设定抵押权的公信力，无法对抗第三人，因此，抵押物的受让人当然可以取得抵押物的所有权且该所有权没有瑕疵或负担。抵押权人无权对转让物行使抵押权，而只能要求抵押人承担相应的赔偿责任。因此，抵押物登记与否并不影响抵押物的转让，其作用主要体现在抵押物转让后抵押权人行使抵押权对抗善意第三人的效力上。

三、抵押物转让的限制

（一）我国法律对抵押物转让相关规定的沿革

我国法律关于抵押物转让的相关规定，最早可追溯至1988年《民法通则意见》，该意见第115条规定，抵押物如由抵押人自己占有并负责保管，在抵押期间，非经债权人同意，抵押人将同一抵押物转让他人，其行为无效。依此规定，抵押人转让抵押物的行为必须以债权人的同意为生效要件。此举固然极大程度上保护了债权人的利益，但因其对抵押物流转的限制，未达致“物尽其用”的物权基本理念，显然对于抵押人是极为不利的。同时，一概将未经债权人同意的转让行为归于无效，也妨碍了经济的有序流通，对正常交易市场的安全与稳定造成一定的威胁，使抵押物善意受让人的交易安全不能得到充分的保护。

在1995年出台的《担保法》中，这种“严格限制”的立场有所改变。该法第49条规定：“抵押期间，抵押人转让已办理登记的抵押物的，应当通知抵押权人并告知受让人转让物已经抵押的情况；抵押人未通知抵押权人或者未告知受让人的，转让行为无效。转让抵押物的价款明显低于其价值的，抵押权人可以要求抵押人提供相应的担保；抵押人不提供的，不得转让抵押物。抵押人转让抵押物所得的价款，应当向抵押权人提前清偿所担保的债权或者向与抵押权人约定的第三人提存。超过债权数额的部分，归抵押人所有，不足部分由债务人清偿。”从中至少可以反映出三点变化：其一，确认抵押人在履行通知义务前提下可以转让已办理登记的抵押物。其二，规定了两种可能导致抵押物转让无效的情形：一是抵押人未通知抵押权人或告知受让人。二是转让价格明显低于其实际价值时，抵押人未应抵押权人请求提供相应担保。[①] 其三，要求抵

---

① 梁上上、贝金欣：《抵押物转让中的利益衡量与制度设计》，载《法学研究》2005年第4期。

押人将转让所得价款提前清偿或提存，确立了一种类似于日本民法上的价金物上代位制度[①]。由此，抵押人转让抵押物不再受抵押权人意志限制，而弱化为以其本身通知义务的履行为限制。同时为保护抵押权人利益，并辅以增加担保及物上代位等相关制度设计。

最高人民法院于2000年施行的《担保法司法解释》对已登记抵押物的转让效力问题作出了进一步的解释。该解释第67条规定："抵押权存续期间，抵押人转让抵押物未通知抵押权人或者未告知受让人的，如果抵押物已经登记的，抵押权人仍可以行使抵押权；取得抵押物所有权的受让人，可以代替债务人清偿其全部债务，使抵押权消灭。受让人清偿债务后可以向抵押人追偿。如果抵押物未经登记的，抵押权不得对抗受让人，因此给抵押权人造成损失的，由抵押人承担赔偿责任。"该规定包含两层意思：一是对于"抵押人转让抵押物未通知抵押权人或者未告知受让人"时，可以不作无效处理，受让人可以取得所有权；二是承认抵押权的追及效力[②]，规定当"抵押物已经登记"时，"抵押权人仍可以行使抵押权"，行使抵押权的对象是受让人，"对物不对人"。[③] 而受让人亦可替代清偿以消灭物上所设之抵押权，取得物之所有权并向抵押人追偿。据此，当抵押人未履行通知义务时，抵押物的转让亦非当然无效，而需进一步依据抵押物登记与否来确定利益保护的主体。

2007年通过的《物权法》第191条规定："抵押期间，抵押人经抵押权人同意转让抵押财产的，应当将转让所得的价款向抵押权人提前清偿债务或者提存。转让的价款超过债权数额的部分归抵押人所有，不足部分由债务人清偿。抵押期间，抵押人未经抵押权人同意，不得转让抵押财产，但受让人代为清偿债务消灭抵押权的除外。"相较此前的《担保法》与《担保法司法解释》，《物

---

① 德国、瑞士民法规定的抵押权之物上代位性，主要以抵押物所有人得以取得之抵押物的保险金为代位物。日本民法扩充了抵押权的物上代位性之范围。承认抵押权的效力及于抵押物因变卖、租赁、灭失或毁损而应受的金钱或其他物上。梁慧星主编：《中国物权法研究》，法律出版社1998年版，第846—847页。

② 也有学者认为，《担保法司法解释》中亦未赋予抵押权的追及效力，因在《担保法》的立法体系下，抵押权人之所以能够继续行使抵押权，其原因在于法律认定这种转让是无效的，既然担保物转让无效，当然不会对抵押物上的抵押权效力产生任何影响。许明月：《抵押物转让的立法模式选择与制度安排——兼论我国担保物权立法对抵押权涤除制度的取舍》，载《现代法学》2006年第2期。

③ 曹士兵：《中国担保制度与担保方法——根据物权法修订》，中国法制出版社2008年版，第244页。

权法》显然在立法态度上发生了转变，最为明显的：一是将抵押物转让的限制条件从以抵押人是否履行通知义务重又回归到须经抵押权人同意，即从“通知主义”回归于“同意主义”，突出抵押权人的意志决定因素；二是对抵押权的追及效力未具明文①，显见的是采用了《担保法》中设立的价金物上代位主义模式；三是对未经抵押权人同意转让抵押财产的效力问题未作明确规定，仅对受让人代为清偿消灭抵押权的除外模式作出明示。《物权法》对抵押物转让设置了更为严苛的限制条件，加强了对抵押权人利益的保护，一定程度上限制了抵押物的有效利用和自由流通。但《民法典》第406条规定：“抵押期间，抵押人可以转让抵押财产。当事人另有约定的，按照其约定。抵押财产转让的，抵押权不受影响。抵押人转让抵押财产的，应当及时通知抵押权人。抵押权人能够证明抵押财产转让可能损害抵押权的，可以请求抵押人将转让所得的价款向抵押权人提前清偿债务或者提存。转让的价款超过债权数额的部分归抵押人所有，不足部分由债务人清偿。”可见，《民法典》又改变了《物权法》的规定，从“同意主义”回归于“通知主义”，《民法典》就《物权法》而言，对抵押物转让设置的限制条件相对宽松，一定程度上有利于抵押物的有效利用和自由流通。

（二）突破限制条件转让抵押物之效力

我国从《民法通则意见》到《担保法》再到《物权法》，对抵押物转让的法律规制设定了一定的限制性要件，从“同意主义”到“通知主义”再到“同意主义”，而《民法典》再次强调采用“通知主义”。《民法典》第406条规定，“抵押期间，抵押人可以转让抵押财产”“抵押财产转让的，抵押权不受影响”“抵押人转让抵押财产的，应当及时通知抵押权人”，其立法宗旨主要在于规避因抵押物自由转让而给抵押权人造成损失。既然对抵押物转让设定了限制

① 关于《物权法》第191条是否承认抵押权的追及效力，存在不同看法。第一种观点认为，该条并未承认抵押权的追及效力，该条第2款的文义至为清晰；第二种观点认为，从体系解释的角度，《物权法》承认了抵押权的追及效力。《物权法》第189条第2款规定，浮动抵押权不得对抗正常经营活动中已支付合理价款并取得抵押财产的买受人。这一规定显然否认了浮动抵押权人的抵押权追及效力，从而该规定构成了第191条第2款的一种例外。第三种观点认为，《物权法》并未正面否认抵押权有追及效力，只不过因为同意转让提前实现抵押权也好，代为清偿也罢，均以抵押权消灭为转让前提，故要不要追及、能不能追及已不重要。亦有观点认为，抵押权具有追及效力，是物权追及效力符合逻辑的推论。高圣平、王琪：《不动产抵押物转让规则的解释论：〈物权法〉第191条及其周边》，载《法律科学》（西北政法大学学报）2011年第5期。

条件，则不得不关注另一个问题，即突破限制转让抵押物的效力该如何认定？

《民法通则意见》第 115 条明确规定，非经债权人同意，抵押人将同一抵押物转让他人，其行为无效。《担保法》第 49 条亦表明，“抵押人未通知抵押权人或者未告知受让人的，转让行为无效”。按照文义理解，抵押人未按照法律规定转让抵押物的，该行为自是当然无效、确定无效、自始无效，毋庸多言。但是，也有学者认为，《担保法》中所指的无效是相对的无效，即抵押权人在撤销抵押合同之前，此项合同应为效力未定的合同，唯抵押权人可以行使撤销权，抵押权人不行使这一权利时，抵押物转让合同应为有效。[①] 还有学者指出，《担保法》第 49 条所设定的告知义务并不应当成为转让合同生效的条件。因为，告知义务并非以取得抵押权人同意为必然结果，故抵押权人的意志并不对抵押人转让抵押物产生阻碍；且告知只是履行抵押合同中的附随义务，不应影响到转让合同的效力。法律规定抵押人的告知义务目的在于方便抵押权人对抵押物行使追及力。[②] 另有观点认为，抵押人未通知抵押权人而转让抵押物的行为无效，应当是指受让抵押物的第三人不得因价款的支付而使抵押物免责，抵押权人得追及抵押物行使抵押权。[③] 诚然，以上学说立足于抵押权的追及效力、抵押人对抵押物的处分权、合同生效要件等理论基础，各自有其严谨合理的治学价值，然在《担保法》已具明文“转让行为无效”的立法背景下，或许种种对抵押人未履行告知义务转让抵押物行为无效的多角度论证更多的是对创建更为符合法律逻辑、更趋合理完善之法律体系的有益建议。

《担保法》第 49 条第 2 款同时规定：“转让抵押物的价款明显低于其价值的，抵押权人可以要求抵押人提供相应的担保；抵押人不提供的，不得转让抵押物。”那么，对于抵押权人要求抵押人另外提供担保的请求，抵押人不予提供时，抵押物的转让效力如何？有学者认为，如果抵押权人得以因抵押人未能提供相应担保而请求抵押物转让合同无效，基于该转让行为本身符合法律规定，其不能以转让行为侵害抵押权之由主张合同无效，而只能以抵押人未能另行提供担保损害抵押权人利益而要求确认无效。但从合同角度而言，未能另行提供担保并非合同生效的前提条件，而只是抵押人在转让抵押物后的事后行为，故

---

① 许明月：《抵押权制度研究》，法律出版社 1998 年版，第 319 页，转引自王利明：《抵押权若干问题的探讨》，载《法学》2000 年第 11 期。

② 王利明：《抵押权若干问题的探讨》，载《法学》2000 年第 11 期。

③ 郭明瑞、杨立新：《担保法新论》，吉林人民出版社 1996 年版，第 138 页。转引自邹海林：《抵押物的转让与抵押权的效力》，载《法学研究》1999 年第 4 期。

抵押权人仅有权针对该行为提出请求，要求抵押人提供相应的担保，但不能以抵押人不提供相应担保为由请求确认合同无效。既然《担保法》并不要求抵押人在转让抵押物时征得抵押权人的同意，则在转让后以抵押人不提供相应担保为由请求确认合同无效也为时已晚。且若照此逻辑，转让合同的效力以及受让人能否取得所有权都取决于抵押人在转让后能否另行提供担保，事实上造成了由作为转让人的抵押人单方决定是否使转让行为生效，则势必存在侵害受让人利益的可能性。故在抵押人未能另行提供相应担保时，抵押权人得以主张转让合同无效之说恐并不妥当。[①] 也有观点认为："抵押人转让抵押物的价金明显低于其价值的，抵押物的转让是否有效，并不取决于抵押权人对抵押物所享有的支配利益存在与否，而在相当程度上取决于抵押人是否有损害其无担保的其他债权人的利益的目的"，故对于法律未具明文的转让效力问题，"恐怕不仅仅是个理论问题，而更重要的却是一个实践问题"[②]。但是，无论如何解释，毋庸置疑的是，若抵押人不提供相应担保则不得转让抵押物，若予以转让，抵押权人当得追及抵押物行使权利。[③]

随着社会经济的增速与司法实践的发展，《担保法》所规定的抵押制度也需不断进行丰富、完善。《担保法司法解释》在《担保法》的基础上对抵押物转让的相关规定作出了进一步的解释，即规定当"抵押人转让抵押物未通知抵押权人或者未告知受让人"时，"抵押物已经登记的，抵押权人仍可以行使抵押权""抵押物未经登记的，抵押权不得对抗受让人"。该条文以抵押权人可否行使抵押权对抗受让人的解释方法规避了对抵押人未履行通知义务转让抵押物之行为效力的判定，实质上是对《担保法》中转让行为无效之规定的一种弥补，在确认抵押权追及效力的基础上[④]对抵押权人实现抵押权、抵押人自由处分抵押物及受让人交易安全的三方利益予以平衡，更趋近严谨合理的法律逻辑，亦取得了较好的司法实践效果。这种抵押物转让不受限制的理念是值得肯定的，

---

① 郭明瑞、杨立新：《担保法新论》，吉林人民出版社 1996 年版，第 138 页。转引自邹海林：《抵押物的转让与抵押权的效力》，载《法学研究》1999 年第 4 期。

② 邹海林：《抵押物的转让与抵押权的效力》，载《法学研究》1999 年第 4 期。

③ 郭明瑞、杨立新：《担保法新论》，吉林人民出版社 1996 年版，第 138 页。转引自邹海林：《抵押物的转让与抵押权的效力》，载《法学研究》1999 年第 4 期。

④ 也有学者认为，《担保法司法解释》中并未赋予抵押权的追及效力。抵押权人在抵押物发生转让之情形下能够继续行使抵押权的原因并非基于抵押权的追及效力，而在于《担保法》对转让行为的无效规定决定了其不能对抵押物上的抵押权效力产生任何影响。许明月：《抵押物转让的立法模式选择与制度安排——兼论我国担保物权立法对抵押权涤除制度的取舍》，载《现代法学》2006 年第 2 期。

因为，抵押权的设定并没有剥夺抵押人对抵押物的处分权，对于不妨碍抵押物的交换价值的处分或者用益的行为，没有加以干涉的必要。[①]

相较于《担保法》，《物权法》对未经抵押权人同意转让抵押财产的行为效力未具明文，第 191 条第 2 款规定："抵押期间，抵押人未经抵押权人同意，不得转让抵押财产，但受让人代为清偿债务消灭抵押权的除外。"该立法方式与《担保法》第 49 条第 2 款有相似之处，故同样的疑问是，若抵押人未经抵押权人同意转让抵押物之行为效力该如何认定？学界对此见解纷呈，比较有代表性的观点有：（1）《物权法》第 191 条第 2 款属于效力性规定，违反此款转让抵押物的，合同无效，或处分行为无效[②]。（2）据此规定显然不能将抵押人未经抵押权人同意转让抵押财产理解为有效，认定为无效更合乎推理。但因本条第 1 款同时规定了转让抵押物须经抵押权人同意，既然并未发生同意的必要环节，则转让行为当然也就未完成，故将其解释为未发生效力更为恰当。[③]（3）因抵押权人同意的意思表示可以是事先，也可以是事后追认，故可将合同生效的条件扩大到抵押权人的事后追认，此时将合同效力认定为效力待定似更合乎立法本意。[④]（4）因《物权法》第 191 条并未明文规定未经同意转让抵押财产的行为无效，故在解释和适用该条文时，也不应当认为该行为无效。[⑤] 事实上，从立法本意论，囿于我国登记制度尚未完善之现状，《物权法》以抵押权人之同意作为抵押物转让的前置性条件，系出于保护抵押权人利益之考虑，也在一定程度上预防了受让人或因转让受到的损害。然从更为严谨合理的法律逻辑出发，抵押权作为一种物权，首先应具备物权之基本属性。这种需以他人意思表示来实现自身权利的物权已非应然状态下的物权，且抵押权与抵押物的附着关系一经设定，除非抵押权得以消灭，并不因抵押物上的权利主体或其他权利形式改

---

① 梁慧星主编：《中国物权法草案建议稿——条文、说明、理由与参考立法例》，社会科学文献出版社 2000 年版，第 645 页。转引自梁上上、贝金欣：《抵押物转让中的利益衡量与制度设计》，载《法学研究》2005 年第 4 期。

② 高圣平、王琪：《不动产抵押物转让规则的解释论：〈物权法〉第 191 条及其周边》，载《法律科学》（西北政法大学学报）2011 年第 5 期。

③ 许明月：《抵押物转让制度之立法缺失及其司法解释补救——评〈中华人民共和国物权法〉第 191 条》，载《法商研究》2008 年第 2 期。

④ 谢雪凯：《〈物权法〉第 191 条：质疑与批判之间——以不动产抵押物转让为中心》，载《重庆交通大学学报》（社科版）2011 年 6 月。

⑤ 王利明：《物权法名家论坛》，中国人民大学出版社 2008 年版，第 291 页，转引自高圣平、王琪：《不动产抵押物转让规则的解释论：〈物权法〉第 191 条及其周边》，载《法律科学》（西北政法大学学报）2011 年第 5 期。

变而改变。以抵押权人同意作为抵押物转让的前置条件实质上忽略了物权的基本属性，反倒削弱了抵押权的物权效力。因此，在解释和适用《物权法》第191条时，应先以确认并维护物权基本属性之理念为指导，对法律框架下的抵押权转让作合法合理的诠释。

遵循抵押权作为物权具有对物之直接支配性、保护绝对性等基本属性，将抵押人未经抵押权人同意转让抵押物之行为解释为无效自有悖于此。且在承认物之基本属性及固有效力之前提下，即便抵押人未经同意转让抵押物，亦不产生转让行为无效之后果，故将转让行为解释为无效与认定其有效并无实质区别。再则，从《物权法》条文结构而言，结合第191条第1款、第2款之规定，将抵押人未经抵押权人同意转让抵押物推论为无效似更符合逻辑，但立法者为何未予明示，必有其更妥善之考虑。故在遵循物权基本属性及现行法律未具明文规定之前提下，对该条文的解释与适用亦不应将转让行为认定为无效。据此，在第191条第1款之情形下，抵押人经抵押权人同意得以转让抵押财产，并以转让所受之价金提前清偿或提存，抵押权人得以就该价金物上代位[①]，受让人取得无抵押负担的财产所有权；第2款之情形下，抵押人未经抵押权人同意转让抵押财产，则抵押权人当然可基于物权追及效力行使抵押权，受让人取得设有抵押负担的物之所有权，除非其代为清偿消灭设于其上的抵押权。值得注意的是，基于《物权法》中已确立的物权变动原因行为相区分原则[②]，物权变动的负担行为（转让合同）与处分行为（处分权能）应予以分别考量。转让合同的效力应适用债法原理，其规范的系债权债务关系，并不对现有权利产生直接

---

① 关于此时是否构成物上代位，存有争议。有观点认为，依据我国《担保法司法解释》第80条及《物权法》第174条之规定，抵押权等担保物权仅在抵押物等担保物发生绝对灭失时，始发生物上代位。曹士兵：《中国担保制度与担保方法——根据物权法修订》，中国法制出版社2008年版，第237页。与此类似的观点认为，本款仅仅只是对抵押人法定义务的规定，并不能当然解释为抵押权人的物上代位权。孙鹏、王勤劳、范雪飞：《担保物权法原理》，中国人民大学出版社2009年版，第181页。还有观点认为，转让价金与《物权法》第174条所规定的保险金、赔偿金或补偿金并无二致，均是在抵押物不存在（抵押权人同意转让后，受让人取得无抵押负担的抵押物的所有权，抵押物对于抵押人而言即不存在）的情况下保障抵押人的权利的手段。高圣平、王琪：《不动产抵押物转让规则的解释论：〈物权法〉第191条及其周边》，载《法律科学》（西北政法大学学报）2011年第5期。笔者以为，此处为一种类似日本民法上的价金物上代位。

② 《物权法》第15条规定："当事人之间订立有关设立、变更、转让和消灭不动产物权的合同，除法律另有规定或者合同另有约定外，自合同成立时生效；未办理物权登记的，不影响合同效力。"

影响。而在《物权法》之视角下出让人的处分权能是引起权利变更、转移或消灭的要件。在第191条第2款不得转让的规定下，抵押物转让合同之效力并不受标的物上设有的抵押权所限，受此限制的是出让人的处分权能。

抵押权作为一种担保物权，其制度设计的主要功能在于以对物之优先受偿担保主债权的实现。与此相对应，《担保法》中对于抵押人未履行通知义务转让抵押物无效的规定主要目的亦在于规避因物自由流通可能带来的权利风险，以求最大限度地保障抵押权人权益的实现。此制度设计看似倾向于抵押权人利益，却忽略了抵押权对抵押物的支配，是对抵押物在实现抵押权时的变价金的支配，并非直接支配抵押物。只要抵押物状态未变，无论其所有权主体是否变更，设于其上的抵押权均未受到侵害。故限制抵押人对抵押物的处分权能并非为保障抵押权人权益的可取办法，其更为符合法律逻辑的做法应为在承认抵押权追及效力的基础上，结合瑕疵担保责任与替代清偿或涤除制度，对抵押权人实现抵押权、抵押人自由处分抵押物及受让人交易安全的三方利益予以平衡。《民法典》仅对抵押人转让抵押财产，应当及时通知抵押权人作出了规定，但没有明确抵押人转让抵押财产没有通知抵押权人的行为效力，只是明确“抵押权人能够证明抵押财产转让可能损害抵押权的，可以请求抵押人将转让所得的价款向抵押权人提前清偿债务或者提存。转让的价款超过债权数额的部分归抵押人所有，不足部分由债务人清偿”，而其转让抵押财产效力判断可以根据上述分析来研判。

【拓展适用】

一、抵押人得以转让抵押物的合理性证成

抵押权的设定系对物的处分行为，故抵押人不仅应具有处分的行为能力且需对标的物享有处分权。对此，《民法典》第395条明确规定：“债务人或者第三人有权处分的下列财产可以抵押……”第399条规定，所有权、使用权不明或者有争议的财产不得抵押，由此可知，债务人或第三人对拟用于抵押标的物之处分权系在其上设立抵押权的前置与必要条件。需考量的是，有处分权的债务人或第三人在抵押标的物上设定抵押权后，其对标的物的处分权是否受该设权行为的影响？

首先，应明确何为处分。对标的物的处分权系对物之所有权中最重要、最基本的核心权能。处分可分为两种，即事实上的处分和法律上的处分，前者就标的物为物质之变形、改造或毁损等物理上之事实行为；后者乃就标的物之所有权为移转、限制或消灭等，使所有权发生变动之法律行为。[①] 在标的物上设定抵押权的行为系法律上之处分。

其次，应判断标的物上所设权利之性质。抵押权，是指债务人或者第三人不转移物的占有而向债权人提供一定的财产以担保债务的履行，当债务人不履行到期债务或者发生当事人约定的实现抵押权的情形时，债权人有权就该财产优先受偿的权利。抵押权的设定目的系为债权提供担保，属于担保物权之一种。尽管仍存有不同见解，但理论上普遍认为担保物权是依据所有权人的意志在所有权上设定限制的物权[②]，而《民法典》的立法模式亦对我国担保物权采物权性表明了立场。故抵押权作为担保物权首先应具有物权的基本属性，系一种对物的权利。在抵押物上设定的抵押权依附于标的物之上，作为一种物的担保形式存在，具有支配力与追及力[③]。抵押权之对物性意味着于抵押权人而言，抵押物转让仅产生权利主体的变更而非权利内容的取舍。权利主体之变更在抵押权存续期间往往不可避免，如作为自然人的抵押人的死亡或作为法人的抵押人的合并、分立等情况下亦会出现权利主体的变更，而负担于特定财产之上的抵押权亦会随抵押财产的承继而一并予以承继。于抵押权人而言，因承继等原因发生的权利主体变化与抵押财产转让发生的权利主体变化在效果上并无二致，故抵押物之转让并不影响抵押权人设于物上之权利。[④] 同时抵押权又具有担保物权的特殊性，一般而言，物权以对标的物的占有、使用、收益或者处分为目的，而担保物权则不以对标的物的占有、使用和收益为直接目的，而是以标的物的价值确保债权受偿为直接目的。[⑤] 此种特性又尤以在抵押权中最为显现，抵押权不以占有标的物为内容，也不具有物权直接支配标的物的作用，而以支配标的物的交换价值为实质内容，以债务的优先清偿为主要效力。即在债权届

---

① 谢在全：《民法物权论》，中国政法大学出版社 2011 年版，第 112 页。

② 关于担保物权的性质，在大陆法系国家历来存有争议，主要观点有“物权说”“债权说”和“中间权利说”三种。梅夏英、高圣平：《物权法教程》，中国人民大学出版社 2007 年版，第 317 页；余能斌主编：《现代物权法专论》，法律出版社 2002 年版，第 274—276 页。

③ 也有观点质疑抵押权对抵押物之必然权利，主要依据为抵押权的设立是建立在特定的人与人之合作关系基础上，在抵押物转让中，受让人只是与抵押人发生抵押物的买卖关系，并不以为其愿意成为债务人的担保人，而除了法律所明确规定的法定抵押外，抵押关系的成立须以当事人明确的意思表示为要件。朱庆育：《抵押物转让效力之比较研究——兼评我国担保法第 49 条》，载《政法论坛》（中国政法大学学报）2000 年第 2 期。

④ 许明月：《抵押物转让制度之立法缺失及其司法解释补救——评〈中华人民共和国物权法〉第 191 条》，载《法商研究》2008 年第 2 期。

⑤ 梁慧星主编：《中国物权法研究》，法律出版社 1998 年版，第 802 页。

期得不到清偿时，抵押权人取得的是优先受偿的权利，而非对物之处分权，故其并无权对抵押人处分抵押物予以干涉。

最后，虑及担保物权的制度设计与社会功能，抵押人对抵押物之处分权亦不应受到影响。担保物权以确实优先支配担保物的交换价值而确保债务的清偿，是一种价值权。其价值作用虽以确保债务清偿为根本，所达致的社会功能却远非实现债权所能涵盖。若债权人终因债务人不能清偿债务以实行担保物权优先受偿，实为其资金融通之失，因担保物权的实行甚费时力，且其交换价值随社会经济状况之变迁而有所增减，债权人以此确保债务清偿的预期难免与现实不符。事实上，债权人在设定担保物权时往往将实行担保物权优先受偿之功能作为兜底保障，其很大程度上更关注以此实现资金的融通，获取更大的利润空间。故担保物权更为积极有效的社会功能在于其“应系作为社会融资之手段，诱导债权的发生，间接促成经济之繁荣”。[①] 抵押权最为强烈地体现了担保物权之制度初衷与社会功能，被称为“担保之王”。为最大限度发挥抵押制度信用、投资、融资媒介的价值作用，亦不应对抵押人的处分权加以限制。

由此，抵押人在标的物上设定抵押权的行为系对物实施的法律上的处分，该处分并未转移物之所有权，而是对所有权设置了限制，即在不移转物的占有下，以标的物的交换价值确保权利人的优先受偿。对抵押人而言，并不因在物上设定该项权利而转移物之占有，故其并不失却对抵押物的直接支配，在抵押权实行前，仍可依所有权对物自由使用、收益、处分。对抵押权人而言，在他人之物上取得了限制性权利，得以支配抵押物的交换价值以保障自身债权的优先受偿。两权并行于一物并不相悖。抵押权的物权效力及其所固有的次序效力，保障了对抵押物再行处分和设权的可行性，亦充分体现了抵押物的交换价值。可见，抵押人并不因在抵押物上设定抵押权而丧失对物之处分权的合理性，不仅基于其自始对物之所有权，且源于抵押权之价值本性。

值得注意的是，因抵押物的占有和收益均掌握在抵押人手中，而抵押物的价值很大程度上受物之事实形态上的变动、增减或其用益方法所左右，故需要以支配抵押物之交换价值而优先受偿的抵押权人权益可能会受到抵押人对抵押物之不恰当用益的影响。为此，有必要在抵押人与抵押权人之间相互制衡，要求抵押人负有按照通常方法对抵押物占有、使用、收益以维持抵押物价值的义务，赋予抵押权人必要权限以保护抵押物的价值不受影响，从而保全抵押权，

---

① 谢在全：《民法物权论》，中国政法大学出版社 2011 年版，第 611 页。

实现抵押物的交换价值①。固然如此，抵押人对抵押物之正常合理用益、处分均不受其设权行为之影响。抵押人处分抵押物的行为，特别是抵押人转让抵押物或将用益抵押物的权利让与他人的行为，若不涉及抵押物交换价值的降低，同时抵押权人基于抵押权的物权性对抵押物交换价值的支配又具有追及力，则抵押物的处分对抵押权人的利益并无损害，抵押权人亦无理由限制抵押人处分抵押物之行为，唯如此才能最大限度发挥抵押物的效用，实现抵押权的融资媒介价值②。

实践中，各国立法例大多表明抵押人在标的物上设定抵押权后仍得以处分抵押物，甚至规定当事人间达成的不能转让抵押物之特殊约定对受让人无效。如《德国民法典》第1136条明文规定，所有人对债权人约定，负有不将土地出让，或设定其他负担之义务者，其约定无效。《瑞士民法典》第812条第一项有相似之规定。③

二、探寻抵押物转让的立法模式与路径选择

抵押人转让抵押物具有法律逻辑上的合理性，但其势必对抵押权人、抵押人及抵押物受让人之间的权利义务关系产生影响，因“允许抵押物转让至少可能影响到两类交易的安全：一为抵押权担保交易；二为抵押物转让交易，这两类交易安全是相互依存和相互影响的”④，故在制定抵押物转让的相关制度时，必应在坚守“发挥物之最大效能”的物权法基本价值目标下，充分考虑交易自由、交易效率与交易安全，对转让过程中涉及的抵押权人、抵押人及抵押物受让人之三方利益予以综合考量与平衡。

在需要平衡三方利益时，以牺牲抵押人对抵押物的处分权来保障抵押权人的抵押权，或者以牺牲抵押权人享有的抵押权追及效力来保全受让人对抵押物的所有权，此类绝对以牺牲一方利益来保全另一方利益的方式自不是最佳选择，故自罗马法以降，各国立法大多力图设计相应规则，同时承认抵押权和抵押物转让的效力，以期给予抵押权人、抵押人及抵押物受让人同等的保护。以德国为例，依德国民法的传统理论，抵押人并不因在抵押物上设定抵押权而丧失对

---

① 谢在全：《民法物权论》，中国政法大学出版社2011年版，第720页。

② 梁慧星主编：《中国物权法研究》，法律出版社1998年版，第854页。

③ 谢在全：《民法物权论》，中国政法大学出版社2011年版，第700页。

④ 许明月：《抵押物转让的立法模式选择与制度安排——兼论我国担保物权立法对抵押权涤除制度的取舍》，载《现代法学》2006年第2期。

抵押物的所有权，同时亦承认抵押权的追及效力[①]，在此制度设计之下，抵押人可自由转让抵押物，抵押权人亦得以依据追及效力对抵押物行使抵押权，两者之间的利益得到较好的平衡，唯对于抵押物受让人缺乏相应的利益保护机制。《德国民法典》第434条规定，出卖人负有使买受人取得买卖标的物而第三人不得向买受人主张任何权利的义务。[②] 故当抵押权人依据抵押权之追及效力向受让人主张实行抵押权时，受让人在满足其权利得以实现后，得以依出卖人负有的权利瑕疵担保义务向其主张赔偿。然而，瑕疵担保责任在债权关系中普遍适用，并非为针对抵押物转让而特殊设计的模式。在抵押权人已需通过行使抵押权来实现债权之优先受偿时，抵押人（出卖人）的偿债能力可见一斑，受让人虽得以向其主张赔偿，但实际获偿概率不容乐观，因抵押物转让造成的不利很可能由不知情的受让人独自承担。[③] 可见，通过出卖人（抵押人）的权利瑕疵担保责任实现对买受人之权利保护在平衡三方利益上并不完善。

与此相较，法国立法似对受让人的利益给予了更多的关注。在承认抵押权追及效力[④]的同时，制定了抵押权的涤除制度。该法第2168条规定："在相同场合，持有不动产的第三人有义务：或者支付可追索的债务的原本及全部利息，无论其上升至何数额，或者放弃设置抵押权的不动产，不带任何保留。"意即抵押物受让人可代为清偿债务以保有抵押物，也可放弃抵押物，故事实上法条以义务的形式赋予了受让人涤除的选择权。继而第2169条规定受让人不履行上述任一义务时，抵押权人得诉请出卖该不动产。如此设计之缘由在于，抵押权本质为取得所担保债权优先受偿之权利，而非抵押物之所有权，当抵押物受让人代为清偿时，抵押权人之权利已得以实现，而抵押物受让人则可选择代为清偿保有抵押物或放弃抵押物。此种立法模式通过赋予受让人涤除权对抗抵押权人所享有的抵押权追及力，相较于抵押权人直接对抵押物行使抵押权更具有灵活性，较好地对抵押权人与受让人之间的利益作出平衡。但也有观点认为，"这种看似平衡各方利益的做法，实际上是以损害抵押权人与受让人的利益为

---

① 《德国民法典》第1123—1127条中关于抵押权对使用租赁和用益租赁关系及保险债权等的追及。《德国民法典》，郑冲、贾红梅译，法律出版社1999年版，第259—260页。

② 《德国民法典》，郑冲、贾红梅译，法律出版社1999年版，第85页。

③ 朱庆育：《抵押物转让效力之比较研究——兼评我国担保法第49条》，载《政法论坛》（中国政法大学学报）2000年第2期。

④ 《法国民法典》第2114条第3款规定，"设定抵押权的不动产无论转归何人所有，抵押权均随该不动产而存在之"。《法国民法典》（下册），罗结珍译，法律出版社2005年版，第1534页。

代价的。它只是将追及效力导致受让人承担的不利益的一部分转嫁给了抵押权人”。[①] 虽仍有可待改进完善的余地，但法国民法的立法模式仍具有优越性与典型性，较全面地代表了传统民法对抵押物转让的认识和立场。

日本民法总体上继承了传统民法立法模式的主要内容，其特殊之处在于，在抵押权追及力与涤除制度相配合的模式之外[②]，增加了价金物上代位制度。传统民法认为，因抵押权标的物的灭失、毁损而得受的赔偿或其他利益可成为抵押权标的物的代替物，抵押权人就该代替物得以行使权利即称为抵押权的物上代位性[③]。而日本民法对此进行了突破。《日本民法典》第304条、第372条的规定，先取特权之物上代位性规定准用于抵押权。所谓先取特权之物上代位性，是指先取特权对债务人因其标的物变卖、租赁、灭失或毁损而应受的金钱或其他物亦可行使[④]。可见，日本民法将因抵押物变卖、租赁所得价金纳入了抵押权物上代位之范畴。据此，日本民法构建了抵押权追及效力与抵押权物上代位同时并存的立法模式，在抵押人转让抵押物之情形下，抵押权人的权利保护得以强化，既可对受让人进行物上追及，亦可向抵押人主张价金物上代位，形成了所谓“两权重叠”或“两权并存”之现象。但显然，在此立法模式下，抵押权人利益保护更为周全的同时，抵押人与受让人似乎并未因之获取相应的利益平衡。

抵押权的追及效力是抵押权的核心属性，极大程度地保护了抵押权人的权益。但同时显而易见的是，追及效力的存在对于抵押物受让人无疑是一种巨大的潜在威胁。综观各国立法例，普遍在承认追及效力的同时又对其进行相应的规制[⑤]，力图为抵押物受让人寻求对抗抵押权追及效力的方法和途径，以调和因此可能给受让人带来的不利益。总体而言，在传统法律体系下的大陆法系国家，对抵押物转让的立法模式往往遵循以下三项原则：其一，允许抵押人

---

① 梁上上、贝金欣：《抵押物转让中的利益衡量与制度设计》，载《法学研究》2005年第4期。

② 《日本民法典》第377条规定：“就抵押不动产买卖所有权或地上权的第三人，应抵押权人的请求，对其清偿了价金后，抵押权为该第三人而消灭。”第378条规定：“就抵押不动产取得所有权、地上权或永佃权的第三人，可以依第三百八十二条至三百八十四条的规定，向抵押权人支付作提存其提供、得到抵押权人承诺的金额，而涤除抵押权。”

③ 谢在全：《民法物权论》，中国政法大学出版社2011年版，第681页。

④ 朱庆育：《抵押物转让效力之比较研究——兼评我国担保法第49条》，载《政法论坛》(中国政法大学学报) 2000年第2期。

⑤ 即便如日本立法采用的双重模式，亦是以追及效力为主线。

对抵押物之自由处分；其二，普遍承认抵押权之追及效力，并以此作为制度设计的基石；其三，辅以其他制度设计以平衡抵押权人、抵押人与受让人三方利益。

与大多大陆法系国家立法例不同，我国立法对抵押物转让采取了限制态度，这与我国长期以来的立法理念不无关系。在立法过程中，有观点质疑抵押权追及效力的存在会使抵押物的受让人随时面临抵押物被变卖求偿的风险，从而对抵押物的流通构成障碍，为避免诚信交易人遭受不必要的损失，应对抵押物之自由转让予以限制。更有观点认为，抵押权的设定意味着所有权人将抵押物的交换价值让渡给了抵押权人，如果设定抵押后的所有权人（抵押人）仍可自由转让抵押物，无异于鼓励"一物二卖"。为避免抵押权人利用抵押权之追及效力"事后补救"，把已经形成的财产秩序重新打乱，莫若进行"事先限制"以保护抵押权人权益，即抵押人转让抵押物需经抵押权人同意。① 基于抵押权的物权本性与价值特性，以上对限制抵押权转让的种种考虑显然存在立论上的缺陷。抵押权是一种设于物上的定限物权，其物权本性赋予抵押权当然之追及力（优先力）。抵押权人的权利为对物之负担而非对人之负担，故抵押权随抵押物之流转恒附于抵押物之上，抵押权人自得对物行使抵押权而无须顾及物上取得人之有别。若以抵押权人意志甚或以消灭抵押权作为抵押物得以转让的前置条件，无疑使抵押权丧失其对物性的特征，是对抵押权物权性质的回避。而抵押人对于抵押物交换价值之支配权虽自抵押权之设定自始成立，却须在债权人未届清偿或当事人约定条件成就时方得以变价实现，而在此期间，抵押人并未丧失对抵押物之所有权，故自得以自由用益处分，只以不损害抵押物之交换价值为要义。故限制抵押物转让的立法取向与其认为是从法学逻辑之推论，更可能是对我国现有国情的认知与妥协。

在承认抵押权物权性的前提下，依据物权公示公信原则与物权优先效力，抵押权之追及效力是符合逻辑的推论②，故抵押物转让的立法模式设计不应舍弃抵押权追及效力之基石。在抵押权追及效力之下，立法者需面临平衡抵押权人追及抵押物权利、抵押人转让抵押物权利及善意受让人取得抵押物权利的关系，则必须设计受让人风险分散机制，建立起完善细致的抵押物登记制度及合

---

① 王胜明：《物权法制定过程中的几个重要问题》，载《法学杂志》2006 年第 1 期。

② 高圣平、王琪：《不动产抵押物转让规则的解释论：〈物权法〉第 191 条及其周边》，载《法律科学》（西北政法大学学报）2011 年第 5 期。

理严谨的抵押权涤除制度[①]。在完善的抵押登记制度下，受让人自可依据公示信息对其是否愿意承受抵押物被追及之风险做出合理判断，在考虑物上所设抵押权之因素后支付相应对价取得设有权利负担的抵押物，即使抵押物被抵押权人追及，亦在其预期可控范围之内。而涤除制度则为善意受让人维护自身权益提供了保障。同时，在传统立法模式之外，亦有众多学者探寻其他方式，如“从抵押权价值权本质出发理解抵押权的效力，建构以转让价金物上代位为主导、抵押权追及效力为补充的抵押物转让制度”。[②] 在此模式下，抵押物转让的价金作为抵押物之替代物继续承担担保责任，于抵押权人而言可实现抵押权的交换价值，于受让人而言可迅速获得抵押物完全的权利，具有简便、快速的优点。但同时因抵押物转让价金的多寡会直接影响抵押权人的利益，故要充分发挥该制度的优势：一是必须规范价金的定价机制，避免因市场波动使抵押权人丧失期限利益或抵押人与受让人恶意串通低价转让给抵押权人带来损失；二是要将代位物特定化，确保抵押权人对特定物的直接支配，避免其沦为一般债权人，失却抵押权的核心价值。因此，为克服价金物上代位的固有缺陷，确保抵押权安全，维护抵押权人利益，必须辅以抵押权的追及效力。

总之，在承认抵押权之物权性前提下，其物权性即充分表现在对抵押物的支配性、排他性和追及性上。故在设计抵押物转让的立法模式中，必先遵循抵押权之基本属性，在法律的逻辑因素与价值判断中寻求最佳路径。

【典型案例】

贵州某药业有限公司与遵义甲房地产开发有限责任公司买卖合同纠纷案

原告（上诉人）：贵州某药业有限公司（以下简称某公司）

法定代表人：涂某，该公司董事长

被告（被上诉人）：遵义甲房地产开发有限责任公司（以下简称甲公司）

法定代表人：袁某民，该公司董事长

〔基本案情〕

原告某公司因与被告甲公司发生买卖合同纠纷，向贵州省遵义市中级人民法院

---

① 此处涤除制度非特指涤除权，而系泛指包含代为清偿、代价清偿等使受让人去除抵押物上所附抵押权从而获取清洁所有权的制度设计模式。典型的涤除是指在抵押物转让时，抵押物受让人向抵押权人支付一定代价而对抗抵押权人提出消灭抵押权的要求，抵押权人同意则抵押权消灭，不同意则需由其承担一定责任。

② 梁上上、贝金欣：《抵押物转让中的利益衡量与制度设计》，载《法学研究》2005 年第 4 期。

提起诉讼。

原告诉称：通过签订《资产折换协议书》，原告将下属企业原某市制药厂（以下简称原制药厂）的土地使用权、地上所有建筑物、附属物，等量折换450万元资产后转让给被告。这份《资产折换协议书》及其补充协议存在以下问题：（1）资产折换前没有征得国有资产管理部门同意，没有进行评估和招标，违反了国有资产的交易程序，造成国有资产流失；（2）资产折换前也没有取得行业主管部门的同意，以致双方签约时要追求的目的根本不能实现，合同可以解除；（3）折换的资产在转让前，已经被抵押给某银行遵义营业部（以下简称遵义某行），并且办理过抵押登记手续。请求依照《担保法》第49条第1款的规定，确认原告与被告签订的《资产折换协议书》及其补充协议无效，本案诉讼费由双方共同负担。

原告某公司提交以下证据：

1. 企业法人营业执照、法定代表人证书以及公司法人变更函，用于证明某公司的法人身份，以及该公司的名称变更为遵义乙绿色食品有限公司（以下简称乙公司）。

2. 《资产折换协议书》及其三份补充协议，用于证明双方当事人之间的资产折换合同关系于1998年12月12日成立，1998年12月22日、1999年2月3日、2000年11月1日三次签订补充协议。

3. 《最高额抵押合同》和抵押物登记证，用于证明折换的土地使用权已于1996年12月18日被原制药厂抵押，并办理了抵押登记。

4. 国有土地使用权证，用于证明原制药厂对折换的土地享有使用权。

被告甲公司辩称：原告某公司违反诚实信用原则，在向被告转让财产时故意隐瞒了抵押实情。被告对抵押一事不知情，在履行《资产折换协议书》过程中投入很大财力。原告将抵押的土地使用权转让后，抵押权人遵义某行曾以某公司为被告、甲公司为第三人，提起过借款担保合同纠纷诉讼。考虑到遵义某行并非想占有抵押财产，而是为了收回其发放的贷款，如果确认《资产折换协议书》无效，无疑会给善意的甲公司造成巨额损失，故在借款担保合同纠纷案中，遵义市中级人民法院以（2002）遵市法民二初字第39号民事判决书（以下简称遵初39号判决书）、贵州省高级人民法院以（2004）黔高民二终字第16号民事判决书（以下简称黔高16号判决书）判决：在某公司不能清偿遵义某行的债务时，由甲公司代为清偿；甲公司代偿债务后，取得对某公司的追偿权，同时遵义某行的抵押权消灭。本被告履行了上述判决确定的代偿义务，遵义某行的抵押权当然应该消灭。现在原告起诉主张《资产折换协议书》无效，不是为维护法律尊严，而是看到其转让的财产正在不断升值，企图通过诉讼来重新占有这份财产。原告是有限公司，不是国有企业；原告转让给被告的财产，是几经转让得来，并非国有资产；原告即便是国有企业，所转让的财产即便是国有资产，但作为一个市场主体，原告有自己独立的经营权；原告未征得国有资产管理部门同意而转让国有财产，是其与国有资产管理部门内部的关系，不应该影响到对外签订转让协议的效力；原告起诉既请求确认合同无效，又称双方当事人签订合同的目的根本不能实现，合同可以解除，而只有有效合同才涉及解除。原告的起诉理由自相矛盾，不能成立，其诉讼请求应当驳回。

被告甲公司提交黔高16号判决书、遵初39号判决书、遵义市中级人民法院协助执行通知书和收据各一张、遵义某行的收据两张等证据，用于证明根据贵州省高级人民法院和遵义市中级人民法院的生效判决，甲公司已经划款到法院，由法院转交给遵义某行，代某公司清偿了欠抵押权人的债务，原告再主张《资产折换协议书》及其补充协议无效，理由不能成立。

法庭主持了质证。被告甲公司认为：某公司的证据1只能证明其正在申请变更公司名称，不能证明乙公司这一名称已经注册；证据3已被借款担保合同纠纷案的生效判决确认，不应再作为本案证据；证据4中涉及的原制药厂早已不存在，该土地使用证已被注销，而且该宗土地已由甲公司办理了预登记证，这个事实也由生效民事判决确认；只有证据2才可以作为本案证据。原告某公司认为：甲公司证据中的两份判决虽已生效，但这两份判决不涉及《资产折换协议书》的效力问题，不能以此认为这两份判决已经解决了某公司在本案中提出的诉讼请求；收据与本案无关。法庭认为：某公司证据1的真实性可以确认，但因无变更登记，故不能认定某公司已经变更为乙公司；证据2、证据3真实、合法且与本案有关，应当确认；证据4涉及的原制药厂已被注销，涉及的土地已由甲公司办理了预登记证，对该证据不予确认。甲公司的证据均客观、真实且与本案有关，应当确认。

经质证、认证，遵义市中级人民法院查明：

1996年12月18日，原制药厂与遵义某行签订《最高额抵押合同》，约定原制药厂以其房屋、机器设备、土地使用权，对其1996年12月18日至1999年12月18日之间向遵义某行的贷款在380万元限额内提供抵押担保，抵押物由工商行政管理部门办理登记。1998年5月13日，原制药厂被其上级主管部门遵义市某区工业经济局（以下简称某工业局）转让给丙公司。1998年11月5日，丙公司又与本案原告某公司签订《丙公司出让其下属某市制药厂协议书》，约定：丙公司将收购原制药厂的全部资产（包括厂名、商标、药品批准文号、生产工艺文件、药品生产企业合格证等无形资产和土地使用权、生产厂房设备、交通工具、通信工具、办公用品等有形资产以及债权）出让给某公司，由某公司承担原制药厂的全部债务和经济责任。协议生效后，某公司向遵义某行支付了原制药厂的借款利息。

1998年12月12日，原告某公司与被告甲公司签订《资产折换协议书》，约定：（1）某公司将原制药厂的土地使用权及地上所有建筑物、附属物，与甲公司等量资产折换后转让给甲公司；（2）甲公司以450万元资产折换某公司上述资产，折换后甲公司拥有原制药厂全部土地使用权及地上建筑物、附属物的所有权；（3）签订合同时，甲公司给某公司支付20万元保证金；合同生效，双方共同办理好甲公司的土地使用证并交付甲公司后，甲公司再给某公司支付130万元保证金；150万元保证金的同期银行贷款利息由某公司承担，甲公司在结算时扣除；（4）甲公司新建的厂房完工后，某公司必须在30日内将原制药厂设备搬入新厂，以便甲公司进场建设；某公司搬迁到新厂后，即与甲公司组成移交小组进行资产移交；（5）一方违约必须向对方支付违约金25万元，造成损失的赔偿损失。该《资产折换协议书》签订时，某公司既未向抵押权人遵义某行通知，也未将财产抵押情况向受让人甲公司告知。同年12月22日，某公司与甲公司签订《资产折换补充协议（一）》，约定：（1）甲公司向某公司支付的150万元保证金，某公司只承担其中100万元的同期银行贷款利息，剩余50万元的利息由甲公司自行承担；（2）甲公司对原制药厂厂址进行土地开发的一切费用，由甲公司承担。1999年2月3日，某公司与甲公司签订《补充协议（二）》，约定：（1）本补充协议签订之日，甲公司应向某公司支付300万元保证金；扣除已支付的40万元，需再支付260万元；某公司承担其中250万元的同期同类银行贷款利息；利息从付款翌日起，每季度末由某公司支付给甲公司。（2）新建厂房保证在一年内竣工。如不能按期竣工，谁的原因谁负责。（3）自甲公司新建的厂房及车间竣工交付日起30日内，某公司如不能将原制药厂使用的土地交给甲公司，则应每月向甲公司交纳租赁费5万元，直到土地交付时止。之后，甲公司向某公司付款340万元，并根据某公司提供的地籍资料，申办了土地使用权预登记证，将原制药厂的4517.6平方米土地变更为甲公司的住宅建设用地。2000年11月1日，某公司与甲公司签订《补充协议（三）》，约定：（1）某公司收取甲公司的340万元，加上应承担的银行利息366172.63元，作为已支付的置换土地款。按450万元资产总价扣除前述款项后，甲公司还应向某公司支付733827.37元，此款应在本协议生效后的11月8日支付。（2）甲公司付款后3个月内，某公司必须将土地及地上建筑物、附着物全部交付甲公司。某公司搬迁之前，须向甲公司支付租金，租赁合同另行签订。（3）任何一方未按本协议条款执行，则应向另一方承担20万元违约金，并承担继续履行义务。此后，甲公司向某公司指定的账户汇入733827.37元。遵初39号判决与黔高16号判决发生法律效力后，甲公司又根据这两份生效判决，代某公司履行了偿还160万元借款及此款相应利息的义务，遵义某行的抵押权已实现。

以上事实，由《资产折换协议书》《补充协议（一）》《补充协议（二）》《补充协议（三）》《最高额抵押合同》《抵押物登记证》、遵初39号判决书、黔高16号判决书、协助执行通知书、收据等证据证实。

〔一审裁判理由与结果〕

遵义市中级人民法院认为：原告某公司与被告甲公司签订的《资产折换协议书》及其补充协议，是平等主体的两个法人之间自愿达成的合意，是双方当事人的真实意思表示，且不违反法律、法规的强制性规定，依法成立，受法律保护。

原告某公司起诉主张，其向被告甲公司转让财产时违反了国有资产的交易程序，这是其请求确认《资产折换协议书》及其补充协议无效的理由之一。经查，某工业局向丙公司转让原制药厂时，其中包括土地使用权转让；而丙公司向某公司转让原制药厂时，其中也包括土地使用权转让，几经转让的财产早已脱离国有资产范畴。《民事诉讼法》第 64 条第 1 款规定："当事人对自己提出的主张，有责任提供证据。"《民事证据规定》第 2 条第 2 款规定："没有证据或者证据不足以证明当事人的事实主张的，由负有举证责任的当事人承担不利后果。"根据诉讼主张，某公司有证明自己是国有公司、转让财产是国有资产的举证责任。某公司提交的证据，不能证明这两个问题，应当承担不利后果。某公司主张其转让财产违反了国有资产交易程序，该主张因没有事实根据和法律依据而不能成立。

原告某公司起诉主张，资产折换前没有取得行业主管部门的同意，以致双方签约时要追求的目的根本不能实现，合同可以解除，这是其请求确认《资产折换协议书》及其补充协议无效的理由之二。《合同法》第 93 条规定当事人协商一致可以解除合同，当事人可以在合同中约定一方解除合同的条件，第 94 条还规定了可以解除合同的五种情形。但法律规定可以解除的合同，都是有效合同，无效合同自始就没有法律约束力，无须解除。某公司既认为《资产折换协议书》及其补充协议是可以解除的合同，又请求确认《资产折换协议书》及其补充协议无效，请求与理由互相矛盾。

原告某公司起诉还主张，财产在转让前已经抵押并办理过抵押登记，依照《担保法》第 49 条第 1 款的规定转让行为无效，这是其请求确认《资产折换协议书》及其补充协议无效的理由之三。《担保法》第 49 条的立法目的是保障抵押权人享有的债权能够实现。该条第 1 款虽然规定了"抵押期间，抵押人转让已办理登记的抵押物的，应当通知抵押权人并告知受让人转让物已经抵押的情况；抵押人未通知抵押权人或者未告知受让人的，转让行为无效"，但《担保法司法解释》第 67 条第 1 款还规定："抵押权存续期间，抵押人转让抵押物未通知抵押权人或者未告知受让人的，如果抵押物已经登记的，抵押权人仍可以行使抵押权；取得抵押物所有权的受让人，可以代替债务人清偿其全部债务，使抵押权消灭。受让人清偿债务后可以向抵押人追偿。"据此可以认为，在未通知抵押权人或者未告知受让人的情形下，抵押人转让已办理登记的抵押物，该转让行为并非绝对无效。如果受让人代替抵押人向抵押权人清偿了全部债务，使抵押权消灭，那么转让行为可以有效。在抵押权人的债权实现后，即丧失了《担保法》第 49 条第 1 款的适用前提。遵初 39 号判决已确认《资产折换协议书》及其补充协议有效，黔高 16 号判决维持原判，这两份判决已发生法律效力。在本案中，受让人、被告甲公司根据生效民事判决，代抵押人某公司履行了还款义务，抵押权人遵义某行的债权得到实现，抵押权从而消灭，限制抵押财产转让的权利瑕疵不复存在，故对某公司的这一诉讼理由不予支持。《合同法》第

52条规定："有下列情形之一的，合同无效：(一）一方以欺诈、胁迫的手段订立合同，损害国家利益；(二）恶意串通，损害国家、集体或者第三人利益；(三）以合法形式掩盖非法目的；(四）损害社会公共利益；(五）违反法律、行政法规的强制性规定。"在甲公司代某公司履行还款义务后，《资产折换协议书》及其补充协议不存在无效合同的法定情形，应当认定有效，对双方当事人均有法律约束力。

据此，遵义市中级人民法院于2004年11月30日判决：

驳回原告某公司的诉讼请求。

一审案件受理费32510元，由原告某公司负担。

〔当事人上诉及答辩意见〕

一审宣判后，某公司不服，向贵州省高级人民法院提出上诉。理由是：(1）一审时，上诉人已提交相应证据，证明上诉人的名称变更为乙公司，这个变更已经工商行政管理机关核准。一审在无相反证据的情况下，认定上诉人的名称尚未变更，是认定诉讼主体不当。(2）虽然遵初39号判决及黔高16号判决中都提到《资产折换协议书》及其补充协议，但都对其效力未作认定。一审称《资产折换协议书》及其补充协议已被生效判决确认，没有事实根据与法律依据。(3）《担保法》第49条第1款的规定是法律硬性规定，只要在抵押期间，抵押人不履行通知、告知义务，转让已办理登记的抵押物，转让行为就是无效的。上诉人与被上诉人签订《资产折换协议书》时，既未通知抵押权人也未告知受让人，明显违反担保法的规定，《资产折换协议书》应为无效。一审认定其有效，属适用法律不当。(4）一审的立案时间是2004年7月18日，而被上诉人是在同年9月29日才履行完代偿义务。这就是说，上诉人提起本案诉讼时，抵押权并未消灭。一审未清楚认定抵押权消灭的时间，判决以抵押权消灭为由驳回上诉人的诉讼请求，是错判。请求二审改判。

上诉人某公司提交公司变更登记申请书和遵义市工商行政管理局某区分局出具的证明，用于证明经工商行政管理机关核准，某公司的名称已于2004年9月30日变更为乙公司。

〔二审查明的事实〕

贵州省高级人民法院经审理，确认一审查明的事实基本属实。

〔二审裁判理由与结果〕

贵州省高级人民法院认为：二审应解决的争议焦点是：(1）上诉人的公司名称如何认定？(2）《资产折换协议书》及其补充协议的效力是否已被生效判决确认？(3）《资产折换协议书》及其补充协议是否有效？(4）抵押权消灭时间有无必要认定？(5）上诉人在抵押权未消灭时提起本案诉讼，其诉讼请求能否驳回？

关于第（1）点。上诉人某公司在二审提交的新证据，足以证明其公司名称已变更为乙公司，且这个变更已经工商行政管理机关核准，被上诉人甲公司对此也无异议，故应当将上诉人的公司名称确定为乙公司，原某公司的诉权依法由乙公司承继。在一审立案时，由于乙公司提交的证据不能证明公司更名经过工商行政管理机关核准，故一审仍将某公司列为本案诉讼当事人，并无不当。乙公司关于一审认定诉讼主体不当的上诉理由不能成立，予以驳回。

关于第（2）点。遵初39号判决在解决抵押权人遵义某行和抵押人某公司主张确认《资产折换协议书》及其补充协议无效的问题时，曾经论述："在因某公司清偿或甲公司代偿债务后，抵押权丧失，限制抵押财产转让的权利瑕疵消灭，即应认定《资产折换协议书》以及补充协议有效，故法院对前述要求确认《资产折换协议书》以及补充协议无效的主张不予采信，予以驳回。"其时，被上诉人甲公司尚未代偿某公司的债务，因此遵初39号判决中的这段论述，应当理解为是附条件地承认《资产折换协议书》以及补充协议的效力，并非直接确认《资产折换协议书》以及补充协议有效。遵初39号是一审判决，不是生效法律文书，在黔高16号这一生效的二审民事判决中，未提及《资产折换协议书》以及补充协议的效力问题。一审关于"遵初39号判决已确认《资产折换协议书》及其补充协议有效"的表述与事实不符，上诉人乙公司的此条上诉理由应予采纳。对《资产折换协议书》以及补充协议的效力，应当在本案中确认。

关于第（3）点。《资产折换协议书》签订后，被上诉人甲公司已根据协议，向上诉人乙公司支付了折换款，并根据乙公司提供的地籍资料，到遵义市某区国土局申办了土地使用权预登记证。这些事实证明，签订《资产折换协议书》以及补充协议，是乙公司与甲公司的真实意思表示。《担保法》第33条第1款规定："本法所称抵押，是指债务人或者第三人不转移对本法第三十四条所列财产的占有，将该财产作为债权的担保。债务人不履行债务时，债权人有权依照本法规定以该财产折价或者以拍卖、变卖该财产的价款优先受偿。"据此可以认为，抵押权是以确保债务清偿为目的设立的物权，是依附于主债权而存在的从权利。主债权消灭，抵押权亦消灭。抵押权设定后，抵押人对抵押物的所有权并未丧失，而所有权中就包括了对物的处分权。抵押人并非不能向他人转让抵押物，只是应当在转让时履行通知抵押权人和告知受让人的义务。抵押人不履行通知、告知义务就转让抵押物，只要在转让后抵押人向抵押权人清偿债务，或者受让人在得知受让物上有抵押权后代抵押人清偿债务，使物上设定的抵押权消灭，转让仍可以有效。现查明，甲公司已经向抵押权人遵义某行代偿了乙公司的全部债务，从而使抵押权因债权实现而消灭，限制乙公司向甲公司转让抵押物的权利瑕疵不复存在，因此可以认定，乙公司与甲公司签订的《资产折换协议书》以及补充协议，未损害他人利益，并已实际履行完毕，应为有效。

关于第（4）点。一审在查明被上诉人甲公司向抵押权人遵义某行代偿了上诉人乙公司的全部债务后，认定抵押权因债权实现而消灭。乙公司上诉认为，抵押权消灭的时间应以诉讼提起的时间为准；在其提起本案诉讼时，甲公司并未代其向遵义某行履行还款义务，抵押权并未消灭，一审这一认定属认定事实错误。法律和司法解释只规定了抵押权可以因担保的债权实现而消灭，没有规定抵押权消灭以何时为准。乙公司的这一上诉理由没有法律依据，予以驳回。

关于第（5）点。《担保法》第1条开宗明义地规定："为促进资金融通和商品流通，保障债权的实现，发展社会主义市场经济，制定本法。"这是《担保法》的立法目的。该法第49条第1款虽然规定抵押人未履行通知、告知义务的转让行为无效，但是第2款、第3款还规定"转让抵押物的价款明显低于其价值的，抵押权人可以要求抵押人提供相应的担保；抵押人不提供的，不得转让抵押物""抵押人转让抵押物所得的价款，应当向抵押权人提前清偿所担保的债权或者向与抵押权人约定的第三人提存。超过债权数额的部分，归抵押人所有，不足部分由债务人清偿"。综观《担保法》第49条可以看出，此条并非剥夺抵押人对抵押物的转让权，而是要保障抵押权人享有的债权能够实现。

法律确立公民、法人和其他组织的权利与义务，建立和规范社会秩序，最终体现的是国家整体利益。公民、法人和其他组织在法律面前一律平等。任何公民、法人和其他组织都享有法律规定的权利，同时必须履行法律规定的义务，都应当从立法本意上去理解和遵守法律，不能断章取义地利用法律。能够援引《担保法》第49条第1款的规定来主张转让行为无效的，应当是合法权益受到损害的抵押权人或者受让人。是否行使这一权利，应当由抵押权人或者受让人决定。在《担保法》第49条中，抵押人只有通知、告知、提供相应担保、清偿担保债权等义务，没有据以起诉抵押权人或者受让人的权利。只要抵押人本着诚信原则，依法履行这些义务，他人合法权益就不会受到侵害，从而也不会发生纠纷。作为抵押人，上诉人乙公司在转让抵押财产时不履行法定的通知、告知义务，转让抵押财产后，仍然不履行清偿债权的义务，却执意援引《担保法》第49条第1款来主张转让无效，以达到依法不应达到的毁约目的，其行为不是维护法律。只要抵押权能消灭，无论是在消灭前还是消灭后提起本案诉讼，乙公司的诉讼请求均不应满足。

综上，一审判决驳回上诉人乙公司的诉讼请求，适用法律并无不当，应当维持。乙公司的上诉理由不能成立，应予驳回。据此，贵州省高级人民法院于2005年9月28日判决：

驳回上诉，维持原判。

一、二审案件受理费共65020元，由上诉人乙公司负担。

本判决为终审判决。

第十三章　债权出质

规则 18：受让人签约时明知受让的标的债权已出质并未提出异议的，不影响其与让与人之间债权转让协议的效力

——佛山市顺德区甲投资管理有限公司与广东乙集团有限公司债权转让合同纠纷案①

【裁判规则】

债权人转让权利的，应当通知债务人。未经通知的，该转让对债务人不发生效力，债务人享有对抗受让人的抗辩权，但不影响债权转让人与受让人之间债权转让协议的效力。法律没有禁止出质人转让质物的规定，即便是对股票等质权人对质物不加以占有的标的，经出质人和质权人协商同意的，也可以转让。

【规则理解】

一、我国语境下关于债权人转让合同权利的法律意涵

（一）债权人转让合同权利与债权让与

《民法典》第 545 条至第 549 条对债权人转让合同权利做出了相关规定，明确"债权人可以将合同的权利全部或者部分转让给第三人"。债权人转让合同权利于第三人系变更合同权利主体的行为，从债法原理而言，系债的移转。在保持债之同一性前提下，债的部分要素发生变化被认为是债的变更，而债的移转作为债的变更之一种，即为债的主体要素发生了变化，其中以新债权人替代旧债权人为债权移转，以新债务人替代旧债务人则为债务移转②。导致债的主体发生变化的原因众多，最为典型的为依法律行为而发生的债的移转，如因合

① 《中华人民共和国最高人民法院公报》2005 年第 12 期。

② 史尚宽：《债法总论》，中国政法大学出版社 2000 年版，第 703 页。

同等双方行为或因遗赠、捐助等单方行为而产生[①]；另有依法律规定而发生的债的移转，如继承、合同上地位的概括承受及代位求偿（在连带债务人、保证人、担保人、保险人等场合）[②]；或因法院或仲裁机构的裁判而产生的债之移转，如我国法律中关于“转付命令”的规定[③]。其中，基于合同这一双方法律行为发生的债权移转为债权让与，由此发生的债务移转则系债务承担。由此可知，《民法典》所言的债权人转让合同权利给第三人其内涵实为债权让与。

所谓债权让与，是指不改变债权的内容而将其移转于他人的民事法律行为[④]。具体而言，债权让与是在保持债权同一性前提下以移转该债权为目的的让与人与受让人之间的诺成、不要式的合同，属于具有债权处分行为性质的准物权行为。债权让与合同的当事人分别称为让与人和受让人。[⑤] 让与人在债权移转后丧失债权人身份，受让人取得让与债权后，取代让与人成为债权人。

（二）债权让与的历史发展概述

债权让与制度经历了长期的理论与实践发展历程，在早期的罗马法中以债权为连接债权人与债务人的“法锁”，带有强烈的属人特性，变更其中任意一项，债权则失去同一性，因而债权不得移转。然而随着社会经济的发展，债权

---

① 关于单方行为能否发生债权之移转，在日本民法学界颇有争议。有观点认为，债权的遗赠，仅表明继承人负有让与债权的义务，并不当然发生债权移转，要实现债权移转还必须有继承人与受遗赠人间的让与契约。而行为人生前的捐助行为也不当然发生债权转移的效力，仅在该行为得到主管官署的许可时，方得以实现。亦有观点认为遗赠或捐助的单独行为即可实现债的移转。史尚宽：《债法总论》，中国政法大学出版社 2000 年版，第 704 页。我国法律对此未作明文规定，通说认为单方法律行为可发生债的移转。

② 如连带债务人中的一人或数人清偿全部债务后，就超过其债务份额部分，可认为债权已自原债权人处移转至己处，从而取得对其他连带债务人的追偿权；又如为债务人提供财产担保的第三人，在抵押权实现后，有权取代债权人之地位向债务人追偿等。

③ 原《适用民事诉讼法意见》第 300 条规定，被执行人不能清偿债务，但对第三人享有到期债权的，人民法院可依申请执行人的申请，通知该第三人向申请执行人履行债务。该第三人对债务没有异议但又在通知指定的期限内不履行的，人民法院可以强制执行。现《民事诉讼法司法解释》第 501 条规定：“人民法院执行被执行人对他人的到期债权，可以作出冻结债权的裁定，并通知该他人向申请执行人履行。”韩世远：《合同法总论》，法律出版社 2011 年版，第 467 页。

④ 关于债权让与系法律行为或事实行为，向来颇有争议。本文在此采法律行为说，详见后文论述。此概念表述参考了史尚宽：《债法总论》，中国政法大学出版社 2000 年版，第 704 页；张俊浩主编：《民法学原理》，中国政法大学出版社 2000 年版，第 696 页；韩世远：《合同法总论》，法律出版社 2011 年版，第 457 页。

⑤ 韩世远：《合同法总论》，法律出版社 2011 年版，第 457 页。

的交易越来越为实际所需要，因其既然具有财产制度的显著特点，则必然可成为贸易之手段。因此，罗马法的原则不断对社会生活和商业贸易的需要做出让步，由最初的债权人交替的更改、诉权让与以及以收取债权为目的的为自己之委任等制度，逐渐动摇了以债权为法锁的观念，债权让与得到承认①。

随着近代资本主义的发展，基于实存利益的债权财产属性决定了权利主体对之转让的经济需要，此前限于特定主体之间的债权逐渐脱离固有主体，发展成为一种重要的交易对象。同时，债权资本化特征的显现促使其客观上需要获取更大的流动性，债权让与逐步发展成为一项独立的制度。进而现代社会涌现的权利证券化趋势更是加速了债权的流通功能，使其成为投资流动化所不可缺少的要件。可见，债权让与制度的形成与经济贸易的发展密不可分，只有在市场交易自由之环境下，债权的财产属性才得以最大限度地发挥作用，而债权让与制度正是应债权资本化、投资流动化之需求而产生的。

（三）我国关于债权让与的立法沿革

与历史发展的潮流相适应，我国民事立法对债权让与制度亦经历了由否定到肯定、由严控到放开的曲折过程。计划经济体制背景下制定的1981年《经济合同法》，仅规定在企业合并、分立的情况下，由变更后的当事人承受或分别承受原合同的债权债务，而对当事人协商转让合同债权债务予以绝对禁止，将其视为“倒卖经济合同”“买空卖空”或“转包渔利”的违法行为，此状况一直延续到1986年《民法通则》的颁行才有所改观。《民法通则》第91条明确规定，合同一方经另一方同意，可将合同的权利、义务全部或者部分转让给第三人，但同时规定“不得牟利”且“依照法律规定应当由国家批准的合同，需经原批准机关批准。但是，法律另有规定或者原合同另有约定的除外”。可以看出，《民法通则》虽对此前严格否认变更合同当事人的做法进行了突破，但并未建立起完全意义上的债权让与制度。1999年《合同法》的制定适应现代民法关于债权让与制度的发展趋势，在坚持合同权利可以转让的前提下，取消了关于“不得牟利”的限制，确认了较为完整的债权让与制度。②

随着我国市场经济的不断发展与完善，债权的转让在经济生活中日益增多且举足轻重。基于债权的财产属性，其可用于投资、担保、抵债甚至为馈赠的礼品，如以债权出资、企业间三角债务的解决、民间互为“抵账”等问题均隐

---

① 史尚宽：《债法总论》，中国政法大学出版社2000年版，第709页。

② 崔建远主编：《新合同法原理与案例评释》，吉林大学出版社1999年版，第387页。

含债权让与的身影，尤其是四大国有银行剥离不良资产给国有资产管理公司后，以资产管理公司为一方主体的债权让与大量涌现①。对此，《民法典》对债权转让作出了明确规定，该法第545条规定："债权人可以将债权的全部或者部分转让给第三人，但是有下列情形之一的除外：（一）根据债权性质不得转让；（二）按照当事人约定不得转让；（三）依照法律规定不得转让。当事人约定非金钱债权不得转让的，不得对抗善意第三人。当事人约定金钱债权不得转让的，不得对抗第三人。"不断发展的债权让与实践在促进投资、繁荣社会经济的同时，也对相应法律制度的设计与适用提出了需求，促使近代法律在确认债权让与的法律可能性基础上，更进一步扩大债权让与的自由，并促进其安全性。

二、债权让与和通知的关系

（一）通知是否为债权让与合同的构成要件

因近代民法将债权视为财产的一种，并在原则上允许债权的自由让与，在探讨债权让与的问题时，通常将其作为一种特殊的财产与物权变动的问题并列考虑。但债权让与的标的物是"债权"，而非"有体物"，其法律构成由此或与传统物权变动有所区别。关于物权变动的立法例，最具代表性的有德国的形式主义和法国的意思主义，与此相对应，关于对债权让与合同性质的看法，亦依各国不同立法例上的理论构成之差异而有所不同。在德国民法中，物权变动需区分债权行为（负担行为）和物权行为（处分行为），承认物权行为的独立性和无因性。因债权让与类似于物权变动，但又不同于传统有体物，故在德国民法中称为准物权合同，其规则与物权变动规则一致。因此，在以德国民法为代表的不要因准物权合同说中，债权让与合同（处分行为）与作为其基础的合同（负担行为）是相互分立的。作为处分行为的债权让与合同直接发生债权转移的效果，即自债权让与人与受让人达成让与合意之时债权归属移转于受让人。②

---

① 1999年，国务院组建了华融、长城、东方、信达四大国有金融资产管理公司，分别受让了工、农、中、建四家国有商业银行1.4万亿元人民币左右的不良资产，债权转让成为资产管理公司处置不良资产的重要方式。谢静：《资产管理公司不良资产处置分析》，载《湖北成人教育学院学报》2005年第4期；《不良资产处置亟需打开闸门》，载中国资产评估协会网站，http://www.cas.org.cn/xwbd/zhxx/7518.htm，最后访问时间：2023年8月8日。

② 《德国民法典》第398条规定："债权可以由债权人通过与他人订立的合同而转让给该他人。合同订立时，新债权人代替原债权人。"此处的合同系指准物权合同。

与德国民法不同，法国民法对债权行为和物权行为不作区分，仅基于当事人的意思表示而发生物权变动的效果。而债权让与系出卖人履行其转移标的物义务的一种方式，与有体物买卖在法律构成上完全相同，即在债权合同以外无须任何独立存在的所谓物权行为。而债权让与不同于有体物买卖之处在于其不需要交付（动产的情形）或登记（不动产的情形），在当事人没有特别约定或法律的限制规定时，因债权合同的生效当然地发生债权转移的效果①。债权归属的移转亦适用同样的规则，即移转在让与契约达成的同时发生。②

以德国民法和法国民法为代表的两种立法例在立法和理论上有重要区别，因是否采纳物权行为制度及其理论的差异使其在“债权让与”的定性上根本不同，对“债权让与合同”法律效力的理解亦存有差异，但两种立法例均以债权归属变动规则与物权变动规则相一致，即在债权让与人与受让人达成合意之时（无论准物权合意或债权合意），债权让与合同生效，债权归属发生移转，而并非以通知为要件。在以上两种典型立法例之外，日本、瑞士及英美法系等国家亦对债权让与的性质作出了相应有特色的规定。但无论其理论构成如何，可以看出各国立法例均认为债权让与系存在于债权让与人与受让人之间的契约，属于双务、诺成合同，债权让与人与受让人一经达成合意，合同即生效，对于债务人的通知显然并非债权让与合同的构成要件。

对于是否采纳物权行为及其理论来分析债权让与问题，学术界与实务界向来存有争议。有观点认为债权让与的性质为准物权行为，应将债权让与或者说债权归属的移转与其原因行为（主要指债权让与合同）予以区分，如无当事人保留债权之意思或其他障碍，基于债权让与处分行为的特点，债权依让与的意思而直接发生变动。而另有观点从我国立法实践出发，强调我国并未采纳物权行为理论，将债权让与行为对债权让与作出负担行为与处分行为的区分是人为割裂债权让与合同的同一性，实不可取。但其同样认为债权让与是自其主体处

---

① 崔建远、韩海光：《债权让与的法律构成论》，载《法学》2003年第7期。

② 《法国民法典》第1138条规定：“交付标的物之债，一经缔结契约的诸当事人同意，即告完全成立。交付标的物之债，自该物应当交付之时起，使债权人成为物之所有人并由其负担物之风险，即使尚未实际进行物之移交，亦同；但是，债务人如已受到移交催告，不在此限；在此场合，物之风险仍由债务人负担。”第1583条规定：“当事人一经对标的物与价金协议一致，即使标的物尚未交付，价金尚未支付，买卖即告完全成立，且买受人对出卖人依法取得标的物的所有权。”

移转到受让人之手的一种变动过程，是债权变动的一种形态，而债权让与合同则是一种引起债权让与的法律事实，因其引起了债权债务的变动，故属于债权行为。[①] 在债权行为中，债权的移转是债权让与合同生效的当然结果，而并不需要其他的要件，包括对债务人的通知。因此，无论对债权让与合同如何定性，当满足债权让与的法定条件时（债权具有可让与性、债权让与人具有处分权、双方当事人达成合意且不违反法律规定等），债权让与合同即告成立并生效，而无须以对债务人的通知为构成及生效要件。

（二）通知的法律效力

虽然债权是相对权，受让人经由与让与人达成让与合意即可取得债权，并非以对债务人的通知为要件，但债权让与必然涉及债权让与人与债务人的原合同关系，让与的债权需由债务人履行才可最终得以实现。由此，发生在债权让与人与受让人之间的债权让与如何以及何时对债务人及其他第三人生效即成为值得研究的问题，通知的法律效力亦集中体现于此。各国立法例对此作出了不同的规定，主要体现为以下三种模式：

1. 严格限制主义，即债权让与必须取得债务人的同意。此时债务人同意应为债权让与合同的构成要件，未经债务人同意，合同不生效。

2. 折衷主义或称通知主义，即债权让与需以债务人知晓为要义。债权让与人转让其债权虽不必经债务人同意，但必须将债权让与的事实对其告知。对于通知产生的法律效果，又可分别作两种区分：其一为以通知为对债务人的生效要件模式。在该模式下，债务人在收到债权让与通知后，债权让与合同始对其发生效力。其理论基础又可分为以我国台湾地区为代表的准物权行为与以瑞士、奥地利[②]为代表的纯粹意思主义。如前所述，以物权行为理论为基石的立法例，将债权让与视为一种准物权行为，基于当事人的准物权合意即发生权利变动的效力。在该情形下，对债务人的让与通知仅为对债务人的生效要件，而在债务人未收到通知之前，债权让与效力已及于债权让与人、受让人，并原则上对于第三人的关系已发生移转的效力，仅对于债务人尚未发生让与的效力。[③] 即对债务人而言，债权仍为让与人所有，受让人对于债务

---

① 崔建远、韩海光：《债权让与的法律构成论》，载《法学》2003 年第 7 期。

② 该国在立法上是否承认物权行为理论，理论界存在重大分歧，通说认为不承认物权行为。王利明：《合同法研究》（第二卷），中国人民大学出版社 2003 年版，第 229 页。

③ 韩世远：《合同法总论》，法律出版社 2011 年版，第 478 页。

人尚不可主张权利。[①] 在以瑞士、奥地利为代表的纯粹意思主义之下，债权移转根据当事人间的债权让与合意发生效力，该合意性质为债权合意，但其效果与德国的准物权行为模式基本相同[②]。在纯粹的意思主义理论下，通知同样不对债权移转发生效力，仅为对债务人的生效要件。其二为以通知为对抗第三人的要件模式。在法国、日本等国民法中，以对债务人的通知或经债务人承诺，为对抗第三人的要件。[③] 据此，如果不涉及第三人利益，通知并非为债权让与的构成要件，是否通知并不影响债权的移转，一旦债权让与人与受让人间达成债权让与协议即告生效，但未经通知不得对抗第三人，此处的第三人一般而言系包括债务人在内的广义第三人，但在日本民法中，又将债权让与的第三人分为债务人和债务人之外的第三人两种，并分别规定了不同的对抗要件。[④]

3. 自由主义，即债权人可依其意志自由转让债权，无需通知债务人，更不必取得其同意。依据《德国民法典》第 398 条“债权人可以通过与他人订立的合同而将债权转让给该他人”之规定，债权人转让债权并无约束与限制，故采自由主义原则。但如前所述，该法典第 407 条亦对债务人在给付时或法律行为实施时知悉债权让与的情况作出了除外规定，即在债务人不知情时，其在让与后向原债权人履行的给付，以及对于在让与后债务人和原债权人之间关于债权进行的一切法律行为，新债权人必须予以承受。但若债务人已获悉债权让与的事实，则不应再向原债权人履行义务，即便清偿亦不可达致消除债务之目的。故在德国民法中，虽债权让与并不以对债务人的通知为要件，债权人可得以自由让与债权，但同时债务人的知悉对债权转让中权利义务的承担至关重要[⑤]，

---

① 我国台湾地区“民法”第 297 条第 1 项规定：“债权之让与，非经让与人或受让人通知债务人，对于债务人不生效力。”

② 王利明：《合同法研究》（第二卷），中国人民大学出版社 2003 年版，第 229 页。

③ 《法国民法典》第 1690 条规定：“受让人仅依其向债务人进行有关转让的通知，始对第三人发生占有权利的效力；但是，受让人亦可依债务人在公证文书中接受转让而占有其受让的权利。”《日本民法典》第 467 条规定：“指明债权的让与，除非经让与人通知债务人或经债务人承诺，不得以之对抗债务人及其他第三人。”

④ 韩海光、崔建远：《论债权让与与对抗要件》，载《政治与法律》2003 年第 6 期。

⑤ 亦有观点认为“债权人转让其债权的行为，仅依其与受让人达成的转让协议为已足，无需债务人的同意，也不以对债务人的通知为生效要件。但不对债务人通知的，不得对抗善意第三人和债务人。德国法采取这一规则”。李永军：《合同法》，法律出版社 2010 年版，第 375 页。

其制度设计更注重对善意债务人的保护。《意大利民法典》第1264条“但书”规定，如果受让人证明债务人知道转让的发生，则即使在接到通知之前，向转让人进行给付的债务人并不被解除债务。与此有类似规定的是美国，虽其认为“让与的有效性并不取决于债务人的同意”[①]，但在《美国合同法重述》第170条中规定，债务人对其原债权人所为的偿付，如果是在未得到实际的或拟制的让与通知的情况下善意地作出的，完全可以对受让人产生抗辩作用。如果已得到这样的通知或在明知足以使债务人受到调查的事实的情况下为偿付，则效果相反。由此可见，这两个国家的立法例对债务人的通知亦采较为宽松的态度，其考虑债务人主观因素的制度设计与德国法是一致的。[②]

上述三种立法模式，除严格限制主义以外，自由主义和通知主义均区分债权让与在让与人与受让人之间的生效及对债务人的生效，法律是否要求通知债务人（或债务人是否知悉）与债权让与对债务人的生效相关，并不影响债权让与在让与人与受让人之间的效力。相比较而言，折衷主义既维护了债务人的利益，又保障了债权的自由流转，合理地平衡了当事人之间的利益关系，在立法价值上实现了静的安全与动的安全结合。这种立法例获得我国大多数学者的赞同。[③] 据此，《民法典》对此采取了折衷主义或通知主义的立法模式，《民法典》第546条规定：“债权人转让债权，未通知债务人的，该转让对债务人不发生效力。债权转让的通知不得撤销，但是经受让人同意的除外。”可见，通知的法律效力体现在使债权让与对债务人发生效力。

（三）通知的制度价值

债权让与中隐含让与人、受让人及债务人间可能的利益冲突，而通知正是法律对该利益冲突进行价值权衡与博弈后作出的制度安排。因债权让与合同不具有公示性，债务人在可能不知债权让与事实的前提下仍有权向原债权人履行合同债务，若债权让与合同自成立时亦对债务人同时生效，则债务人对原债权人（让与人）之给付不发生清偿的效果，同时又不能免除其对新债

---

① ［美］A. L. 科宾：《科宾论合同》（下册），王卫国等译，中国大百科全书出版社1998年版，第292页。转引自崔建远主编：《新合同法原理与案例评释》，吉林大学出版社1999年版，第399页。

② 刘燕：《债权让与通知的效力》，载《政法论坛》（中国政法大学学报）2003年4月，第21卷第2期。

③ 崔建远主编：《新合同法原理与案例评释》，吉林大学出版社1999年版，第399—400页。

权人（受让人）履行债务的责任，于此显属不公。故就债务人在债权让与后免责的给付时点上，知悉债权让与之事实对债务人尤为重要，而通知是保障知悉体系运行的有效方式。因此，在通知的制度安排下，一方面虑及债务人的利益，要求让与人与受让人在债权让与达成合意后及时通知债务人以避免因不知情而受到的损失；另一方面使让与人可以顺利地从原债务关系中退出，亦充分尊重了债权人处分其债权的自由，有利于鼓励债权转让，符合市场经济发展的需要；再则，于保护受让人利益而言亦有裨益，通知使债权让与对债务人生效，从而阻止债务人继续向让与人履行债务而保护受让人对所受让债权享有的实际利益。

三、出质人对质物享有之权利

质权又称质押权、质押，是指债务人或第三人将其财产移交给债权人占有，以其作为债权担保的担保方式。在债务人不履行债务时，债权人可以依法以其占有的债务人或第三人提供担保的财产变价优先受偿。在我国物权法体系中，质押包括动产质押和权利质押。在质押关系中，权利人为质权人，以财产提供担保的人为出质人，出质人不限于债务人本身，也可为债务人以外的第三人，当出质人为第三人时，学理上一般称为物上保证人或物上担保人。出质人为债权担保所提供的财产被称为质物。[①] 设定质押后，质权人有权占有出质人出质的财产，并收取相应的孳息，甚至在债权存续中，质权人为实现自己的债务担保可在质物上另行设定新的质权，即为转质。当然最为关键的是质权人对质押财产享有优先受偿权，此为质权作为担保物权的立足之本。对于出质人而言，其除按规定提供质押财产之外，另享有如下权利：

（一）对质物的处分权

出质人虽将质物移转占有于质权人，出质人因之失却对质物的使用收益之权利，但质权的设定并不移转质物的所有权，出质人仍享有质物的所有权。基于该所有权，出质人仍可对质物进行处分，该处分体现为出质人得将质物让与或赠与他人，亦可用于互易，甚或抛弃质物。但是，在质权人实际占有质押财产时，出质人转让质押财产往往不能于债权实现前现实交付，通常采用指示交付或简易交付的方式，故从此角度而言，出质人对质物的处分权在一定程度上受到了限制。同时，出质人仍可在质物上另行设立质权、抵押权等其

---

① 王利明：《物权法论》，中国政法大学出版社2003年版，第645页。

他担保物权[①]，用于担保其他债权的履行，此时原有质权并不受后续设权行为的影响，而是按照物权优先效力的原则，依其成立的先后次序来确定各担保物权的优先顺序。至于事实上的处分，因出质人已丧失对质物的占有而无从为之，更何况对质物事实上的处分亦有害于质权人的利益，故不得为之。[②]

（二）排除妨害请求权

依据《民法典》第 432 条规定，质权人有妥善保管质物的义务，若质权人未能妥善保管，以致质物遭受损害或有损害可能时，出质人有权请求排除侵害，必要时可请求质权人提存质物，或要求提前清偿债务而返还质物。

（三）对主债务人的追偿权与代位权

在出质人为债务人之外的第三人之情形下，该出质人代债务人清偿债务或因质权人实现质权而使其丧失对质物的所有权时，其有权向债务人追偿。其法理依据为出质人因向质权人（债权人）承担担保责任从而取代债权人之地位得以向主债务人行使债权。

（四）对质物的收益权

《民法典》第 430 条第 1 款根据质权人有权收取质押财产的孳息之原则设置了除外条款，即合同另有约定除外。因此，当事人可在质押合同中约定由出质人保留对质物的收益权。

基于以上权利，尤其是出质人对质物仍享有处分权之原因，出质人在设定质权后对仍可转让质押财产。

四、权利质权的特殊性

权利质权与动产质权共同组成了《民法典》上的质权体系，与动产质权以动产提供担保不同，权利质权是指以所有权以外的可让与的财产权为标的物而设立的质权。[③] 据此，权利质权具有如下特性：

（一）权利质权为质权

质权究其根源是由有体物为基础发展而成的担保制度，以存于有体物之上

---

① 另有见解认为，在已设定质权的质物上不可再另行设定一个新的质权，而仅得以设定除动产质权之外的其他担保物权。王利明：《物权法论》，中国政法大学出版社 2003 年版，第 666 页。

② 谢在全：《民法物权论》（下册），中国政法大学出版社 2011 年版，第 984 页。

③ 梁慧星、陈华彬：《物权法》，法律出版社 2010 年版，第 352 页；崔建远：《物权：规范与学说——以中国物权法的解释论为中心》，清华大学出版社 2011 年版，第 883 页。也有观点认为，权利质押是指以可转让的权利为标的物而设定的质权。王利明：《物权法论》，中国政法大学出版社 2003 年版，第 670 页。

为原则，权利质权以权利为标的的特殊性使其与传统质权有所不同。而通常在大陆法系国家，以权利为客体的物权学说大多被称为准物权，由此即对权利质权的权利属性产生了争议。基于权利让与主义与权利标的主义的不同理论基础，关于权利质权的债权说、物权说、物权与债权并存说、区分权利标的而确认其权利性质说以及既非债权亦非物权的特殊权利说等学说众说纷纭。[①] 从理论与实践发展现状来看，以权利标的主义为理论基础的质权说是通说[②]，亦被各国和地区立法例所采纳[③]。《民法典》将权利质权设置在担保物权分编，而未依据质权标的物的类型依次定性、定位为债权、不动产收益权及知识产权，即应肯定权利质权的物权属性。盖权利质权虽然以权利为标的物设定质权，但仍是以支配权利的交换价值以确保债务的清偿为目的，所以其本质上仍是一种价值权，这点与动产质权、抵押权等以支配标的物的交换价值而保障债权优先受偿的价值权本质并无不同。也就是说，既然质权制度的本意在于以标的物的交换价值担保债权的实现，并以该价值优先受偿，由此点出发，将质权的标的物严格限制为有体物并无必要，毕竟，能以某种财产性权利的交换价值而使被担保债权得以优先受偿与成为质权的标的物并无实质性的抵触。[④] 更何况动产质权形式上虽以动产为标的物，实质上亦是以动产的所有权为标的物，在这一点上与权利质权以权利为标的物并无二致，本质上可视为系权利在主观上与客观上概念

---

① 崔建远：《物权：规范与学说——以中国物权法的解释论为中心》，清华大学出版社2011年版，第883—884页。

② 采通说的立场虽然对于权利质系以财产权为标的的质权这一点上没有分歧，但对权利质是否具有与物上质一样的物权效力则见解不同。日本民法的起草者曾认为，权利质不是以有体物为标的的质权，因此并非物上之质权，权利质与物上质的意义并不相同，只是因为权利质的目的和作用与质权“外形”上相似，因而将权利质置于质权的相关规定中，从而权利质可以准用有关物上质的规定。在学者中，有人认为，权利质在任何情况下均不能认为是与物上质具有同一意义的质权，而只是“为达到质权的同一目的的一种类似的权利”；另有学者认为，既然物权系以有体物标的为限，则权利质肯定不能成为“纯然的物权”；也有人认为，权利是否具有物权性不能依据其标的物是否为有体物来决定，而应视该权利对其标的物是否有直接的关系，因此权利质与物上质具有同样的物权性；而更多的学者认为，无论物上质还是权利质，其对权利的标的物的交换价值排他的支配权是客观存在的，在这一点上两者没有本质的差异，此说已成为日本学说中占支配地位的理论。钟青：《权利质权研究》，中国社会科学院研究生院2002年博士学位论文。

③ 《德国民法典》《日本民法典》《瑞士民法典》及我国台湾地区“民法”皆采此说。

④ 崔建远：《物权：规范与学说——以中国物权法的解释论为中心》，清华大学出版社2011年版，第883页。

用法的不同所致的现象。因此，权利质权在性质上仍为质权的一种。[1] 且以权利出质避免了因质权设定在传统动产质权中对有形财产的占有从而造成设质人利用质物的阻碍，更符合现代经济的发展需求。

（二）权利质权的标的为具有让与性的所有权之外的财产权

权利质权以取得设质权利交换价值的支配以供债权的优先受偿，对设权之标的物有一定的要求：

1. 须为财产权。质权设定之目的在于担保主债之实现，如质权之标的不具有经济上的价值，则无法达到担保的目的。虽然对债务人某些权利的限制或可产生间接促使其履行债务的作用，但并不为理论与司法实践所采纳，《民法典》第440条在列举各项可出质权利后以“法律、行政法规规定可以出质的其他财产权利”作为兜底条款，明确了以权利出质须为财产权的要求。所以，如人格权、身份权等本身并无直接经济价值的非财产权不得为质权的标的，由财产权和人身权共同组成的知识产权亦不能整体上作为质押的标的，但其中的财产权可以质押。

2. 应具可让与性。若以之出质的权利虽有经济价值但不具可让与性，其价值事实上即无从“取出”以供债权人之优先受偿，则亦无法实现担保债权之目的，且权利质权应依有关权利让与的规则而设立，故不能让与的权利自不适于作为权利质权的标的。通常而言，下列权利不得作为权利质权的标的：（1）性质上不得让与的债权。一般指法律虽未明文规定，但依其性质应作不得让与解释的债权，通常需考证该权利性质是否有损于公益和法律之基本原则，在此情形下当事人的意思表示空间即有所桎梏。一般表现为基于特定人身关系而专属于特定人的债权，如基于扶养关系、抚养关系、赡养关系、继承关系产生的给付请求权和劳动报酬、退休金、养老金、抚恤金、安置费、人寿保险、人身伤害赔偿请求权等权利；或是基于特殊信任关系而产生的债权，如委托合同中委托人对受托人处理委托事务的请求权，雇佣合同中雇主对雇员的劳务请求权、租赁合同中承租人所享有的债权以及基于特定债权人而产生的债权，如向特定人授课、制作肖像画或提供其他服务的权利等。此时因债权人为特定人，所以，债权虽可能有财产价值但不得让与，从而亦不得设质。（2）当事人约定不得转让的债权。依据《民法典》第545条之规定，当事人的约定具有阻却权利转让的效力，因其不具有可让与性则不得作为权利质权的标的物；一旦出质，不得对抗善意第三人。值得注意的是，境外一些法律文件已经允许当事人约定禁止

① 谢在全：《民法物权论》（下册），中国政法大学出版社2011年版，第1011页。

转让的债权发生转让的效力。[①]（3）各立法例规定的不得设质之权利。如我国台湾地区因“民法”不承认不动产质权，且权利质需准用动产质的规定，凡涉及不动产物权，如地上权、永佃权、典权或准不动产物权（渔业权、矿业权等），性质上虽属可让与的财产权，但与法律规定的质权性质相违背，亦不得为质权之标的，学者将此原则归纳为须与质权性质无违之财产权。[②]我国现行法规定出让的建设用地使用权、“四荒”土地承包经营权、探矿权、采矿权、养殖权、捕捞权等不得作为权利质权的标的。另动产质权、留置权、抵押权等在我国现行法上均为保全性担保物权，不得与其担保的债权相分离，不得单独成为权利质权的标的。但于其担保的债权出质给他人时，担保物权可随之出质。[③]《公司法》第142条第5款亦规定“公司不得接受本公司的股票作为质押权的标的”。

3. 必须为所有权以外的其他财产权。权利质押的标的是对无形财产的权利，而不包括对有形财产享有的所有权。因我国并不承认不动产质押，故不动产所有权不可能成为质押标的，而以动产所有权质押之情形实则为动产质押[④]，因此有必要对两者予以区分，强调系非所有权以外的其他财产权。

（三）权利质权对出质人权利的限制

在《德国民法典》（第1276条第1项）及我国台湾地区“民法”（第903条）中均对权利质权特设有规定，即“为质权标的物之权利，非经质权人同意，出质人不得以法律行为使其消灭或变更”，因此，在权利质权中出质人之处分权受有限制。如抛弃其权利或缩减其权利之内容或延长第三债务人之清偿期限，均需经质权人之同意；否则，对于质权人不生效力。然第三人善意之权利取得，并不因此规定而受影响。[⑤]质权乃以设质标的之交换价值担保主债务优先清偿的权利本质，权利既已成为质权标的物，质权人对该标的物具有直接支配权，出质人受此约束自不得以有侵害质权人支配权、损害质物交换价值之虞，故限制出质人对设质标的法律上处分之自由依法理自可解释，学界亦多采

---

① 崔建远：《物权：规范与学说——以中国物权法的解释论为中心》，清华大学出版社2011年版，第885页。

② 谢在全：《民法物权论》（下册），中国政法大学出版社2011年版，第1012页。

③ 崔建远：《物权：规范与学说——以中国物权法的解释论为中心》，清华大学出版社2011年版，第884页。

④ 王利明：《物权法论》，中国政法大学出版社2003年版，第674页。

⑤ 史尚宽：《物权法论》，中国政法大学出版社2000年版，第394页。

此说[①]，于实践中亦有其限制的必要。《民法典》第443条、第444条、第445条均体现了该原则，基金份额、股权、应收账款出质后，不得转让，知识产权中的财产权出质后，出质人不得转让或许可他人使用，但经出质人与质权人协商同意的除外。出质人转让以上设质标的所得的价款，应当向质权人提前清偿债务或者提存。

（四）权利质权法律处分上的限制

权利质权以权利为客体，设立一般以登记、背书或交付权利凭证为生效要件及公示方式，以对设质权利法律处分上的限制为保全方式，最终可以拍卖、变卖、折价等传统形式之外的方式实现权利（如质权人代位向出质权利的义务人行使该出质权利的方式）。与动产质权相较，权利质权在权利客体、生效要件、公示方法、保全方式及权利实现方式上均有一定的特性[②]。然其作为质权的一种，本质仍为价值权，基本原理与动产质权一脉相承，所以，关于权利质权，除另有规定外当准用关于动产质权的相关规定，《民法典》第446条对此作出了明确规定。

五、权利标的的范围和种类

根据权利质权之特性，得以设定为权利质权的标的主要为债权、公司股份及无形财产权，《民法典》第440条以列举方式对此作出了明文规定。依此规定，债务人或者第三人有权处分的下列权利可以出质：（1）汇票、本票、支票；（2）债券、存款单；（3）仓单、提单；（4）可以转让的基金份额、股权；（5）可以转让的注册商标专用权、专利权、著作权等知识产权中的财产权；（6）现有的以及将有的应收账款；（7）法律、行政法规规定可以出质的其他财产权利。权利质权的设定、效力及实行方法依上述各项权利之不同又有相应区别。

【拓展适用】

一、债权让与的理论构成

关于债权让与的性质，学界存有不同观点，最为典型的有准物权合同说及

---

① 如王利明、陈华彬等学者认为，权利质权的保全方式表现为对设定质权的权利法律处分上的限制，不经质权人同意，出质人不得抛弃或缩小出质权利。王利明：《物权法论》，中国政法大学出版社2003年版，第671页。

② 王利明：《物权法论》，中国政法大学出版社2003年版，第670—671页。

买卖合同说。[①] 究其根源，主要来源于各国不同立法例上的理论构成之差异。因近代民法将债权视为财产的一种，并在原则上允许债权的自由让与，故在探讨债权让与的问题时，通常将其作为一种特殊的财产与物权变动的问题并列考虑，需要特别注意的是，债权让与的标的物是“债权”，而不是“有体物”，其法律构成由此或与传统物权变动有所区别。关于物权变动的立法例，最具代表性的有德国的形式主义和法国的意思主义。前者区分债权行为（负担行为）和物权行为（处分行为），承认物权行为的独立性和无因性。而后者在物权变动中，对债权行为和物权行为不作区分，仅基于当事人的意思表示而发生物权变动的效果。因此，在以德国法为代表的不要因准物权合同说中，债权让与合同（处分行为）与作为其基础的合同（负担行为）是相互分立的。作为处分行为的债权让与合同直接发生债权转移的效果，类似于物权变动，但又因其不同于传统有体物，故称为准物权契约。

与《德国民法典》不同，《法国民法典》将债权让与视为一种债权的买卖，属于出卖人履行其转移标的物义务的一种方式。债权让与和有体物买卖在法律构成上完全相同，即在债权合同以外无须任何独立存在的所谓物权行为。债权发生转移只不过是该债权合同生效的结果。无论标的物是有体物抑或债权，法国民法对物权行为的存在本身都持否定态度。既然不承认物权行为的独立性，自然也就不会产生债权行为无效或被撤销时，对物权行为的效力有无影响的问题，因此，在采取法国民法的理论构成中，也就没有讨论有因性或无因性的必要。需要注意的是，债权让与不同于有体物买卖之处，在于不需要交付（动产的情形）或登记（不动产的情形），在当事人没有特别约定或法律的限制规定时，因债权合同的生效当然地发生债权转移的效果[②]。

在以上两种典型立法例之外，日本及英美法系国家亦对债权让与的性质做出了相应有特色的规定，但无论其理论构成如何，可以看出各国立法例普遍认为债权让与合同系双务、诺成合同，让与人与受让人一经达成合意，该合同即生效，对于债务人的通知显然不是这一合同的构成要件。

关于我国在债权让与性质的问题上采何种立场，向来存有争议。有观点认为，债权让与既然属于直接发生债权移转效果的合同，便不属于债务发生行为（负担行为），而是属于处分行为，诚如动产或不动产，将债权作为一项财产通

---

① 王利明：《合同法研究》（第二卷），中国人民大学出版社 2003 年版，第 220 页。
② 崔建远、韩海光：《债权让与的法律构成论》，载《法学》2003 年第 7 期。

过转让而处分，此种性质即定位为准物权合同。[①] 而大多数学者认为，在我国民法上，一方面未采取物权行为制度，不同于德国民法；另一方面在物权变动上采取债权形式主义，又不同于法国民法。在我国民法上，债权转让关系是一种合同关系[②]，并区别债权让与和债权让与合同两个范畴。债权让与是指债权自其主体处移转到受让人之手的过程，是债权变动的一种形态，属于事实行为，也是债权归属于受让人的一种结果。而债权让与合同则为引起债权让与的一种法律事实，因其以当事人的意思表示为要素，属于法律行为，又因其在让与人和受让人之间产生了债权债务，故属于债权行为。在德国民法和我国台湾地区的"民法"上，处分行为主要为物权行为和准物权行为，但因我国民法并未采纳物权行为制度及其理论，故所谓处分，更应包含债权行为。[③] 我们认为，从我国法律传统及学界通说而论，我国并未完全采纳物权行为独立性和无因性理论，但从立法进程角度视之，已逐步贯行物权行为的独立性思想。如《民法典》第 215 条关于"当事人之间订立有关设立、变更、转让和消灭不动产物权的合同，除法律另有规定或者当事人另有约定外，自合同成立时生效；未办理物权登记的，不影响合同效力"的规定，表明了我国立法已经接受"区分物权变动的原因与结果"的原则[④]，该法第 224 条、第 429 条、第 441 条亦体现了该原则。由此可见，区分物权变动的负担行为与处分行为已渐成立法及司法界的共趋之势，而将债权让与视为准物权契约，引入负担行为与处分行为理论进行分析则有助于厘清问题，不失为法律思维的利器。事实上，即便在众多学说中并未采用准物权的概念，但也认为转让合同权利意味着权利人对其权利实施了处分行为[⑤]，只是该"处分"系包括负担行为即债权行为在内的更为广义之处分，此债权行为中综合蕴含了发生债权债务及引发权利变动的双重效果意思。在理论上对债权让与的性质予以区分，一则出于逻辑严密之必然，另则也为实践中出现的问题提供法律思维解决之道，仍有待法学理论与司法实践的进一步

---

① 韩世远：《合同法总论》，法律出版社 2011 年版，第 460 页。

② 王利明：《合同法研究》（第二卷），中国人民大学出版社 2003 年版，第 222 页。

③ 崔建远主编：《合同法》，法律出版社 2007 年版，第 200 页；崔建远、韩海光：《债权让与的法律构成论》，载《法学》2003 年第 7 期。

④ 最高人民法院民事审判第二庭编著：《最高人民法院关于买卖合同司法解释理解与适用》，人民法院出版社 2012 年版，第 77 页。

⑤ 有关债权让与系权利人对其权利实施了处分行为的表述，王利明：《合同法研究》（第二卷），中国人民大学出版社 2003 年版，第 222 页；崔建远主编：《合同法》，法律出版社 2007 年版，第 201 页。

发展丰富。然无论是否采纳物权行为理论，无论采用何种性质定义债权让与，通说认为，债权让与合同一经生效，债权即发生变动而无须另行履行[①]。故债权让与生效后，在债权全部让与时，该债权即由原债权人（让与人）移转于受让人，让与人脱离原合同关系，受让人成为合同关系的新债权人。

二、债权让与的限制性因素

债权作为一项财产性权利在近现代社会有其切实之必要，为促进社会经济发展之需要，赋予债权让与法律上之可能性已成为各国的通例。然而债权让与毕竟涉及多方利益，在扩大债权让与自由度的同时，尤需虑及债务人利益，必然需与增强债权让与安全性并行考量。

就债权让与的要件而言，其一，债权人必须享有合法有效的债权。债权人享有合法有效的债权是债权让与的根本前提。债权让与为权利的处分行为，因此，让与人必须享有债权；否则，将构成无权处分。且该债权必须有效存在，以不存在或无效的甚或已消灭的债权让与他人，即为标的不能，受让人由此所受损害应由让与人予以赔偿。其二，债权让与人与受让人应就让与达成合意。债权让与合同既为合同行为，即应符合民事法律行为的有效要件。让与人与受让人应具备完全民事行为能力，且意思表示真实，债权让与合同须符合法定的内容和形式要求；否则，可依法被宣告撤销或无效。其三，债权具有可让与性。虽当今社会大大扩展了债权让与的自由度，但仍并非一切债权均可作为让与标的，各国立法例均对此作出了除外规定[②]，以不得让与的债权订立债权让与合同的，构成让与人的自始履行不能。

《民法典》第545条对债权让与的限制性因素做出了规定：“债权人可以将债权的全部或者部分转让给第三人，但是有下列情形之一的除外：（一）根据债权性质不得转让；（二）按照当事人约定不得转让；（三）依照法律规定不得转让。当事人约定非金钱债权不得转让的，不得对抗善意第三人。当事人约定

---

① 也有观点认为，在让与合同有效成立后，还需要一定的法律事实使债务人受到让与合同的约束，使债权发生实际移转，即债权让与同样需要有体物买卖那样的履行行为，这个履行行为就是让与通知。因而，让与通知是债权移转的生效要件。申建平：《债权双重让与优先权论》，载《比较法研究》2007年第3期。

② 如《德国民法典》第399条规定：“债权非经变更其内容不能对原债权人之外第三人履行给付者，或因与债务人有协议约定不得让与者，其债权不得让与。”第400条规定：“禁止扣押的债权不得让与。”及《日本民法典》第466条，《法国民法典》第1598条、第1321条及我国台湾地区“民法”第294条。史尚宽：《债法总论》，中国政法大学出版社2000年版，第714页。

金钱债权不得转让的，不得对抗第三人。”

（一）根据合同性质不得转让

即根据合同权利的性质，只能在特定当事人之间发生效力，如果将合同权利转让给第三人，将会使合同内容发生变更，从而使转让后的合同内容与转让前的内容失去联系性和统一性，且违反当事人订立合同的目的。[①] 通常而言，包括以下五种情况：（1）以特定身份为基础的债权，如抚养请求权、退休金领取权等；（2）以特定债权人为基础的债权，如对特定债权人提供劳务的债权，可以专门为特定人绘制肖像的合同为例；（3）基于债权人与债务人间之特殊信任关系的债权，如雇佣、委托、租赁等；（4）不作为债权原则上不得让与，如关于竞业禁止的约定不可单独让与，但在与其所附属的关系一并移转时可予以让与；（5）从权利原则上不得让与，从权利依附于主权利，亦随主权利一并让与。通常情形下，两者不得相分离而单独让与，如担保债权一旦与主债权分离即失去其担保性质，故不可单独让与，但若从权利可与主权利分离而单独存在的则不在此限，如已产生的利息债权可与本金债权相分离。[②]

（二）按照当事人约定不得转让

依据合同自由原则，当事人可在不违反法律的强行性规定和公序良俗前提下，自由约定合同内容，故当事人可特别约定禁止相对方转让合同权利，依此约定则不得转让。关于禁止让与特约合同的效力，大致有三种立法例：一是以法国民法为代表的禁止转让之特约合同无效；二是以德国民法为代表的合同有效[③]；三是以日本民法及我国台湾地区“民法”的立法例，当事人间的禁止转让特约有效，但不能对抗善意第三人。我国对此未作明确规定，依合同法释义之相关解释，合同当事人间禁止转让的特别约定不得对抗善意第三人。因当事人间的约定仅对合同双方产生拘束力，并不具有公示性，不知情的善意第三人可依据信赖利益保护原则取得有效债权。违反约定擅自转让债权的行为造成债务人利益损害的，让与人（原债权人）应当承担违约责任。

---

① 王利明等：《合同法新论·总则》，中国政法大学出版社 1996 年版，第 425 页，转引自李永军：《合同法》，法律出版社 2010 年版，第 362 页。

② 崔建远主编：《新合同法原理与案例评释》，吉林大学出版社 1999 年版，第 393 页。以上几种情况的列举，同时参见史尚宽：《债法总论》，中国政法大学出版社 2000 年版，第 716—717 页。

③ 《德国民法典》第一草案第 295 条曾规定以内部关系于当事人间为有效，外部关系对于第三人为无效，后《德国民法典》第 399 条规定为有效。史尚宽：《债法总论》，中国政法大学出版社 2000 年版，第 717 页。

（三）依照法律规定不得转让

我国法律中对某些权利的转让作出了禁止性规定。如在当事人并无另行约定的前提下，依据《民法典》第421条的规定，最高额抵押担保的债权确定前，部分债权转让的，最高额抵押权不得转让。又如《文物保护法》第25条规定，非国有不可移动文物不得转让、抵押给外国人。据此，若合同当事人违反该法规定，将特定文物买卖合同中的权利转让给外国人的，其转让行为亦为无效。总之，合同当事人不得违反此类法律禁止性规定擅自转让合同权利，否则将归为无效。

三、债权多重让与下的优先权问题

债权让与作为一种无形财产权不同于物权变动，并无特别的公示方式，合同关系之外的第三人难以了解债权让与的事实，实践中经常发生让与人就同一债权连续向两个或两个以上受让人进行转让的情形，由此引起债权的归属问题，即应由哪一受让人取得债权。尽管未能获得受让债权的受让人也可以基于有效的让与合同要求让与人承担违约责任、赔偿损失，但其受让债权的目的却不能实现，亦不能完全保护受让人的利益，因此，有必要制定一个确立各受让人之间权利先后顺序的标准，而要解决该问题的关键在于，债权归属的移转以何时点为界限标准，其法律标志是什么？

（一）关于债权多重让与的比较法视野

不同立法例对该问题的态度反映出各国在债权让与制度之规范目的和逻辑结构上的相异。在大陆法系国家，以德国与法国为代表对该问题形成了两种不同的认识与解决方案，究其根源亦在于物权行为理论的差异。在承认物权行为理论的德国和我国台湾地区，与其物权变动理论相匹适，将债权让与视为准物权契约，债权让与行为属于处分行为的一种，可发生类似物权变动的效力。在债权让与中，让与人一旦有效让与，债权即绝对归属于受让人，让与人不得再就同一债权为有效之让与。[①]“债权让与的效力依契约成立先后定之，第一受让人有效取得债权，第二受让人纵属诚信亦不能取得债权，无论已否通知债务人或通知之孰先孰后，对此均不生影响。”[②] 在此规则下，第一受让人是唯一合法受让债权的真正权利人，原债权人在对第二受让人让与时，其已不享有债权，

---

① 梅仲协：《民法要义》，中国政法大学出版社2004年版，第286页；史尚宽：《债法总论》，中国政法大学出版社2000年版，第708页。

② 王泽鉴：《法律思维与民法实例》，中国政法大学出版社2001年版，第114页。

属自始客观履行不能，也就不发生优先权的问题。即使债务人已现实地向第二受让人为给付，由于其无取得该债权的合法根据而构成不当得利，第一受让人可请求其予以返还。[①] 可见，如果让与人将同一权利连续让与两个不同的受让人，则由先受让的人确定取得权利，而顺序在后的受让人不可获取权利，因为，此时原债权人已不可能让与其所不享有的权利。故在债权多重让与时，仅第一受让人能合法取得债权，瑞士、奥地利等国民法亦采此规则。但需注意的是，在德国民法中，多重让与情形下债权虽归属于第一受让人，但出于保护善意债务人的制度设计，善意债务人向其他受让人清偿并非当然无效。我国台湾地区的“民法”亦认为，债权让与仅因让与契约即生效力，但同时规定非经让与人或受让人通知债务人，对于债务人不生效力。在债权多重让与时，若债务人在未受领债权已让与第一受让人的通知情形下对其他受让人有效清偿，第一受让人可依不当得利向后顺位受让人要求返还。相较于德国民法中以善意的心理事实来判断债务人是否诚信从而判定清偿是否有效，对债务人的通知更具有客观性。需要明确的是，债权归属的转移与债务人的清偿效力不可混淆，债权归属系实质权利的移转，而债务人清偿之效力系在考量保障债权让与的自由安全与减少债务人利益牺牲的权衡之下所作出的对债务人之特别保护，两者似有交叠但分属不同范畴。因此，在以准物权契约理论为基础的规则中，债权一经让与即归受让人取得，让与人无权再行让与，发生多重让与情形必定按照让与时间的先后顺序确定债权归属，所谓“时间优先，权利优先”。即便债务人对后顺位的受让人作出有效清偿亦不能改变第一受让人为债权归属真正权利人，其可依不当得利向后顺位受让人要求返还。[②]

在不承认物权行为的国家和地区，大多采用以通知先后顺序来决定优先保护的规则，以法国为典型，日本、意大利、比利时等国均采此例[③]。该规则下，债权让与的效力仅及于作为当事人的让与人和受让人，只有对债务人通知或经债务人承诺，才得以向第三人主张债权移转的效力，即债权让与中以对债务人的通知作为对抗第三人的要件。故债务人于收到债权让与的通知后不得向第三人履行债务，而受让人在通知债务人后（按照各国立法例不同或受让人通知或

---

① 王利明：《合同法研究（第二卷）》，中国人民大学出版社2003年版，第237页。

② ［德］海因·克茨：《欧洲合同法》（上），周忠海等译，法律出版社2001年版，第405页；转引自李永军：《合同法》，法律出版社2010年版，第370—371页。史尚宽：《债法总论》，中国政法大学出版社2000年版，第734页。

③ 《法国民法典》第1690条，《日本民法典》第467条，《意大利民法典》第1265条。

让与人通知）即取得对抗第三人的权利。如《法国民法典》第1690条规定："在债务人收到通知前，受让人不能视为获得了对抗第三人的权利。但是，受让人亦可依债务人在公证文书中接受转让的表示而享有受让的权利。"《日本民法典》第467条第1款规定："指名债权的让与，除非经让与人通知债务人或经债务人的承诺，不得以之对抗债务人及其他第三人。"第2款规定："欠款的通知或承诺非以附有确定日期证书而为的，不得以此对抗债务人以外的第三人。"由此可见，在通知优先的规则下，在先的债权让与协议并不能使受让人处于优先地位，债权多重让与中，依法获得债权的是先对债务人进行让与通知的受让人，其并非必然为第一受让人。如果第一受让人受让债权后未通知债务人，仅第二受让人为让与通知，则第二受让人取得债权，第一受让人只能向原让与人请求不当得利返还或损害赔偿[①]。

英美法系国家所采取的处理方式也大致类似于让与时间优先或通知优先规则，具体又可分为四种模式，英国规则、纽约规则、马萨诸塞规则、签署文件优先规则。

英国规则以英国法院的判例为代表[②]，主要表现为以让与通知到达债务人的时间先后来确定受让人的优先权。在双重让与情况下，如果两次债权的转让均未通知债务人，则第一次转让的受让人应当优先，如果仅第二次转让的受让人通知了债务人，则其应当优于第一受让人取得债权。可见，此种规则与法国、日本为代表的通知优先规则有相似之处，美国的某些州亦采用此规则。

纽约规则认为在债权双重让与的情况下，两个受让人所获得的权利是平等的，因此第一受让人的权利应优先保护，即便第二受让人已经获得履行，也应以较早受让者为优先，此处理方式与大陆法系的让与时间优先规则一致。

马萨诸塞规则又称四骑手规则，相对来说制度设计更为精密，其方式为第一受让人原则优先，但在第二受让人善意收受价金或其他债务的履行，或者与债权人达成债务更新协议或取得象征占有的书面凭证，又或者获取对债务人的胜诉判决付诸强制履行并因此保有执行价款时，其可优先于第一受让人获取债权，其基本法理在于各受让人间的权利是平等的且不能对抗善意受让人的法定

---

① 史尚宽：《债法总论》，中国政法大学出版社2000年版，第734页。

② 在英国，最初由所谓的迪尔诉霍尔案（Dearle v. Hall）确定了这样的惯例，即一项权利如有接连不断的受让人，不是按照债权人转让权利的日期排列，而是根据发给债务人通知的日期排列。王利明：《合同法研究》（第二卷），中国人民大学出版社2003年版，第236页。

权利。《美国合同法重述》（第二版）采纳了该处理方式。

签署文件优先规则为《美国统一商法典》第9编确立的规则，即担保债权人可通过在政府部门签署一项表明其利益的信贷声明来保全其利益。因此，在两个支付了对价的受让人之间，最先签署含有让与信贷声明的受让人可获取优先权。[①] 以上几种规则在美国均有其适用之处，然目前比较通行的一般规则是，如果同一权利的两个重叠受让人的请求权在其他方面均为一致，则以受让时间较早者优先。[②]

（二）我国对处理债权多重让与问题的探索

《民法典》对债权多重让与中各受让人的利益优先保护并未作出明确规定，理论与实务界对此问题的看法亦不尽相同。基于不同的理论基础，比较具有典型性的观点有：

1. 以时间优先规则为基础，兼顾债权转让类型。由于我国不承认物权行为理论，债权让与自当然不可以准物权契约视之。在债权重复让与时，有偿让与的受让人应当优先于无偿让与的受让人取得权利；全部让与中的受让人应优先于部分让与中的受让人取得权利；同时，按照“先来后到”规则，先前的受让人应优先于在后的受让人取得权利。[③]

2. 以通知优先为准则。债权的转让毕竟不同于所有权转让，不必现实交付，在发生双重让与的情况下，债权转让的效力应根据是否通知债务人来决定优先顺序。因为根据我国法律，通知实际上是债权实际移转的要件，债权转让协议一旦在债权人和受让人之间达成合意后，便已实际发生效力，所以在债权双重转让的情况下，应当以通知的先后顺序来决定对受让人的保护。已通知的较之未通知的应予优先保护，通知在先的较之通知在后的优先保护。如果两个债权的转让都未作出通知，则应由债权人作出选择和决定应向哪一受让人实际转让其债权，而这种选择和决定往往是以向债务人作出向某一受让人作出履行

---

① 关于纽约规则、马萨诸塞规则及签署文件优先规则，转引自王利明：《合同法研究》（第二卷），中国人民大学出版社2003年版，第235—237页。

② 对此规则仍存有一些例外情形，如在让与人可撤销第一次让与的情况下，第二受让人优先于第一受让人；又如第二受让人并非单纯受赠而善意收取金钱时可允许保有该笔价款等；具体可参见［美］A. L. 科宾：《科宾论合同》，王卫国等译，中国大百科全书出版社1998年版，第333—335页。并转引自韩世远：《合同法总论》，法律出版社2011年版，第460页；崔建远主编：《新合同法原理与案例评释》，吉林大学出版社1999年版，第405页。

③ 王利明、崔建远：《合同法新论·总则》（修订版），中国政法大学出版社2000年版，第433页。

的通知为表现形式的。[①]

3. 以让与时间优先为准则。该观点认为我国并未采取法国、日本等国的通知对抗主义规则，受让人于让与合同发生效力时，也就是双方达成合意时，即可对其他第三人主张债权让与的效果，成为债权人，意即在我国债权让与合同对于第三人不待通知即已经发生效力。故对于债权多重让与的问题，应依让与时间的先后顺序为标准，以时间在先者优先，即以“先来后到”为基本规则。同时，由于债权让与对债务人发生效力的关键取决于让与通知，而并非当然对债务人具有约束力，则上述规则可能会遭遇保护债务人之要求的挑战。通常情况下，若两次债权让与均通知债务人，必以先到达债务人的通知为优先，即便第二次让与的通知先到达债务人，第二受让人亦可依据债权“表见让与”之法理而受领清偿，但此时其并非为“先来后到”规则下的真正债权人，而是纯粹出于保护债务人之考虑，承认债务人向通知在先或履行了通知义务的第二受让人的履行债务行为可以构成有效清偿，使之因此而确定地免责。而第一受让人仍为真正债权人，可依不当得利向第二受让人请求返还。若两个通知同时到达则应按照受让时间先后顺序解决，债务人或可采用提存方法使自己免责。[②]

4. 以“成立在先，权利在先”为基本原则，区分类型化分析。该学说认为，债权多重让与问题的法律效果比较复杂，需要类型化分析。在第一次让与合同生效，并将债权让与及时通知了债务人的情况下，债权让与的结果，不仅约束着让与人和第一受让人，而且债务人也必须承认，就是包括第二受让人在内的其他人也无权否认；在第一次让与合同生效但未通知债务人债权让与的事实，却通知其债权已经转让给第二受让人的情况下，债务人向第二受让人清偿不负民事责任，只是第二受让人获得了不当得利，应当返还给第一受让人；在两个让与合同都已签订且生效，但债务人均未收到债权让与的通知的情况下，债务人无论向第一或第二受让人给付都发生清偿的法律效果，债务人所承担的债务消灭；在两个让与合同都已签订，二重的债权让与均已通知，但债务人最先收到第二个债权让与的通知的情况下，如果债务人在第二个债权让与的通知到达后，第一个债权让与的通知到达前，已经向第二受让人清偿，债务人的债

① 王利明：《合同法研究》（第二卷），中国人民大学出版社 2003 年版，第 238 页。亦有观点认为当多重让与均未通知债务人的情况下，应区分是否有偿、是否有可撤销事由、是否有公证让与合同形式及后受让人是否知情等因素来确定优先权。李永军：《合同法》，法律出版社 2010 年版，第 372 页。

② 韩世远：《合同法总论》，法律出版社 2011 年版，第 483 页。

务就归于消灭，并不负民事责任，第二受让人对第一受让人负有返还不当得利的义务。如果在第一个债权让与的通知到达后，债务人才为清偿，债务人可以选择清偿的对象，既可以向真正债权人第一受让人为清偿，也可以依据表见让与向第二受让人为清偿，此时第二受让人负有向第一受让人返还不当得利的义务。但在债务人明知第二受让人并非真正的债权人却仍向其清偿时，应对因此造成的损失负赔偿责任，对债权让与通知有过失的让与人或者受让人也应承担相应的责任。主张损害赔偿者应对债务人的恶意负举证责任。[①]

事实上，在继受传统的以通知优先或让与时间优先的既有模式基础上，理论与实务界对探寻债权多重让与问题解决之道的尝试从未停止。如有见解认为“与其迂回曲折地作法律上的分析，不如直接将让与通知解释为也是对抗债务人以外第三人的要件”，“对《合同法》第 82 条应作目的性扩张解释：让与通知既是对抗债务人也是对抗债务人以外第三人的要件，让与通知到达债务人之时，债权才实际移转给受让人。与此相适应，我国法只能采取‘通知在先，权利在先’的原则，确定债权多重让与时受让人的优先顺位”。[②] 另有见解认为，《物权法》已规定应收账款质权以信贷征信机构登记为设定要件，同一应收账款重复设定质权时，依登记先后定其顺序[③]，由此我国已形成让与主义与登记主义并存的二元体系。但二元体系存在先天不足与后天失调，建议应在我国建立债权让与制度与登记制度双统一的登记体系。其理由是，“法理上所谓物权须公示、债权无须公示，系指债权创设、变更、消灭无须公示，因其仅涉及当事人之间利益，无公示必要。但债权让与（包括设定负担）则与其他财产权转让同其本质，既然事涉第三人利益，法律应为第三人提供功能上相当的保护手段，不可使第三人因让与而地位恶化。故登记主义之胜出并非偶然。制度竞争的历史与经验证据显示，登记主义已是大势所趋。中国物权法确立应收账款质押登记制度，合乎实务需求，并有理论正当性。就此方面而言，已出现了财产法的合流：公示原则适用于一切财产权的转让与设定负担，属于真正的财产法总则上的原则”。[④]

---

① 崔建远主编：《合同法》，法律出版社 2007 年版，第 218—220 页。

② 申建平：《债权双重让与优先权论》，载《比较法研究》2007 年第 3 期。

③ 《物权法》第 228 条第 1 款规定：“以应收账款出质的，当事人应当订立书面合同。质权自信贷征信机构办理出质登记时设立。”中国人民银行 2007 年发布的《应收账款质押登记办法》（已失效）第 5 条规定：“在同一应收账款上设立多个质权的，质权人按照登记的先后顺序行使质权。”

④ 李宇：《债权让与的优先顺序与公示制度》，载《法学研究》2012 年第 6 期。

以上见解对债权多重让与情形下的逻辑推论与实务应对均提出了积极的探索，亦值得理论与实务界更为深入地研究借鉴。然而，在我国现有法律体系下，在具体案件的审理中，较为普遍的仍系以通说对《民法典》第546条的解释为基本裁判理念①，即债权让与合同一经生效即产生债权归属转移的法律效果，对当事人的通知仅为债务人保护制度设计之必要保障，并非为债权让与合同生效之要件。故自债权首次让与时起，债权即归第一受让人，重复让与构成无权处分，后受让人无从取得债权。从效果上看，与奉行让与时间优先原则并无大异。

四、权利质押与权利抵押之比较

权利质权因其标的及设质方式的不同，相较于一般有体物为标的的质权及抵押权具有特殊性，而其与同样以权利为标的的权利抵押、权利的让与担保等担保制度也各有不同。亦因其特殊性，权利质权的权利属性方面向来存有争议，甚至一度受到质疑，认为其只是逻辑推演的产物，并不存在制度价值。而实践中权利入质的移转占有不具有显现性，往往需要通过登记等公示手段予以确权，于此则更趋同于权利抵押。有学者认为，“权利质权，尤其是以债权、股份或无体财产权为标的的权利质权，其担保作用反近于抵押权，谓之一般质权与抵押权的中间区域，亦无不可”②。实践中亦经常出现两者权利混同之情形，有鉴于此，对权利质押与其他权利担保制度的异同，尤其是与权利抵押的比较与区分便显示出一定的必要性。

（一）标的性质的比较

依据我国现行法律规定，可用于抵押的财产包括：建筑物和其他土地附着物；建设用地使用权；以招标、拍卖、公开协商等方式取得的荒地等土地承包经营权；生产设备、原材料、半成品、产品；正在建造的建筑物、船舶、航空器；交通运输工具；法律、行政法规未禁止抵押的其他财产。抵押财产虽并不限于不动产，但在实践中仍以不动产居多，而质权的标的物则明确为动产与权利，不包括不动产。质权与抵押权在权利对象上的不同直接映射于相对应的权利设质或抵押标的之不同，权利质权系以所有权之外的可让与的财产权为标的的质权，而权利抵

---

① 同旨裁判理念有上海市第二中级人民法院（2008）沪二中民一（民）终字第2101号民事判决书，王屹东：《同一债权双重让与不适用善意取得》，载《人民司法》2009年第10期。

② 史尚宽：《物权法论》，中国政法大学出版社2000年版，第388页。

押意指以特定权利作为标的所设的抵押权。参照国外立法例[①]及我国现行法律[②]，权利抵押通常是以不动产（土地）的用益权为标的，如地上权、永佃权等[③]，而鲜有以债权、股份、知识产权等无形财产权作为标的的抵押制度。[④] 应明确的是，此处所指的权利抵押权应为狭义概念，因从广义而言，无论是以不动产或动产设定抵押，抵押权所支配的亦为该动产或不动产所有权的交换价值，故于此而言，一切抵押担保都是针对权利的，而此处的权利抵押意味着抵押权所指向的并非有体物的所有权，而是非有体物所有权的财产权利，在我国台湾地区亦称为“准抵押权”。

（二）权利设定形式的比较

权利抵押与其所附着的基础权利密切相关，我国的物权变动模式采债权形式主义，不动产的权属变更需以登记为生效要件，而抵押权的生效或对抗往往亦需要以登记为必要，故以不动产用益物权为标的的权利抵押以登记为常态。而权利质权系根据标的物不同的特性而规定质权的生效或对抗要件，依具体的标的物选择相应的公示方法，一般可分为交付权利凭证、通知或登记等几种方式。如一般债权的设质，即以向第三债务人通知或经其承诺为对抗要件，较权利抵押的登记制度更为灵活。

（三）担保效力的比较

抵押权设定不移转标的物的占有，抵押物仍为抵押人所占有，意味着抵押

---

① 如《德国地上权条例》第 11、12 条规定，地上权得单独作为抵押权的标的，在土地上有建筑物时，建筑物应随同地上权一同抵押；《日本民法典》第 369 条第 2 项规定的地上权和永佃权可为抵押权标的，适用抵押权的规定。孙宪忠：《德国当代物权法》，法律出版社 1997 年版，第 271 页；邓曾甲：《中日担保法律制度比较》，法律出版社 1999 年版，第 160 页。

② 我国法律规定的权利抵押以土地使用权为主要标的。有观点认为以土地使用权设定抵押，其实质为土地所有权的流通，故实际上并非为权利的抵押，而系传统意义的不动产抵押。钟青：《权利质权研究》，中国社会科学院研究生院 2002 年博士学位论文。然本文认为，无论从形式外观或权利实质，土地使用权与所有权有明确区别，故不宜将土地使用权之抵押等同于不动产抵押。

③ 另有其他以采矿权、渔业权为标的亦可设定权利抵押，但不可抵押或不得让与的不动产权利，不得单独作为抵押权的标的，如不动产租赁权、使用借贷权等，不得设定抵押。史尚宽：《物权法论》，中国政法大学出版社 2000 年版，第 329 页。

④ 亦有立法例规定，虽抵押权以不动产上的用益物权为标的设定，但以一些其他权利为标的设定的担保权，如采用抵押权的设立方式，也称抵押权。但依我国现行法律规定，以不动产用益物权为标的设定的担保权属于抵押权，而以用益物权外的财产权为标的设定的担保权都属于权利质权。郭明瑞：《物权法实施以来疑难案例研究》，中国法制出版社 2011 年版，第 311 页。

人可以在不损害标的物价值的情况下不受限制地对抵押物进行使用、收益或转让，而抵押权不受影响。更有立法例认为抵押权人与抵押人之间就抵押人不得转让抵押物或不得在抵押物上设定其他权利的约定为无效①。由逻辑演绎出发，权利抵押亦得以抵押权之一般原则作解释，抵押人同样可以就标的权利为占有、使用、收益或转让。相较于抵押权，质权的设定需移转标的物的占有，质权人以实际占有剥夺了设质人对标的物的控制和利用，更得以留置质物直至债权获得清偿。虽然权利质权因其标的的特殊性并不需要实际转移物的占有，但将权利标的的交换价值移转于质权人，从而阻止出质人对其义务人行使权利，同样保障了质权人对权利标的的留置以确保债权的实现。故法律上对标的权利或设质人处分质物的约束，实为体现了一种观念上的留置权能。况且对某些需要移转权利凭证的标的，质权人仍可通过对该权利凭证的控制以实现质权的留置作用。因此，权利质押中对出质人的约束比权利抵押中对抵押人的约束会更为严苛。

（四）权利实现方式上的比较

参考大陆法系国家立法例对抵押权与质权实现方式上的相关规定，基本上可分为司法救助主义和自救主义两种立法理念。《民法典》第410条规定，债务人不履行到期债务或者发生当事人约定的实现抵押权的情形，抵押权人可以与抵押人协议以抵押财产折价或者以拍卖、变卖该抵押财产所得的价款优先受偿。抵押权人与抵押人未就抵押权实现方式达成协议的，抵押权人可以请求人民法院拍卖、变卖抵押财产。《民法典》第437条规定，出质人可以请求质权人在债务履行期限届满后及时行使质权；质权人不行使的，出质人可以请求人民法院拍卖、变卖质押财产。由此可见，在我国抵押权与质权的实现都以当事人合意的自救主义为先，在自救未达目的的情况下介入司法救助。但同时亦应明确的是，相较于抵押权，质权的实现方式更偏重于质权人的自助处分，质权人对质物的价金受偿选择性更为宽泛。这种权利实现方式上的差异大多源于两者在是否占有标的物上的不同，而对于权利质权及权利抵押权而言，权利质押在实现上与权利抵押的区别很大程度上体现在质权人除对标的物进行折价、拍卖、变卖外，还可以直接收取出质的权利或者代出质人行使出质权利而优先受偿其债权②。如汇票、支票、本票、债券、存款单、仓单、提单的兑现日期或

① 如《德国民法典》第1136条及《瑞士民法典》第812条第1项均为此意。

② 此亦为权利质权与动产质权的重要区别之一。郭明瑞：《物权法实施以来疑难案例研究》，中国法制出版社2011年版，第316页。

者提货日期先于主债权到期的，质权人可以兑现或者提货，并与出质人协议将兑现的价款或者提取的货物提前清偿债务或者提存。

权利质押与权利抵押虽有如上区别，但确实在属性上有所交叉，因许多权利质押并不需要移转占有，甚至无须交付权利证书，在形式上已完全脱离了质押需转移占有的传统观点。而随着经济加速发展对担保物权提出的新要求，实践中对权利质押的登记主义呼声日益显现，纯粹以公示方式作为区分质押与抵押的区别已十分困难，权利质押与权利抵押两者间的分类渐趋模糊，融合的姿态也日趋明显。无论此后理论与实践如何发展，至少目前权利抵押与权利质权仍存在标的范围等方面的各项不同，故对其区分标准的把握仍为必要。此外，权利质押与权利的让与担保等其他权利担保制度相较，在权利范围及权利移转性质、设立及实现方式等方面亦存在其固有的特点，但权利的让与担保制度目前在我国尚未被普遍采纳，故在此不再另作比较。

五、一般债权质押的若干问题

（一）一般债权可设质性的制约

以债权出质为权利质权中最为常见的方式，从广义的角度而言，不论该债权的种类如何，皆以能够设质为权利质权之标的为原则。故由合同所生的债权，因侵权行为所生的债权，指名债权、指示债权或有价证券化的债权，都可成为质权的标的。在满足设质标的的前提下，债权的内容可为金钱给付或作为给付，也可为特定物给付或为种类给付，甚至其他附条件的债权、附期限的债权或选择债权亦均可予以设质。[①] 债权质权的标的依其是否以证券为表彰权利的方式可区分为证券债权与一般债权。证券债权将特定的民事权利与证券紧密结合，具有自由流通性，较为常见的有票据、债券、提单、支票、汇票等，以证券入质实为以证券所表彰的权利入质。一般债权系相对于证券债权而言的概念，因非由证券表彰的一般债权多为记名债权或指名债权，故亦有将其直接命名为指名债权的情形，实务中较为常见的一般债权设质主要有合同债权及保证金债权上的质权。相较于证券债权，一般债权的流通性较弱，一则其让与时通常须以债务人的承诺或通知债务人为对抗债务人和第三人的要件，二则其受偿的可能性很大程度上依赖于债务人的资信程度，因此，一般债权的流动与变现能力皆存在一定的不确定性。换言之，一般债权在作为流通的“交换物”的交换价值

---

① 史尚宽：《物权法论》，中国政法大学出版社2000年版，第394页。

时受到更多的限制①。相应地，其作为担保方式的担保功能亦因此受限。有鉴于此，理论与实务界大多对一般债权作为质权标的采谨慎态度，在承认其可设质性的同时亦对其设质条件、生效要件等方面作出更为规范严谨的制度设计以保障其担保功能的最大发挥。

（二）我国对一般债权质押的相关法律规定

虽一般债权相较于其他质押标的有其内在的制约性，但其毕竟为一种重要的财产权，具备独立的经济交换价值，其不依附于特定财产的客体特性亦适宜成为设质标的。更为重要的是，随着社会的发展，通过有效的公示方式，债权的物权化特征正在逐步显现，使一般债权成为一种可被物化的财产，更增强了其作为质押财产的担保功能，使其完全符合作为权利质权标的的必备要件。因此，德国法律将一般债权质押作为权利质押的特殊类型，在权利质权体系中设定了相关制度，日本及我国台湾地区亦受其影响，对一般债权质押持肯定态度②。我国对该问题的立场如何，需从立法沿革上予以考证。

我国1995年颁行的《担保法》第75条规定了可以质押的权利：一为汇票、支票、本票、债券、存款单、仓单、提单；二为依法可以转让的股份、股票；三为依法可以转让的商标专用权，专利权、著作权中的财产权；四为依法可以质押的其他权利。继而该法第76条至第80条对前三类财产权利的设质及其效力作出了较为明确的规范，但第四类财产权利的性质及设质条件、效力等内容则不甚明了，使得围绕该兜底条款的权利范围，尤其针对一般债权可否设定质押问题的讨论众说纷纭。持肯定说观点的学者认为，“依法可以质押的其他权利”使权利质押的适用空间具有了弹性。一般债权相较于债券、存单等形式上特定化的债权在法律关系上并无本质区别，而对于可以转让的合同权利或其他债权是否可以出质的问题，我国法律并无限制或禁止的规定，故解释上宜认为可以设质。且一般债权作为一种以实存利益为基础的财产权益，已普遍进入流通领域作为交易融资的重要金融工具，而以债权设定质押，亦可视为债权用于交易的一种方式，我国既然允许债权转让则当然可允许债权设质，又加之各国立法对一般债权出质都作出了相关规定，故可将一般债权概括性地归于可以质

① 钟青：《权利质权研究》，中国社会科学院研究生院2002年博士学位论文。

② 《德国民法典》第1273条、第1279条、第1290条，《日本民法典》第363—367条，我国台湾地区“民法”第904条。

押的其他权利中[①]。持否定说观点的学者认为，在严格意义上的物权法定主义之下，依法可以质押的权利应由法律予以明确规定，在法律未对一般债权出质作出明文规定的情形下，其适法性难以认同。随意扩大债权质押范围，易使质押流于形式，造成债权人利益受损，允许一般债权质押，也将难以协调物权债权化与物权法定原则之间的矛盾。故以一般债权为质权的标的，仅是学者的观点，法律并未明确规定。[②] 实务中以应收账款、公路收费权等类型的一般债权设质的情形已较为多见，但难以寻求法律支持。2000 年最高人民法院发布了《担保法司法解释》，该解释第 97 条规定，“以公路桥梁、公路隧道或者公路渡口等不动产收益权出质的，按照担保法第七十五条第（四）项的规定处理”，为此类权利质押提供了法律依据。2004 年最高人民法院根据实践发展又制定了《出口退税托管账户质押贷款案件规定》[③]，对涉及出口退税专用账户质押贷款纠纷案件的审理作出了指引。但除法律明确规定的权利质押之外，司法实务中对于其他表现形式的一般债权质押问题仍持一种谨慎的态度，大抵秉持权利质押的类型与设定方式须具备对外公示效力的基本裁判思路和原则，间接以法院案例的形式进行规范和引导。

2007 年《物权法》颁布后，该法第 223 条仍以列举方式对可出质权利作出了规定，并对权利标的类型进一步明确、细化，另增加了应收账款作为可设质标的。应收账款实质上即属于一般债权，对于是否允许以应收账款出质，在《物权法》的立法过程中亦存在争议。持否定意见者认为，应收账款出质缺乏有效的公示手段，允许其出质可能损害交易安全，质权人的利益难以保障，且收费权实质是一种变动性较大的期待权，以收费权作为债权的担保风险较大。另外，国外规定应收账款出质是建立在良好社会信用及完善金融机制基础之上，而我国目前尚不具备该环境基础。持肯定意见者则认为，应收账款入质有其法理基础，因法律既允许一般债权的转让，就没有理由禁止其作为担保，且参考各国立法例，大多均允许以应收账款出质。实践中对应收账款设质亦有迫切需要，对其可能产生的法律和商业风险皆可通过建立相应制度予以防范和管控。

---

① 梁慧星主编：《中国物权法研究》，法律出版社 1998 年版，第 976 条。王利明：《物权法论》（修订本），中国政法大学出版社 2003 年版，第 685 页。

② 高圣平：《物权法与担保法：对比分析与适用》，人民法院出版社 2010 年版，第 391 页；郭明瑞：《物权法实施以来疑难案例研究》，中国法制出版社 2011 年版，第 320 页。

③ 该文件已失效。

在各方考量权衡之后，《物权法》采纳了肯定意见，明确规定应收账款可以出质。[①] 其后，中国人民银行据此制定了《应收账款质押登记办法》，明确对应收账款的含义做出了界定。该办法第4条规定："本办法所称的应收账款是指权利人因提供一定的货物、服务或设施而获得的要求义务人付款的权利，包括现有的和未来的金钱债权及其产生的收益，但不包括因票据或其他有价证券而产生的付款请求权。本办法所称的应收账款包括下列权利：（一）销售产生的债权，包括销售货物，供应水、电、气、暖，知识产权的许可使用等；（二）出租产生的债权，包括出租动产或不动产；（三）提供服务产生的债权；（四）公路、桥梁、隧道、渡口等不动产收费权；（五）提供贷款或其他信用产生的债权。"由此可见，应收账款的内涵丰富，其外延虽不能涵盖一般债权的所有表现形式，但已反映了经济生活中较为常见的大部分权利财产类型。对于应收账款之外的其他一般债权可否设定质押，《物权法》仍未具明文，而采用了与《担保法》同样的立法模式，以兜底式条款规定为"法律、行政法规规定可以出质的其他财产权利"，至于其他财产权利的种类，亦引发了学界探讨。普遍观点认为，该其他财产权利中主要指一般债权但不限于此，可根据现实需要予以延展，但须以法律、行政法规的明确规定为要件。[②]《民法典》以列举方式对可出质权利作出了规定，并对权利标的类型进一步明确、细化，也明确了应收账款可作为设质标的。即该法第440条规定："债务人或者第三人有权处分的下列权利可以出质：（一）汇票、本票、支票；（二）债券、存款单；（三）仓单、提单；（四）可以转让的基金份额、股权；（五）可以转让的注册商标专用权、专利权、著作权等知识产权中的财产权；（六）现有的以及将有的应收账款；（七）法律、行政法规规定可以出质的其他财产权利。"第445条规定："以应收账款出质的，质权自办理出质登记时设立。应收账款出质后，不得转让，但是出质人与质权人协商同意的除外。出质人转让应收账款所得的价款，应当向质权人提前清偿债务或者提存。"

（三）以一般债权设质的相关制度设计

关于是否允许以一般债权设质的观念分歧很大程度上来自于因一般债权存在交换价值流通的限制性和变现风险的不确定性等内在特性使得对在其上设定

---

① 王胜明主编：《中华人民共和国物权法解读》，中国法制出版社2007年版，第482—483页。

② 王胜明主编：《中华人民共和国物权法解读》，中国法制出版社2007年版，第483页。

担保物权优先受偿性的担忧，这种担忧体现在一般债权质押的设定要件、公示方式、效力实现等诸多方面，故在肯定其可设质性的同时，有必要对相关的制度建设与风险防范做出必要的考量和设计，其中最基本的为债权质押的设立及公示要件问题。

质权的设定必然应以出质人与质权人之间的设质合意为第一要义，该合意是否需以要式形式体现，各国、各地区立法例亦有不同。法国、瑞士、意大利等国和我国台湾地区的“民法”以书面为设定债权质押之形式要件，日本、德国则未具明文。[①]《民法典》并无以一般债权设质的明确规定，但第 446 条设置了准用条款，即权利质权除适用本节规定外，适用动产质权的规定。而动产质权的设立则明确当事人应当采取书面形式订立质权合同。同时，可作参考的权利质权类型无一例外均须以书面合同为形式要件，一般债权设质亦不可例外。相较于证券债权，一般债权更需维护交易安全及法律关系稳定，故订立质押书面合同为一般债权设质之必要。

参考各国立法例，考虑到权利质权与动产质权的相似性，除特殊情况外，多数国家和地区对于权利质权设定，在原则上规定准用动产质权设定的普通规则并遵循权利让与的规则。[②] 一般债权的质押亦如是。无论动产质权或权利质权皆以财产的交换价值用作担保，属于担保物权类型之一，应符合物权变动的公示公信等基本原则。权利质权另可遵循权利让与规则：一是因为以一般债权设质亦是一种以债权交易的方式；二是因为在债权质押实现时，可能发生权利的转移，故可参考债权让与的相关规则。诚如前文对债权让与相关规则的介绍，通说认为债权让与一经合意，权利即转移，并不需要交付或登记等特殊的履行方式，以通知作为对债务人生效或对抗的要件。在债权设质情

---

① 如《瑞士民法典》第 900 条规定：“无契约证书或仅有债务证书的债权，须以书面形式订立质权契约，始得出质。”我国台湾地区“民法”第 904 条规定：“以债权为标的物之质权，其设定应以书面为之。”但《日本民法典》第 363 条规定：“以债权为质权标的，如有债权证书时，质权的设定，因证书的交付而发生效力。”但未明确是否必须以书面形式为要式。

② 如《德国民法典》第 1273 条规定：“关于权利质权……准用关于动产质权的规定。”第 1274 条规定：“在权利上设定质押权的，适用关于权利转让的规定。”我国台湾地区“民法”第 901 条规定：“权利质权，除本节有规定外，准用关于动产质权之规定。”第 902 条规定：“权利质权之设定，除本节有规定外，应依关于其权利让与之规定为之。”胡利玲、王卫国：《论普通债权质押的风险防范》，载《人民司法》2005 年第 8 期。

况下亦如是[①]。如《德国民法典》第1280条规定，“出质有转让合同即可移转的债权的，仅在债权人将质权的设定通知债务人时，始为有效”，又如《日本民法典》第364条规定，以指名债权为质权标的时，没有依法律规定将质权的设定通知债务人或由第三债务人对此承诺，不得以之对抗第三债务人及其他第三人。这种以通知第三人作为债权质权生效或对抗要件的规定，有效避免了债务人因不知债权已设质而仍向出质人清偿所引发的一系列法律关系，自有其合理性。依我国原《合同法》第80条第1款之规定，“债权人转让权利的，应当通知债务人。未经通知，该转让对债务人不发生效力”，通知的法律效力体现在使债权让与对债务人发生效力。据此规则，以一般债权设质则同样应通知债务人，未经通知，该质权设定对债务人不发生效力。然而，从我国现行立法模式来看，我国并未采纳各国通例将债权设质参照债权让与的相关规则，至少在公示方式上，并未以通知作为对债务人生效的要件模式。

应收账款在性质上亦属于一般债权，故可作为在我国民法上以一般债权设质的参考。《民法典》第445条规定，以应收账款出质的，质权自办理出质登记时设立。意即质权的设立需经信贷征信机构登记后设立，出质登记为质权设立的成立要件，这与大多数国家的立法例有所不同。如前所述，在大多大陆法系国家，质权人与出质人间以法律需要的要件形式达成合意质权即告设立，通知为公示方式而非设权要件，但我国在以应收账款设质时必须登记，此时登记不仅为公示方式，更为设权要件，办理登记的对外公示效力免除了出质人或质权人对债务人的通知义务，故无须另行通知。应该说，《民法典》这一规定对建立统一有序的物权登记公示系统有其合理之处，但将质权的设立与其对外公示的效力合一的做法似不无值得商榷之处。有观点即认为，不应将应收账款质权的设立要件与公示要件混为一谈。对于应收账款质权未必就须以出质登记为设立要件，且对于已确定的现有未到期债权出质，是否有必要也以登记为生效和对抗要件，也不无疑问。对于这种债权，实际上只要出质债权的债务人知道

① 如果作为质权标的物的债权有相应的债权证书，出质人应将证书交付质权人，但该债权证书的交付仅系出于出质人的义务，并非质权设立的要件。即便出质人未交付证据亦不影响质权的设立，而质权人由此享有交付的请求权。该债权证书的转移占有亦有别于动产质权中的以动产转移占有从而发挥留置效力，故亦并非为质权设定的公示方式。我国台湾地区“民法”均有此类规定。谢在全：《民法物权论》（下册），中国政法大学出版社2011年版，第1019页。

债权出质的事实，就足以保护债权人和第三人的利益。[①] 无论如何，《民法典》已明确将应收账款质权的设立确定为登记生效主义，该规定确实有别于传统大陆法系国家对一般债权设质的相关规则设计，体现了债权设质的不动产物权化，加强了实务中的可操作性和规范性，有一定的特殊性。

【典型案例】

佛山市顺德区甲投资管理有限公司与广东乙集团有限公司债权转让合同纠纷案

上诉人（原审原告）：佛山市顺德区甲投资管理有限公司（以下简称甲公司）

法定代表人：胡某英，该公司总经理

被上诉人（原审被告）：广东乙集团有限公司（以下简称乙公司）

法定代表人：谭某明，该公司董事长

〔基本案情〕

上诉人甲公司因与被上诉人乙公司债权转让合同纠纷一案，不服广东省高级人民法院（2004）粤高法民二初字第6号民事判决，向最高人民法院提起上诉。最高人民法院依法组成合议庭进行了审理。本案现已审理终结。

广东省高级人民法院原审查明：2002年11月25日，乙公司与中国丙资产管理公司广州办事处（以下简称丙公司广州办事处）签订一份《债权转让协议》，约定：1. 丙公司广州办事处向乙公司转让包括本案债权在内的44亿多元债权，转让总价款为318622497元。付款方式分为四期，在首期转让价款165683698.8元支付后，乙公司应在自2002年12月29日至2003年12月28日期间，将余款分三期支付给丙公司广州办事处，2003年3月18日前支付31862249.08元，2003年6月18日前支付60538274.56元，2003年9月18日前支付60538274.56元。2. 协议的生效条件为：双方授权代表签字、盖章，乙公司满足了该合同所列全部先决条件，标的债权才由丙公司广州办事处转让给乙公司。先决条件为：（1）乙公司须在该合同签订之日起一个月内向丙公司广州办事处悉数支付首期转让价款165683698.8元；（2）乙公司须与丙公司广州办事处及管理服务商签订《管理服务商及资金账户监管协议》，且该协议已合法生效；（3）乙公司与丙公司广州办事处签署《债权质押合同》，将标的债权在受让后立即质押给丙公司广州办事处作为还清转让价款的担保，并向借款人及担保人发出有关标的债权（含其从属担保权益）已质押给丙公司广州办事处的通知函；（4）丙公司广州办事处与某机械筑路工程有限公司签订的《连带责任保证合同》已合法生效；（5）丙公司广州办事处已与乙公司签订《服务及协助协议》和《优先权及回购期权协议》。3. 丙公司广州办事处、乙公司双方应在该合同之先决条件得到

① 郭明瑞：《物权法实施以来疑难案例研究》，中国法制出版社2011年版，第326—327页。

满足，丙公司广州办事处将标的债权移交乙公司后共同就本协议项下的债权转让向借款人和担保人以公证送达方式发出通知函，将标的债权权利人变更之事项书面通知借款人和担保人。无论借款人或任一担保人是否对通知函予以签收和确认，并不影响本协议项下债权转让的效力，也不影响标的债权所随附之担保权利随标的债权一同转让的效力。4. 关于标的债权的再转让：在以下全部条件得到满足的前提下，乙公司可以将标的债权之全部或任一部分再转让给第三人：（1）在三年合作期内及合作届满时，如果丙公司广州办事处对乙公司拟转让的标的债权按照《优先权及回购期权协议》的规定不享有优先权，或丙公司广州办事处虽享有但放弃行使该等优先权及回购期权；（2）所得转让款项须全部存入监管账户内；（3）在转让合同中新的拟受让方作出与本合同第 9.2.7 款内容一致的声明与保证；（4）乙公司如拟将标的债权之任一部分或全部转让给境外投资者，则须事先征得丙公司广州办事处同意。第 9.2.7 款为：乙公司承认中华人民共和国法律所确立的公司法人企业制度及丙公司广州办事处的企业法人地位，充分理解并认可丙公司广州办事处原据标的债权对中华人民共和国国家及政府并不享有任何形式的索偿权，保证将不会因受让标的债权而享有任何该等索偿权；乙公司将仅在中华人民共和国境内依据中华人民共和国法律对标的债权之借款人及/或担保人提起诉讼、仲裁；特殊情况下，如借款人及/或担保人在中国境外有资产，乙公司可以依据香港特别行政区法律在香港特别行政区提起诉讼或仲裁。乙公司亦在此承诺：如其日后依据本合同第 15 条之有关规定转让本合同项下之合同权益，或将标的债权之整体或部分再转让给任何第三方，乙公司将确保该受让方作出相同承诺；否则，由此导致之任何纠纷、责任由乙公司自行承担等。

签订上述《债权转让协议》的当日，丙公司广州办事处又与乙公司签订了先决条件约定的《管理服务商及资金账户监管协议》《债权质押合同》《连带责任保证合同》《服务及协助协议》《优先权及回购期权协议》。而后，乙公司向丙公司广州办事处支付首期款 125683698.8 元。乙公司于 2002 年 10 月 31 日支付的 300 万元定金和 2002 年 11 月 11 日支付的 3700 万元定金也转为首期款。乙公司向丙公司广州办事处合计支付了 165683698.8 元。

2003 年 1 月，乙公司向丙公司广州办事处发出《优先购买通知》，该通知载明：乙公司拟将顺德市丁建设综合开发公司（以下简称丁公司）的人民币 114187454.22 元贷款本金及相应利息的债权转让给甲公司，转让价款为人民币 7500 万元，2003 年 7 月 27 日前支付完毕。基于丙公司广州办事处享有优先购买权，贵司可按上述价格及付款方式优先购买，请在收到该通知之日起五个工作日内以书面形式回复。同月 23 日丙公司广州办事处在该通知上签收。

2003 年 1 月 29 日，乙公司与甲公司签订一份《债权转让协议》，约定：1. 根据乙公司和丙公司广州办事处于 2002 年 11 月 25 日签订的《债权转让协议》，乙公司取得了丙公司广州办事处从某银行受让的位于顺德地区的相关债权及其债权项下担保权益，其中包括对丁公司的人民币 114187454.22 元、美元 5386034.31 元贷款本金及相应利息的债权。双方经协商，并依与丙公司广州办事处约定的规则和程序取得合法认可，达成如下协议。2. 本协议所转让的标的是指乙公司对丁公司的 9 笔债权本金人民币 114187454.22 元、美元 5386034.31 元及利息、违约金等及相应保证人、抵押物所享有的权利。3. 上述债权转让总价款为人民币 7500 万元。甲公司付款期限：（1）在本协议签订之日起 46 日内按总价款的 20%向乙公司支付转让债权的定金 1500 万元，其中协议签订当日付部分定金 300 万元；（2）2003 年 3 月 15 日前向乙公司支付债权转让款 1500 万元；（3）2003 年 5 月 15 日前向乙公司支付债权转让款 2250 万元；2003 年 7 月 27 日前向乙公司支付债权转让款 2250 万元；（4）上述各期付款时间（但不限于定金），如甲公司在每期付款期届满时确实有困难，乙公司给予甲公司 60 日的宽限期；（5）付款账户的户名：丙公司广州办事处。4. 关于债权移交约定：在本协议生效以后，乙公司同意在甲公司达到如下两个条件中任何一条的情况后五个工作日内向甲公司移交本协议项下全部债权的资料，并向甲公司提交因转让该债权而向债务人及保证人（如果有）发出的转让通知有效回执或者其他可证明已通知的证据材料：（1）甲公司按照本协议约定在 2003 年 7 月 27 日前向乙公司交纳了全部 7500 万元转让价款。（2）甲公司按照本协议的约定向乙公司交纳了定金 1500 万元，并向乙公司提交乙公司认可的银行保函，保证甲公司在 2003 年 7 月 27 日前按上述第二条约定交纳剩余 6000 万元转让价款。5. 本协议生效后，乙公司允许甲公司查阅、复制转让标的项下债权的有关合同、往来文件、票据、凭证等债权资料。6. 关于违约责任约定：（1）任何一方违反本协议约定时，另一方有权要求违约方立即限期纠正，因一方违约而使对方权益受到严重损害时，对方有权解除协议。（2）如甲公司按期如数支付完毕转让价款，则甲公司所支付的定金抵作转让价款；如甲公司在本合同规定的付款期限内未能按期支付转让价款并逾期超过 60 日，视为甲公司违约，乙公司有权解除协议，甲公司所支付的定金不予退还；对于甲公司已经支付的定金以外的其他转让价款，从乙公司已经转让给甲公司的债权中按总转让价款与总转让债权的比例予以折价抵偿，乙公司不再要求甲公司退回该已转让的债权；对于已折价抵偿的部分，甲公司无权要求乙公司退回乙公司所收取的转让价款。（3）若甲公司拖延支付转让价款，则每延付一日应按中国人民银行有关逾期还款的规定向乙公司支付滞纳金。（4）如乙公司收到甲公司支付的转让金后未向甲公司移交债权，乙公司应退回甲公司已支付的转让金，按中国人民银行有关逾期还款的规定向甲公司支付滞纳金，双倍返还定金，并赔偿甲公司的一切损失（含律师费及甲公司为实现债权而发生的和将要发生的其他费用）。（5）如乙公司拖延向甲公司移交债权，乙公司应按中国人民银行有关逾期还款的规定向甲公司支付滞纳金；如此种拖延导致该项债权在移交后三个月内超过诉讼时效期间，按本协议第 5 条乙公司责任第 4 项处理。(6) 除此以外，因违约方违约事实或协议解除给守约方造成的损失，违约方应予赔偿。7. 关于争议解决约定：因该协议产生的一切争议适用中华人民共和国法律解决，并由乙公司所在地法院行使管辖权。8. 关于协议的生效约定：协议经双方法定代表人或法定代表人授权的代理人签字并加盖单位公章后生效。

该协议签订后，甲公司于2003年1月29日支付300万元、3月15日支付1200万元、5月19日支付1500万元、9月19日支付900万元和1450万元，合计支付5350万元债权转让款给乙公司。

2003年9月24日，乙公司向甲公司出具《同意函》，同意甲公司第三期转让款延期至2003年9月26日支付800万元，9月29日支付1450万元，在收到第三期款后，同意在2003年12月27日前支付第四期款项。同日，甲公司亦向乙公司出具《同意函》，同意在乙公司收到全部转让价款后30个工作日内向甲公司移交所有债权资料。

2004年2月5日，丙公司广州办事处以公证见证的方式向债务人丁公司和担保人丁经济发展总公司、丁镇投资控股总公司寄出《债权转让及质押通知书》。丙公司广州办事处和乙公司联合通知丁公司和丁经济发展总公司、丁镇投资控股总公司，丙公司广州办事处已将其对丁公司的债权158773046.24元全部转让给乙公司，乙公司将上述债权在内的标的债权作为质物向丙公司广州办事处提供质押担保，自收到该通知之日起，债务人和担保人应根据新债权人的指示向新债权人偿还债务款项。

2004年2月6日，乙公司向甲公司邮寄送达《关于顺德市丁建设综合开发公司债权转让事宜的通知》，该通知载明：基于甲公司未支付第四期款项，已构成违约，现通知解除《债权转让协议》，没收已支付的1500万元定金，对已支付的其他3750万元转让款，不予退回，按照《债权转让协议》第六条第二款的约定，按已付款占总价款比例，转让本金余额为人民币79487454.22元的债权。同日，乙公司向债务人丁公司邮寄送达《关于债权转让及处理债务的函》，通知丁公司其将本金余额79487454.22元的债权及相应利息的债权转让给甲公司，自该通知到达之日起，甲公司对丁公司上述债权项下的三笔贷款享有债权，对丁公司的其他债权仍由乙公司享有。同日，乙公司还向担保人丁经济发展总公司、丁镇投资控股总公司邮寄送达《担保权利转让通知》。

2004年2月13日，乙公司通过公证向甲公司送达《档案移交清单》，甲公司拒收。

2004年4月16日，丙公司广州办事处向广州市戊企业顾问有限公司出具《关于顺德资产包对价款收取情况的通知》，该通知载明：到2004年1月6日止，乙公司已向丙公司广州办事处全额支付顺德资产包的对价款318622497.7元。

2004年4月30日，丙公司广州办事处向乙公司出具《关于顺德市丁建设综合开发公司债权再行转让问题的确认函》，载明：1. 根据贵司与我办签订的有关协议，贵司已自我办受让对丁公司享有的上述债权；由于贵司已经满足取得债权的所有先决条件，故在 2003 年 1 月 28 日时贵司已经取代我办成为丁公司的债权人，对其享有上述债权。2. 根据贵司与我办签订的有关协议，我办对上述债权转让可以在同等条件下行使优先购买权，但我办当时已放弃了上述优先购买权。3. 我办同意贵司对丁公司享有的上述债权的处置方案，即以 7500 万元人民币的价格和其他条件转让给甲公司。4. 我办同意在上述债权转让时即解除该等债权的质押担保，对该等债权不再享有质押权，我办并协助贵司将上述债权转让给甲公司。

原审另查明：2003 年 1 月 24 日，甲公司与容某区投资控股总公司签订一份《历史债务处理协议》，约定：鉴于顺德市容某区区属企业欠银行贷款，后各银行将部分债权划给中国丙资产管理公司、中国长某资产管理公司、中国信某资产管理公司，在资产管理公司的债权本息合计 580610663.51 元，其中中国丙资产管理公司本息合计 318040959.6 元。甲公司“打包”接收三资管理公司上述债权，达成如下处理方案：1. 甲公司同意 5.806 亿元的债权，免除 2.75 亿元利息，按 3.056 亿元计算收取。2. 容某区投资控股总公司同意用“摩托城”18.3 万平方米按原协议 800 元/平方米顶债务 14640 万元给甲公司。3. 用文海路 7000 平方米土地按原协议抵顶债务 700 万元给甲公司。4. 容某区投资控股总公司在处理劲力电池厂厂房土地款中偿还 300 万元给甲公司。5. 305689738.19 元债权本金减去容某区投资控股总公司用上述土地及部分款项抵顶或支付甲公司后，甲公司剩下债权 149289738.19 元，甲公司同意再减免 49289738.19 元后，甲公司剩下的债权为 1 亿元。6. 如果甲公司承接了某银行顺德支行在丁建设综合开发公司的贷款 40902542.89 元及衍生利息的债权，容某街道办事处再支付 2800 万元给甲公司。如甲公司未能承接上述中行在丁建设综合开发公司的贷款本息时，前述第五条要支付给甲公司的 1 亿元，甲公司同意再减免 2000 万元，即容某区投资控股总公司只支付 8000 万元给甲公司等。

2004 年 3 月 8 日，甲公司向广东省高级人民法院提起诉讼，请求判令：1. 确认乙公司与甲公司于 2003 年 1 月 29 日签订的《债权转让协议》是无效合同。2. 判令乙公司返还甲公司已付转让款 3750 万元，双倍返还定金共 3000 万元，赔偿甲公司可得利益损失人民币 5832.8 万元，利息损失 1911818.22 元（按银行同期贷款利率暂计算至 2004 年 2 月 28 日），以上合计人民币 127739818.22 元。3. 由乙公司承担本案费用。本案一审审理过程中，原审法院不认可甲公司对本案民事行为的效力的主张，依照《民事证据规定》第 35 条的规定，告知甲公司可以变更诉讼请求。甲公司据此向原审法院提交《变更诉讼请求申请书》，将第一项诉讼请求变更为：撤销乙公司与甲公司于 2003 年 1 月 29 日签订的《债权转让协议》。

〔一审裁判理由与结果〕

广东省高级人民法院经审理认为：本案为债权转让合同纠纷。本案的争议焦点是乙公司的行为是否构成欺诈，而导致其与甲公司签订的《债权转让协议》可撤销的问题。

关于乙公司在与甲公司签订《债权转让协议》时是否已取得本案债权的问题。根据乙公司与丙公司广州办事处于2002年11月25日签订的《债权转让协议》的约定，拟转让的债权在满足该协议约定的先决条件时即从丙公司广州办事处转让给乙公司。而在签订该协议的同日，乙公司即与丙公司广州办事处签订了先决条件约定的《管理服务商及资金账户监管协议》《债权质押合同》《连带责任保证合同》《服务及协助协议》《优先权及回购期权协议》，并向丙公司广州办事处支付了首期转让款。至此，乙公司已满足了协议约定的先决条件，本案债权从丙公司广州办事处转让给了乙公司。甲公司认为乙公司与其签订《债权转让协议》时没有取得本案债权与事实不符。

关于丙公司广州办事处对本案债权享有优先购买权的问题。虽然乙公司与丙公司广州办事处签订的《债权转让协议》约定丙公司广州办事处对该债权的再转让有优先购买权，但是，乙公司在向甲公司转让债权之前已向丙公司广州办事处发出优先购买通知，丙公司广州办事处未在乙公司通知的期限内行使该权利，应视为其放弃了优先购买权。对此，丙公司广州办事处在2004年4月30日的确认函中也确认当时已放弃了优先购买权。因此，乙公司转让债权的阻碍条件已经消除，乙公司对其享有的债权可以依法再行转让。

关于债权转让通知义务的履行是否影响债权转让协议的效力的问题。《合同法》第80条第1款规定：“债权人转让权利的，应当通知债务人。未经通知，该转让对债务人不发生效力。”据此，债权人未通知债务人的，则该转让对债务人不发生效力，并非影响该债权转让的效力。《最高人民法院关于审理涉及金融资产管理公司收购、管理、处置国有银行不良贷款形成的资产的案件适用法律若干问题的规定》第6条第2款规定：“在案件审理中，债务人以原债权银行转让债权未履行通知义务为由进行抗辩的，人民法院可以将原债权银行传唤到庭调查债权转让事实，并责令原债权银行告知债务人债权转让的事实。”可见，债权转让通知义务在案件审理中仍可履行，债权转让通知义务未及时履行只是使债务人享有对抗受让人的抗辩权，它并不影响债权转让人与受让人之间债权转让协议的效力。因此，向债务人发出债权转让通知并非债权转让协议的生效要件，丙公司广州办事处没有及时向债务人和担保人发出债权转让通知并不影响其与乙公司签订的《债权转让协议》的效力，也不能因此认为乙公司未取得本案债权。

关于丙公司广州办事处对本案债权享有的质押权是否影响乙公司与甲公司签订的《债权转让协议》效力的问题。乙公司与丙公司广州办事处签订的《债权转让协议》约定，乙公司将受让后的债权质押给丙公司广州办事处作为还清转让价款的担保。但丙公司广州办事处在2004年4月30日的函中确认，其“在上述债权转让时即解除该等债权的质押担保，对该等债权不再享有质押权”。因此，丙公司广州办事处已追认其在乙公司向甲公司转让本案债权时放弃了质押权，其对乙公司转让本案的债权不享有质押的权利。即使在乙公司与甲公司签订《债权转让协议》之时，丙公司广州办事处对该转让债权的质押权仍然存在，乙公司仍可转让该债权。因为《担保法》并没有禁止出质人转让质物的规定，即便是对股票等质权人对质物不加以占有的标的，该法规定经出质人和质权人协商同意的，也可以转让。在本案中，乙公司和丙公司广州办事处签订的《债权转让协议》既约定了债权质押，同时也约定了债权再行转让的条款，因此双方实际上同意对该质押的债权可以再行转让。乙公司于 2003 年 1 月向丙公司广州办事处发出《优先购买通知》，拟将本案债权转让给甲公司时，丙公司广州办事处并未提出反对转让的异议。因此，质权人丙公司广州办事处对出质人乙公司将标的债权再行转让已予默认。故乙公司有权转让本案债权，其与甲公司签订的《债权转让协议》的效力不因该债权的出质而受影响。

关于乙公司的行为是否构成欺诈而导致《债权转让协议》可撤销的问题。最高人民法院《民法通则意见》第 68 条规定："一方当事人故意告知对方虚假情况，或者故意隐瞒真实情况，诱使对方当事人作出错误意思表示的，可以认定为欺诈行为。"在本案中，乙公司与甲公司签订的《债权转让协议》的前言载明："根据乙公司和丙公司广州办事处于 2002 年 11 月 25 日签订的《债权转让协议》，乙公司取得了丙公司广州办事处从某银行受让的位于顺德地区的相关债权及其债权项下担保权益。双方协商，并依与丙公司广州办事处约定的规则和程序取得合法认可，而达成的协议。"由此可见，在签订本案《债权转让协议》之时，甲公司对乙公司和丙公司广州办事处签订的《债权转让协议》的内容应当知晓，对本案债权的情况也有了解，故甲公司认为乙公司故意隐瞒其与丙公司广州办事处签订的《债权转让协议》的内容，诱使其作出错误意思表示，从而签订本案的《债权转让协议》缺乏事实依据。对于乙公司和丙公司广州办事处签订的《债权转让协议》对债权再转让约定的条件，要求新的拟受让方作出的声明与保证主要是承认丙公司广州办事处的企业法人地位、理解并认可丙公司广州办事处原据标的债权对中华人民共和国国家及政府并不享有任何形式的索偿权等内容，上述内容对甲公司追索本案的债权并不构成其所谓有实质性限制和约束。至于乙公司和甲公司签订转让协议时丙公司广州办事处尚未对债务人和担保人履行债权转让通知义务，以及乙公司将标的债权出质给丙公司广州办事处的问题，根据前述，既不影响乙公司从丙公司广州办事处受让本案债权，也不影响乙公司与甲公司签订的《债权转让协议》的效力。虽然甲公司在向债务人主张债权时会因债权转让通知尚未到达债务人和债权被出质而暂时受阻，但从本案的事实来看，乙公司和甲公司签订的《债权转让协议》约定，甲公司在支付完全部债权转让款后，乙公司才向甲公司移交该协议项下全部债权的资料，以及向债务人及保证人发出转让通知有效回执或者其他可证明已通知的证据材料。但甲公司在提起本案诉讼之时，尚未付清债权转让款，而丙公司广州办事处已于 2004 年 2 月 5 日向本案债务人的担保人履行了债权转让通知的义务。关于质押权的问题，乙公司已于2004年1月6日向丙公司广州办事处全部支付了顺德资产包的对价款，由于质权因被担保的债权的消灭而消灭，故在2004年1月6日丙公司广州办事处的质押权已自行消灭。因此，在甲公司尚未取得本案债权之时，影响甲公司向债务人行使权利的债权转让的通知义务已经履行，质押权也已消灭，对甲公司的利益没有造成损害。甲公司请求撤销《债权转让协议》不符合《合同法》第54条第2款的规定，不予支持。此外，根据《合同法》第55条的规定，具有撤销权的当事人自知道或者应当知道撤销事由之日起一年内没有行使撤销权的，撤销权消灭。由于签订本案《债权转让协议》之时，甲公司对乙公司和丙公司广州办事处签订的《债权转让协议》的内容应当知晓；而双方的协议第三条第一款也约定："本协议生效后，乙公司允许甲公司查阅、复制转让标的项下债权的有关合同、往来文件、票据、凭证等债权资料"，即在签订协议之后甲公司有权了解该债权的情况。故甲公司在2003年1月29日签订该协议之时对其主张撤销的事由应当知道，至其2004年3月8日提起本案之时，已超过一年期限。因此，甲公司认为乙公司的行为构成欺诈、协议可撤销的理据不足，不予支持。

综上，乙公司与甲公司签订的《债权转让协议》不违反法律和行政法规的禁止性规定，应认定合法有效。乙公司的行为不构成欺诈，甲公司主张该协议可撤销，请求乙公司返还已付债权转让款和赔偿利息损失，缺乏事实和法律依据。甲公司请求乙公司双倍返还定金及赔偿可得利益损失与其主张协议可撤销的法律后果不符。对甲公司的诉讼请求不予支持。该院依照《合同法》第44条第1款、第54条第2款、第55条、第80条第1款，《民事诉讼法》第64条第1款之规定，判决：

驳回甲公司的诉讼请求。案件受理费648709元，由甲公司负担。

〔当事人上诉及答辩意见〕

甲公司不服原审法院上述民事判决，提起上诉称：1. 原审判决认定乙公司与甲公司签订《债权转让协议》时已取得本案债权，与事实不符。由于乙公司直到2004年2月5日，才通知债务人丁公司和担保人丁经济发展总公司、丁镇投资控股总公司其将本案债权在内的标的债权作为质物向丙公司广州办事处提供质押担保，这时才满足乙公司与丙公司广州办事处签订的《债权转让协议》约定的债权转让的先决条件，也证明在与甲公司签订《债权转让协议》时，乙公司没有取得本案债权。因此，原审判决混淆了丙公司广州办事处与乙公司签订的《债权转让协议》的效力、协议的生效及协议的履行是两个不同的问题。2. 原审判决关于丙公司广州办事处已放弃质押权的认定与事实不符，关于乙公司将本案债权质押给丙公司广州办事处后仍可转让该债权的认定于法理不通，且回避了乙公司与甲公司签约时是否隐瞒了本案债权已质押，即是否告知了甲公司该债权已被质押的事实，以使甲公司能作出正确的决定这一核心问题。丙公司广州办事处在2004年4月30日函件中的所谓追认，不仅发生在本案诉讼开始之后，更与其在2004年2月5日向借款人及担保人发出的通知函的事实相矛盾。3. 原审判决认定乙公司与甲公司签约时没有隐瞒债权的真实情况是错误的。本案有两个关键问题：一是双方签订《债权转让协议》时，乙公司是否如其所述已取得本案所涉贷款本金和相应利息的债权；二是其是否将债权已质押的事实告知甲公司。乙公司在签订《债权转让协议》时，未取得相关债权，其相关陈述是虚假陈述，亦未把债权质押的事实告知甲公司，故乙公司显然有意隐瞒，构成欺诈。4. 关于诉讼时效的问题。一审中，没有任何证据证明甲公司在2003年1月29日签订协议时知道乙公司没有取得本案债权，也没有证据证明甲公司签订时知道乙公司将相关债权已质押给丙公司广州办事处，并且由于乙公司与丙公司广州办事处的《债权转让协议》中包含数十亿元与本案无关的其他债权，以及乙公司与丙公司广州办事处的各种保密约定，乙公司以保密为由，一直拒绝提供有关文件，甲公司也不可能知道上述事实。甲公司知道乙公司取得债权的先决条件是在本案庭审前的证据交换后，而知道其将相关债权已质押给丙公司广州办事处的时间是在2004年2月5日后。因此，甲公司在2004年3月8日提起本案诉讼未超过一年期限。5. 一审审判程序不符合规定。在一审过程中，由于法院不认可甲公司的诉讼请求，告知甲公司可以变更诉讼请求。甲公司向法院提交了《变更诉讼请求申请书》，按照《民事证据规定》第35条的规定，法院应当重新指定举证期限，但一审法院未按规定指定举证期限，更未对变更后的诉讼请求进行开庭审理，不符合法律规定。请求依法撤销原判，并撤销双方于2003年1月29日签订的《债权转让协议》，由乙公司返还甲公司已付转让款3750万元，双倍返还定金共3000万元，赔偿甲公司可得利益损失和利息损失。

被上诉人乙公司答辩称：1. 本案争议的标的债权已由丙公司广州办事处转移至乙公司，乙公司有权将自丙公司广州办事处受让的债权转让给甲公司。根据乙公司与丙公司广州办事处签订的《债权转让协议》的约定，在协议签订的当日，乙公司与丙公司广州办事处签订了先决条件约定的各项合同，并依约向丙公司广州办事处支付了首期款，乙公司已满足了《债权转让协议》约定的先决条件，标的债权转至乙公司。事实表明，乙公司与甲公司签订《债权转让协议》时已经合法有效受让标的债权，在丙公司广州办事处放弃优先购买权的情况下，乙公司将标的债权转让于甲公司并不违反任何法律、法规的规定，且《债权转让协议》是双方的真实意思表示，合法有效。双方于《债权转让协议》签订后，甲公司向乙公司支付了部分债权转让款，但甲公司未按约定日期支付第四笔款项，已构成违约，乙公司依照约定解除《债权转让协议》。2. 甲公司以乙公司和丙公司广州办事处未向借款人及担保人发出有关标的债权已质押给丙公司广州办事处的通知函为由，主张乙公司和丙公司广州办事处之间的《债权转让协议》约定的先决条件未满足，乙公司在与甲公司签订《债权转让协议》时尚未取得债权，该上诉理由不成立。债权转让通知的欠缺并不影响债权转让人与受让人之间的债权转让效力，而只是使债务人享有对抗受让人的抗辩权，该抗辩权的存在并不意味着受让人没有有效受让债权，而只是意味着这种债权的行使暂时受到阻碍，且此抗辩权一旦债权转让通知到达债务人即告消灭。既然向债务人发出通知并非债权转让的生效要件，则认定受让人何时取代转让人取得债权人地位应当以转让人与受让人的约定为准，而不应以向债务人发出通知的时间为准，因此对乙公司何时取得债权应以与丙公司广州办事处签订的《债权转让协议》的约定，以及丙公司广州办事处在2004年4月30日的函件内容作为认定乙公司取得债权的依据。3. 甲公司以丙公司办事处放弃质押权与事实不符、债权质押后仍可转让于法不通、回避债权质押问题为上诉理由，并无任何事实与法律根据。从丙公司广州办事处2004年4月30日出具的确认函可以认定，丙公司广州办事处在乙公司与甲公司签订《债权转让协议》将债权予以转让时即解除质押，这一解除质押的意思表示是在乙公司与甲公司签订《债权转让协议》之前作出，在签订《债权转让协议》时生效，而确认函只不过是事后的书面确认，并不代表是于2004年4月30日作出解除质押的意思表示。在乙公司通知甲公司解除双方所签《债权转让协议》的同时，乙公司将相关债权移交给甲公司的事项通知了债务人，从该通知中可以看出其中并无债权质押的内容，债权质押并不存在。4. 依据前述乙公司已合法受让并取得债权且签订《债权转让协议》时，甲公司应当知道且确实知道乙公司与丙公司广州办事处之间协议内容的事实，能够确定乙公司既未故意告知甲公司虚假情况，也未故意隐瞒真实情况，不构成欺诈，故甲公司不享有撤销权。即使甲公司享有撤销权，也因超过诉讼时效而归于消灭。根据证据规则，甲公司主张其于2003年1月29日并不知道撤销事由，则应提供相应的证据材料来证实，而乙公司主张甲公司签约时就应当知道且确实知道撤销事由的证据就是双方签订的《债权转让协议》，而甲公司亦未提供能够反驳乙公司主张的任何证据材料，故其未超过诉讼时效的理由不能成立。5. 一审审判程序正确。一审时，甲公司将确认《债权转让协议》无效的诉讼请求变更为撤销，依据《民事证据规定》第2条第1款的规定，甲公司应当就变更的诉讼请求提供相应的证据。但甲公司请求确认《债权转让协议》无效所依据的证据材料，与请求撤销《债权转让协议》所依据的证据材料并无任何不同，就甲公司请求确认《债权转让协议》无效所依据的证据材料，一审法院已按照相关规定指定了举证期限并进行了庭前证据交换，在甲公司变更了诉讼请求但未提供不同的证据材料的情况下，一审法院不另行指定举证期限并无任何不妥，故一审审判程序正确。6. 甲公司要求乙公司返还其已付转让款及双倍返还定金，赔偿其可得利益损失和利息损失，并无法律依据和事实依据。本案中的《债权转让协议》是双方的真实意思表示，对双方都具有法律约束力，但甲公司并未按照《债权转让协议》的约定按期支付转让价款，乙公司有权解除协议并对已收取的转让价款不予返还，同时将相应比例的债权移交甲公司，乙公司已完成对相应比例债权的移交工作，因此，甲公司无权要求乙公司返还转让款。并且由于甲公司违约，其无权要求返还定金，该主张与甲公司的诉讼请求相矛盾。综上，请求驳回甲公司的上诉请求。

〔最高人民法院查明的事实〕

最高人民法院对原审法院查明的事实予以确认。

〔最高人民法院裁判理由与结果〕

最高人民法院认为，本案二审双方当事人之间争议的焦点仍然是乙公司签约时是否享有债权、乙公司与丙公司广州办事处之间的质押是否影响债权的再转让、乙公司的行为是否构成欺诈等问题。

关于甲公司提出的乙公司签约时没有取得本案债权的上诉理由，法院认为，甲公司提出该项上诉理由的主要依据是乙公司与丙公司广州办事处未能依照双方签订的《债权转让协议》的约定，向借款人及担保人发出有关标的债权质押的通知函，未满足协议生效的条件。根据本案查明的事实，乙公司与丙公司广州办事处签订《债权转让协议》的当日，双方当事人又签订了先决条件约定的《管理服务商及资金账户监管协议》《债权质押合同》《连带责任保证合同》《服务及协助协议》《优先权及回购期权协议》。而后，乙公司依约支付了首期转让价款 165683698.8 元。上述事实表明，双方当事人约定的主要生效条件已经满足。虽然乙公司与丙公司广州办事处未能及时向借款人和担保人发出有关标的债权质押的通知函，但是根据丙公司广州办事处事后发出的《债权转让及质押通知书》的内容看，标的债权质押的前提，是丙公司广州办事处将标的债权转让给乙公司，乙公司以标的债权作为质物向丙公司广州办事处提供质押担保。可以看出，乙公司与丙公司广州办事处在协议中约定的债权质押的通知义务，与债权转让的通知义务具有同等的法律意义。故原审法院认定，向债务人发出债权转让通知并非债权转让协议的生效要件，丙公司广州办事处没有及时向债务人和担保人发出债权转让通知并不影响其与乙公司签订的《债权转让协议》的效力，也不能因此认为乙公司未取得本案债权。原审判决上述认定正确，甲公司的该项上诉理由不能成立，法院不予采纳。

关于甲公司提出的丙公司广州办事处并未放弃质押权、标的债权不可转让的上诉理由，法院认为，甲公司提出该项上诉理由的主要依据是丙公司广州办事处 2004 年 2 月 5 日向借款人及担保人发出的通知函中，明示了标的债权已质押，而丙公司广州办事处也向借款人及担保人主张质押权。故丙公司广州办事处 2004 年 4 月 30 日的函件中所谓放弃质押权不符合事实。本案查明的事实表明，丙公司广州办事处向借款人及担保人发出的《债权转让及质押通知书》，仅仅是对借款人及担保人就债权质押予以通知，并不能得出其向借款人及担保人主张质押权的结论。乙公司与丙公司广州办事处在《债权转让协议》中约定了债权质押和债权再行转让的条款，其中对债权的再行转让丙公司广州办事处享有优先购买权。乙公司向甲公司转让的债权，仅是其从丙公司广州办事处受让的债权的一部分。乙公司向甲公司转让该部分债权之前，向丙公司广州办事处发出《优先购买通知》，丙公司广州办事处在约定的期限内未行使优先购买权，也未对乙公司将该部分债权转让给甲公司提出异议，该转让行为不违反当事人的约定，也不违反法律法规的强制性规定，且丙公司广州办事处在2004年4月30日的函件中对“在上述债权转让时即解除该等债权的质押担保，对该等债权不再享有质押权”的事实予以确认。故原审法院认定丙公司广州办事处对乙公司转让该部分债权已经放弃了质押权，乙公司有权转让本案债权，其与甲公司签订的《债权转让协议》的效力不因该债权的出质而受影响。原审判决上述认定正确，甲公司的该项上诉理由不能成立，法院不予采纳。

关于甲公司提出的乙公司隐瞒债权的真实情况，构成欺诈的上诉理由，法院认为，如上分析，乙公司与甲公司签订《债权转让协议》时，已经取得自丙公司广州办事处受让的标的债权，甲公司以债权质押通知的发出时间，作为乙公司取得相关债权，并依此认为乙公司与其签订《债权转让协议》中的相关陈述是虚假的，是隐瞒债权真实情况的主张，没有事实和法律依据。甲公司与乙公司签订《债权转让协议》时已经明确，该协议是基于乙公司与丙公司广州办事处之间的《债权转让协议》，并依乙公司与丙公司广州办事处约定的规则和程序取得合法认可而达成。应当认定甲公司签约时对乙公司与丙公司广州办事处之间的协议内容是明知的，其对乙公司将受让的标的债权出质给丙公司广州办事处并未提出异议。如果甲公司称签约时并不了解乙公司与丙公司广州办事处之间协议的内容，也仅能视为甲公司对自己享有权利的放弃，并不能证明乙公司故意隐瞒债权已质押的事实。故甲公司认为乙公司的行为构成欺诈的上诉理由没有事实依据，法院不予支持。

关于甲公司提出的在其向一审法院提交了《变更诉讼请求申请书》后，一审法院未按照《民事证据规定》第35条的规定，重新指定举证期限，也未对变更后的诉讼请求进行开庭审理的上诉主张，法院认为，本案一审开庭审理后，甲公司向原审法院递交了《变更诉讼请求申请书》，此后，原审法院通知甲公司可以变更诉讼请求，并明确告知甲公司，如果变更，要提交书面申请和相关证据。在规定的期限内，甲公司向原审法院提交了《变更诉讼请求申请书》，但未提供相关证据。且本案二审审理中，甲公司亦未向法院提供与其变更诉讼请求相关的证据。故甲公司的该项主张不能成立。

综上分析，甲公司的上诉理由没有事实根据和法律依据，原审判决认定事实清楚，适用法律正确，应予维持。法院依照《民事诉讼法》第153条第1款第1项的规定，判决如下：

驳回上诉，维持原判。

二审案件受理费648709元，由佛山市顺德区甲投资管理有限公司承担。

本判决为终审判决。

第十四章　占　有

规则 19：债权人以自己名义长期占用、管理债务人房屋，无人提出异议的，属善意占有

——胡某开等申请确认房屋所有权案①

【裁判规则】

债权债务关系的债务人届期未清偿债务，且已倒闭 50 余年，债权人以自己名义长期占用、管理债务人房屋，至今无人提出异议，属于善意占有。现债权人愿补足该房屋差价款，以取得该房屋所有权，应依法准许。补交的房屋价款可视为无主财产，依法收归国有。

【规则理解】

一、占有的内涵

欧陆民法上的占有制度始自于罗马法的占有（Possession），融合日耳曼法的占有（Gewere），而成文于各国民法典。② 从词义上看，罗马法上的占有与对物的一种事实上的占据和支配有关。③ 具体而言，有人认为占有指的就是对物件的事实上的支配、管领，或称对物件有事实上的管领力。④ 也有学者认为占有在罗马法中，是指一种使人可以充分处分物的、同物的事实关系，它同时要求具备作为主人处分物的实际意图。⑤ 关于占有的要件，法学家有不同的理解，萨维尼认为在罗马法中的占有要获得占有令状的保护，必须具备两个要件，即“体素”与“心素”，其中“体素”是指占有的事实状态，“心素”是指将物据

---

① 《中华人民共和国最高人民法院公报》1998 年第 4 期。

② 王泽鉴：《民法物权·用益物权·占有》，中国政法大学出版社 2001 年版，第 142 页。

③ 宁红丽：《物权法占有编》，中国人民大学出版社 2007 年版，第 1 页。

④ 周枏：《罗马法原论》（上册），商务印书馆 1994 年版，第 407 页。

⑤ ［意］彼德罗·彭梵得：《罗马法教科书》，黄风译，中国政法大学出版社 1992 年版，第 270 页，转引自王利明：《物权法论》（修订本），中国政法大学出版社 2003 年版，第 788 页。

为己有的意图，耶林则认为罗马法中的占有虽有“心素”的要求，但“心素”是指占有的意图，而不是据为己有的意图。[①]

关于何为占有，我国民法学者也曾有不同看法。佟柔教授认为，占有是所有权的一种权能，是指主体对物的实际控制。[②] 魏振瀛教授认为，占有是对物在事实上占领、控制。[③] 王利明教授认为，占有是主体对于物基于占有的意思进行控制的事实状态。[④] 笔者认为，占有首先是对物占领、控制的事实，随着物权制度的确立，占有成为所有权的一种权能，同时，占有还具有除了作为所有权的权能之外的法律意义。

二、占有的性质

对于占有的性质是事实还是权利，自罗马古代的法学家开始就存在分歧，有的学者主张占有是具有一定法律效力的事实，也有学者主张占有不仅是一种事实，还像物权一样，也可以援用救济程序加以保障。[⑤] 这一分歧也体现于后世立法之中。如《法国民法典》认为占有为事实，《德国民法典》一方面对占有在法律上仍认为是一种事实，但另一方面在体系上对占有制度作了详细规定，《日本民法典》则在占有权中规定了占有权的取得、效力、换效等问题，被一些学者认为是占有从事实向权利转化的标志。[⑥] 我国法学界对占有的性质也存有争议，有学者认为占有是一种事实，也有学者认为占有是一种权利，还有学者认为占有是所有权的一项权能。

笔者认为，占有不是一项独立的权利，也不仅仅是所有权的一项权能，而是一种事实。

（一）占有并不仅仅是所有权的一项权能

占有是所有权的一项权能，这是毋庸置疑的，但是，占有并不仅仅是所有权的权能，因为，如果占有仅仅是所有权的权能，不能解释为何不具有本权的占有也能得到法律的保护。

（二）占有不是一种权利

首先，占有不是一项债权，占有当然可能基于借用、租赁等债的关系而发

---

① 王利明：《物权法论》（修订本），中国政法大学出版社2003年版，第789页。

② 佟柔主编：《中国民法》，法律出版社1990年版，第2页。

③ 魏振瀛主编：《民法》，北京大学出版社2000年版，第291页。

④ 王利明：《物权法论》（修订本），中国政法大学出版社2003年版，第795页。

⑤ 周枏：《罗马法原论》（上册），商务印书馆1994年版，第407—409页。

⑥ 吴文嫔：《论占有的私力救济》，载厦门大学法学院编：《厦门大学法律评论》第7辑，厦门大学出版社2004年版，第63页。

生，但是，债权不能解释为何在基于债的关系取得占有的情形下，占有遭受第三人侵害时可以得到法律的保护。其次，占有也不是物权。物权采法定主义，《民法典》中明确将所有权、用益物权和担保物权确定为物权，却并未将占有表述为“占有权”，可见，占有并非与所有权、用益物权、担保物权并列的物权。此外，将占有规定为权利，在司法实践中并不利于对占有的保护，如果占有是一种权利，占有人就必须证明自己享有这种权利，而占有是一种事实，则占有人只需证明占有的事实存在即可。①

（三）占有是具有法律意义的事实

占有虽然不是权利，但仍受到法律的保护。《民法典》物权编用第五分编对占有进行了规定。设立占有制度的目标即在于维护物的事实秩序而非维持物的法律秩序（权利秩序），即维持现有物的占有状态，禁止他人以私力破坏，从而维护社会的安宁与和平。② 可见，占有是一种具有法律意义的事实。

三、占有的法律特征

占有作为一种具有法律意义的事实，应具备如下特征。

（一）占有的主体具有广泛性

占有的主体可以为自然人、法人、其他组织和国家。因为占有系法律事实，因此自然人作为占有的主体不以具备民事行为能力为要件，限制行为能力人、无行为能力人同样可以成为占有的主体。

（二）占有的客体只能是物

占有的客体为物，《民法典》对占有的规定并未区分动产与不动产，因此，占有的客体包括动产与不动产。其他权利、人身等不能成为占有的客体。

（三）占有须有占有的意思

法学家萨维尼认为，占有应具有将物占为己有的意思；但耶林认为占有人不须有将物占为己有的意思，只须有占有的意思。目前我国民法界普遍认为，占有须有占有意思。所谓占有意思，是指意识到自己正在占有某物，如果对自己占有某物毫无意识，或者意识到或应当意识到是在为别人占有某物，则不具有占有意思，因此，无意识地占有财物、占有辅助人的占有都不构成占有。③

---

① 李显冬主编：《新编中国物权法要义与案例释解》，法律出版社 2009 年版，第 629 页。

② 梁慧星主编：《中国物权法草案建议稿——条文、说理、理由与参考立法例》，社会科学文献出版社 2000 年版，第 787 页。

③ 王利明：《物权法论》（修订本），中国政法大学出版社 2003 年版，第 797 页。

（四）占有须有对于物产生事实上的管领与控制

对物进行了事实上的管领与控制是构成占有的客观要件。如何判断是否对物进行事实上的管领与控制，应根据民事主体与物在时间和空间上的结合状态而判断。一般而言，从时间上说，对物的占有应持续一定的时间，如果只是短暂的临时接触，不应当构成占有；从空间上说，物应当在主体可以支配的范围内，该支配不以直接支配为限，如物在主体所有，并使用的房屋内，应当视为主体对物有支配权。

四、占有分类的法律意义

依据对物占有的状态不同，可以对占有作不同的分类。

（一）自主占有和他主占有

根据占有人是否以所有的意思而占有该物，可以将占有分为自主占有和他主占有。自主占有是指占有人将物以据为己有的意思进行占有。自主占有不以占有人实际上是否对物具备所有权为要件，只要占有人具备将物占有的意思，则为自主占有。如所有人对物的占有为自主占有，但盗窃他人之物的占有人具备将物据为己有的意思，同样也为自主占有。他主占有则是占有人并无将物占为己有的意思，而是基于使用、代管等需要而占有该物。如承租人、借用人基于合同关系而对他人之物进行占有。区分自主占有与他主占有的意义主要在于，自主占有是适用取得时效制度的要件之一，不过《民法典》并未规定取得时效，所以，该类区分意义不大。

（二）有权占有与无权占有

根据占有人有无本权，可以将占有分为有权占有和无权占有。所谓本权，包括物权，也包括债权。有权占有是指有本权的占有，即当事人基于物权（所有权、用益物权），或者基于债权（如因租赁合同产生的对租赁物使用的权利等）而占有物的，为有权占有。无权占有，是指当事人不具备本权的占有。如拾得人对遗失物的占有，盗贼对赃物的占有等。区分有权占有和无权占有的意义在于法律对两者的保护不同。有权占有人可以对抗他人，包括所有权人的返还请求权，如承租人在租赁期间可以对抗所有人请求返还租赁物的权利；而无权占有人不得对抗他人本权的行使。

对于无权占有，根据占有人主观心态的不同，又可以分为善意占有与恶意占有。善意占有是指占有人不知或不应当知道其没有本权而进行的占有。恶意占有则是指占有人明知或者应当知道其占有为没有本权的占有。善意占有与恶意占有在法律效果上截然不同：（1）是否适用善意取得制度不同。善意取得制度只有在善意占有的情形下才可能发生，当占有人基于善意从无权处分人处取得财产，支付了合理对价，并完成了相应的公示形式，则占有人可依照法律的规定取得占有物的所有权；恶意占有则不适用善意取得制度。（2）是否适用取得时效不同。在规定了取得时效制度的国家中，善意是适用取得时效的前提条件，只有在当事人善意占有财物达到一定时间时，才可能依取得时效制度而取得物的所有权，在恶意占有的情形下，则不适用取得时效制度。《民法典》未规定取得时效制度。（3）返还责任不同。在善意占有的情况下，占有人一般只返还现存利益；但恶意占有人则应当赔偿损失。此外，善意占有人还有权请求权利人支付因维持该物而支出的必要费用。《民法典》第459条规定："占有人因使用占有的不动产或者动产，致使该不动产或者动产受到损害的，恶意占有人应当承担赔偿责任。"第460条规定："不动产或者动产被占有人占有的，权利人可以请求返还原物及其孳息；但是，应当支付善意占有人因维护该不动产或者动产支出的必要费用。"

（三）直接占有与间接占有

直接占有，是指占有人直接管领、支配物的占有，如借用人直接对借用物的占有，保管人直接对保管物的占有等。间接占有，是指占有人并不直接占有某物，而是依据某种法律事实，对直接占有该物的占有人享有返还请求权的人，如出租人对租赁物的占有，所有权人对质押物的占有等。区分直接占有与间接占有的意义在于，法律应不仅仅保护直接占有人，还应当保护间接占有人。有观点认为，《民法典》没有必要采用间接占有的意义，因为一方面，占有的受让人与所有人之间存在合同关系，因此，占有的受让人侵害所有人的权利，一般构成违约，所有人完全可以基于违约责任请求占有人承担责任；另一方面，在第三人侵害占有的情况下，直接由占有人基于直接占有实行自力救济或者行使占有保护请求权，在一般情况下已经足以维持占有物不受侵害，如果占有人不行使占有保护请求权，所有人也可以基于所有权而对第三人行使物上请求权，在此情况下根本不必要借助于间接占有制度保护其所有权。[①] 笔者不赞同这一观点。一般情况下，通过对直接占有人的占有保护，与所有人所有权的保护确实可以实现对侵害占有的救济，但在某些特殊的情况下仍有必要对间接占有人进行保护。如在转租合同中，第三人侵害租赁物的，如果次承租人不对侵害人行使占有保护请求权，所有权人又不行使物上请求权的，承租人（转租人）对出租人的返还义务并不消除，应当允许其向侵害人行使占有保护请求权，以保护其合法权利。

① 王利明：《物权法论》（修订本），中国政法大学出版社2003年版，第805页。

【拓展适用】

一、占有的效力

占有作为民法上极为重要的制度，具有非常重要的意义。

（一）占有的权利取得效力

占有在一定条件下，可以通过善意取得制度取得动产的物权。善意取得亦称即时取得，是指原物由占有人转让给善意第三人时，善意第三人取得原物的所有权，所有权人不得请求善意第三人返还原物。[①]《民法典》第311条规定："无处分权人将不动产或者动产转让给受让人的，所有权人有权追回；除法律另有规定外，符合下列情形的，受让人取得该不动产或者动产的所有权：（一）受让人受让该不动产或者动产时是善意；（二）以合理的价格转让；（三）转让的不动产或者动产依照法律规定应当登记的已经登记，不需要登记的已经交付给受让人。受让人依据前款规定取得不动产或者动产的所有权的，原所有权人有权向无处分权人请求损害赔偿。当事人善意取得其他物权的，参照适用前两款规定。"根据上述规定，在无权处分的情况下，如果受让人基于善意，以合理的价格取得动产，并且已经通过转让人的交付而实际占有该动产，则受让人可以依善意取得制度而取得该动产的权利。

（二）占有的权利推定效力

公示公信原则是物权法的基本原则之一，所谓公示是指物权在设立和变动时，必须依照法律规定的方法将物权设立和变动的事实予以公开，使第三人知晓；公信则是依照法律规定的公示方法将物权设立、变动的事实向公众公开后，有使第三人依赖权利的存在及归属的效力。《民法典》第224条规定："动产物权的设立和转让，自交付时发生效力，但是法律另有规定的除外。"所谓"交付"，则是指占有的转移。基于动产物权的设立和转让，以交付为公示方法，因此，占有则具备动产物权的权利推定效力。动产的占有人依照动产的公示、公信原则，应当推定为法律上的权利人。当然，该推定可通过其他事实予以推翻，但该举证责任应由否认占有人为实际权利人的一方承担。

二、占有的保护

（一）物权法中对占有保护的意义

法律是否有必要专门对占有进行保护？对该问题的认识各有不同。有人认为，对于有权占有，占有人通常是基于物权或债权进行占有，在基于物权进行

---

① 李显冬主编：《新编中国物权法要义与案例释解》，法律出版社2009年版，第260页。

占有的情况下，依照所有权、用益物权、抵押权的保护方式，足以保护占有人的实际权利，基于债权占有物的情况下，则依照债权请求权也可以保护占有人的权利。笔者认为，占有之所以为物权法上的重要制度，法律有必要对占有保护进行规定，其原因在于：第一，法律对于所有与占有保护的侧重点并不相同，即两者的功能不同。法律对所有的保护侧重于保护财产的最终归属与财产的法律秩序；而占有是一种事实，法律对占有的保护侧重于保护财产的现有状态与事实秩序，并通过维持法律的事实秩序，而防止他人私人破坏，并维护社会秩序。第二，法律对所有权、用益物权、抵押权的保护，以及对债权的保护尚不足以全面保护占有的事实。在所有人自己占有物的情况下，占有人当然可以基于所有权的支配性、排他性而全面保护其占有；但是，在非所有权人占有物的情形下，对占有的特别保护则有必要。占有人基于合同债权而占有物时，如果第三人侵害占有，占有人如不享有法定的权利，则无法对抗第三人的侵害。此外，在某些情况下，无权占有也不允许他人随意的侵害。对于遗忘物，占有人并无权占有，但他人亦不得随意侵犯，否则，社会秩序将无法保障。第三，在某些情形下，占有甚至可以排除所有人的权利。如承租人享有的租赁权，在承租期间，可以对抗所有权的返还财产权，在所有人未经承租人同意转让财产时，承租人还可以对抗新的所有权人。

（二）占有的私力救济

私力救济，又称自力救济，是指权利人在其权益受到侵犯时，采取法律允许的手段，通过自己的力量排除干扰，保护其权益。近现代各国、各地区法律如德国、瑞士和我国台湾地区，均设有自力救济的明文，按照规定，占有人在占有被侵夺时的自力救济权有两种：占有防御权和占有取回权。[①] 占有防御权是指当他人对财产进行侵害时，占有人可以通过自己的力量排除侵害。占有防御权针对的是正在进行的侵害，如果侵害尚未实施，或者已经实施完毕，则无法进行占有防御。占有取回权，是指当财产被他人非法侵害后，占有人自行取回的权利。一般认为，占有取回权作为一种私人救济，其行使必须符合如下三个条件：第一，情势急迫，占有人来不及请求公力救济，或者请求公力救济将耽误时间，造成更严重的后果。第二，占有人应在合理的期间内行使占有取回权，否则新的占有秩序已经形成，原占有人不得通过自力救济，取回财产。第三，占有人行使占有取

---

① 吴文嫔：《论占有的私力救济》，载厦门大学法学院编：《厦门大学法律评论》（第7辑），厦门大学出版社2004年版，第68页。

回权应采取合适的手段，不得超过必要限度，造成不应有的损害。

《民法典》并未明确规定占有人的自力救济，不过根据私法“法无明文规定禁止即为许可”的原理，应认定我国民法允许占有人对其占有进行私力救济。

（三）占有的公力救济

占有人除了对占有进行私力救济外，还可以依照相关法律的规定请求公力救济。《民法典》第462条对占有的公力救济进行了规定：“占有的不动产或者动产被侵占的，占有人有权请求返还原物；对妨害占有的行为，占有人有权请求排除妨害或者消除危险；因侵占或者妨害造成损害的，占有人有权依法请求损害赔偿。占有人返还原物的请求权，自侵占发生之日起一年内未行使的，该请求权消灭。”根据该条规定，占有人可以采取以下方式进行公力救济。

1. 占有物返还请求权。占有物返还请求权是指占有人因他人的侵害而丧失占有时，有权请求侵占人返还原物。当占有人对财产丧失占有时，原占有人可以通过适当的方式自力救济取回占有，也可以行使占有物返还请求，请求相关国家机关进行公力救济。如果占有人丧失占有后，不适宜或无法通过自力救济取回占有，则占有人只能向有关国家机关请求公力救济，通过行使占有物返还请求权取回占有。占有物返还请求权的行使应具备如下四个条件：（1）占有人已经丧失占有。如果占有人尚未丧失占有，则其可以行使占有防御权进行自力救济，或者行使占有排除妨害或消除危险请求权，而无须行使占有物返还请求权。（2）占有人未因他人善意取得而丧失取回占有物的权利。占有被他人侵夺后，如第三人通过善意取得制度而获得财产的所有权，则占有人无权请求新的占有人返还原物，只能请求侵害人赔偿损失。（3）请求权人可以是直接占有人，也可以是间接占有人。（4）占有人返还原物的请求权，应自侵害发生之日起1年内行使。该1年期为除斥期间，未在该期间行使的，权利本身消灭。

2. 占有人排除妨害请求权。排除妨害请求权是指占有遭受正在进行的妨害时，占有人有权请求排除妨害。排除妨害请求权针对的是正在进行的妨害行为。对于正在进行的妨害行为，占有人可以行使占有防御权自力救济，也可以向有关国家机关请求公力救济，要求他人排除妨害。

3. 消除危险请求权。消除危险请求权是指占有面临即将到来的危害时，占有人向有关机关请求责令侵害人停止行为，消除危险状态的权利。危险是指可能面临而尚未发生的侵害，此时，占有尚未被侵夺或者损害，但是，如果不予以制止，则行为人的行为必然侵害到占有，因此，为了防止损害的发生，占有人可以请求行为人停止正在实施的行为。

4. 损害赔偿请求权。如果行为人对占有的侵占或妨害行为已经损害了占有人的利害，并且通过返还原物、恢复原状尚不足以弥补占有人的损害时，占有人有权请求行为人予以赔偿。

三、权利人与占有人的关系

在财产的权利人（包括所有权人或者其他使用权人）自己直接占有财物的情形下，财产的权利人与占有人是同一的，但在更多的情形下，随着物的价值与使用价值的分离，财产的所有权与使用权相分离，由此，财产的权利人与占有人产生分离，此时，权利人与占有人之间的权利义务关系纳入了法律的调整范围。

（一）在基于合同关系产生的权利人与占有人的关系中，采用约定优先，法律规定补充的原则

《民法典》第458条规定："基于合同关系等产生的占有，有关不动产或者动产的使用、收益、违约责任等，按照合同约定；合同没有约定或者约定不明确的，依照有关法律规定。"该条规定是针对有权占有而言的。如前文所述，占有可分为有权占有和无权占有。在无权占有的情形下，占有人与权利人之间的关系主要适用《民法典》第462条的规定处理，在有权占有的情形下，占有人与财产的所有权人或使用权人之间因财产的使用、收益而产生的权利义务关系，应按照占有人与权利人之间的合同约定处理；在合同没有约定或者约定不明的情况下，依照法律的相关规定处理。

（二）占有人使用占有物的法律责任

占有人对物的使用必须是依照合同约定，或者是物的正常用途与使用方法进行使用。在善意占有时，占有人依物的正常用途，采用合理的方法使用物时，除合同约定外对于物的自然损耗不承担其他责任。但是，在恶意占有时，依照《民法典》第459条的规定，占有人因使用占有的不动产或者动产，致使该不动产或者动产受到损害的，应当承担赔偿责任。此外，笔者认为，该条规定的恶意占有应当包括善意占有人在恶意使用占有物的情形。占有人以为自己有本权而进行占有时，如果其不依照合同约定或者物的正常用途与使用方法使用物，致使不动产或者动产受到损害，也应当承担损害赔偿责任。

（三）占有人的损害赔偿责任

依物的物理属性和正常用途而使用物时，除合同约定或者法律规定外，占有人对物的毁损、灭失不负赔偿责任。在因第三人侵害或者自然原因造成物的毁损、灭失的情况下，对于权利人的损失应当如何补救呢？占有人对权利人的

损害赔偿责任根据占有为善意占有还是恶意占有而有所不同。在善意占有的情况下，依照《民法典》第461条的规定，占有的不动产或者动产毁损、灭失，权利人请求赔偿的，占有人应当将因毁损、灭失取得的保险金、赔偿金或者补偿金等返还给权利人；在恶意占有的情况下，占有人除将因毁损、灭失取得的保险金、赔偿金或者补偿金等返还给权利人外，对于权利人未得到足够弥补的损害，还应承担损害赔偿责任。

四、取得时效与占有

所谓时效是指一定的事实状态，持续一定的期间，将发生权利丧失或者权利取得的效果，包括诉讼时效与取得时效。诉讼时效是指权利人不行使权利的状态经过一定的期间将发生丧失权利（我国规定为丧失胜诉权）的法律效果。取得时效，则是指占有人依所有的意思，公然、持续、和平地占有不动产或者动产达到法律规定的期间，将取得该不动产或者动产的所有权。《民法典》并未规定取得时效（又称时效取得），但是取得时效制度在世界大多数国家和地区的民法中均有规定，在《物权法》的起草过程中，对于是否应当规定取得时效制度也持有争议。[①] 有学者提出我国应当规定取得时效制度，其理由为：取得时效有以下功能：确定财产归属、定分止争；促进物尽其用，充分发挥财产的利用效益；维持社会秩序和交易的安全；有利于证据的收集和判断，并及时解决纠纷。[②]

理论研究中，一般认为通过取得时效取得财产的所有权，应符合以下条件：第一，必须是自主占有，即占有人必须是基于自己所有的意思进行占有。如果占有人明知是他人所有的财产而进行代替所有人进行占有则不符合时效取得的条件。第二，必须是公然占有，即占有人的占有必须是公开的。如果占有人将他人的财产隐藏起来，无论经过多长时间，都不能构成时效取得。第三，应为和平占有，即占有人必须以和平的手段进行占有，不得以强迫的方式占有，占有的状态也不得在与他人产生财产归属争议的状态下进行。第四，占有应持续一定的期间。取得时效旨在保护既成的事实状态，占有必须持续较长的期间，达到让他人相信占有人即为所有人的程度。各国法律对取得时效的期间规定各有不同。

虽然《民法典》并未规定取得时效，但这不意味着关于该制度是否应当

---

① 孙宪忠：《论物权法》，法律出版社2008年版，第380—381页。

② 王利明：《物权法论》（修订本），中国政法大学出版社2003年版，第232—234页。

存在的争议尘埃落定。是否应规定取得时效仍有待于理论界和实务界的进一步探讨。

【典型案例】

胡某开等申请确认房屋所有权案

申请人：胡某开、罗某秋、胡某川、胡某慧、胡某琼、胡某正、胡某安、胡某慎、杨某嘉、胡某婷、胡某恒、胡某杨

〔基本案情〕

上述 12 名申请人向福建省厦门市开元区人民法院申请确认厦门市公园东路×1 号房屋所有权归申请人所有。

申请人称：原福建漳州甲公司经理刘某成曾于 1936 年 3 月 13 日与胡某宏商定，由胡付典金国币 1.1 万元，公司出典其所有的厦门市公园东路×1 号 3 层楼房一座，期限为一年。期满后，对方在胡某宏的多次提议下未回赎房屋。新中国成立后，该房由国家实行私房改造。1984 年落实华侨房屋政策时，市房管部门将该房发还申请人管理至今。申请人认为此房从漳州甲公司移交给申请人后，申请人长期占有使用，双方是典权关系而非抵押关系。根据典期届满后长期不回赎视为绝卖的惯例，要求确认该房产权归申请人所有。

厦门市开元区人民法院经公开审理查明：

坐落于厦门市公园东路×1 号（原×2 号）的 3 层楼房一座（包括墙内庭院旧地 0.89 亩，折 593 平方米、建筑面积 637 平方米）原系张某洲业产。张因负债，于 1936 年 1 月经厦门地方法院受理后将该房拍卖，由债权人原漳州甲公司以国币 18206 元中标买受，并由该公司办理产权登记手续。同年 3 月，该公司因缺乏资金，由当时公司经理刘某成出面向胡某宏借款国币 1.1 万元，以该房作为抵押物，约定期限为 1 年，立有抵押借款契据。同时该公司将此处房屋及所有权证等交付胡某宏使用、保管。胡于 1948 年 8 月以房屋抵押权人的名义向当地房产登记部门办理他项权利登记。该房于 1958 年 12 月 16 日被房改，1984 年 7 月厦门市房地产管理局将此房退改在胡某开、胡甲开、胡乙开三兄弟名下。

据现存于房管局的该房屋档案中记载，胡某宏及其子女胡甲开、胡某开、胡乙开均为原漳州甲公司股东，该公司在抗日战争期间倒闭。胡某宏、胡甲开已故，胡乙开在本案审理期间死亡。法院依法追加胡甲开的配偶罗某秋和子女胡某川、胡某慧、胡某琼、胡某正、胡某安、胡某慎以及胡乙开的配偶杨某嘉和子女胡某婷、胡某恒、胡某杨等合法继承人为申请人。厦门市开元区人民法院依照《民事诉讼法》第 175 条的规定，经登报公告，至今未有任何利害关系人就原漳州甲公司房屋产权向法院主张权利。该房屋经委托厦门市房地产管理局进行评估，价值为人民币 868600 元。同时经厦门市地方志编纂委员会证实，1936 年的国币 1.1 万元占该房屋价值的

60.419%。对此，申请人表示愿意补交该房屋价值39.581%的款项即人民币343800元，要求将房屋判归其所有。

上述事实有房产契证、借款抵押契据、他项权利证、房屋评估报告及庭审笔录等为证，足以认定。

〔一审裁判理由与结果〕

厦门市开元区人民法院认为，申请人提供的1936年3月13日刘某成立下的契据、胡某宏借款给漳州甲公司后于1936年4月办理的抵押权登记，以及土地所有权证、他项权利证均可证明，1944年漳州甲公司倒闭后，一直未清理债务。1948年8月，胡某宏在以所有权人漳州甲公司的名义领取房屋的土地所有权证明，证中“他项权利”栏内明确记载了胡某宏享有抵押权，因双方当事人的真实意思表示应是抵押借款，而非申请人所称之典权关系，故申请人主张其与漳州甲公司形成了典权关系与事实不符，不予采纳。鉴于胡某宏与原漳州甲公司确有债权债务关系，该公司并未届期清偿债务，且已倒闭50余年，胡某宏及申请人以自己名义长期占用、管理坐落于厦门市公园东路×1号的房屋，至今并无任何人提出异议，系善意占有，现申请人愿补足该房屋差价款，以取得该房屋所有权，符合《民法通则》第4条关于“民事活动应当遵循自愿、公平、等价有偿、诚实信用的原则”的规定，应予准许。鉴于原漳州甲公司至今无人主张权利，申请人补交的房屋价款可视为无主财产，依照《民法通则》第89条第1款第2项的规定，收归国有。据此，该院判决：

一、坐落于厦门市公园东路×1号房屋归申请人所有。

二、申请人补交纳的房屋价款人民币343800元以无主财产论，依法收归国库。

本案诉讼费13696元、评估费1700元由申请人负担。

规则20：当事人未就占有改定达成协议而继续占有动产的，不能构成物权法规定的占有改定

——青岛甲纺织有限公司与乙（聊城）印染有限公司取回权确认纠纷案[①]

【裁判规则】

《民法典》第224条规定：“……动产物权的设立和转让，自交付时发生效力，但是法律另有规定的除外。”第228条规定：“动产物权转让时，当事人又

① 《中华人民共和国最高人民法院公报》2012年第4期。

约定由出让人继续占有该动产的，物权自该约定生效时发生效力。”依据上述规定，动产物权的转让，以交付为公示要件，无论交付的方式是现实交付还是以占有改定方式交付。当事人之间仅就物权的转移达成协议，但未就该动产达成出让人继续占有该动产的占有改定协议的，不能构成《民法典》第228条规定的占有改定，不能发生物权转移的效力。

【规则理解】

一、动产物权的变动要件

《民法典》第208条规定：“动产物权的设立和转让，应当依照法律规定交付。”第224条进一步明确：“动产物权的设立和转让，自交付时发生效力，但是法律另有规定的除外。”上述两条法律规定，确立了动产物权的变动以交付为生效要件。

同时，依据物权变动原因的不同，所谓动产物权的转让实为依物权人的意思表示，将其物权移转于他人或使他人取得。虽然在上述条文中并未明确表述该动产物权变动基于法律行为所导致，但在解释上仍认为应在依法律行为发生动产物权变动的情形下方得以适用。非依法律行为而发生的物权变动，如依法律规定而取得、因继承而取得，或者因政府征收而取得等，则另有法律予以规定。也就是说，在形式主义、公示方法成立要件主义的立法例下，动产物权依法律行为而变动需要当事人间有意思表示并结合“交付”行为方能发生效力，“交付”即为转移占有，系动产物权的公示方法。

二、动产物权观念交付的类型

通常形式上的交付为现实交付，即动产物权的让与人将其对动产的直接管领力现实地移转于受让人，系占有的现实转移。通过交付这一行为，动产物权变动能够为人们从外部加以识别。然而在丰富的实践经验中，人们发现动产的交付并非必须系由出让人之手直接移转至受让人之手，由此产生与现实交付相对应的另一种观念交付，即占有在观念上的移转。此为法律顾及交易便捷或特殊情形的需要而采取变通的方法代替现实交付，故亦称之为“交付之代替”。[①]具体而言，观念交付又可分为简易交付、指示交付和占有改定三种类型。

（一）简易交付

所谓简易交付，即以双方当事人就动产物权让与的合意代替该动产现实移转占有的交付，又称为“无形交付”。法律之所以设定简易交付，旨在解决当受让人已占有标的物的情形下，如何更加高效便捷地促进动产物权变动的交易

---

① 谢在全：《民法物权论》（上册），中国政法大学出版社2011年版，第90页。

手续。因为，在前述受让人已实际占有标的物之前提下，动产物权若要现实交付，势必先由受让人将该动产交还给让与人，再由让与人交付给受让人，该举动无疑系仅为了完成现实交付而进行的无意义之举，无形中增加了交易成本、降低了交易效率，因此，在此情形下，当事人间达成物权变动的合意时，交付即告完成。简易交付实际上是以动产物权让与合意代替现实交付，在该情形下，尽管并无形式上的交付，但标的物已由受让人实际占有，交付的目的已经达到，物权变动亦有外部表征，故其公示在事实上已经完成。

（二）指示交付

所谓指示交付，是指让与人设立或转让动产物权时，而该项动产正由第三人占有，让与人得以将其对该第三人的返还请求权让与受让人，以代替现实交付，即让与人使受让人对标的物取得返还请求权。在学说上亦称之为让与返还请求权或返还请求权代位。在指示交付之情形下，标的物仍由第三人直接占有，返还请求权本身无法展示物权的变动情况，物权的外在表征与真实状态并不相符，因此，相较于其他交付形式，指示交付的公示作用较弱。[1]

（三）占有改定

所谓占有改定，是指让与动产物权而让与人继续占有动产的，让与人与受让人之间订立合同，使受让人因此取得间接占有，以代交付的情形。即动产物权的让与人与受让人约定由让与人继续占有该动产，受让人对标的物取得间接占有，以代替该标的物的现实移转之交付，旨在解决让与人继续占有标的物的问题，以免除动产的无谓往返。[2] 因其无需实际转移交付，让与人依据合同约定仍可继续占有标的动产，故占有改定使物权变动的公示效果深受影响，但其仍对现代经济社会的交易行为起到非常重要的作用。

三、占有改定的构成要件

关于占有改定的构成要件，向来存有不同观点。第一种观点认为，构成占有改定应具备三个要件：第一，认可直接占有与间接占有的区分；第二，须因某种法律关系的存在，使让与人有暂时占有让与物的必要性；第三，须让与人对物已为直接或间接占有。第二种观点认为占有改定的成立须具备两个要件：一是须有当事人之间关于所有权移转的合意，同时，其转让协议须为有效；二是须有使受让人取得间接占有的法律关系。第三种观点认为，占有改定制度的构成要件包含三个方面：一是让与人与受让人达成移转动产所有权的合意；二

---

① 最高人民法院物权法研究小组编著：《〈中华人民共和国物权法〉条文理解与适用》，人民法院出版社2007年版，第118页。

② 谢在全：《民法物权论》（上册），中国政法大学出版社2011年版，第91页。

是让与人成为占有媒介人，从而继续占有动产；三是通过特定契约使受让人获得间接占有。[①] 以上观点各有不同之侧重，综合各家学说，我们认为，占有改定应具备以下构成要件：

其一，在占有改定中，让与人需对让与动产有效占有，至于直接占有或间接占有则不无影响。如甲将电脑寄存于乙处，又将该电脑出售于丙，同时又与丙订立租用一个月的合同以代交付，丙即取得该电脑的所有权，此时甲虽为间接占有人，亦不妨碍其与丙之间达成占有改定之关系。

其二，须当事人之间形成关于所有权移转的合意，且该转让协议须为有效。在转让协议成立之情形下，受让人才得以取得标的物所有权，才产生占有改定的适用条件。否则，受让人则无从取得该标的物的所有权，亦无法成为间接占有人，也就不可采用占有改定之交付方式。通常情况下，受让人会通过设立让与担保或买卖合同取得动产所有权。

其三，占有改定以让与人继续占有动产、受让人取得间接占有为要件。间接占有不同于对标的物的直接占有，而是基于一定的法律关系对直接占有该物的人有返还请求权，因而对该物有间接管领力。让与人成为占有媒介人，从而继续占有动产。动产所有权虽已移转于受让人，但让与人仍是动产的现实、直接占有人。于此意义而言，占有改定建立在对间接占有概念的承认基础之上。

其四，占有改定，必须双方当事人达成足以使受让人因此取得间接占有的契约才得以为之。转让动产物权时，让与人与受让人须通过订立特定合同，使受让人取得间接占有才能成立占有改定。若双方仅约定由让与人继续占有标的物，或者达成无任何法律关系存在的间接占有协议，抑或仅约定转移所有权而未约定由让与人继续占有标的物的，都不能成立占有改定。通常情况下，让与人与受让人会通过订立租赁、保管、借用等协议，使让与人作为承租人、借用人、保管人继续占有标的物，同时受让人取得间接占有，并取得标的物所有权。[②] 本规则中所涉情形即为当事人之间仅就物权的转移达成协议，但未就该动产达成出让人继续占有该动产的占有改定协议，因此尚不构成占有改定。

需要注意的是，占有改定仅为动产物权转让中的一种特殊交付方式，其目的仍为动产物权的转移，因此，仍应符合我国物权变动模式的基本要求，即交付须结合有发生物之转移的合意方得以产生物权变动的法律效力，而让与人对让与动产有效占有亦为发生物权变动的条件。依据《民法典》第 228 条之规

---

① 以上观点之别可参见马凤玲：《论占有改定》，载《山东大学法律评论》2003 年第 1 期。

② 最高人民法院物权法研究小组编著：《〈中华人民共和国物权法〉条文理解与适用》，人民法院出版社 2007 年版，第 121 页。

定，动产物权转让时，当事人又约定由出让人继续占有该动产的，物权自该约定生效时发生效力。可见占有改定的前提适用条件即为动产物权的转让，双方当事人只有达成所有权转移的合意并形成有效协议，才会产生下一步如何交付的问题。因此，与其说双方的有效合意是占有改定的构成要件，倒不如将其泛化为物权变动的构成要件，因所有的交付形式均需要结合所有权转移的合意及有效协议从而构成物权变动。基于此，严格来说，我们认为该项条件并非特定于占有改定的构成要件，而系动产物权转让中广泛的适用前提。

【拓展适用】

占有改定与善意取得

善意取得是民法上的一项重要制度，关涉法律对所有权保护与交易安全的利益衡量。一方面，所有权具有排他性和绝对的追及效力，意味着所有权原则上不依无处分权人的意思而丧失，在他人对标的物进行无权处分而发生所有权移转的情形下，所有权人可向受让人请求返还其物，受让人可以向让与人寻求救济。另一方面，公示公信原则为《民法典》的一项基本原则，而法律对受让人在公示公信原则下信赖利益的保护则意味着对所有权人追及力的否认。从这个意义上说，公示公信原则的适用就意味着对交易安全的保护，以及对所有权安全的搁置。由此可以看出，所有权追及力与物权公信原则的矛盾，亦可称为所有权安全（静的安全）与交易安全（动的安全）的矛盾①。在利益权衡之下，善意取得制度的设立主要考虑以下原因：其一，无权利人占有动产，表现出具有处分动产权利的外观；其二，动产所有人对该外观的存在具有可归责事由；其三，受让人信赖此项外观而进行交易行为，已有信赖行为存在；其四，基于交易安全需要具有应保障的公共利益，法律遂对此予以保护。② 不难看出，善意取得实则是以牺牲真正所有权（静的安全）来保护交易中动的安全。因此，如何调整两者间的利益以谋求权益之衡平则成为制度设计中的重要问题，也即意味着对于善意取得制度的构成要件需严格把握。

依据《民法典》第311条之规定，善意取得的要件之一是转让之物依照法律规定应当登记的已登记，不需要登记的已经交付给受让人。也就是说，成立动产物权的善意取得需标的物已由出让人（无处分权人）交付受让人（善意第三人）。但是，该“交付”仅限于传统意义上的现实交付，还是包括观念交付，

① 代倩、张宗洁：《静与动的利益衡平——占有改定不适用善意取得探讨》，载《法制与经济》2012年6月（总第314期）。

② 谢在全：《民法物权论》（上册），中国政法大学出版社2011年版，第273页。

理论上颇有争议。而在观念交付的几种形态中，又以占有改定是否适用于善意取得的争议更为激烈。因为在简易交付形态下，虽然交付行为发生在合同生效之前，但受让人最终对动产实现了直接占有，其结果与现实交付并无二致，出让人对物的交付和受让人对物的直接占有也符合动产物权变动的公示要求；而在指示交付方式下，虽受让人亦未实现对动产的直接占有，但出让人通知直接占有人的行为使得物权变动至少为出让人和受让人之外的第三人知悉，尽管其公示范围局限于直接占有人，远不及受让人直接占有的公示力广泛，但相对而言仍具有一定的公示力。然而在占有改定之情形下，出让人和受让人之间达成合意即可完成动产物权变动，出让人始终为直接占有人，受让人始终系间接占有人，当事人以外的第三人无从知晓物权已发生变动。因从权利外观上看，占有改定并非对标的物直接占有的移转，而是占有与所有权相互分裂，从而动摇了占有作为物权的公示手段的基础，从形式外观上难以形成公示效力，其既不同于简易交付因交付而移转占有，亦不同于指示交付需通知第三人物权变动的事实，物权之变动仅凭双方之意思表示而发生，故在占有改定下，除非当事人采取其他公示方法，否则第三人难以判断物权是否发生变动，因此，以占有改定的方式善意受让动产者，能否以善意取得制度予以保护的问题引起各方争议。比如较为典型的在“一物二卖”之情形下，出让人甲将其电脑出售于乙并约定由甲继续租用，而后甲又将该电脑出售于善意之丙并继续约定由甲租用，此时丙能否主张适用善意取得电脑之所有权？

理论界和实务界经过长期研讨，对该问题大致形成了以下四种观点：

一为肯定说。肯定说认为，善意取得制度旨在保护交易安全，现实交付和观念交付均应成立善意取得。因为，占有转移并非为善意取得的本来要件，即善意取得制度不能因占有改定中占有转移的特殊方式而受其影响。更何况善意取得制度本身即为基于对转让人占有的信赖而保护善意受让人以实现对交易的安全保护，不能因受让人占有时占有转移方式的不同而使善意受让人面对不同的法律后果。而且从结果上说，相对于善意受让人，原所有权人的信赖已经被无权处分人所破坏，且原所有权人自愿赋予无权处分人权利外观，就应当承受由此带来的风险。相对于原所有权人，善意第三人的交易安全涉及整个社会的交易安全，其依据公示公信原则对无权处分人所产生的信赖应较之原所有权人的信赖更加值得保护。全国人大常委会法制工作委员会编写的《中华人民共和国物权法释义》一书即采此观点，认为我国物权法关于善意取得构成要件所规定的交付并未排除观念交付的适用，且若承认先受让人可通过观念交付获取所有权，则自无排除后受让人以同样方式取得所有权之理由。而该约定也系当事人意思自治的结果，并无利益失衡之可能。因此，占有改定之下并不排除善意取得制度之适用，上述案例中的丙可以依据善意取得获取电脑所有权。

二为否定说。该说认为，以占有改定之方法受让动产者并不能依据善意取得取得动产之所有权。主要观点为：其一，受让人对标的物以占有改定取得占有，真正权利人对让与人的信赖关系虽被否定，但该否定在动产未予现实交付之前并未实现，真正权利人的权利仍应视为继续存在，因此，真正权利人有权对现仍占有标的物的让与人请求返还，而该让与人不得拒绝。受让人如在标的物已经返还真正权利人后，对其主张返还，真正权利人得以其占有系基于固有权利的回复而加以拒绝[①]。其二，既然受让人在对转让人施加影响的能力上并不逊于原权利人，而且他们都对转让人寄予了同样的信赖，法律不应在权利的变动上“厚”受让人而“薄”原权利人。善意取得制度固然是在保护交易安全，但是法律仍然应该兼顾静态的原权利人的利益，因为任何动态交易在交易结束后都变成了静态的权利，一味地强调只保护动态的交易安全，而忽略静态安全的保护，其实是与法律保护交易的宗旨相背离的。因占有改定系一种最不确切的占有转移方式，以此承认善意取得而剥夺原权利人之权利，在交易的动态与静态安全考量之下未免失衡欠妥。其三，从结果衡量，占有改定之交付方式在一定意义上是发生非正常利益变动的温床，为无权处分人侵害他人权益的恶意打开方便之门。为了避免权属与外观不一致而相悖于动产公示原则所引发的前述潜在的纠纷或可能产生的无权处分人与第三受让人恶意串通之嫌疑，应当强调善意受让人只能以指示交付或简易交付方式受让动产。

三为折衷说。从以上两种观点来看，各有其利弊，折衷说在综合两方观点后提出较为中和的解决之道，其认为受让人能以占有改定方式取得权利，但这种权利具有相对性和不确定性，须待标的物现实交付后，方能确定该项权利是否取得。具体而言，原权利人在出让人现实占有标的物期间，仍然具有所有权，因此，当其获得事实上之占有先于受让人时，受让人则不能善意取得所有权；反之，受让人先取得事实上之占有，其善意取得利益因此确定，原权利人的权利也因此消灭。即“在获得现实交付之前，该所有权的取得尚不是确定的”[②]。持该观点的学者认为，折衷说通过特殊的制度安排较充分地平衡了各方利益，尤其在双重让与或双重设定让与担保的情形中，前后受让人之善意取得也应遵循该原则。其主要立论基础在于，在占有改定情形下，出让人仍直接占有动产，

---

① 刘得宽：《民法主问题与新展望》，中国政法大学出版社2002年版，第371页。

② ［日］我妻荣：《新订物权法》，［日］有泉亨补订，罗丽译，中国法制出版社2008年版，第197页，转引自税兵：《占有改定与善意取得——兼论民法规范漏洞的填补》，载《法学研究》2009年第5期。

其公示效力较弱，当发生竞合时，通常在当事人间仅产生相对的效力，故原权利人的所有权和善意取得人的所有权均不确定，两权利人在法律上处于同等地位，此时两者不能互相提出权利要求，只有与现实交付相结合才能产生确定的效力。但须注意的是，此时判断受让人是否为善意必须以占有改定之时为依据，而不应以将来现实交付之时为考察时点，否则亦会造成原权利人权利受损的不公平结果。

四为共同分担损失说。此说的基础观点仍建立在肯定说之基础上，即认为在受让人以占有改定方式取得占有之情形，对原权利人而言，受让人仍依善意取得之规定取得其所有权，因善意取得之本质即系保护善意受让人之权利，但其特殊之处在于认为此时原权利人得以向受让人请求偿还标的物一半价格的损失。而在让与人以占有改定方式使第一受让人取得间接占有后，再以占有改定方式再次让与第二受让人时，此第二受让人应均立于相同的地位。该说认为，在折衷说以标的物的现实交付作为权利确定的框架下，无形中起到了鼓励“先下手为强”的弱肉强食丛林规则，与现代法制文明所倡导的公平正义之宗旨相悖，因此，在肯定由最先取得现实占有者取得标的物所有权的同时，应赋予其他因此丧失权利者请求权，得以据此请求取得标的物之所有权者给予一半的价格补偿以示公平，即所谓共同分担说，在双重让与之情形下同样适用该规则。

此外，还有观点提出类型说。其主要观点认为，在占有改定的善意取得适用上，应将交易形态分为若干固定类型，依据不同类型采取不同学说分而处之，以求尽快解决交易中的所有权归属问题并使双方的实质利益达致平衡。依善意取得之交易类型，对无权让与人出让动产予单一受让人之情形下，仅需考虑所有权人静的安全与受让人之动的安全孰轻孰重优先保护的问题，基于善意取得保护交易动之安全的制度设计初衷，应采肯定说，以保护受让人之交易权益为主要价值考量。此时若标的物尚在让与人处，则受让人可优先于原权利人获得现实交付；若标的物已从让与人处归还至原权利人，则受让人仍可向原权利人请求现实交付。而在双重让与之情形下，因涉及数个受让人之间的权益平衡问题，则处理规则亦有所不同，此时采折衷说以先取得现实交付之受让人善意取得标的物所有权则更为合理。①

以上学说各有其理论基础与价值取向，不能概而论之是非对错。综合各观点分析而论，应认为肯定说具有逻辑上的自洽性，因动产善意取得制度正是基于受让人对让与人占有之信赖以保护动态的交易安全，占有改定作为交付方式

① 齐毅保：《此台电脑该归谁所有——兼论占有改定与善意取得》，载《人民司法》1998 年第 10 期；孙嫦婵：《论占有改定方式下的善意取得》，载《前沿》2005 年第 6 期。

之一，自应得以适用。但亦有观点对其提出了质疑，理由在于，善意取得制度设计的主要目的在于当原权利人所属之物脱离其控制而转入无权处分人手中时，善意第三人基于对无权处分人占有的合理信赖而取得该物，实现原权利人不得对第三人请求返还的效果，从而使受让人取得所有权，终极地保护所有权。而在占有改定的模式之中，受让人为间接占有人，此时交易之外的第三人几乎不可能从占有的表象来判断所有权的归属，如允许通过建立这种间接占有的方法取代实际交付，则会使财产已经发生移转的外在表现失却实际意义。而对于原权利人而言，若在其已现实恢复对标的物直接占有时仍依善意取得制度剥夺其所有权，未免过于苛刻，有悖情理。因此，从保护静的安全的角度出发，应采否定说更为合理。然正如硬币之两面，否定说虽能加强对真正权利人的保护，但也存在过多剥夺受让人善意取得动产所有权的机会而有违善意取得制度的宗旨，不便于保护善意第三人利益和交易安全。可见，肯定论和否定论之争，其主要分歧在于对动产所有权变动的内外效力有所不同。肯定说关注占有改定导致动产所有权变动的内在效果，主张尊重这个实际结果从而贯彻善意取得制度维护交易安全的精神；而否定说则着眼于占有改定引起的动产所有权变动的外在表现，认为缺乏公示效力的交易形式不足以构成以善意取得来否定原所有权人权益的充分理由。由此导致的结果则为肯定说侧重维护善意第三人利益，而否定说则侧重维护原所有权人利益，而法律之要义，即要在两项利益之间予以权衡和取舍。折衷说即在两种利益冲突中应运而生，该学说主张受让人能否依据占有改定方式取得权利具有相对性和不确定性，须待标的物现实交付后，方能确定该项权利是否取得。但是该说对于在均未现实交付之情形下，所有权归何人所有并未作出解释，逻辑有失严谨。共同分担损失说认为应赋予丧失权利之人向取得权利之人的求偿权，由双方平均分摊所受损失，以求公平，但其法理基础失之薄弱。且当取得权利的受让人已经依据善意取得对信赖利益的保护取得所有权的前提下，也难以解释其对原权利人的损失负责的理论依据，亦失之偏颇。

有鉴于法学理论上的争议，各国立法例对该问题也采取了不同的态度。如《德国民法典》第933条规定："被依第930条（占有改定）让与的物不属于让与人的，如该物被让与人交付给取得人，则取得人成为所有人，但取得人在此时非为善意的除外。"① 对于该条的解释，有观点认为，鉴于交付包含占有改定这种体系完整性上的考虑，《德国民法典》明确承认了以占有改定方式可以善

① 《德国民法典》（第4版），陈卫佐译注，法律出版社2015年版，第347页。

意取得[1]，但亦有观点主张，《德国民法典》第 933 条“遵循的是第 932 条以下的基本思想，即取得人的占有状态是纯粹的，占有人的任何一种占有都必须被排除。所以，在取得人与出让人的关系上，出让人的占有所造就的权利外观必须导致的是取得人的单独占有。换句话说，为了实现权利的取得，取得利益必须通过对取得人的占有状态的确定而得到加强”。[2] 善意取得须以取得人的“单独占有”为前提，排除了间接占有的存在，其实就是否定了以占有改定来实现善意取得。[3] 由此看来，在德国民法的解释中，占有改定能否适用善意取得仍存有不同观点。而在日本民法上，“善意取得”被称为“即时取得”，《日本民法典》第 192 条规定，“平稳而公然地开始占有动产者，如系善意且无过失，则即时取得行使于动产上的权利”。就该条文本身而言，似并未明确作为即时取得构成要件的占有是否包括间接占有，因此，在日本民法学界有关占有改定和善意取得的关系向来也是争议颇大。日本早期的判例认为，“从无权利人处受让动产时，受让人为能够依据民法第 192 条取得该所有权，一般需有使以往占有状态发生变更的外观上的占有取得，而未给该状态带来一般外观上变化的所谓占有改定的取得是不够的”。[4] 此后，该判例上的见解随着实践的发展不断被质疑且修正，进而也发展成为否定说、肯定说、折衷说及共同分担说等多种学说争鸣的现状。[5] 我国台湾地区现行“民法”第 948 条第 2 项规定：“动产占有之受让，系依第 761 条第 2 项规定为之者（占有改定），以受让人受现实交付且交付时善意为限，始受前项规定之保护。”明确了在占有改定之情形下，须受让人受现实交付且交付时为善意，始能以善意取得制度予以保护。因“占有改定交付者，因受让人使让与人仍继续占有动产，此与原权利人信赖让与人而使之占有动产完全相同，实难谓受让人之利益有较原权利人者更应保护之理由，故不宜使之立即发生善意取得效力，于受让人受现实交付且交付时善意者

---

① 马凤玲：《论占有改定》，载《山东大学法律评论》2003 年第 1 期。

② ［德］鲍尔·施蒂尔纳：《德国物权法》（下册），申卫星等译，法律出版社 2006 年版，第 353 页。转引自税兵：《占有改定与善意取得——兼论民法规范漏洞的填补》，载《法学研究》2009 年第 5 期。

③ 税兵：《占有改定与善意取得——兼论民法规范漏洞的填补》，载《法学研究》2009 年第 5 期。

④ ［日］近江幸治：《民法讲义Ⅱ：物权法》，王茵译，北京大学出版社 2006 年版，第 118 页。

⑤ 税兵：《占有改定与善意取得——兼论民法规范漏洞的填补》，载《法学研究》2009 年第 5 期。

为限，始受善意取得之保护，以保障当事人权益及维护交易安全”。[①] 从其效果而言，实采折衷说。我国法律对于占有改定能否适用善意取得未作明确规定，故对于现有法条的解读也产生了各自不同的观点，持肯定说者认为，《民法典》关于善意取得的构成要件所规定的“已经交付给受让人”并不排除观念交付的适用，否定说则参照国外立法例认为占有改定不应涵盖于交付要件之内。有鉴于全国人大常委会法制工作委员会民法室编著的《〈中华人民共和国物权法〉解读》一书在对第26条占有改定的解读中对该问题持肯定态度[②]，肯定说一度成为权威解读，尽管最高人民法院物权法研究小组编著的《中华人民共和国物权法条文理解与适用》一书中倾向于采否定说[③]，但似并不妨碍立法机关就此解读的主流意见。由此，我国民法学界对该问题虽仍颇存争议，但主流观点似倾向于肯定说。

【典型案例】

青岛甲纺织有限公司与乙（聊城）印染有限公司取回权确认纠纷案

原告（上诉人）：青岛甲纺织有限公司（以下简称甲纺织公司）

被告（被上诉人）：乙印染有限公司（以下简称乙印染公司）（破产清算）

第三人：青岛丙布业有限公司（以下简称丙布业公司）

〔基本案情〕

原告甲纺织公司因与乙印染公司发生取回权确认纠纷，于2010年4月12日向山东省胶州市人民法院提起诉讼。2010年5月24日，山东省胶州市人民法院裁定将案件移送至山东省聊城市中级人民法院审理。

原告甲纺织公司诉称：甲纺织公司与第三人丙布业公司为被告乙印染公司供应布匹，截至2009年11月4日，乙印染公司共欠甲纺织公司货款1195139.17元，欠丙布业公司货款1075952.31元。2009年11月20日，三方协商达成协议，丙布业公司将货款全部转给甲纺织公司，乙印染公司以其所有的七台机械设备折抵所欠货款，七台设备所有权在协议签订时转移给甲纺织公司。但在协议约定的交付时间到期后，乙印染公司并没有按照协议履行。请求：（1）确认乙印染公司七台设备的所有权归甲纺织公司所有；（2）判令乙印染公司交付甲纺织公司七台设备；（3）诉讼费用由乙印染公司负担。

---

① 王泽鉴：《民法物权》（第二版），北京大学出版社2010年版，第484页。

② 王胜明主编、全国人大常委会法制工作委员会民法室编著：《中华人民共和国物权法解读》，中国法制出版社2007年版，第62—63页。

③ 最高人民法院物权法研究小组编著：《〈中华人民共和国物权法〉条文理解与适用》，人民法院出版社2007年版，第123页。

被告乙印染公司辩称：乙印染公司虽然与原告甲纺织公司签订过协议，约定本案所涉设备的所有权转移给甲纺织公司所有，但由于没有实际交付，所以设备的所有权并未发生转移，所以甲纺织公司的请求不应得到支持。既然设备所有权没有发生转移，按照《破产法》的规定仍然属于破产财产，所以不应向甲纺织公司交付。另外，在乙印染公司进入破产程序后，甲纺织公司已经申报了债权，说明其认可所享有的是破产债权，而非设备所有权。综上，请求依法驳回甲纺织公司的诉讼请求。

第三人丙布业公司述称：认可原告甲公司主张的转让债权的事实。

山东省聊城市中级人民法院经一审查明：

原告甲纺织公司与第三人丙布业公司为被告乙印染公司供应布匹。截止到2009年11月4日，乙印染公司欠甲纺织公司货款1195139.17元，欠丙布业公司货款1075952.31元。2009年11月20日，三公司达成如下协议：（1）丙布业公司将乙印染公司所欠货款全部转让给甲纺织公司，乙印染公司和丙布业公司均同意由乙印染公司直接将欠款支付给甲纺织公司。（2）甲纺织公司同意乙印染公司以其所有的七台机械设备折抵所欠货款，此七台机械设备所有权自本协议生效之日起转移为甲纺织公司所有。（3）乙印染公司应在2010年3月31日前将所折抵的设备交付甲纺织公司，并保证甲纺织公司顺利取得设备，乙印染公司必须严格按照上述时间交付设备，若逾期交付，乙印染公司应按照所欠货款金额的每日千分之一向甲纺织公司支付滞纳金。协议签订后，至三方协议中约定的2010年3月31日之前，乙印染公司未向甲纺织公司交付七台设备。

2010年3月17日，山东省聊城市中级人民法院作出民事裁定，受理了丁公司对被告乙印染公司的破产申请，2010年5月6日原告甲纺织公司向乙印染公司申报债权。2010年7月27日，聊城市中级人民法院作出民事裁定宣告乙印染公司破产。

〔一审裁判理由与结果〕

山东省聊城市中级人民法院经一审认为：

原告甲纺织公司与被告乙印染公司、第三人丙布业公司签订的三方协议合法有效，但协议有效并不表示本案所涉七台设备的物权发生转移。《物权法》第23条的规定："动产物权的设立和转让，自交付时发生效力，但法律另有规定的除外。"该条规定排除了当事人的约定。本案中，虽然当事人约定七台设备的所有权自本协议生效之日起转移为甲纺织公司所有，但并未向甲纺织公司交付，且不属于《物权法》中规定的占有改定、指示交付、简易交付三种例外情形，所以七台设备的物权因未而交付并未发生转移。甲纺织公司并不是本案所涉七台设备的所有权人，而是乙印染公司的债权人。乙印染公司被宣告破产，本案所涉七台设备属于乙印染公司的破产财产。

综上，山东省聊城市中级人民法院依照《物权法》第23条、《企业破产法》第

107条第2款之规定，于2010年12月3日判决：

驳回原告甲纺织公司的诉讼请求。

案件受理费28776元由原告甲纺织公司负担。

〔当事人上诉及答辩意见〕

甲纺织公司不服一审判决，向山东省高级人民法院提出上诉称：依据《物权法》第23条规定，“动产物权的设立和转让，自交付时发生效力，但法律另有规定的除外”，而《合同法》第133条规定，“标的物的所有权自标的物交付时起转移，但法律另有规定或者当事人另有约定的除外”。而且依据《物权法》第27条的规定，“动产物权转让时，双方又约定由出让人继续占有该动产的，物权自该约定生效时发生效力”。本案协议生效期为2009年11月20日，当事人约定七台设备的所有权自本协议生效之日起转移为上诉人所有，并约定由出让人也就是被上诉人乙印染公司继续占有该七台设备。因此该七台设备的交付日为2009年11月20日。依据《物权法》第27条关于占有改定的规定，原审法院认定七台设备的所有权属于乙印染公司的破产财产是错误的。请求二审法院撤销原判，作出公正判决。

被上诉人乙印染公司答辩称：（1）动产所有权的变动依《合同法》规定是以交付为原则，以法律规定和当事人约定为例外，而新法《物权法》规定是以交付为原则，以法律特别规定为例外，排除了当事人约定。（2）动产物权设立和转让，实行不交付不生效的原则，而交付行为必须按照法律规定的形式交付。涉案协议书第二条、第三条均不构成“占有改定”，而是被上诉人乙印染公司在某时间前交付。因此，上诉人甲纺织公司上诉理由不能成立，应予驳回。

原审第三人丙布业公司陈述称：同意上诉人甲纺织公司的上诉意见。

〔二审查明的事实〕

山东省高级人民法院经二审，确认了一审查明的事实。

〔二审裁判理由与结果〕

山东省高级人民法院经二审认为，本案争议的焦点问题是：涉案设备的交付是否已经完成，即涉案设备的所有权是否已经发生转移？

首先，涉案的七台设备属于动产，而动产的公示方法原则上是占有与交付。《物权法》第6条规定，动产物权的设立和转让，应当依照法律规定交付。所谓交付是指转移占有，即将自己占有的物或所有权凭证转移其他人占有的行为。《物权法》第23条规定：“动产物权的设立和转让，自交付时发生效力，但法律另有规定的除外。”可见，出于维护交易安全考虑，交付作为动产物权变动的法定方式，具有强制性。该法共规定了现实交付、简易交付、指示交付和占有改定四种交付方式。《合同法》第133条规定：“标的物的所有权自标的物交付时起转移，但法律另有规定或者当事人另有约定的除外。”该规定也是以交付作为动产物权变动的生效条件，其中的“法律另有规定和当事人另有约定”所涵盖的内容是现实交付之外的其他法律规定的拟制交付方式。此后实施的《物权法》，进一步明确了当事人只能够在法律规定的四种交付方式中通过约定选择一种具体的交付方式，除此之外，不存在其他基于法律行为而发生的动产物权变动的方式。

其次，关于本案协议中约定的方式是否属于占有改定。所谓占有改定是指让与人与受让人达成动产物权变动协议后，依照当事人之间订立的合同，仍然继续占有该动产使受让人因此取得间接占有，代替现实交付。《物权法》第27条规定：“动产物权转让时，双方又约定由出让人继续占有该动产的，物权自该约定生效时发生效力。”从上述规定可以得出，占有改定构成要件表现为：（1）当事人之间达成动产物权变动协议。该协议是发生交付的基础。（2）除了达成物权变动协议，就该动产另外达成让与人继续占有使用该动产的协议。而本案中，虽然双方当事人签订的七台设备物权转让协议包含所有权变动内容，但没有就被上诉人乙印染公司继续占有使用该七台设备另外达成协议。因此，乙印染公司与上诉人甲纺织公司之间的协议不构成占有改定交付。

综上，因该七台设备并未现实交付，尽管当事人签订的协议有效，也只是产生债权效力，并未发生物权变动效力，上诉人甲纺织公司并没有实际取得该七台设备的所有权，故其在被上诉人乙印染公司破产案件中并不享有取回权。甲纺织公司称涉案七台设备物权通过三方协议已经转移给其所有并享有该设备的取回权理由不能成立。

据此，山东省高级人民法院依照《民事诉讼法》第153条第1款第1项之规定，于2011年5月5日判决：

驳回上诉，维持原判。

二审案件受理费28776元，由上诉人甲纺织公司负担。

图书在版编目（CIP）数据

最高人民法院指导性案例裁判规则理解与适用．物权卷／江必新等著．—北京：中国法制出版社，2024.1

ISBN 978-7-5216-3811-0

Ⅰ.①最… Ⅱ.①江… Ⅲ.①最高法院-审判-案例-中国②最高法院-物权-民事诉讼-审判-案例-中国 Ⅳ.①D925.05②D923.205

中国国家版本馆 CIP 数据核字（2023）第 151904 号

策划编辑：李小草　韩璐玮
责任编辑：韩璐玮（hanluwei666@163.cm）　　封面设计：蒋怡

最高人民法院指导性案例裁判规则理解与适用．物权卷

ZUIGAO RENMIN FAYUAN ZHIDAOXING ANLI CAIPAN GUIZE LIJIE YU SHIYONG. WUQUANJUAN

著者／江必新　何东宁等
经销／新华书店
印刷／保定市中画美凯印刷有限公司
开本／730 毫米×1030 毫米　16 开　　印张／26　字数／379 千
版次／2024 年 1 月第 1 版　　2024 年 1 月第 1 次印刷

中国法制出版社出版
书号 ISBN 978-7-5216-3811-0　　定价：98.00 元

北京市西城区西便门西里甲 16 号西便门办公区
邮政编码：100053　　传真：010-63141600
网址：http：//www.zgfzs.com　　**编辑部电话：010-63141784**
市场营销部电话：010-63141612　　**印务部电话：010-63141606**

（如有印装质量问题，请与本社印务部联系。）